KB045354

단어
탐정
The
Word
Detective

단어 *The Word Detective* 탐정

serendipity
juggernaut
epicentre
debouch
101
apprenticeship
paraphernalia
queen
court-martial
marshalling
marriage
deadline
bus
crowdsourcing
project
inkling
pom
aerobics
mole
American
bird-watching
blueprint
-ology
computer
inferno
redux
same
transpire
guru
dictionary
hue and cry
brick wall
cham
launch
disability
burpee
dribs and drabs
magazine
vet
subfusc
bugbear
hone
niche
shenanigans
online
flavour of the month
workaround
sorry
by a long chalk
balderdash
clue
enthusiasm
spa
selfie

옥스퍼드
영어 사전
편집장의

37년
단어
추적기

존 심프슨
지음

정지현
옮김

지식너머

추천사

〈옥스퍼드 영어 사전〉은 이름만 들어도 숙연해지는 책입니다. 표준판은 1884년부터 나오기 시작하여 1928년에 초판(열두 권)이 완간되었고, 1989년에 제2판(스무 권)이 나왔으며, 2000년에 온라인판을 출범시키는 한편 제3판을 위한 개정 작업에 착수했지요(2037년 완간 예정). 총 21,728쪽에 60여만 어휘가 실려 있습니다.

〈옥스퍼드 영어 사전〉은 사전(辭典)의 표준으로 평가됩니다. 그 방대한 규모와 충실한 내용은 가히 전설적입니다. 영미권에서는 줄여서 그냥 'OED'라고 부릅니다. 'JFK(존 피츠제럴드 케네디)'처럼 하나의 단어가 된 것이지요.

이 책의 저자인 존 심프슨은 1976년에 옥스퍼드 대학 출판사에 들어가 OED를 편찬하는 작업에 종사했습니다. 1993년에 편집장이 되었고, 2013년에 은퇴할 때까지 제3판 작업을 이끌었습니다.

《단어 탐정》은 OED와 함께한 37년 생애를 기록한 심프슨의 회고록입니다. 그와 동시에 이 책은 OED와 사전 편찬의 실제와 영어라는 언어 자체를 들여다보는 창이기도 합니다. 심프슨은 '단어들이 문화와 사회 속에서 어떻게 생겨나는지'를 확인하기 위해 OED에 수록될 영어 단어들의 기원과 발달 과정을 추적하고 밝히면서 평생을 보낸 그야말로 '단어 탐정'이었습니다.

이 책의 남다른 매력은 수많은 '곁가지'에 있습니다. 이 곁가지들에서 심프슨은 본문에서 사용한 단어들을 추려내어, 그 역사와 용법을 '여담'으로 제시합니다. 이렇게 '역사적인 관점에서 단어 이야기를 들려주고 싶'은 것은, OED가 '무엇보다 역사적인' 사전이기 때문이지요.

사전 편찬자로서의 생활 속에는 저자의 사생활과 관련된 이야기도 점점이 흩어져 있습니다. 저자의 직업적 측면에 초점을 맞춘 대부분의 회고록보다 이 책이 흥미롭게(또한 감동적으로) 읽히는 이유일 것입니다. 예컨대 작은딸은 심각한 장애를 겪고 있어서 언어를 통한 의사소통이 불가능합니다. 언어를 다루는 게 직업인 저자의 심경을 짐작할 수 있을 것입니다.

사전은 흔히 도구로 비유됩니다. 그러나 나 같은 번역자에게 사전은 도구 이상의 것입니다. 사전을 펼치면 단순한 뜻풀이를 넘어 사색과 상상도 펼치게 되는 것이지요. 사전 편찬자의 노고를 새삼 확인하면서, 저자와 이 책에 경의를 표합니다.

_ **김석희(번역가)**

기쁨이 '순수'할 수 있을까? 즐거움이 '풍성'할 수 있을까? 내 책꽂이에 꽂힌 〈옥스퍼드 영어 사전〉(소장하고 있다는 사실이 매우 자랑스럽다)은 가치 있는 벗을 찾고 있는 듯 가끔씩 한숨을 쉰다. 하지만 더 이상은 아쉬워할 필요가 없을 것 같다. OED의 편집장을 지낸 존 심프슨이 무려 스무 권이나 되는 이 사전에 대해 알려주기 위해 특별한 책을 썼다. 영어라는 언어에 대해 이야기하는 책 중에서 가장 탁월하고 흥미진진하고 유익하고 차분한 유머가 있으며 매혹적이다. 부러움이 진정되고 나면 침대 옆에 놓아둘 용으로 한 권 더 구입해야겠다. 아 참, 이 책에는 '순수한' 기쁨과 '풍성한' 즐거움이 가득하다.

_ **프랭크 델라니**Frank Delaney, **소설가**, **방송인**

완벽한 제목이다. OED에 따르면 셜록은 '수수께끼를 조사하거나 지각력이 매우 뛰어난 사람'이다. 위대한 사전이 어떻게 만들어지는지 가까운 곳에서 보여주는 심프슨 탐정에 대해 잘 알려주는 설명이다. 흥미롭고 감동적인 자전적 이야기와 유익하고 때로는 대담한 단어의 역사가 함께한다. 단어와 단어의 역사에 관심 있는 사람이라면 누구나 이 유익하고 흥미로운 회고록을 좋아할 것이다. 우리는 평소 사전과 드라마를 연결 짓지 않지만 이 책이 생각을 바꿔놓을 것이다.

_ **데이비드 크리스털**David Crystal, **〈케임브리지 영어 백과사전〉의 저자**

존 심프슨의 책은 사전 편찬자의 삶을 보여주는 철저하게 흥미로운 회고록이다. 그의 이야기 속에서 마주치는 단어들에 대해 살펴보면서 쉬어갈 시간도 많다.

_ 에린 맥킨Erin McKean, **Wordnik.com 설립자**

blurb(blɜːb). v. intr. 속어(orig. 미국). 신간 도서에 대해 칭찬하다. **blurber**(blɜːbə(r)). sb. [앞 단어 참고] blurb하는 사람.

_ 도널드 커누스Donald Knuth, **스탠퍼드 대학교 명예교수**

OED에 따르면 형용사 inviting에는 두 가지 뜻이 있다. 초대하는, 그리고 유혹적이거나 매력적이라는 뜻이다. 이 훌륭한 책은 당신을 유혹하지는 않지만 이 단어의 정의와 딱 맞는다. 심프슨은 OED가 불필요한 과거의 산물로 전락하지 않고 시대에 발맞추어 갈 수 있도록 구해준 편집팀의 핵심 인물이었다. 그들은 온라인화를 비롯해 여러 방법으로 이 사전을 역사적인 기념물에서 살아 있는 언어의 필수적인 기록으로 변신시켰다. 재미있고 통찰력 깊으며 그야말로 너무도 훌륭한 이 책은 심프슨의 과거까지 적절하게 엮어냈다. 흥미로운 어원(computer, deadline, skanking 등)이 곳곳에 들어 있는 이 책은 사회의 역사이자 사전의 역사이자 개인의 역사로 영어라는 언어와 영어의 진화에 관심 있는 모든 독자를 사로잡을 것이다. 심프슨은 OED의 완벽한 가이드다. 정말로 훌륭한 책이다.

알레나 그레이든 Alena Graedon,

소설 《워드 익스체인지 The Word Exchange**》의 작가**

The
Word
Detective

contents

사건의 배경

나는 1976년에 권위 있는 옥스퍼드 영어 사전(Oxford English Dictionary, OED)에서 초보 사전 편찬자로 첫 발걸음을 내딛은 후 줄곧 미디어와 대중 그리고 가장 나쁘게는 사전 편찬자들이 스스로 만드는 고정관념을 피하려고 애썼다. 오늘날의 사전 표제어는 새뮤얼 존슨(Samuel Johnson(1709~1784), 영국의 시인, 비평가, 사전 편찬자-역주) 시절처럼 가끔씩 원기 왕성하고 엉뚱하기도 할 것이 아니라 무조건 냉철하고 분석적이어야만 한다(새뮤얼 존슨에게 사전 편찬자는 '사전을 쓰는 사람, 원본을 추적하고 단어의 의미를 열거하는 무해하고 힘들고 단조로운 일을 하느라고 바쁜 사람'이었다). 사람들이 '사전 편찬자'라고 하면 알파벳 A에서 Z까지의 기나긴 주기 속에 갇혀 있는 고루하고 느릿한 사람이라고 생각하는 것도 무리는 아니다. 단어를 평가하고 정의하고, 왔던 길을 종종 되돌아가 처음부터 다시 시작하면서 단어의 주변부에서 일어난 사소한 변화를 포착하려고 애쓰는 애처로운 모습인 것이다. 안타깝게도 완전히 틀린 말은 아니다. 결국 사전을 만드는 것은 매우 진지한 일이기 때문이다.

지금까지 OED를 다루는 책은 많이 있었다. 하지만 거의 대부분 옥스퍼드 대학교 출판사와 영웅적인 사전 편집자들의 싸움, 또는 정반대로 고생 많은 영웅적인 출판사 간부들과 언쟁을 좋아하고 폐쇄적이고 다루기 어려운 편집자들의 싸움에 집중되어 있었다. 어떤 색안경을 끼고 바라보느냐가 다를 뿐 그것이 기록 문서에서 쉽게 추출할 수 있는 사실이기 때문이다. 그런 이야기들에도 분명 맞는 구석이 있다고 생각한다.

기록 문서에 포함되어 있지 않고 다른 관점에서 보지 않으면 알 수 없는 이야기는 역사 사전(historical dictionary, 단어의 의미를 역사적인 발달 순서대로 설명하고 단어가 사용된 역사적 문헌을 발췌하는 〈옥스퍼드 영어 사전〉의 성격을 보여준다-역주)을 만드는 작업의 재미와 흥분감이다. 필요하다면 몇 걸음 물러서서 심호흡을 하라. 이 재미와 흥분감은 수백 년 동안 잊힌 단어를 되찾고(새로운 어원과 관계, 새로운 첫 번째 용례, 전혀 생각하지 못했던 단어 간의 연결고리) 문화와 사회 속에서 단어가 발생하는 모습을 살펴보는, 마치 탐정 같은 사전 편찬자의 일에서 나온다.

그런데 이 흥분감은 매우 특별하다. 내가 좋아하는, 참고 문헌 만드는 작업을 다룬 영화 〈볼 오브 파이어〉(1941)에서 그려진 과장되고 우스꽝스러운 흥분감과는 다르다. 수년 전에 여름학교에서 아이들을 가르칠 때 이 스크루볼 코미디 영화를 잠깐 보여주기도 했다. 수업에서 가장 좋았던 기억으로 남았기를 바란다.

영화에서 학식 있는(그렇게 보이는) 언어학자 게리 쿠퍼(Gary Cooper)는 동료 교수들과 함께 백과사전을 만드는 고귀한 일을 하고 있다. 매우 고지식하고 조용한 생활을 하고 있는 이 교수들에게 생동감 넘치는 백과사전 편집은 맞지 않는 듯하다. 특히 그들은 흑인들의 속어나 비트족 문화와 관련된 신조어에 전혀 익숙하지 않다. 어느 날 게리 쿠퍼는 바버라 스탠윅(Barbara Stanwyck, 극 중 나이트클럽 가수 '슈기 푸스' 오셰어 역)을 우연히 만나게 되고, 그와 편집자들 모두가 그녀에게 반한다. 그들은 밤에 몰래 빠져나가 그녀가 나이트클럽에서 사용하는 거친 언어를 듣는다. 슈거푸스와의 만남은 게리 쿠퍼의 속어 백과사전 작업에 큰 도움을 주고 슈거푸스 또한 마음씨 따뜻한 편집자들로부터 위기 때마다 여러 번 도움을 받는다. 하지만 이것은 〈옥스퍼드 영어 사전〉의 현실과는 거리가 멀었다. 무엇보다 우리에게는 '슈거푸스'라는 이름을 가진 직원이 없었다.

∞

나는 1976년에 편집 어시스턴트로 옥스퍼드 영어 사전에 합류해 37년 동안 일하다 2013년에 은퇴했다. 37년 중에서 마지막 20년 동안은 편집장이었다. 나는 입사 첫날부터 사전 만드는 일에 매료되었다. 나를 사로잡은 것은 영어라는 언어와 그 역사였다. 1500년 전에 시작되어 그것을 사용하는 국가들을 정의하게 되기까지 성장한 과정 말이다. OED는 역사 사전이다. 영국과 미국 등 모든 사용 지역을 아울러 처음부터 현재에 이르는 단어의 역사를 다룬다.

하지만 영어의 유산은 많이 잊히기도 했다. 편집 어시스턴트로, 편집장으로 OED에서 일하면서 오랫동안 잊힌 영어에 관한 새로운 사실을 하루도 빠짐없이 발견할 수 있었다. 대단히 사소하지만 영어의 정확한 그림을 만들려면 꼭 기억되어야 하는 사실들이었다. 예전에 불확실했던 정의를 정확하게 다시 쓰기도 했다. 어원(단어의 파생)이나 발음에 대해 연구하는 동료들은 오랫동안 학자들과 연구자들을 혼란스럽게 만든 문제도 해결할 수 있었다. 사전 편찬자는 영어를 수많은 작은 조각으로 이루어진 모자이크로 본다. 깨끗하게 닦인 작은 조각들이 빛날 때마다 그림이 더욱 분명해진다. 바로 그 흥분감을 이 책에서 전해주고 싶다.

OED는 기술적(記述的)인 사전이기도 하다. 언어를 모니터링하고 현재 어떻게 사용되는지 실질적인 문서 기록으로 알려준다. 언어를 사용하는 방법을 지시적으로 알려주려고 하지 않는다. OED는 hopefully 같은 문장 부사("바라건대, 내일 봅시다")를 선호하지 않는 사람에게 많은 작가가 그러한 용법을 피한다는 사실을 알려줄 수 있지만 사용 여부는 독자에게 맡긴다. 대신 OED는 그 단어가 문장 부사로 쓰이게 된 배경을 알려준다. 현재 기록 증거에 따르면 1930년대에 미국에서 시작된 후로 지속되고 있다. 그보다 오래된 뜻('희망을 갖고')은 17세기부터 사용되었다는 것도 알려준다. 바라건대, 더 좋은 기록 증거가 있다면 편집자들에게 보내기를. 나는 위협하지 않고 설명만 해주는 OED의 방식이 좋았다.

∞

나도 내가 사전 만드는 일을 하게 될 줄은 몰랐다. (요크) 대학교에서 영문학을 공부했지만 대학 하키팀 주장과 회장을 지내면서 스포츠에 쏟은 시간이 더 많을 것이다. 사전 편찬자가 되겠다는 꿈에 젖어 있지 않았던 것만은 확실하다. 솔직히 lexicographer(사전 편찬자)가 무슨 뜻인지도 몰랐던 것 같다.

OED에서 일하게 된 것은 어디까지나 우연이었지만 일단 시작하고 난 후에는 은퇴할 때까지 계속했다. 은퇴한 지금도 완전히 떠난 것은 아니다. 언어는 끊임없이 변화하고 모든 변화가 수수께끼 같다. Lexicographer는 그 수수께끼를 찾고 설명하는 '단어 탐정(word

13

detective)'을 가리키는 오래된 말이다. 단어 탐정은 수수께끼가 풀리지 않으면 나중에 새로운 정보가 저절로 나타날 때까지 제쳐둔다. 하지만 일단 단서가 잡히면 진실이 밝혀질 때까지 끈질기게 파고든다. 수수께끼는 무궁무진하고 답을 찾을 때마다 희열을 안겨준다.

적어도 내 생각에 사전 편찬자는 옆쪽에서 언어에 접근해야 한다. 그렇지 않으면 남들이 보라고 하는 것만 보게 된다. 사전 편찬자는 단어와 그 맥락에 대해 자신이 안다고 생각했던 모든 것을 불신하는 채로 출발해 문서 기록의 발견을 통하여 그림을 쌓아나가야 한다. 앞으로 알게 되겠지만 나도 처음에는 어떻게 해야 하는지 몰랐다. 하지만 조금씩 사전 편찬자의 일과 언어에 대한 전체적인 관점이 생기기 시작했다.

세상에 완벽한 것은 없다. 동료들과 함께 사전을 만들면서 시간이 갈수록 많은 틈새가 보이기 시작했다. 그때까지만 해도 OED는 100년 동안 거의 바뀌지 않은 19세기 사전이었다. 편집자들이 사전에 단어의 새로운 뜻을 더하고는 있었지만 전체적인 점검과 개정이 필요했다. 그 괴물 같은 프로젝트가 과연 가능하기나 할까? OED는 대학과 공공 도서관에서 조용히 속삭이는 소리로 도움을 주고 있었지만 사실은 학계의 거대한 괴수나 마찬가지였다. 더욱 광범위한 독자들에게 다가갈 수 있을까? 옥스퍼드는 비싼 회원제 클럽 같은 느낌이 있었기에 보통 사람들은 OED가 자신이 초대받지 못한 다른 세계의 것이라고 여겼다. 그런 이미지가 바뀔 수 있을까? 우리 편집자들이 변화에 기여할 수 있을까?

사전을 만드는 시간이 길어질수록 OED를 학자들의 전유물에서 언어의 속도와 발맞춰나가는 현대적이고 역동적인 사전으로 변신시키고 싶은 마음도 커졌다. OED 사무실에 첫발을 들여놓은 순간 느낀 것은 과거가 이 사전을 지배하고 있다는 것이었다. 신경질적인 노인 혹은 골동품 같은 느낌이었다. 언어를 만드는 진짜 주인공들은 어디에 있는가? 수많은 영어 사용자들, 일상의 시인이자 작가이자 대화자들인 그들의 입에서 수 세기 동안 매일 언어 변화가 이루어졌다. OED의 미래에 그들의 목소리를 포함시키는 방법이 없을까?

더 많은 사람에게 OED를 개방하는 다른 방법들을 알게 되었다. 내가 OED에서 일한 시간은 참고 문헌이 종이책에서 역동적인 온라인 자료로 변화한 시기와 맞물렸다. 옥스퍼드는 처음에 세상의 변화를 발 빠르게 알아차리지 못했다. 나와 동료들이 OED를 그 혁명의 최전방에 가져다 놓은 과정이 이 책의 많은 부분을 차지한다. 방대한 분량의 빅토리아 시대 사전을 디지털화하고 전면 개정하고 온라인으로 출판하여 전통적인 사전 이용자들이 상상도 할 수 없었던 검색이 가능해진다면 언어는 물론 인류에 대해서 훨씬 많은 것을 배울 수 있었다. 사용자들이 사전에서 발견한 내용을 위키에 올린다면 OED의 미래가 바뀔 터였다. 우리는 OED와 사용자들이 새로운 첨단 기술을 어떻게 이용할 수 있을지 알고 싶었다.

∞

사전부의 일상과 OED에서 일하는 동안 겪은 흥미롭고 특이하거나 놀라운 일들이 이 책의 주된 이야기지만 그때그때 나오는 단어들을 이용해 단어의 역사와 용법에 대한 여담도 한다. 역사적인 관점에서 단어 이야기를 들려주고 싶어서다. OED는 무엇보다 '역사적인'

사전이다. 언어를 역사적으로 관찰한다(언어 변화, 언어 패턴, 언어 성장, 단어 간의 관계, 사용되는 사회). 현대 영어를 정의하는 관점으로만 단어를 바라보지 않는다.

하지만 이 책에서 선택한 단어들을 연대순이나 개념 같은 딱딱한 토대를 바탕으로 설명해주고 싶지는 않았다. 어떤 단어건 잠깐이라도 그 이면을 들여다보면 흥미로운 역사가 숨겨져 있다는 사실을 알려주고 싶었다. 내가 선택한 단어들은 내 삶과도 어느 정도 관련 있지만(그렇지 않으면 애초에 등장하지도 않겠지만) 게르만어 방언에 불과했던 초기 앵글로-색슨 시대에서 노르만 정복의 영향을 거쳐 오늘날까지 수 세기 동안 어떻게 등장하고 발달했는지 살짝 보여준다. 단어의 현대적인 의미를 사용하면서 역사에 얽힌 사실과 우연의 일치에 *intrigue*되기를 바란다.

우리가 현재 사용하는 단어들의 뜻은 수 세기 동안 기다란 줄처럼 이어진 뜻 중에서도 가장 마지막에 놓여 있는 것이라고 할 수 있다. OED에 따르면 동사 intrigue가 영어에 처음 등장한 것은 17세기 초(현재 가장 빠른 기록은 익명의 작가가 1612년에 쓴《네 영국인 남자의 여행(Trauels of Foure English Men)》이다)이고 '(누군가를) 속이다' 또는 당혹스러운 상황에 처하게 만든다는 뜻이었다. OED에 따르면 같은 시기인 17세기 상반기에 '속이다'라는 뜻을 가진 단어가 아홉 개나 영어로 들어왔다(cog, nosewipe 등). 네 영국인 남자는 약간의 추측을 이용하여 새 단어의 철자로 intreag를 선택했다. 새로운 단어의 철자가 확정되기까지는 시간이 걸린다.

이 단어의 뜻은 사람을 속이는 것에서 얽힘의 뜻으로 넘어간다. 17세기의 '학식 뛰어난 목사' 존 스콧(John Scott)은 《기독교적 삶(Christian Life)》(1681)에서 죄에 대해 이렇게 적었다. "How doth it perplex and intrigue the whole Course of your Lives, and intangle ye in a labyrinth of Knavish Tricks and Collusions. 〔(폭력적인 열정과 동요는) 그대의 평생을 미로와도 같은 부정직한 계략과 공모에 휘말리게 만든다.〕" 동일한 구절에서 그는 우리가 악행에서 해방되는(extricate) 것을 매우 어려워한다고 언급했다. 그는 extricate와 intrigue가 어원적으로 가까운 친척이라는 사실을 알아볼 것이다. 오늘날 복잡하게 얽혔다는 뜻은 intrigue보다 extricate를 통해 이해하기가 더 쉽다.

Intrigue는 1600년경에 프랑스어 차용어로 영어에 들어왔다. 그 프랑스어는 불과 1532년에 이탈리아어(intrigare)에서 빌린 것이었다. 그전에는 프랑스어에 존재하지 않았으므로 빌릴 수가 없었다. 노르만 정복(Norman Conquest, 노르망디 공국의 윌리엄 1세가 1066년에 영국의 앵글로-색슨 왕조를 붕괴하고 영국 왕으로 등극했고 영국은 프랑스의 지배에 놓인다-역주) 직후 영어로 유입된 수많은 프랑스어가 마찬가지다. 이 이탈리아어는 후기 라틴어 intricare(extricate의 extricare와 유사)에서 왔다. OED에 따르면 라틴어 tricae는 사소한 것, 속임수, 장난감 또는 당혹감을 뜻한다.

동사 intrigue는 17세기 후반에 사용되었다. '얽히다'라는 뜻 이후에는 '부정직한 계획이나 음모를 계속하다'라는 뜻이 나왔다. 이 단어의 의미들이 길버트 버넷(Gilbert Burnet) 주교의 관심을 끌었는지 그는 《종교개혁의 역사(History of the Reformation)》(1679)에서 "the cardinal of York was not satisfied to be intriguing for the Popedom after his death, but was aspiring to it while he was alive. (요크의 추기경은 교황이 죽은 후에 교황직을 손에 넣으려는 책략으로 만족하지 않았고 교황이 살아 있는 동안에 교황직을 탐냈다.)"라고 했다.

동사 intrigue는 조용히 두 세기를 기다린 끝에 1890년대에 또 다른 움직임을 보여 우리가 지금 아는 것처럼 '흥미와 호기심을 불러일으키다' 혹은 '어리둥절하다, 매혹되다'를 뜻하게 되었다. 이것도 원래의 프랑스어 단어에 담긴 뜻이었지만 영어에서는 19세기가 되어서야 intrigue의 뜻에 추가되었다. 하지만 우리는 그러한 사실을 모두 잊고 이 단어의 모든 뜻이 순전한 영어에서 나왔다고만 생각했다.

방금 앞에 나온 intrigue처럼 볼드 처리된 단어는 곧 그 단어의 역사와 용법에 대한 짧은 이야기가 나올 것임을 뜻한다. 이 책을 영어 역사책으로 만들려는 마음은 없지만 다 읽은 후 매일 사용하는 언어와 단어에 대한 호기심이 조금이라도 커져 있기를 바란다.

하지만 우선은 모든 것의 시작에 대해 이야기해야 한다. 이 모든 이야기는 내가 사전 편찬자가 되겠다는 생각을 처음 하게 되기 전인 1976년의 길고 무더운 여름에 시작되었다.

The
Word
Detective

1

어쩌면 우리는 serendipity

사람들은 사전이 누군가가 쓴 책이라는 생각을 미처 하지 못한다. 책상과 부모님의 책장, 컴퓨터 안에 처음부터 존재하는 것이라고 생각한다. 많은 사람들에게 사전은 그저 어떤 단어의 뜻에 대해 조금만 모르는 것 같으면 거쳐야 하는 성가신 단계쯤인 것이다. 하지만 누군가가 그 사전을 썼다. 매일 출근해서 알파벳의 다음 단어를 정의하는 계획을 세우는 직업이 세상에 있다면 믿겠는가? 1976년에 힐러리가 내 생계 수단으로 추천해준 일이 바로 그것이다. 당시에는 내가 그렇게 재미없는 사람처럼 보이나 싶었지만 내가 자기 자신에 대해서조차 잘 모른다는 사실이 나중에 확실히 밝혀졌다.

힐러리와는 네 해 전에 서로의 친구를 통해 알게 된 사이였다. 우리 둘 다 요크 대학교 영문학과 입학을 앞두고 있다는 사실을 아는 친구가 한번 미리 만나보라고 소개해주었다. 우리의 만남은 어쩌면 *serendipity*였다. 우리는 런던 남부의 한 술집에서 만나 곧 시작될 대학생활과 앞으로 펼쳐질 미래에 대해 이야기했다. 그 들어가기 힘들다는 요크 대학교 영문학과에 합격은 했지만 나는 대학 안내서를 미리 살펴보는 과정은 생략하고 전적으로 담임선생님의 추천을 따랐기 때문에 아무것도 모르는 입장이었다. 하지만 힐러리는 전체적인 교과과정과 앞으로 듣게 될 강의에 대해 훤히 알고 있었다. 우리는 계속 연락을 주고받았고 몇 달이 흘러 입학일이 다가왔을 때 대학이 있는 도시로 함께 출발했다.

나는 19세였고 힐러리는 18세였다. 그때도 힐러리는 말 잘하고 자신감 넘치고 예술성 있고 큰 그림을 볼 줄 아는 사람이었다. 그에 비하면 나는, 적어도 언뜻 보기에는 자기비하적이다 못 해 되도록 눈에 띄지 않으려고 애쓰는 성격이었다. 힐러리는 당시의 내가 동경하는 태도를 갖추고 있었다. 똑똑하지만 상대방을 침울하게 만드는 유형의 지성인은 아니었다. 좀 더 가까워지면서 내가 힐러리를 비판할 수 있는 면이 딱 하나 있었는데, 바로 스포츠에 전혀 관심이 없다는 것이었다. 하지만 그녀는 비판으로 받아들이지 않았고 오히려 자신의 라이프스타일과 인생관에 대한 긍정적인 평가라고 여겼다. 반면 나는 공부와 하키, 크리켓을 최대한 골고루 하면서 학교생활의 균형을 잡아왔다. 힐러리와 함께 영문학을 공부하는 것보다 앞으로 내 인생의 3년을 더 유익하게 보낼 수 있는 방법은 없는 듯했다. 힐러리는 내가 그렇게 생각한다는 사실을 약간 재미있어 했다.

〈옥스퍼드 영어 사전〉에 따르면 serendipity는 '뜻밖의 기분 좋은 발견을 하는 능력'이다. 이 단어의 역사 또한 뜻밖이다. 이 단어는 18세기의 문인이자 미술 역사가였던 호레이스 월폴(Horace Walpole)에 의해 영국에서 만들어졌다. 그는 총리 로버트 월폴(Robert Walpole)의 아들이고 고딕 소설《오트란토 성(The Castle of Otranto)》(1764)으로도 잘 알려진 인물이다. Serendipity는 월폴의 소설보다 최소한 10년은 일찍 나왔다. 그는 1754년에 친구 호레이스 만(Horace Mann) 경에게 쓴 장문의 편지에서 카펠로 가문과 메디치 가문의 연관성을 우연히 발견한 사실을 언급하며 '이 발견은 내가 serendipity라고 부르는 그런 것이라네'라고 말했다. 예전에 《세렌디프의 세 왕자(The Three Princes of Serendip)》라는 동화책'을 읽었는데 '왕자들이 항상 우연히 혹은 총명함 덕분에 뜻밖의 발견을 했다'고 그는 설명했다.

이 동화는 원래 중동에서 쓰인 것으로 16세기부터 시작해 유럽의 여러 언어로 번역되었다. Serendipity 자체는 스리랑카의 옛 이름 세렌디프(Serendip)에서 유래했다. 월폴은 serendip에 영어의 일반적인 접미사 -ity를 넣어 serendipity라는 단어를 만든 것이다. (적어도 나에게) 놀라운 점은 OED에 따르면 20세기로 접어들기 전까지 형용사형 serendipitous가 발견되지 않았다는 것이다. 현재 OED는 serendipity의 과거에 대해 현명하지만 어정쩡하게 설명한다. '이 단어와 그 파생어들은 20세기에 널리 사용되었고 그전에는 드물었다.'

대학교 입학 후 나는 오래된 문학에 끌렸고(고대 영어, 중세 영어, 근대 초기) 아무래도 힐러리는 근대적인 것에 끌렸다(근대 소설, 문학에 대한 페미니즘적 접근 그리고 비판이론까지). 마치 타임캡슐 안에 들어간 것처럼 미래에 대해 걱정하지 않는 평화롭고 여유로운 나날이 이어졌다.

우리는 요크 대학을 졸업한 후 레딩으로 옮겨가 대학원 과정을 시작했다. 나는 과거 문학에 대한 관심을 좇아 중세학 전공을 선택했고 힐러리는 D. H. 로렌스(D. H. Lawrence)와 20세기 초 페미니즘을 중심으로 근대적 주제에 대한 관심을 계속 추구하면서 영문학 박사 과정으로 나아갔다. 동시에 힐러리는 내 미래를 걱정했다. 내가 성실하고 (지적) 호기심이 많다는 사실은 분명했지만 1년의 석사 과정이 끝난 후 무얼 먹고살 것인지 아무런 대책도 없었기 때문이다.

어릴 때부터 우리 집에서는 일에 대한 이야기가 별로 화두에 오르지 않았다. 아버지는 흔히 '외교국'이라고 불리는 곳에서 일했는데 실제로는 첼트넘에 있는 정보통신본부(Government Communications Head-quarters, GCHQ)였다. 말하자면 영국 정부의 '청취원'이자 '비밀 교역소'인 셈이었다. 그 후에는 런던의 MI6(영국 비밀 정보기관-역주)로 옮겼다. 나는 아버지가 무슨 일을 하는지 자세히 알지 못했다. 아니, 알아서는 안 되었다. 당연히 아버지는 집에서 일에 대한 이야기를 절대 하지 않았고, 순수한 궁금증에서 무슨 일로 바쁜지 물어보면 화제를 돌리기 일쑤였다. 모르긴 몰라도 아버지가 암호 해독 언어학자는 아니었다고 확실히 말할 수 있다. 만약 아버지의 직업이 그것이었다면 평소 위장을 정말 잘하신 것이다. 아버지는 데이터 처리 관리자라고 무뚝뚝하게 말하곤 했다. PC도 없던 시절이라 나에게는 별로 대단한 일처럼 느껴지지 않았다. 마찬가지로 아버지도 내 영문학 학위에 별다른 감흥이 없었다. 내가 대학을 졸업했을 때 아버지는 자신의 도움 없이는 제대로 된 직장에 취업하지 못하리라고 확신했다. 그래서 자동차 제조 회사의 하급이나 중간급 관리자를 구한다는 신문 광고를 꾸준히 보내셨다.

내가 지원할 수도 있었던 다른 직장들에는 다행스럽게도, 힐러리는 1976년의 어느 날 오후에 레딩 대학교 휴게실에서 옥스퍼드 대학교 출판사 인사과가 〈타임스 문예 부록〉에 게재한 광고를 발견했다. '1976년 7월 1일부터 시작해 풀타임으로 일하며 〈옥스퍼드 포켓 사전〉 편집자의 개정 작업을 도와줄 어시스턴트가 필요하다'라는 알쏭달쏭한 내용의 광고였다.

힐러리는 나에게 그 광고를 보았는지 물었다. 물론 보았을 리가 없었다. 단어 다루는 일을 해볼 생각을 한 적 있느냐고? 당연히 사전 편찬자가 되겠다는 생각은 해본 적이 없었다. 당시의 문과대학 학생이라면 으레 훌륭한 영어 소설을 쓰는 것이 꿈이었지만 나는 평소 전체적인 개요보다 디테일과 패턴에 끌렸기에 (내 생각에는) 소설가 자격을 갖추지 못했다고 생각했다. 하지만 학사 과정 동안 언어를 공부하면서 가장 즐거웠던 시간은(적어도 나와 그것을 읽은 적 있는 소수에게는) 복잡한 중세 영어 시 〈가윈 경과 녹색의 기사(Sir Gawain and the Green Knight)〉에 차용된 스칸디나비아어 단어의 해설을 쓸 때였다. 논문을 쓸 때는 〈옥스퍼드 영어 사전〉에서 단어의 뜻과 어원을 확인하면서 오후 시간을 보냈다. 단어들이 망을 이루는 모습, 스칸디나비아어에서 유래된 단어인지 알아보는 방법, 영어의 게르만어 기반과 다른 특징, 그 상충함이 훌륭한 시를 만들어낸다는 사실이 나를 매료시켰다.

〈가윈 경과 녹색의 기사〉 작업은 OED와의 첫 대면이었다. 영문학 학부 과정 재학생으로서 존 밀턴(John Milton)의 〈실낙원〉에 나오는 단어를 전부 찾아봐야만 했다. 그것은 상승과 하락의 개념과 관련 있었다(마치 천국과 지옥 사이의 깊은 구렁처럼). 대학 도서관에서 수 시간 동안 OED를 뒤적거려야만 했다. 크고 무겁고 글자가 빽빽하게 인쇄된 여러 권의 사전과 오롯이 둘만 존재하는 시간이었다. 나는 밀턴이 단어를 사용한 방식이 혁신적인지 확인하고 싶었다(즉 OED에 단어의 첫 번째 용례로 수록되어 있는지). 만약 그렇다면 그 사실이 밀턴의 창조적인 언어 사용에 대해 알려주는 바가 있는지 궁금했다.

이러한 사정으로, 힐러리가 광고 이야기를 꺼냈을 때 이미 OED를 접한 경험이 꽤 있었다. 3개월 동안 그 역사 사전을 붙들고는 있었지만 사전 편찬자라는 직업을 고려해본 적은 없었다. 힐리리가 그 광고를 발견한 것은 우연이었지만 나에게는 운명을 결정지어준 일이었다.

하지만 지원하기가 망설여졌다. 아직 앞날이 창창한 스물두 살의 어린 나이였던 터라 따분해 보이는 사전 편찬자의 삶으로 자신을 묶어둘 필요가 없다고 생각했다. 하지만 좋은 선생님이 되지 못할 것이라는 확신이 있었고 어정쩡하게 중세학을 공부한 나에게 별다른 선택권이 있는 것도 아니었다.

'지원자는 사전 편찬과 어법에 관심 있어야 함. 영문학 (1등급 또는 2등급) 우등학사 학위 소지자와 영어 언어학 특수 자격 소지자 우대.' 내가 언어에 관심이 없었다는 인상을 주고 싶지는 않지만 그때는 자신이 언어에 관심이 있다는 사실을 몰랐거나 받아들이지 못한 상태였다. 늘 그렇듯 신중을 기했다. 신중을 기하는 방법은 방어 체계로 항상 효과적이었으니 이번에도 그렇겠지? 하지만 속마음은 따로 있었다. 옥스퍼드 사전의 편집자를 찾는 광고에 똑똑한 옥스퍼드 졸업생들이 잔뜩 몰릴 테니 나처럼 기타 대학교 출신이 건방지게 지원해봤자 소용없을 것이라고 생각했다. '영어학 특수 자격증'이라는 말이 나를 불안하게 만들었다. '언어학'이 단어 관계의 역사를 연구하는 학문이라는 것은 알고 있지만 '특수 자격'이라니? 어떻게 그런 자격을 취득할 생각을 한단 말인가? 그런 자격을 갖추기 위해 대학생활을 온전히 바치는 사람들이 존재한단 말인가? 그들이 나보다 더 적임자가 아닐까? 분명히 떨어질 것이 뻔한데 지원해봤자 소용없을 것 같았다.

제시된 급여는 보통 수준이었지만 학생 보조금에 비하면 큰돈처럼 보였다. 결국 도전해보기로 마음먹었다. '자격과 경력에 따라 조정 가능'하다는 급여 조건은 대학원에서 중세학을 공부한 나에게(경력은 제로였고) 별로 유리하지 않겠지만 영문학 학사 학위도 있고 (계획대로라면) 중세학 학위도 생길 터였다. 며칠 후 옥스퍼드 대학교 출판사 인사과에 지원서를 제출했다.

놀랍게도 얼마 후 오후 면접 시간에 맞춰 옥스퍼드를 방문해 달라는 편지가 왔다. 인사과 책임자와 사전부의 미스터리한 인물들이 면접에 참여할 예정이었다. 그 순간부터 이력서를 냈다는 사실이 실감나기 시작했다. 몇 세기 동안 외부인을 차단하고 벽을 쌓아왔을 옥스퍼드의 박식한 귀족들 앞에서 내가 이룬 성취와 희망사항에 대해 이야기해야 한다니 겁이 났다. 자신감이 없었던 것은 아니지만 무심한 척 자신감을 숨기라고 배웠다.

나는 옥스퍼드 학자들의 세계에는 주눅이 들었지만 옥스퍼드 사전은 그 계층에 포함시키지 않았다. 1960년대와 1970년대에 옥스퍼드 사전은 만인에게 옥스퍼드의 공식 얼굴이었다. 누구나 어릴 때 〈옥스퍼드 포켓 사전〉이나 그보다 크고 두꺼운 자매품을 사용했다. 사전은 조언을 제공하는 것이지 위협적인 대상이 아니었다. 학자들과 검대결을 하지 않고도 원하는 지식을 얻도록 해주었다. 면접 준비로 이것저것 찾아 읽어보면서 OED의 역사를 좀 공부했다.

옥스퍼드 사전의 역사는 1857년에 런던의 언어학회(Philological Society)와 함께 시작되었다. 1850년대의 교양 있는 신사들이 이용할 수 있는 최신 사전에 대해 토론하던 학회의 학자들은 안타깝게도 그런 사전이 부족하다는 사실을 알게 되었다. 그러한 비난을 이끈 사람은 훗날 더블린의 대주교가 되는 리처드 체네빅스 트렌치(Richard Chenevix Trench)였다. 그가 학회에 가져온 두 개의 신문에는 영어 사전에 대한 비판의 글이 실려 있었다. 근대 영어 사전들에 중요한 단어들이 다수 빠져 있고(고어와 과학 용어들) 언어의 역사에 관심을 기울이지 않으며 편집의 측면에서도 B+밖에 줄 수 없다고 매도했다.

회원들은 이전의 모든 사전을 능가하는 새로운 영어 사전을 만들기로 결정하고 자료를 수집하기 시작했다. 하지만 사전 만들기는 런던 한 언어 모임의 선의와 성실함만 가지고는 안 되는 일이었다. 협회는 운 좋게도 런던 북부에 있는 밀 힐 학교(Mill Hill School)에서 일하는 스코틀랜드인 교사를 설득해 프로젝트 지휘를 맡길 수 있었다. 그 교사뿐만 아니라 대부분의 출판사들을 설득하는 데는 약간의 노력이 필요했다. 맥밀란, 케임브리지, 옥스퍼드를 비롯한 출판사들은 그 프로젝트를 제안받고 다들 뒷걸음질 쳤다. 옥스퍼드는 망설였다. 학문적인 명성은 얻을 수 있지만 프로젝트의 위험과 불확실함이 너무 크다고 양쪽에서 문제를 바라보았다. 하지만 출판사들이 달아나는 것을 멈추었다. 간단히 말하자면 1879년에 학회가 앞서 말한 교사를 찾았기 때문이다. 큰 키의 스코틀랜드 저지대 출신의 제임스 머레이(James Murray)가 사전 편집이라는 결코 쉽지 않은 작업을 맡겠다고 했고 옥스퍼드 대학교 출판사가 프로젝트의 이상적인 출판사로 나선 것이다.

인상이나 추측, 기존 사전들의 내용에만 의존하지 않고 언어의 실제 증거를 토대로 하는 사전을 만드는 것이 프로젝트의 핵심이었다. 단어의 정확한 정의와 상세한 어원 정보, 단어와 뜻의 사용에 대한 가장 빠른 기록부터 현재에 이르는(또는 단어가 사라진 지점까지) 용례까지 제공되는 간략한 단어 전기가 될 터였다.

머레이는 자료 수집을 위해 새로운 방법론을 완성했다. 전 세계 사람들에게 부탁하고 회유하는 방식이었다. 문헌과 학술지, 신문 등에서 발견한 유용한 언어 정보를 색인 카드에 옮겨 적어서 보내달라고 국제적으로 호소했다. 1880년대 초에 이르러 충분한 기록이 모이자 머레이와 동료들은 알파벳별로 정보를 분류하고 정의하고 정리하는 작업을 시작했다. 사전은 분할식으로 출판되었는데 A부터 Ant까지가 담긴 1권이 1884년에 나왔다. 이제 학구적인 대중은 새 사전을 시대의 경이로 인정하고 완성을 손꼽아 기다리기 시작했다.

막대한 언어 정보를 다 넣으려면 여러 권으로 출판해야 하고 10년 이상이 걸릴 것이라는 사실을 모두가 받아들였다. 한 권이 출간될 때마다 구독자들에게 배송되었고 처음에 진행 속도는 썩 괜찮은 편이었다. 생각보다 오래 걸리기는 했지만 무시무시할 정도로 지체되지는 않았다. 1903년에 편집자들은 알파벳 R에 이르렀고 끝이 멀지 않다는 희망도 보였다. 하지만 그들은 알파벳 S가 그렇게나 광범위하리라고는 미처 생각하지 못했다. 가장 용감한 사전 편찬자마저도 치를 떨게 만드는 알파벳이었다. S 작업과 함께 제1차 세계대전이 터졌다. 전쟁으로 편집 인력이 군에 입대하면서 속도가 점점 느려졌다. 가속도를 되찾기가 어려워 후반부 작업은 1920년대까지 연쇄적으로 느려졌다. 마지막 권은 1928년에 출판되었다. 남은 편집자들이 5년 후인 1933년에 새로운 단어들을 담은 한 권짜리 보충판을 내놓았고 사전부는 문을 닫았다. 옥스퍼드 대학교 출판사는 예견할 수 있는 미래를 위하여 영어를 포착했다는 사실에 만족하면서 일상으로 돌아갔다.

하지만 예견할 수 있는 미래는 생각보다 짧았다. 결국 나에게는 잘된 일이었지만 1957년에 옥스퍼드 대학교 출판사는 OED를 최신 상태로 유지하려면 보충판을 부활하고 확장할 필요가 있다고 결정 내렸다. 이 작업을 이끌어갈 편집자로 뉴질랜드 출신의 로버트 버치필드(Robert Burchfield)가 임명되었다. 원래의 계획은 논리적이지 못했다. 커다란 한 권짜리 보충판을 20세기 중반의 중요한 신조어와 뜻을 포함한 그보다 더 큰 한 권의 보충판으로 바꾼다는 것이었으니까. 편집의 스타일과 목적은 동일하지만 영국과 미국, 전 세계의 현대어 자료를 취급하는 부록으로 기획되었다. 하지만 1933년에 나온 한 권짜리 보충판은 똑같이 한 권짜리 구성 안에서 추가하기에는 너무 방대했다. 1960년대에 출판사 내부에서는 논쟁이 끊이지 않았다. 신조어가 계속 늘어나 보충판 한 권이 두 권이 되고 두 권이 세 권이 되었기 때문이다. 〈OED 보충판〉은 결국 네 권으로 막을 내리게 되는데 1972년에는 네 권 중 한 권밖에 출판되지 않은 상태였으므로 완성을 위해 많은 작업이 필요했다. 그와 동시에 좀 더 얇은 사전들 또한 편집자들에게 끊임없는 추가 작업을 안겨주었다. 따라서 1976년에 이르러 작업 속도를 높이기 위해 출판사 베테랑들이 〈옥스퍼드 포켓 사전〉의 다음 판본 작업을 도와줄 새로운 편집자를 구한다는 광고를 내보낸 것이었다.

옥스퍼드 대학교 출판사 영어 사전부에 지원할까 고민하는 과정에는 몇 가지 문제가 있었다. 1970년에 이르러 인문대 학생이나 학자라면 누구나 OED 작업이 구식의 *juggernaut*(대형 또는 비대 조직-역주)이라는 사실을 알고 있었다. 그것은 구시대 학문의 집이었다. 사람들이 가장 좋아하고 높이 평가하는 것은 그보다 작은 포맷의 옥스퍼드 사전들이었다. 옥스퍼드 대학교 출판사는 1911년에 파울러(Fowler) 형제가 편집한 〈옥스퍼드 콘사이스 사전(Concise Oxford)〉을 내놓았다. 진행 중이던 엄청난 분량의 OED 초판이 완성되기 훨씬 전에 OED를 부분적으로 이용해 내놓은 것이었다(그러니 축소해봤자 얼마나 축소했을까?). 〈옥스퍼드 콘사이스〉를 토대로 〈포켓 사전〉(보통 포켓 사전보다 컸다), 〈리틀 사전〉(작기는 했다) 그리고 나중에는 미니어처로 된 〈미니 사전〉까지 온갖 파생품이 나왔다. 그 중간쯤 되는 〈쇼터(Shorter)〉라는 매력적인 이름이 붙은 커다란 두 권짜리 사전도 있었다. 자존감 있는 학생이라면 으레 사랑하는 부모님에게 열여덟 번째 생일 선물로 받았다.

영어 단어 juggernaut의 첫 기록은 17세기 초로 거슬러 올라간다. 당시 모든 사람이 알았던 단어는 아니지만 언어 변화에 민감한 사람들은 알았다. 당시는 영국 제국이 확장되던 시기로, 영국인들은 런던에서 먼 외국으로 여행하고 무역도 하면서 이상한 단어들을 가지고 돌아왔다. 그중 다수가 영어 안에 자리 잡았다.

초기에 인도 아대륙을 방문한 여행자들은 벵골만에 있는 오디사의 퓨리 지방에서 거대한 행렬을 목격하고 무척 놀랐다. 거대한 '수레'(한 기록에 따르면 약 4층 높이의 금방이라도 부서질 듯한 운송수단이었다)에 놓인 비슈누 상이 도시를 지났고 수천 명의 사람들이 뒤따랐다. 사람들이 심하게 몰려 있어서 매우 위험한 행사였고 실제로 오랜 기간 동안 많은 사상자가 발생했다고 했다. 이런 이야기가 여행자들을 통하여 전해졌다.

유럽인 여행자들은 이 'Jagannath' 축제를 인도어 발음에 따라 영어 철자로 기록했다(힌두어로 짧은 a는 영어에서 cut, mutt 등 u자 발음과 똑같은 소리가 나기 때문에 첫 번째 모음에 u가 붙었다고 OED는 설명한다). 하지만 그들이 몰랐을 수도 있는 것은 'Jagannath(세상의 신)'가 비슈누의 힌두어 이름이었다는 사실이다. 여행자들은 이것이 비슈누 상을 실은 장엄한 차(혹은 'Juggernaut')를 뜻하는 단어인 것처럼 사용했다. 19세기 초에 이르러서는 덜거덕거리며 도로를 지나는 모든 대형 수레에 사용하게 되었고 나중에는 대형 트럭도 포함되었다.

옥스퍼드 출판사가 OED를 바탕으로 내놓은 온갖 사전의 절정은 〈콤팩트 사전(Compact)〉이었다. OED를 두 권으로 만든 이 사전은 돋보기와 함께 판매되었다! 정말 환상적인 아이디어였다. OED 아홉 페이지 분량의 활자를 한 페이지에 넣은 포맷으로 1971년에 OED 전체가 두 권에 담겨 출판되었다. 예상 외로 인기가 있었다. 특히 글자가 작게 인쇄된 책을 돋보기 없이 읽을 수 있을 정도로 시력이 좋다는 사실에 만족하는 사람들에게 인기였다. 〈콤팩트 사전〉은 1970년대 초반에 많은 영국 학자들의 책장에 놓이게 되었다. 일요 신문 부록의 최저가 제안을 통하여 구입하는 경우가 많았다. 지금 생각해보면 옛 텍스트에 활기를 불어넣는 데 사용된 구식의 기법이지만 당시에는 다른 선택권이 없었다. 소형 옥스퍼드 사전들이 급속도로 개정되고 큰 사전들은 좀 더 긴 간격을 두고 개정되고 있었다. 〈콤팩트 사전〉은 더욱 강화된 돋보기를 제공했다. 안타깝게도 이러한 현상은 여러 권으로 이루어진 대형 사전 OED가 제대로 된 개정 작업이 이루어지지 못하고 단순히 묵직한 부록('보충판')을 제공하고 있다는 뜻이었다. A에서 Z까지 전체를 개정하는 것은 너무나 버거운 과제였기 때문이다.

∞

1976년의 길고 무더운 여름의 시작을 알린 6월에 사전부 면접이 있었다. 힐러리와 나는 고용 안정성과 연봉 수준에 대해 알아보고자 기차를 타고 소박한 붉은 벽돌로 지어진 레딩 대학교를 떠나 중세의 웅장한 옥스퍼드를 방문했다. 기차역에서 내려서 옥스퍼드 대학교 출판사 사무실이 있는 월튼 스트리트(Walton Street)로 갔다. 나중에 나는 월튼 스트리트를 서구 사회 사전 제작의 *epicentre*(중심지, 진앙지-역주)로 여기게 된다. 여기서부터는 나 혼자 해야 했다. 힐러리는 순진하게도 면접이 30분쯤 걸릴 것이라고 확신하면서 그동안 주변 상점을 둘러보고 있겠다고 했다.

Epicentre가 1660년경에 경험 학문과 고대어에 대한 르네상스 시대의 애정으로 영국에서 등장한 고전적인 단어라고 생각할지도 모른다. 하지만 아니다. 이 단어가 영어에 들어온 것은 훨씬 나중의 일이다(1880). 일반적으로 과학자들은 오늘날까지 이어지는 범유럽적인 과학적 조사의 전통에 따라 새로운 단어를 만들 때 고전적인 단어, 혹은 고전적인 단어의 부러진 가지로 손을 뻗는다. 영어 epicentre의 전임자는 비슷한 의미로 사용된(특히 지진학에서 중심 위의 지점) epicentrum(1874)이었다. Epicentrum이 야만적으로 느껴질 수도 있지만 이 단어는 1873년에 독일 과학자 카를 폰 시바흐(Karl von Seebach)가 새로운 지진학 학문의 신조어가 필요해 그리스어에서 고안한 독일어였다(지진을 연구하는 학문을 뜻하는 seismology의 어원도 그리스어다). 영어처럼 보이도록 epicentrum을 epicentre로 바꾼 것뿐이다. 단어의 기원과 사용에 대해 섣불리 가정하면 안 된다. 보기보다 많은 이야기가 들어 있을 수 있다. 특히 하얀 가운을 입은 과학자들과 관련 있는 단어라면 더욱 그렇다.

옥스퍼드 대학교 출판사 앞에 서자 주눅이 들었다. 특히나 옥스퍼드에 관한 경험이라고는 내가 사는 지역인 글로스터셔에서 운동부와 함께 정기적으로 자치주 경계선 너머에 가본 것이 고작이었으니 더욱 그러했다. 두꺼운 돌기둥을 사이에 두고 선 거대한 검은색 철문은 외부인을 차단하는 동시에 대학교 스타일의 잔디밭과 사각형 안뜰, 한가한 연못에 드리워진 구리색의 키 큰 너도밤나무를 살짝 보여주며 경이와 매혹을 유발했다. 출판사는 전형적인 18세기 건물처럼 보였다. 옥스퍼드의 다른 곳에 흩어져 있던 출판사의 편집 인력과 인쇄소 일꾼들을 하나의 집합적인 지붕 아래에 수용할 목적으로 19세기 초에 지어진 건물이었다. 당연한 말이지만 감탄이 나왔다.

경비원이 사각형 안뜰로 들여보내 주었다. 하지만 멋진 잔디밭에 이르기도 전에 안내에 따라 방향을 틀어야 했다. 자격 없는 사람은 그곳의 장관을 온전히 음미할 수가 없었다. 인사과로 가서 그동안 면접과 관련해 연락을 주고받은 '대령'이라는 담당자를 만났다.

대령은 당시 OUP(옥스퍼드 대학교 출판사) 인사과의 얼굴이었다. 그는 (물론 은퇴한) 유쾌한 군인이었고 군인 출신들이 인사과를 지배했던 시절의 잔재 같은 존재였다. 영화 〈마이 페어 레이디〉에서 성격파 배우 윌프리드 하이드-화이트(Wilfrid Hyde-White)가 연기한 피커링 대령을 모델로 삼은 것이 분명한 듯, 작은 키에 말쑥하고 머리가 벗겨졌고 말수 많고 매력적인 군대식 말투가 특징이었다. 그는 악수 후 크고 튼튼한 책상에 놓인 의자에 앉았고 나는 한눈에도 여기에서 가장 중요한 사람이 아니라는 사실을 알려주는 단순한 의자에 앉으라고 안내되었다. 우리는 인사과의 시선으로 보는 출판사의 웅장한 역사에 대해 이야기 나누었고 만약 운이 좋아 합격할 경우 레딩에서 옥스퍼드로 이사하는 것이 쉬울지 그도 나도 의아해했다. 훨씬 나중에 알게 된 사실인데, 두 지역의 거리는 약 40킬로미터밖에 되지 않지만 옥스퍼드에는 오래된 성벽 바깥으로 몇백 미터만 나가도 문명이 끝났고 야만족들이 참호를 파놓았다고 생각하는 이들이 있었다. 그런가 하면 또 어떤 사람들은 '태양은 와드햄(칼리지)에서 뜨고 우스터에서 진다'고 믿었다. 여기서 우스터는 당연히 우스터시가 아니라 우스터 칼리지다(와드햄과 우스터 모두 옥스퍼드 대학교의 칼리지—역주).

대화 소재가 모두 소진되자 그는 사전부 주변을 둘러보자고 했다. 당시 옥스퍼드 대학교 출판사의 사무실은 대부분 제리코의 테라스들 가운데 자리한 커다란 건물 단지에 위치했다. 옥스퍼드 운하 옆의 동네 제리코는 토머스 하디(Thomas Hardy)의 소설 《무명의 주드》에서 베르셰바의 모델로 등장해 유명해졌다. 사전부는 테라스 딸린 작은 집 두 채에 자리 잡고 있었다. 중심부의 끄트머리에 위치한 월튼 크레슨트 40번지와 41번지였다. 사전부 사무실은 옥스퍼드 대학교 출판사의 주요 사무실들과 가까웠으므로 대령과 나는 오래 걷지 않아도 되었다. 구불구불한 복도로 이어진 출판사 내부를 지나 월튼 크레슨트 40번지로 *debouch*(좁거나 막힌 곳에서 넓고 탁 트인 곳으로 나가다—역주)했다.

OED에 따르면 동사 debouch는 18세기 중반에 프랑스어에서 영어로 들어왔다. 요즘도 보편적으로 쓰이는 단어는 아니지만 오래된 것, 역사적인 것, 지리학적으로 먼 것, 상류층에서 사용하는 것 등 동시대 언어의 여러 층에서 우리가 단어를 어떻게 뽑아내 사용하는지 다시 한 번 보여준다. 프랑스어 단어들은 적어도 1066년 노르만 정복 시절 이후로 영어에 들어왔지만 debouch가 영어에 망명을 신청할 필요가 생긴 것은 훨씬 나중인 1740년경이었다. 이 단어는 '뚫다, 코르크 마개를 뽑다, 자유롭게 흐르게 하다'라는 뜻을 가진 프랑스어 déboucher에서 직접 나왔다. 역시 프랑스어에서 빌린 debauch(원래 '똑바르고 좁은 길, 덕의 길에서 벗어나다'라는 뜻이었다)와는 상관이 없지만 몇 세기를 앞선다. 강이 강둑에 의해 갇혀 있다가 바다로 debouch하고 군대가 위장한 채 숲을 행군하다가 탁 트인 시골길로 debouch한다. 그리고 나는 사전부 앞에서 안내자에 의해 debouch했다.

당시 월튼 크레슨트 40번지는 OED의 신경중추였다. 대령은 잡담을 하면서 나를 1층에 있는 방으로 데려가 사전부 비서에게 소개시켰다. 대령이 떠난 후 나는 OED 편집장과의 인터뷰를 기다렸다. 내가 기다리고 있는 곳은 사전부 도서관이라고 했다. 중앙에는 편집자들이 앉아서 방 안 책꽂이에 가득한 두꺼운 책들을 참고할 것 같은 커다란 테이블이 있었다. 테이블 중앙의 오른쪽에는 사전의 '독자단'이 게걸스럽게 소비한 최신 텍스트가 펼쳐진 독서대가 놓여 있었다(내 안내자가 조심스럽게 설명해주었다). 독자들이란, 자발적으로 꾸준히 무수히 많은 문학 작품을 읽고 발견한 단어와 표현을 색인 카드에 적어서 사전에 포함해달라고 옥스퍼드에 보내오는 이들이었다. 그 주에는 조지 버나드 쇼(George Bernard Shaw)의 《편지 모음(Collected Letters)》이 제목을 잊어버린 다른 책, 잡지들과 함께 등장했다.

오로지 사전용 정보를 위하여 쇼의 《편지 모음》 같은 책에서 인용문을 수집하는 것이 삶의 유일한 목적인 OED 독자 집단이 전 세계에 널리 퍼져 있다는 것은 매우 매혹적인 가능성이었다. 나는 독자 군단이 최근에 상을 받은 소설이나 짜릿한 타블로이드 신문에서 새로운 단어를 찾으라고 부탁받는 상상을 해보았다. 과연 그들은 누구인가? 도대체 어떻게 그런 일을 하게 된 것일까? 그들을 실제로 만나본 사람은 있을까? 하지만 그냥 생각할 거리에 불과할 뿐 아직은 그 모든 것에 함축된 의미를 생각해볼 필요가 없었다.

당시에는 깨닫지 못했지만 나는 수많은 사전 편집자의 모든 관심이 잠재적 새 동료가 어떻게 생겼는지 알아보는 것으로 쏠린 순간에 놓여 있었다. 태연한 척하며 도서관 안을 살폈지만 사실은 눈앞에 펼쳐진 운명을 기다리고 있는 것이었다.

면접을 생각하니 초조했다. 대답하고 싶지 않은 질문들이 나올 수도 있었다. 나는 배우는 속도가 느린 사람이다. 적어도 어느 정도 안다고 자부할 수 있을 때까지는 내 견해를 밝히고 싶지 않다. 시간이 주어지면 보통은 답을 알아내지만 당장은 불가능할 수도 있다. 힐러리는 똑같은 상황에서 아무런 문제가 없다. 질문의 정답을 모르더라도 조금 아는 것에 가장 가까운 내용으로 길고 설득력 있게 대답할 수 있다. 반면 나는 무슨 말을 해야 할지 몰라서, 틀리고 싶지 않아서 입이 다물어진다. 잠시 후에는 상황이 어느 정도 파악되어 괜찮아진다. 하지만 면접에서 가장 중요한 첫 10초를 무사히 넘길 자신이 없다.

층계참 건너편의 문이 열리더니 나이 지긋한 학자처럼 보이는 신사가 자신의 사무실로 오라고 손짓하면서 초조한 기다림이 끝났다. 그가 바로 옥스퍼드 영어 사전 편집장 로버트 버치필드였다. 나는 대충 실시한 사전 조사에서 수집한 그에 대한 약간의 정보를 떠올리려고 애썼다. (a) 1957년에 편집장으로 임명되었음 (b) 학술서 부록이나 두꺼운 사전 보충판을 만드는 업무를 맡고 있음.

나는 두꺼운 보충판을 한 권짜리로 만들려는 계획이 머지않아 무너질 것이라는 사실을 알고 있었다. 사전에 집어넣어야 할 20세기 신조어가 많아도 너무 많았다. 영화와 음악 산업의 부상, 대공황, 제2차 세계대전, 레이더, 미니스커트, 사이키델리아 등 신조어 탄생의 도가니 역할을 한 것들이 20세기 내내 너무도 많았다는 사실을 아는가? 그쯤에 이르러서는 보충판 분량이 결국 네 권을 채우리라는 사실을 모두가 인정한 상태였다. 1권은 이미 출판되었고(1972) 2권은 내 면접이 끝났을 때 즈음 입력과 제본을 마치고 출간을 기다리고 있었다.

머뭇거리며 편집장의 사무실로 가는 동안 아마도 나는 그가 한 손에는 파이프를, 다른 손에는 고대 수메르 원전을 들고 체이스 라운지 (chaise lounge, 팔걸이가 없고 다리를 뻗을 수 있게끔 앞으로 길게 되어 있는 의자-역주)에 나른하게 앉아 단어의 뜻을 숙고하고 있으리라고 생각했던 것 같다. 하지만 낭만적인 상상은 곧바로 무너졌다. 편집장의 사무실은 디자인과 장식의 부재를 확고하게 보여주는 작고 기다란 공간이었다. 그 공간의 가장 큰 장점은 위치인 듯했다. 책과 사전부 비서, 편집 인력들과의 접근성이 뛰어났다. 사무실에는 체이스 라운지가 들어갈 공간조차 없었으며 안락의자가 하나 들어갈 공간은 있었다. 편집장은 대답하기 불가능한 영어 관련 질문을 쏟아낼 준비가 된 채로 의자에 비스듬히 기대어 앉아 있었다. 언어와 사전에 대한 지식을 어느 정도 갖추었다고 생각했지만 이렇게 극단적이고 답답한 공간에서는 내 지식 수준이 쓸모없는 것으로 판명될까 봐 걱정스러웠다.

당시 나는 사전 편찬자의 일에 대해 어렴풋이만 알고 있었을 뿐이었다. 한편으로는 외모에서도 위압감이 풍기고 자기주장이 강하고 언어 사용 능력이 뛰어난 새뮤얼 존슨(Samuel Johnson) 박사가 1755년에 형식을 파괴하는 사전을 냈다는 것까지 알고 있었지만 또 한편으로는 OED 초대 편집자 제임스 머레이 경이 낸 스코틀랜드판에 대해서는 별로 알지 못했다. 그마저도 면접을 앞두고 이런저런 자료를 찾아보다가 얻은 정보였다. 당시의 편집장 로버트 버치필드는 존슨이나 머레이의 전형에 해당하지 않았다. 그는 막 쉰이 넘었고 사람 좋아 보이는 친절한 미소와 벗겨지지는 않았지만 희끗희끗한 머리카락의 소유자였다. 매우 정감 있는 성격이었지만 조용하게 고집스럽고 날카로운 목소리가 지나치게 점잔 빼는 것처럼 보였다. 그 어떤 단어도 낭비하고 싶지 않아 하나하나 전부 다 저울질하는 것처럼 말이다. 새의 부리로 쪼아대는 듯한 분위기가 풍겼다. 껍질 속에서 밀을 찾으려는 학자처럼. 그는 무슨 말을 한 후 자신이 원하는 것에 대한 실마리를 주기보다는 그냥 상대방의 반응을 기다렸다.

자리에 앉아 인사를 했다. 인사과에서 앉았던 의자보다는 나았지만 솔직히 편집장이 앉은 의자 이외에 앉을 곳은 하나뿐이었다. 옥스퍼드 학자들과 대화를 나눠본 경험은 거의 없지만 이 직업에 꼭 필요할 것이 분명한 중세 라틴 시나 성 안셀무스에 대한 대화라면 준비가 되어 있었다.

공교롭게도 성 안셀무스나 솔즈베리의 요한, 월터 맵, 대시인 등 내가 중세학 시간에 배운 인물들이 등장할 일은 없었다. 법적으로 규정된 사항(이름, 소속, 사회보장번호)을 확인한 후 25분 동안 편집장이 사전과 그 자신, 옥스퍼드 생활에 대해 이야기했기 때문이다. 그는 옥스퍼드를 동화 속에 나오는 마을처럼 느껴지도록 묘사했다. 매사에

(내가 보기에) 부자연스러운 정확성을 추구했지만 그래도 매력적인 면접관이었다. 그는 뉴질랜드에서 대학을 졸업한 후 로즈 장학생으로 옥스퍼드에 오면서 옥스퍼드와 그 긴밀하게 맺어진 학문 공동체에 흡수되었다. 그 후 뉴질랜드로 돌아가지 않고 옥스퍼드 학자의 삶에 뛰어들었다. 그는 수도사 옴(Orm)이 쓴 난해한 중세 원전《오르물럼(Ormulum)》에 삭제된 단어를 찾아낸 빈틈없는 작업으로 잘 알려져 있었다. 내가 요크 대학 도서관에서 발견한 중세 스웨덴 사전의 편집자 누트 프레드릭 소더월(Knut Fredrik Soderwall)의 이름을 꺼냈고 우리는 그에 대해 잠시 이야기를 나누었다. 분명 긴 대화는 아니었을 것이다. 내가 소더월에 대해 아는 것이라고는 거의 이름뿐이었던 데다가 예상 밖으로 편집장이 스웨덴 중세학에 대한 예리한 지식을 드러냈기 때문이다.

면접이 진행되면서 갑작스럽게 공통 관심사가 등장했다. 몇 달 동안 밤낮으로 석사 학위 논문을 썼던 것이 운명적인 우연의 일치로 OED와 중대한 연관성이 있었다.

학부생일 때 건국의 아버지, 어머니들의 시와 산문 때문에 큰 고생을 했다. 훨씬 다채로운 (언어적으로도 연관 있는) 아이슬란드 영웅 전설을 알면 초기의 고대 영어가 훨씬 재미있어질 것이라는 생각이 들었다. 산산조각 나는 가족, 짓밟히는 나라, 날카로운 뿔로 장식된 투구(날카로운 뿔은 나중의 발명품으로 밝혀졌지만)의 이야기 말이다. 현존하는 대부분의 고대 영어는 역사적이거나 기독교적이고, 창의적이거나 서사적이지 않아서 표면상으로는 별로 흥미로워 보이지 않는다.

이러한 접근법의 문제는 (내가 즉각 인지할 수 있었듯) 아이슬란드 영웅 전설이 고대 영어가 아닌 중세 아이슬란드어로 쓰였다는 것이었다. (놀랍게도) 간간이 수업을 듣는 것만으로 영웅 전설을 읽을 수 있을 정도로 혹은 최소 일부는 읽을 수 있을 정도로 그 언어를 습득할 수 있었다. 그래서 석사 논문을 쓰기 위해 중세 영어 시 〈가윈 경과 녹색의 기사〉로 여과해 들어간 중세 아이슬란드어 단어를 분석했다.

그 경험이 OED와 J. R. R. 톨킨과의 미약한 연결고리를 만들었다. 〈가윈 경〉의 현대 버전을 톨킨이 편집했기 때문이다. 그가 젊은 시절 리즈 대학교 교수로 재직할 때, 그러니까 OED의 어시스턴트로 일하기 전 호빗 이야기꾼이 아닌 중세학자로 가장하던 시절이었다.

나는 톨킨의 편집판 맨 뒤에 실린 용어 해설을 샅샅이 뒤져서 그가 아이슬란드어 어원이라고 생각했던 단어들을 찾아보았다고 편집장에게 말했다. 단어 목록을 만들어 하나씩 나의 예리한 지성을 거친 결과 대부분 톨킨과 정확히 일치하는 결론에 이르렀다(특히 그의 설명을 먼저 읽은 후에는 더더욱). 가끔씩 톨킨과 혹은 지도교수와 다른 의견이 나올 때는 학계의 중심축이 다시 잡히도록 간단한 메모를 적어놓았다. (OED 작업을 하게 된 몇 년 후 그중 지극히 일부분을 중세 학술지 〈Medium Ævum〉에 실었다. 개인적으로는 만족스러웠지만 학계의 관심을 받지는 못했다. 그 호가 발행되었을 때 다들 학회에 참여하느라 바빴나 보다.)

톨킨의 이름이 나오자 편집장이 관심을 보인다는 사실을 그의 이마를 보고 알 수 있었다. 치밀하게 준비하지 않았기에 몰랐지만 편집장과 톨킨은 옥스퍼드에서 서로 잘 아는 관계였다. 편집장은 처음에 톨킨의 제자였고 나중에는 수년 동안 영문과 동료였다.

우연에 우연이 겹쳤다. 당시는 톨킨이 이미 3년 전에 세상을 떠난 후였지만 여전히 마음에 남아 있었던 듯 편집장은 옛 친구에 대해 이야기하기 시작했다. 우연의 일치로 당시 출간을 앞둔 OED 보충판 2

권(H부터 N까지 단어 수록)에서 'hobbit'이라는 단어의 작업을 시작하려던 참이었다. 출간이 임박했다는 사실을 나는 전혀 알지 못했다. 톨킨의 판타지 소설을 읽은 독자라면 잘 알다시피 호빗은 "가공의 난쟁이 종족으로 스스로는 호빗('구덩이에 사는 사람들'이라는 뜻)이라고 부르지만 다른 이들은 반쪽 사람이라는 의미의 '하플링(halfling)'이라고 부른다.(OED)" 편집장은 곧 출간될 보충판 2권에서 호빗이 가장 홍보 가치가 큰 단어라는 사실을 잘 알고 있었다. 게다가 부적절한 단어가 가득해 학자들에게는 기쁨을, 순수주의자들에게는 절망을 안겨준 1권(A부터 G까지 단어 수록)과 달리 2권은 노골적이고 부적절한 금기어가 없어서 대중이 가장 좋아하는 파트이기도 했다.

편집장은 OED가 톨킨에게 hobbit의 정의와 어원 초고에 대한 조언을 부탁했다고 말했다. 그가 서류함에서 '문인들'이라고 이름 붙은 먼지 가득한 서류철을 꺼냈다. 사람들이 문학적 가치가 있다고 보내온 모든 편지의 복사본을 저장해두는 서류철이라고 설명했다. 그는 가장 아끼는 것이 분명해 보이는 종이 한 장을 꺼냈다. 몇 해 전 그가 정중하게 보낸 요청에 대한 톨킨의 회신이었다. 읽어보니 톨킨은 OED가 작성한 호빗의 정의에 추가할 말이 별로 없었으며 그 이유를 진정한 옥스퍼드 스타일로 몇 페이지에 걸쳐서 훌륭하게 설명했다.

이렇게 잠깐 동안 공통 관심사를 발견하면서 면접의 중대한 순간에 이르렀을 때 미리 약속된 것이 분명해 보이는 작고 신속한 노크 소리가 들렸다. 역사적 사전 편찬과 정반대되는 과학적 사전 편찬을 상징하는 큰 키에 호리호리한 체구의 존 사이크스(John Sykes)가 들어왔다. 〈옥스퍼드 콘사이스 사전〉 편집자인 그는 내가 30분 동안 즐겁게 담소를 나눈 신사와 정반대였다. 마지막까지 말은 거의 하지 않았지만 날카롭게 찌푸린 눈을 마치 꿰뚫어 보기라도 하듯 상대방에게 고정했다. 나는 그의 집중된 시선에 흐트러지는 것을 느꼈다. 〈콘사이스〉와 한줄기인 〈옥스퍼드 포켓 사전〉 작업의 어시스턴트를 뽑는 것이라 〈콘사이스〉 편집자인 그가 최종 결정권을 쥐고 있음을 순간적으로 알 수 있었다.

존 사이크스의 등장 이후 면접이 하향세를 그린 것은 전적으로 내 잘못이었다. 나는 자신에게 별로 관심을 보이지 않는 사람에게 내어줄 시간이 없었고 그가 바로 그런 사람이었다. 내가 〈타임〉지를 펼치기도 전에 〈타임〉지 낱말 맞히기를 끝낼 수 있는 (나중에 알게 된 사실이다) 업계의 거물인 그는 중세 시를 변덕스럽고 논리적으로 허황된 분야라고 치부했다. 그는 머리부터 발끝까지 과학자였고 나는 하필 운이 없게도 과학자에게 걸린 것이었다. 그는 내가 건조하고 재미없고 전혀 무관하다고 생각하는 언어 분야에 (매우 적은 말수로) 열광(enthuse)했다. 이를테면 새로운 판본에 몇 페이지나 들어갈 수 있는가, 단어 정의를 좀 더 압축하고 낱말 맞히기 같은 암호로 만드는 방법 등. 분명히 그의 머릿속에도 나에 대해 같은 생각이 스쳤으리라. 나는 영어의 역사에 관심이 있었고(내 생각에는 그랬다) 그는 예술 형태로서의 간결한 정의에 관심이 있었다.

쾌활한 편집장을 상대로는 첫 10초를 무사히 넘겼지만 부편집장은 곧바로 나를 꿰뚫어 보았다. 아니, 처음 본 순간부터 그 스스로 나에 대한 잘못된 최악의 인상을 만들었다는 표현이 마음에 든다. 또한 그는 자신의 직속 부하 직원을 뽑는 면접에서 편집장에 이어 두 번째로 권한을 행사한다는 사실 자체가 마음에 들지 않았던 것 같다.

편집장은 한쪽에 앉아 있고 나는 꿰뚫는 듯한 짧고 날카로운 질문이 드문드문 쏟아지는 침묵 속으로 내던져졌다. 〈콘사이스〉와 비교할 때 〈포켓 사전〉의 특징은 무엇입니까? 음, 더 작다는 거요? 조심스럽게 답했다. 침묵이 이어졌다. 〈포켓〉은 어떤 독자들을 겨냥한다고 생각합니까? 더 젊은 독자들? 이번에는 추측을 해보았다. 침묵이 계속되었다. Continuous와 continual은 어떻게 다른가요? 이번에는 정당한 질문이었지만 내가 생각해본 적 있는 질문은 아니었다. 침묵과 어색하게 발 끄는 소리만 들렸다. 〈콘사이스〉의 초대 편집자인 파울러 형제가 OED 전체가 완성되기도 전에 거기에서 내용을 가져와 〈콘사이스〉를 출간한 것이라는 사실을 알고 있었습니까? 예. 이번만큼은 확실한 답을 아는 질문이었다. 나와 일해보고 싶은 마음이 있습니까? 물론 그는 이 질문을 하지 않았다.

시간이 지날수록 나는 〈포켓〉이 〈콘사이스〉보다 더 축약된 포맷이라는 사실을 조금씩 깨달았다. 하지만 사전을 그렇게 만들면 무슨 재미인가? 단어에는 뜻이 있다. 뜻이 서로 엮여 있거나 중복되어 있고 최소한 서로 영향을 끼친다는 것을 당시에도 알고 있었다. 어원을 따라가는 일이 오래전에 사라져 상상으로만 가능한 사회와 그 문화로 거슬러 올라가는 흥미로운 길이라는 것을 말이다. 〈포켓〉은 내가 참여하고 싶은 프로젝트가 아님을 깨달았다. 여러 권으로 구성된 대형 OED처럼 역사적 범위가 풍부하지 않았다. 〈콘사이스〉 편집자와 나는 언어의 흥미로운 부분에 대한 견해가 정반대였다. 우리는 충돌 지점에서 각자 후퇴해 정반대되는 문으로 나아갈 가능성이 컸다.

하지만 그에게는 상관없는 일이었다. 일자리를 쥐고 있는 것은 그였고 나는 대화를 원위치로 돌릴 가망이 전혀 없는 풋내기였다. 잠시 후 주어진 45분이 지났다는 것을 확실히 알 수 있었다. 사실 45분은 1시간 15분 전에 지나 있었다. 내 면접은 장장 2시간 동안 이어진 것이었다. 좋은 경찰 역인 편집장이 언어와 인생에 대해 길게 이야기한 것이 나에게는 큰 이득이었다. 말할 필요가 별로 없어서 합격 가능성을 막는 말을 꺼낼 위험이 없었기 때문이다. 하지만 나쁜 경찰 부편집장은 말수가 적었고 족히 30분 동안 주눅 들게 하는 눈초리로 나를 빤히 쳐다보았다. 갑자기 상황의 흐름이 바뀌고 게임 오버라는 생각이 들면서 안내에 따라 사무실 뒤쪽으로 나갔다. 두 편집자는 사무실에 남아 내 합격 여부를 의논할 터였다.

면접이 끝나고 사전부 사무실을 나갈 때 나는 '옛 옥스퍼드'의 한 부분과 마주했다는 사실을 알고 있었다. 그것은 톨킨과 루이스 캐럴 (Lewis Carroll), 벤저민 조웨트(Benjamin Jowett), C. S. 루이스(C. S. Lewis)의 옥스퍼드였다. 신중한 학문의 옥스퍼드였다. 창의적일 때도 많지만 외부인이 뚫고 들어가 이해하기는 어려웠다. 입장 자격을 얻어야만 하는 환경, 그 힘을 늦추려는 신호가 전혀 보이지 않는 환경이었다. 처음에 OED는 옛 옥스퍼드 환경 속에서 만들어졌지만 이제는 현실적인 언어와 모두가 아는 현실적인 바깥 세상에 이르렀다. 내가 사전 작업에 개입해 어떤 계획을 세우기에는 너무 이른 시기였지만 만약 OED가 도로 과거로 미끄러지지 않고 미래로 새로운 방향을 잡는다면 어떻게 될까? '새 옥스퍼드'가 만들어질 수 있을까? 아니면 그런 시도는 옛 옥스퍼드에 의해 그냥 삼켜져 버릴까?

나는 혹시라도 합격할지 모른다는 착각을 조금도 하지 않은 채 사전부 건물을 나섰다. 약간은 쓸쓸한 기분으로 한가로이 거리로 나가 몇 시간의 윈도쇼핑으로 지친 힐러리를 만났다. 우리는 기차를 타고 레딩의 조용한 생활로 돌아갔다. 며칠 후 대령으로부터 안타깝게도 합격하지 못했다는 소식이 전해졌다.

2

사전 편찬 101

옥스퍼드 대학교 출판사(OUP)
에서 불합격 편지를 받은 후 몇 주 동안 논문 작업에만 집중하며 나에게 가장 잘 어울리는 직업이 무엇인지 생각해보는 시간을 가졌다. 불합격한 것에 대해 출판사나 사전부에 억하심정은 없었다. 분명히 나보다 훨씬 뛰어난 지식인이자 적임자가 많았을 터였다. 그러니 나를 필요로 하는 다른 곳이 있는지 조용히 살펴볼 시간이었다. 논문을 더 깊이 파고들면서 낙관적인 마음으로 한두 군데 연구비를 신청했다. 타고난 낙관주의자라 어떤 길이든 생길 것이라고 생각했다. 힐러리 또한 지나치게 열성적으로 나오지 않았다. 아마도 자신은 나에게 완벽한 기회를 찾아주었고 망친 것은 내 잘못이라고 생각했을 것이다.

한두 달 후 사색적인 현실 안주 상태를 떨치고 나왔다. 그런데 예고 없이 옥스퍼드 대학교 출판사에서 또 편지가 왔다. 지난번보다 훨씬 긍정적인 내용이었다. 갑자기 다른 자리가 생겼고 (지금쯤 그들은 나를 뽑지 않은 것을 땅을 치고 후회했을 것이다) 수락할 의향이 있는지 예의 그 학자 같은 어조로 묻는 내용이었다. 이번에는 〈포켓〉뿐만 아니라 〈OED 보충판〉 작업에 참여하는 자리였다. 너무도 훌륭한 도전처럼 느껴졌다. (내 고상한 판단에 따르자면) 축소된 파생 사전에 정보를 압축해 넣는 것이 아니라 언어가 어떻게 변했고 앞으로 어떻게 변할 것인지 탐구할 수 있는 일이었다.

그 일은 1976년 여름부터 시작된다고 했다. 나중에 알게 된 사실인데 기백 넘치는 젊은 편집자가 학구적인 OED의 테두리를 떠나 미국의 사전 출판사로 옮겨가는 의외의 선택을 한 덕분에 생긴 자리였다. 몇 년이 흘러 내가 당사자를 직접 만나게 되었을 때 그는 사전 업계를 떠나 영문학 학도들에게 중세 영어 *101*을 가르치고 있었다.

사전에 왜 숫자 표제어가 들어 있는지 의아해하는 사람들도 있다. 하지만 너무 깊이 생각할 필요는 없다. OED에서 101은 '미국의 단과 및 종합 대학에서 특정 과목의 입문 과정을 뜻하는 수식 형용사'라고 정의되어 있다. 숫자 101은 영어 문장에서 특정한 의미와 함께 사용되므로 사전에서 배제해야 할 이유가 없다. 101에 관하여 물어야 할 중요한 질문은 두 가지지만 가장 흥미로운 것은 세 번째 질문이다.

첫째, 최초의 101 과정은 언제 만들어졌는가? OED에 따르면 1929년 뉴욕 버펄로에서 만들어졌다. 그해 뉴욕의 교육자들은 종합 과학 101이라는 과정을 고안했는데 알려져 있는 한 이것이 현대적 표현의 시작점이다. 그들은 또 다른 과학 과정을 계획하면서 종합 과학 102라고 이름 붙였지만 102라는 표현은 인기를 얻지 못했다.

둘째, 왜 001이 아니고 101일까? 옥스퍼드는 그 답을 모르는 듯하지만 말해줄 수 있는 사람이 어딘가에 존재할 것이다. (1층을 뜻하는 1로 시작하는 미국 호텔방 호수 같은 것일 수도 있다. 사실은 1층이 아니라 0층이라고 해야 하지만 말이다.)

세 번째 가장 흥미로운 질문, 101의 발음은 왜 그럴까? '0' 혹은 '제로'의 숫자 발음을 왜 글자 O로 발음할까? 원-오-원 혹은 원-제로-원이라고 발음한다. 이것은 중대한 질문이지만 역사 사전 편찬자에게는 너무 앞서가는 질문인지도 모른다. 내 추측으로는 몇 가지 요인이 있을 수 있다. 첫째, '오'는 '원'보다 쉽고 빠르게 발음할 수 있다(원은 음성학상으로 도전적인 w 소리로 시작한다). 둘째, '더블-오-세븐' 제임스 본드 때문에 '오' 발음이 일반화되어 단독으로 있을 때도 그렇게 발음하게 된 것이라고 해도 놀랍지 않을 것이다. 하지만 사전 편찬자는 추측을 하지 않는다. OED에서는 101의 0을 '오'로 발음해야 한다고 주의만 주고 있다.

옥스퍼드 대학교 출판사에서 새로운 편지가 도착한 후 힐러리와 나는 곧바로 짐을 모조리 챙겨 옥스퍼드로 이사해야 할지 결정해야만 했다. 우리는 대화를 나누었다. 힐러리는 옥스퍼드로 가면 방대한 양의 도서가 소장된 보들리 도서관을 연구 작업에 이용할 수 있다고 기뻐했으므로 별다른 설득이 필요하지 않았다. 나는 중세학 연구를 계속하는 방안을 여전히 고려했지만 세계적인 대규모 언어 프로젝트에 참여한다는 사실이 점점 머릿속을 가득 메웠다. 나는 어려서부터 기이한 각도에서 접근하는 것을 좋아했다. 사전을 만드는 일이 언어와 문학, 역사 연구에 대한 관심을 배출하는 흥미로운 수단이 되어줄 수도 있었다. 게다가 다른 곳에서 들어온 제의도 없는 상황이었다. 따라서 장점은 거의 모두. 단점은 이사를 해야 한다는 것 한 가지뿐이었다.

머지않아 OUP 관계자들에게 비록 중세학 석사 학위를 받기도 전이지만 역사 사전 편찬학의 바다로 뛰어들게 되어 '기쁘다'는 내용의 회신을 보냈다. 결정을 내린 후에는 옥스퍼드에 집을 구해야 했다. 출판사에서 가깝고 힐러리의 논문 작업을 위해 보들리 도서관과도 가까워야 했다. 운인지 발품 덕분인지 힐러리는 어느 날 출판사 근처의 신문 파는 상점의 창문에 붙어 있는 셰어하우스 광고를 보았다. 나에게는 결정을 내릴 만한 권한이 없었지만 어쨌든 우리는 며칠 내로 옥스퍼드의 가장 작은 거리에 위치한 가장 작은 집의 방 한 칸으로 입주해 옥스퍼드 생활을 시작하게 되었다.

빅터 스트리트에는 테라스 딸린 집들이 죽 들어서 있는데 입구에서는 어느 정도 큰 집들이 우리 집 쪽으로 갈수록 점점 작아졌다. 현관문을 열면 왼쪽 복도가 나왔다. 2층으로 올라가는 계단을 찾는 방법은 절대로 간단하게 설명할 수가 없다. 어떻게든 계단을 올라가도 별것이 없었다. 테라스 딸린 작은 집들은 그런 경우가 흔했다. 항상 바뀌는 1층 앞쪽 방을 쓰는 사람들은 가끔 화장실에 갈 때 공동 계단을 사용했다. 다른 입주자들과 말해본 기억은 전혀 없다. 언젠가 여름을 맞아 잠깐 머물고 있던 미국인이 커피에 우유를 섞지 않으면 더 빨리 식는다는 사실을 알려준 것만 빼고. 평생 기억하고 싶은 조언이었다.

∞

어느새 첫 출근일이 다가왔다. 1976년 8월 초 월튼 크레슨트에 위치한 사전부 사무실로 갔다. 머뭇거리며 40번지의 돌계단을 올랐고 좀 더 올라가 2층으로 가서 사전부 중심에 자리한 편집장의 사무실로 갔다.

이번에 그는 바빠서 나를 상대할 시간이 없었다. 나는 무슨 뜻인지 알아차렸다. 내가 편집자로 올라가려면 몇 년은 족히 걸릴 테고 나를 대신 상대할 능숙한 편집자들이 많이 있는데 굳이 그가 나설 필요는 없었다. 본명이 베타(Beta)인 비서가 나를 맞이해 사수에게로 안내했다.

당연히 첫날 어떤 일이 펼쳐질지 감도 잡을 수 없었다. 생애 첫 직장이었다. 옥스퍼드 사전부에 지원한 것이 생전 처음 입사 원서를 넣은 것이었다. 사전부 사무실은 학생들을 가르쳐야 하는 책임 없이 연구에 집중할 수 있는 대학교 학과 같았다. 나는 사전부 테라스 2층 뒤쪽에 있는 기다란 방으로 안내되어 레슬리 브라운(Lesley Brown)을 소개받았다. 곧 알게 되지만 사전 편집에 있어서 고드름처럼 날카로운 인물이었다. 그녀가 내 사수였다. 그곳에서는 '교육 담당자'라는 호칭을 선호했다. 시니어 편집자인 레슬리는 나보다 직급이 한참 높았고 나는 개가 주인을 우러러보듯 그녀를 우러러보게 되었다. 그녀는 입사한 지 몇 년밖에 되지 않았지만 이미 사전 편찬의 성층권으로 올라가 있었다. 단어 용례 몇 개만 주면 홍차를 타는 데 걸리는 시간 안에 완벽한 단어 정의문을 뚝딱 작성해냈다.

기본적인 절차 이후 사무실로 안내되었다. 그전까지 접해본 사무실 비슷한 것이라고는 대학교 도서관 개인 열람실이 전부였다. 그런데 아래층으로 내려가 미국 경찰 드라마에서 본 것처럼 연필과 가족 사진을 놓을 수 있는 진짜 방으로 안내된 것이다.

사무실에는 이미 카드에 미친 듯 글씨를 적고 있는 두 명의 여성 편집자가 있었다. (당시는 사전부 사무실에 컴퓨터가 침범하기 훨씬 전이었다.) 좋은 아침입니다. 이쪽은 존이에요. 여기는 에디스하고 데보라야. 사랑스러운 옛날 이름이었다. 사전부의 남녀 비율은 대략 50-50이었지만(편집장은 모든 측면에서 평등을 추구했다) 그때까지의 내 경험으로는 대부분이 여성인 듯했다. 두 사람의 책상은 무심하게 벽에서 비스듬하게 놓여 있고 시간이 경과하면서 햇살이 비추었다 내 책상은 벽을 마주 보고 있었다. 내가 기나긴 *apprenticeship*(견습 기간, 견습직-역주)을 시작할 곳이었다.

Apprentice는 앵글족과 색슨족이 약 6세기경 브리튼 섬에 도착한 이후에 영어의 기반을 형성한 고대 게르만어 단어가 아니다. 그보다 늦게 노르만 정복 이후 프랑스에서 온 단어다. 실제로 apprentice는 중세 시대인 14세기에 처음 영어에 기록되었다(OED에 따르면 윌리엄 랭글런드(William Langland)의 시 〈농부 피어스(Piers Plowman)〉에서 처음 사용되었다). 이 단어는 '배우다'라는 뜻의 라틴어 apprehendere에서 유래했다.

일반적으로 단어가 특정 시기에 등장하는 데는 이유가 있다. 중세 시대에 견습생이 스승 밑으로 들어갈 때는 본인이나 보호자가 훈련 조건이 명시된 계약서에 서명을 했다. 그 계약서는 프랑스어로 작성되었을 가능성이 높다. 14세기 영국에서는 프랑스어(특히 영국에서 사용된 앵글로-프랑스어)가 법률 용어로 사용되었으므로 이 분야의 신조어도 앵글로-프랑스어에서 나올 수밖에 없었다.

첫날에는 비교적 쉬운 단어를 맡게 될 것이라고 생각했다. 당연히 그럴 것 같았다. 내가 들은 바에 의하면 당시 알파벳 Q에 대한 철저한 검토 작업이 이루어지고 있었다. 지나치게 무리할 일은 없을 것이라고 생각했다. 조용하게 사전부로 들어가 눈에 잘 띄지 않는 조용한 단어들을 편집하게 되겠지. 어쩌면 quack(이 단어를 정의하는 작업에는 큰 실수가 생길 가능성이 있을 수 없다)이나 quadrennial('4년마다': 이것 또한 문제 될 일이 없다) 같은 단어를 맡게 될지도 모른다. 아니면 Quak-eress 같은 단어나. 물론 이런 단어가 존재한다면 말이다.

하지만 현실은 내 생각과 달랐다. 교육 절차가 정해져 있었다. 다시 말해서 알파벳 순서와 말의 구성, OED의 전체적인 내용과 형태에 자신이 생길 때까지 온갖 부수적인 과제를 맡은 다음에야 두 팔 걷어붙이고 진짜 편집 작업을 맡을 수 있었다. 지금 생각해보면 당연한 일인데 그때는 이해되지 않는 논리였다. 상상 속에서 나는 말의 구성 요소와 기능을 이미 완벽하게 알고 있었다. 하지만 실제로는 분사 형용사나 명사의 절대적 용법, 유사 부사, 그 외에 OED 초대 편집자들이 열심히 매달렸던 약간 중심에서 벗어난 구식의 문법 범주에 속하는 *paraphernalia*에 혼란스러워하는 젊은 편집자들과 다르지 않았다. 알다시피 사전을 처음부터 만드는 것이 아니라 OED의 보충판 혹은 긴 부록을 만드는 작업이었다. 제임스 머레이 경과 동료 편집자들이 19세기 말과 20세기 초에 적은 단어들에 더하여 신조어와 새로운 뜻을 더하는 작업인 것이다.

나는 17세기에 들어온 단어들을 좋아한다. 사람마다 선호가 다르다. Paraphernalia는 라틴어처럼 보이지만 보통의 라틴어와는 다르다. 라틴어에서 온 단어가 전부 로마 제국 시절로 거슬러 올라가는 것은 아니다. 후기 라틴어, 즉 종교적인 라틴어와 과학적인 라틴어 그리고 서기(AD) 첫 밀레니엄에 라틴어에서 분기한 언어들에서 나온 단어도 많다(예를 들어 이탈리아어와 프랑스어, 스페인어다. 이 언어들은 현재 로망스어라고 알려져 있다. 사랑의 언어로 적합해서가 아니라 로마 언어에서 분기한 까닭이다). OED에 따르면 paraphernalia가 법률 영어로 들어온 것은 1650년경으로, 비록 단어 성분은 그리스어와 비슷하지만 당시 법률 라틴어에서 직접 유래했다. Para-는 '~외에' 또는 '~와 함께'라는 뜻이고 -phernalia는 지참금을 뜻하는 그리스어에서 나왔다. 17세기 변호사에게 paraphernalia는 (나머지 것들과 달리) 법적으로 남편 소유가 아닌 여성의 개인적 소지품을(일반적으로 옷과 장신구) 뜻했다. 18세기에 이르러서는 개인의 모든 과시적 요소나 소유물을 뜻하는 좀 더 넓은 맥락에서 사용되었다. 흥미롭게도 이 단어는 단수 동사와 복수 동사를 모두 사용할 수 있다(paraphernalia is와 paraphernalia are). 이 단어는 멈추지 않고 앞으로 계속 나아갔다. 1920년대에는 마약 흡입 장비와 연관되었고 더욱 근래에 이르러 동남아시아와 필리핀에서는 복수로(paraphernalias) 모든 활동과 관련된 잡동사니를 전부 뜻하는 단어로 사용되고 있다.

실망스럽게도 사수는 사전 작업이 아니라 매우 단순한 업무를 지시했다. 글을 쓰는 일이 아니라(이것 때문에 뽑혔다고 생각했는데) 읽기 업무였다(이미 대학에서 몇 년 동안 완벽하게 터득했는데). 내가 아니라 남이 '선택'해준 그 읽을거리는 영어권 작가가 쓴 책도 아니었다. 내가 프랑스인 크리스티앙 메츠(Christian Metz)가 쓴 난해한 영화 기호학 서적《영화 언어(Film Language)》번역본을 읽는 과제를 맡게 되자 사무실을 함께 쓰게 된 두 여성 편집자가 곧바로 안쓰러움을 표했다. 조용한 밤에 수면을 위해서조차 읽고 싶지도 않을 만큼 건조한 책이라고 말이다. OED 편집자와 그의 시니어 팀이 현대화 프로젝트의 일부분으로 이 현대주의적인 책을 선택했다는 사실을 나는 미리 알았어야만 했다. 빅토리아 시대와 에드워드 7세 시대의 학문이 앞선 세대를 떠올리게 하지만 OED는 시대의 흐름과 함께 움직이기 시작했다.

당연히 나는 메츠의 저작을 읽어본 적이 전혀 없었다. 책 표지에 따르면 그는 영화 기호학의 전문가였지만 그 분야에 문외한인 나에게는 아무런 도움도 되지 않는 사실이었다. 다행히 그 책은 프랑스어에서 영어로 번역이 되어 있었다.

그 책을 읽어야 하는 이유는 OED에 유용할 수 있는 단어와 의미, 표현을 찾아 색인 카드에 적기 위해서였다. 곧 알게 된 바에 의하면 그 카드는 '슬립(slip)'이라고 했다. 그 카드들은 사전부의 단어 지하 감옥에 보관되어 편집자가 표제어 작업에 필요해 가지러 올 때를 기다리게 된다. 그 책을 읽는다고 영화 기호학에 대한 지식이 개선될일은 없었다. 책을 읽은 후 어떤 정보도 보유해서는 안 되었다. 영어 termes cinématographiques(영화 용어)는 프랑스어에서 온 것이 많으므로 프랑스어 번역서를 읽는 것은 이미 영어로 들어온 단어를 만나는 방법에 불과했다.

책에서 문장 용례를 추출하는 것이 단어 정보 수집 방법으로 좋지 못하다고 주장하는 사람들도 있다. 중요한 단어를 찾으려고 책을 읽으면 중요한 단어만 찾으려고 하므로(많이 놓치기도 한다) 결과적으로 편향된 자료가 나온다는 주장이다. 필요하지 않은 것들, 즉 한쪽 스펙트럼에 치우치는 단어는 너무 많아지고 일상적이지만 놓치기 쉬운 미묘한 어감을 가진 단어는 부족해진다. 하지만 (a) 그 방법의 문제점이 실제로 증명되지 않았고 (b) 빅토리아 시대의 편집자들은 문제를 감추기 위해 일상적인 단어의 사례를 찾으려고 부단히 노력했다.

나는 주어진 과제를 계속했다. 책과 슬립, 볼펜, 벽을 마주한 책상이 나와 함께였다. 앞의 책장에는 여러 권으로 이루어진 OED 초판(1933년 재발행)이 놓여 있었다. 내가 기호학 서적에서 찾은 단어가 이미 사전에서 제대로 다루어졌는지 자주 확인해야 했다. 이미 완벽한 증거 자료가 들어 있는 단어 슬립으로 카드철을 가득 채울 이유가 없기 때문이다.

《영화 언어》를 끝까지 읽는 데는 오랜 시간이 걸렸다. 많은 사람이 쉽게 알 수 있는 이유에서였다. 3주 동안 약 200개의 슬립에 책에서 발췌한 내용을 적었다. 나중에 알게 된 사실인데 중간 분량 정도의 학술 서적치고는 평균 수준이다.

40년이나 흘렀지만 지금도 OED를 꼼꼼하게 살펴보면 내가 크리스티앙 메츠의《영화 언어》를 읽었다는 증거를 찾을 수 있다. OED는 모든 것을 문서로 기록하는 사전이므로 단어 하나를 정의할 때 카드에 적힌 단어 예문 중에서 선별하여 보여준다(내가 메츠의 책에서 찾은 문장처럼). '영화나 문학 작품에서 볼 수 있는 서사'를 뜻하는 diegesis 와 non-chronological(비연대순)이라는 표제어에 내가《영화 언어》에서 가져온 문장 용례가 들어가 있다. 후자의 단어는 특별히 영화와 관련 없고 그보다 이전의 (18세기) unchronological이라는 단어의 (19세기) 대안일 뿐이다. 메츠의 책에서 가져온 용례는 (그가 바란 역할은 아니었겠지만) 공간을 채우기에 유용할 뿐이었고 영어에서 가장 처음 발견된 용례로 소개되지는 않았다. 실제로 오늘날의 OED 온라인에서는 메츠의《영화 언어》에서 열다섯 개의 예문이 사용된다. 단언하건대 예전에 내가 직접 책에서 옮겨 적은 것들이다.

크리스티앙 메츠의 책을 읽는 과정은 OED의 주요 철학을 확실하게 알려주었다. 시간을 들여 글을 꼼꼼하게 읽는 사람은 누구나 OED에 유용한 정보를 발견할 수 있다. 일반적으로 사람들은 그러한 정보를 혼자만 알고 있거나 자신이 중대한 발견을 했는지 굳이 확인해보려고 하지 않는다. 정보의 수집과 분석은 분리되어야 한다. 모든 사람이 정보 분석을 할 수 있는 것은 아니지만 누구나 정보 수집에 기여할 수 있다. 그것은 OED가 1860년대와 1870년대에 처음 만들어지면서 발견한 위대한 사실이었다. 그때는 초대 편집자들이 독서를 즐기는 사람들에게 독서를 하다가 발견되는 흥미로운 단어와 용법을 메모해달라고 부탁하는 식으로 영어에 대한 새로운 정보가 대부분 수집되어야만 했다. 내가 메츠의 책을 읽으면서 한 것처럼 말이다. 당시에는 시간적 여유가 많고 돕고 싶어 하는 사람들이 많았다. OED는 처음부터 잠재적 기여자들로 이루어진 숨은 군대를 발견한 것이었다.

내가 메츠의 책을 읽는 작업으로 거둔 가장 큰 성공에 대해 이야기해주겠다. 내가 색인 카드에 신중하게 기록한 단어들 가운데는 그 책을 통해 최초로 발견된 단어들도 있다. 바로 prefilmic과 screen-ing room이다. 나는《영화 언어》에서 이 단어들을 접했을 때 그 책에서 처음 사용된 것이라는 사실을 알지 못했다. 당시 두 단어 모두 OED에 등재되어 있지 않았다. 그러니 나는 독자로서 맹목적으로 책을 읽고 있는 것이었다. 단어 수집은 거의 배타적으로 독자의 직관과 경험에 의존한다. 유용하기를 바라는 마음으로 카드에 단어를 기록하지만 항상 옳을 수는 없다. 정확한 과학이 아니므로 카드에 불필요한 자료가 어느 정도 들어간다는 사실을 받아들여야만 한다. 역사를 올바로 탐지할 때도 있고 그렇지 못할 때도 있다.

하지만 요즘은 컴퓨터와 방대하게 축적된 온라인 데이터베이스 덕분에 효율적인 방식으로 연구가 가능하다. 이 두 단어가 메츠의 책에서 최초로 사용되었다는 것이 지금까지도 맞는 사실인지 한번 살펴보자. 우선 prefilmic부터 보자. 구글 북스(Google Books)에서 검색하면 곧바로 1967년의 보기가 나온다(셸던 레넌(Sheldon Renan)의 《미국 언더그라운드 영화 개론(Introduction to the American Underground Film)》). 따라서 내가 찾은 최초 인용문은 OED의 다음 개정판에서 사라질 것이다. 그렇다면 screening room은 어떨까? 프랑스어 기호학 서적의 영어 번역서에서 처음 사용된 것이라고 하기에는 고대 합성어처럼 보인다. 온라인에서 이 단어를 검색해보면 1936년의 미국 잡지 〈Popular Mechanics〉가 뜬다. "In the quiet of the screening room our little band of silent adventurers watched the film that had been automatically ground off by Jim's motor-driven cameras. (소수의 말 없는 모험가들은 고요한 screening room에서 짐의 모터 카메라에 의해 자동으로 끽끽거리며 돌아가는 영화를 보았다.)" 당연히 〈Popular Mechanics〉는 OED 편집자들이 샅샅이 뒤진 자료 출처가 아니었다.

따라서 내가 찾은 두 단어의 최초 용례는 역사의 폐품 처리가 될 것이다. 새로운 연구 방법에 밀려나기 전까지 한동안 빛을 보았다.

사전을 위해 책을 읽는 단순한 행동만으로 나는 지난 100년 동안 크고 작은 방법으로 사전의 단어 창고에 기여한 수많은 사람들에 합류한 것이었다. 이렇게 크라우드소싱에 참여한 '독자들'은 결코 유명 학자들이 아니었다. 대부분은 영어에 대한 탐구를 옥스퍼드와 나누고자 하는 평범한 사람들이었다. 이 독자들의 명단이 기록된 옛날 장부가 아직도 남아 있다. 이제 그들의 이름은 대부분 잊혔지만 언어 지식이 소중하게 다루어져야 한다고 믿은 목사들과 그들의 아내들, 저녁 식사나 당구 게임 전에 잠깐씩 시간을 때우려던 런던 클럽의 회원들, 오후 내내 시간 많은 빅토리아 시대의 여유로운 계급 출신의 나이 지긋한 독신녀들, 때로는 당시 엄청난 인기를 누린 소설가 샬럿 영

(Charlotte Yonge) 같은 문인들까지도 책을 읽다가 발견한 단어를 옥스퍼드 편집자들에게 보냈다.

이 독자들은 편집자들이 사전을 위해 '수배'하는 짧은 '호소 목록(Appeals List)'에 끌렸다. 이것은 보편적이고 난해한 단어를 모아놓은 목록이었다. 사전 작업이 제대로 진행되려면 인쇄 텍스트나 필사본에 수록된 시기적으로 더 빠르거나 더 낫거나 설명이 잘 되어 있는 인용문이 꼭 필요했다. 사전 편집자들이 이 단어 목록을 작성하면 옥스퍼드 대학교 출판사가 서적상을 비롯한 연락망을 통하여 전 세계에 배포했다. 옥스퍼드 대학교 출판사의 사내 잡지 〈The Periodical〉에도 실렸고 그 후 전국 신문에 실리기도 했다. 독자의 다수가 영국에 살았지만 미국과 기타 영어권 국가의 독자들도 개입시키려는 공동의 노력이 있었다. 사전 초기에 언어학회는 미국 정치인이자 문인인 조지 퍼킨스 마시(George Perkins Marsh)를 통해 미국에서도 지원을 얻으려고 했다. 마시의 노력은 전적으로 성공하지는 못했지만 이후의 시도로 미국 영어 자료가 꾸준히 들어왔고 사전의 분량과 호평이 커질수록 독자들의 참여도 늘어났다.

사전을 위한 '독서'는 매우 효과적인 방법이었다. 편집자들이 나중에 유용하게 쓸 수 있는 자료를 대량으로 모을 수 있었지만 나 자신의 독서 능력에는 별 도움이 되지 않았다. 단어를 하나씩 읽으면서 나중의 참고를 위해 카드에 적을 가치가 있는지 따져보는 작업은 책 감상을 엉망으로 만들었다. 사전을 위해 온갖 텍스트를 '읽는' 사람이 모든 장벽을 넘어 정상적으로 독서를 할 수 있게 되기까지는 5년 정도가 걸릴 것이다.

직접 독자의 입장이 되어보자.《제인 에어》를 읽고 있다. 처음 읽는 것은 아니지만 다시 즐겁게 읽고 있다. 온갖 굴곡진 서사를 따라 끝부분으로 나아간다. 카타르시스를 주는 결말 부분의 챕터에 이르렀다. 그다음에는 어떻게 되는가? 그 챕터의 제목은 'conclusion'이고 '독자여, 나는 그와 결혼했다. 그와 나, 목사, 서기만이 자리한 조용한 결혼식이었다'라고 되어 있다. 여기에서 초보 사전 편찬자를 붙잡는 덫이 될 수 있는 것은 무엇일까?

점점 커지는 사전 편찬자의 직감이 당신을 멈추게 할 것이다. 우선 conclusion이라는 단어가 있다. 샬럿 브론테(Charlotte Brontë)가 만든 단어가 아니고 오랫동안 사용된 단어라고 짐작할 수 있다. 중세기 말에 프랑스어에서 빌려온 단어이므로 맞다. 하지만 OED는 'conclusion'(1847년부터 사용)이 이야기의 결말을 가리키는 데 사용된 용례를 궁금해 할까? 그러한 사용 역사가 얼마나 오래되었을까? 2분간 색인 카드에 모든 정보를 적어야 할까? OED를 찾아보니 제프리 초서(Geoffrey Chaucer)도 conclusion을 비슷한 뜻으로 사용했다. 신입 편집자가 단어의 나이에 대한 자신 있는 직감을 발전시키려면 오랜 시간이 걸린다. 그것은 보통 사람들과 다른 역사 사전 편찬자의 (치열한 투쟁으로 얻은) 특징이다.

'독자여, 나는 그와 결혼했다.' 당신의 눈이 '독자'라는 단어에서 멈춘다. 역시나 당신은 reader가 오래전부터 존재한 단어라는 사실을 알고 있다(이 경우에는 앵글로-색슨 시대부터). 하지만 작가들이 언제부터 본문에서 독자를 직접 'reader' 혹은 'gentle reader'라고 직접적으로 칭하기 시작했을까? 빅토리아 시대의 작가 샬럿 브론테가 원조인가? 당신은 당황하며 또다시 두꺼운 사전을 꺼내 자리에 앉는다. 작가가 독자를 이런 식으로 칭한 것은 중세 시대부터다. 1785년에 윌리엄 쿠퍼(William Cowper)는 '나의 관대한 독자(my gentle reader)'라고 칭했다. 샬럿 브론테는 오래전부터 시작된 전례를 따른 것이니 이러한 용례는 카드에 옮겨 적을 필요가 없다.

사전을 위한 독서가 무엇인지 어느 정도 감이 잡힐 것이다. 초보 사전 편찬자가 난생처음 사전을 위한 자료를 찾으려고 오래된 책을 읽는 것은 매우 불편한 과정이다. 중간에 계속 멈추어 단어를 확인해야 한다. 알고 보니 확인할 필요가 없었던 경우가 더 많다. 원한다면 더 자세히 설명해줄 수도 있지만 그렇다면 여러분에게 《제인 에어》를 전부 다 읽도록 만들어야 할 것이다.

다음 문장은 "A quiet wedding we had; he and I, the parson and the clerk, were alone present. (그와 나, 목사, 서기만이 자리한 조용한 결혼식이었다)"다. 사람도 조용할 수 있고 개도 조용할 수 있고 심지어 방도 조용할 수 있다. 하지만 결혼식이 조용하다는 표현은 언제부터 쓰이기 시작했으며 정확히 무슨 뜻일까? 별로 말이 없거나 소동이 일어나지 않았다는 새로운 뜻으로 적용된 것일까? 역시나 사전에 자문을 구해보아야 한다. 또다시 시간 낭비였다는 사실이 드러난다. OED에는 이 단어가 이미 16세기부터 '과하지 않은, 보통의, 절제적인'의 의미로 사용되었다고 나와 있기 때문이다. 사전 편찬자의 탐지기는 어디로 간 것일까? 도대체 정확히 맞힐 수는 있는 것일까? 그럴 것이다. 이번에만 그렇지 못할 뿐.

지금까지 살펴본 것처럼 도중에 멈추어 이 단어들에 대해 찾아봐야 할 이유가 전혀 없다. OED에 이미 들어가 있는데 딩신이 알지 못했을 뿐이다. 그래서 확인을 한다. 이처럼 문학 작품을 읽는 동안 언어에 대한 걱정이 크다 보니 독서 경험이 망가진다. 《제인 에어》는 언제든 다시 읽을 수 있지만 19세기 초기 영어에 대해 신중하게 생각해 볼 기회는 지금뿐이다. 그리고 이렇게 한번 확인하면 나중에 동일한 시대의 다른 텍스트에서 동일한 단어를 만났을 때 큰 도움이 된다.

∞

나도 이제야 깨달은 사실이지만 단어의 정의를 적는 것이 사전 만들기의 전부가 아니다. 사전부 입사 후 처음 몇 주 동안은 OED 같은 대규모 역사 사전의 편찬이 책상에 앉아 심오한 사고를 하고 언어 관련 학술서를 숙독하는 편집자들이 아니라, 손에 잡히는 모든 텍스트의 형태로 쏜살같이 지나가버리는 언어의 증거를 움켜잡는 편집자들에 의해 이루어진다는 사실을 실감하는 시간이었다. 정보를 분석하기 전에 수집을 먼저 해야 하고, 수집 정보의 범위가 사전의 범위에 영향을 끼쳤다. 기대와 달리 나에게 주어진 첫 업무는 단어의 정의를 작성하는 것이 아니라 영화 기호학에 관한 책을 읽으며 언제가 될지 모르는 미래에 유용하게 쓰일 만한 배경 지식을 찾는 일이었다. 언어의 대표적 견본을 포착하려면 방대한 분량의 텍스트를 읽어야만 한다는 사실을 깨달았다. 만약 소설만 읽으면 신문에 넘쳐나는 언어를 놓치게 되고 시를 빠뜨리면 또 다른 형태의 언어를 놓치게 되는 식이었다.

OED 초판에 수록된 인용문은 대부분 유명 고전 작가들(셰익스피어, 밀턴, 스위프트, 포프 같은 이들과 놀랍게도 월터 스콧 경도 높은 순위를 차지한다)의 것이라는 평가를 받는다(내 생각도 그렇다). 편집자들이 일부러 '교양 있는' 문학에 특권을 주려고 한 것은 아니라고 생각한다. 단지 독자들이 가장 쉽게 접근할 수 있었고 당시 출판 업계가 가장 많이 선

보인 텍스트였기 때문이다. 하지만 나는 언제나 초기 편집자들에 대한 큰 존경심을 가지고 있다. 그들은 가능한 자원을 훌륭하게 활용했다. 그와 동시에 그들은 격식에서 벗어나는 자료 출처(시기적으로 앞서는 증거, 비격식적인 관용어, 빅토리아 시대의 독자들에게 보편적이지 않았던 기술)에서 찾은 새로운 증거를 더하여 영어가 절대로 그 시대 문학계 거물들만의 전유물이 아님을 보여줄 수 있도록 충분한 여지를 남겼다. 나는 사전의 중요 정보를 수집하는 데 뛰어났던 것은 편집자들뿐만이 아니라는 사실도 알게 되었다. 언어와 역사에 대한 감이 뛰어난 사람이라면 누구나 새로운 발견을 할 수 있었다.

당시에도 사전부는 내 생각보다 훨씬 깨어 있었다. 사람보다는 단어가 더 좋은 듯 약간 쌀쌀맞게 느껴지는 사람도 있었지만 편집자들은 대부분 친절했고 열성적으로 일을 가르쳐주려고 했다. 이곳에서 친구를 사귈 수 있을까? 잘 적응할 수 있을까? 업무를 잘 해낼 수 있을까? 사전 작업과 동료들, 언어의 방식과 더욱 가까이 이어질수록 옥스퍼드에 대한 선입견도 조금씩 희미해졌다. 단어에 대한 정보를 점진적으로 쌓아나가는 꾸준한 방식이 좋았다. 과거에 성공적이었던 그 방식은 1970년대 중반에 우리가 하고 있는 작업에도 잘 맞는 듯했다.

당시의 내 유일한 관심사는 어떤 단어 편집이 주어질까였다. 나는 프로젝트의 전반적인 속도가 어떤지, 올바른 단어가 올바르게 편집되고 있는지 걱정할 만큼 사전부의 사정에 밝지 못했다(곧 알게 된 사실이지만 출판사가 안심하기에는 너무 느린 속도였다). 나중에나 걱정해야 할 일들이었다. 배움의 시간이 늘어날수록 주어진 단어들에 대해 좀 더 빠른 결정을 내릴 수 있게 되었다. 이곳에서 버틸 수 있을까? 젊은 시절의 패기에서인지 절대 버티지 못할 이유가 없다고 자신만만했다.

3 단어를 정리하는 사람들

오래 지나지 않아 나에게도 단어를 정의하는 작업이 주어졌다. 입사한 지 한 달도 되지 않아서 처음으로 편집 단어 묶음을 받았다. 그 첫 단어는 queen이었다. 시작치고는 지극히 영국적이고 형식적인 단어였다. 근래 들어 뜻에 큰 변화가 생겼을 것 같지 않은 단어이기도 했다. OED가 군주를 가리키는 이 단어를 작업할 때 어디에선가 애국주의를 상징하는 북소리가 들려오기라도 했을까? 어찌 되었건 나는 듣지 못했다. 단어를 편집하게 될 이날만을 수 주 동안 떨면서 기다려왔기에 바로 착수할 수 있었다.

옥스퍼드 영어 사전 초판은 무려 44년에 이르는 힘겨운 편집 과정을 거쳐 1928년에 완성되었다. 전체 열 권이고 글자가 빡빡하게 들어갔다. 사전이므로 당연히 queen이라는 단어가 수록되어 있었다. 내가 맡은 일은 그 단어의 개정 작업이었다. 한마디로 queen의 새로운 뜻과 새로운 표현, 새로운 역사적 정보 등 1976년 당시의 포괄적이고 현대적인 설명을 추가하는 일이었다.

내가 입사하기 전부터 정해진 규정에 따라 보충판에서는 현대(주로 20세기를 뜻했다)에 이루어진 언어적 변화만을 주로 다루었다. 이미 사전에 들어가 있는 수십만 개의 단어와 그 뜻을 전부 다루는 것이 아니었다. 기존에 수록된 정의가 여전히 유효할 수도 있기 때문이었다. 언젠가 모든 단어를 다 개정해야 하는 날이 올 수도 있다. 하지만 먼 훗날이 될 터였다. 44년에 걸쳐 이루어진 편집 과정을 너무도 상세하게 기억하고 있는 옥스퍼드 출판사로서는 사전 전체를 검토하는 기나긴 프로젝트에 자금을 쏟아 부을 생각이 아지까지는 없었다. 〈OED 보충판〉은 원래 기획한 한 권에서 네 권으로 불어난 상태였다. 출판사는 사전부 편집장이 보충판에 시간과 자원을 추가로 투입하자고 주장하지 않도록 만들려고 세심한 주의를 기울이는 중이었다.

내가 OED에서 처음 배운 것 중 하나는 보충판 편집에서 단어 정의를 처음부터 새로 쓰지 않는다는 사실이었다. 물론 quadraphon-ic(4채널 입체 음향)이나 rehab(중독 치료, 재활) 같은 신조어는 처음부터 해야 하지만 **queen**처럼 오래된 단어는 기존의 정의를 그대로 사용한다. 어원이 변하지 않았기 때문이다. 물론 그 당시에도 이미 골동품처럼 느껴지기 시작하는 단어였지만 말이다. Queen과 알파벳상으로 가까이 위치하는 quay(부두, 선창)를 예로 들어보자. 처음 OED에 수록된 quay의 뜻은 '돌 같은 단단한 재료로 만든 인위적인 강둑이나 착륙 장소. 선박이 짐을 싣고 내리기 편리하도록 물가에 나란히 혹은 물 쪽으로 돌출되어 있다'였다. 물론 틀린 정의는 아니지만 19세기 느낌이 풍긴다. 그래도 그대로 놓아둘 수 있다. 보충판에서는 모든 단어를 개정하지 않는다. 그런 식으로 한다면 영원히 끝나지 않는 작업이 될 것이다.

만약 우리가 노르만 정복을 겪지 않았다면 queen의 철자는 Q-U-E-E-N이 아니었을 것이다. 그전에는 queen이 아니라 오래된 앵글로-색슨족의 철자인 cwen이 사용되고 있었다. 그 기간은 몇백 년이나 이어졌다. 하지만 노르만 정복 이후 철자법에 변화가 찾아왔다.

노르만족은 필경사들을 데려와서 법적인 문제를 포함한 모든 기록을 남겼다. 하지만 cwen이라는 단어를 들은 필경사들은 그것을 〈cw〉로 시작하는 순서대로 쓸 수가 없었다. 〈cw〉는 프랑스어에 없는 자음군이기 때문이었다. 이에 앵글로-프랑스 필경사 노조는 머리를 맞대고 논의한 결과 그들에게 익숙하고 발음도 똑같은 자음군 ⟨qu⟩를 생각해냈다. (물론 당시 필경사들의 노조가 정말로 존재하지는 않았지만 무슨 뜻인지 알 것이다.) 시간이 지나면서 ⟨cw⟩ 대신 ⟨qu⟩를 사용하는 일이 점점 늘어났다. 우리는 여전히 cwen이라고 발음하고 queen이라고 쓰고 있다. 이러한 변화는 queen에만 영향을 끼친 것이 아니었다. Quick(앵글로-색슨 시대에는 cwic이라고 썼다), quench, quoth, quern 등 수많은 단어가 비슷한 변화를 겪었다.

처음 몇 년 동안은 OED의 기풍과 스타일, 전하고자 하는 메시지와 전달 방법에 대해서 배웠다. 1970년대에 견습 사전 편찬자였던 나의 하루는 매일 비슷한 일과에 따라 이루어졌다. 나만 그런 것이 아니었다. 나 말고 사전부에는 다양한 연령대로 이루어진 열 사람이 있었는데 모두가 동일한 편집 과정을 따랐다. 평소에는 혼자서 내부의 참고 자료 도서관을 돌아다니거나 서류함의 색인 카드를 뒤지며 사실 확인을 하다가 이런저런 사무실에서 만나 회의를 하는 것이었다.

편집 업무를 맡은 첫날, 사수가 queen으로 시작하는 단어 색인 카드를 한가득 내밀었다. 그녀가 보충판에 들어갈 후보들로 직접 선별한 것이었다. 19세기 중반부터 지금까지 사전부 창고에 쌓인 색인 카드를 부지런히 뒤져서 만든 자료였다.

그녀는 사전에 수록된 기존 의미들도 넘겨주었다. Queen의 가장 오래된 뜻은 '여성 군주'일 것이다. '왕의 아내'라는 다소 흠시힌 징의도 있었디. (참고: 여성 군주와 왕의 아내가 항상 동일한 의미인 것은 아니다.) Queen은 요정 여왕이나 수렵 여왕 다이애나처럼 화려하거나 신화적인 존재에 적용되기도 한다. 그런가 하면 어느 분야든 간에 탁월한 여성을 뜻하기도 한다. 달은 천체의 여왕이라거나 여왕벌 같은 말처럼. 동사형, 명사형, 형용사형, 부사형도 있으며(queen it, queenship, queenly) 합성어(queen cake, Queen Mother)로도 자주 사용된다.

OED에 수록된 기존 정의는 그대로 내버려두어도 되었지만 내 사수는 암컷 고양이, 침대 사이즈, 여자친구, 동성애자, 커나드 여객선 같은 뜻도 편집하라고 했다. 모두가 queen이 가진 뜻이다. 편집 작업은 처음이었기에 사수의 선택에 토를 달 수 없었지만 당연히 토를 달 필요도 없었다.

주어진 단어들에 대한 분석을 끝마치고 나니 세 단계가 기다리고 있었다. 더 오래된 카드철에서 관련 색인 카드 찾기(지하실 위치), 내부의 참고 자료 도서관에 비치된 책에서 정보 수집하기(2층 위치), 그리고 마침내 내 책상(1층 위치)에서 단어 정의문 쓰기였다.

지하실에서 카드철을 뒤지는 작업은 언제나 마법 같은 가능성으로 가득했다. 이전 언어학자와 사전 편찬자들을 피해간 사소한 발견을 언제든지 할 수 있었다. 사전의 역사를 다루는 책은 많지만 사전 편찬 작업의 흥분감을 다루는 책은 거의 없다. 수 세기 동안 거의 완전히 잊힌 작지만 중대한 사실을 발견해 수면으로 끌어올릴 수 있는 기회와 가능성이 이 작업에 매일 자리한다는 사실 말이다. 발견의 황홀함은 균형 잡힌 단어 정의가 주는 기쁨과 마찬가지로 시를 쓰는 것과 같다. 하지만 그 무엇도 빠뜨리면 안 된다. 사전부의 윗선들은 무엇 하나라도 빠뜨리는 것을 *court-martial*(군법 회의-역주)에 회부되어야 하는 죄라고 여길 정도였다.

Court martial: 음식과 요리(chicken chasseur, moules marinière) 이외의 영역에서 아직까지 남은 얼마 되지 않는 프랑스어에서 유래한 단어로 명사가 형용사보다 먼저 등장했다. OED에 따르면 1600년경에 처음 만들어진 단어로 지금이라면 military court라고 했을 것이다. Martial은 형용사이고 복수형은 courts martial이다. 하지만 무심코 복수형이 court martials라고 생각하는 실수를 저지르기 쉽다. 이것에 대한 기록은 1750년 이전으로 거슬러 올라간다.

보통은 '군법 회의'라고 하면 사전 편찬자가 연상되지는 않지만 예외가 하나 있다. 강경한 사전 편찬자들에게 1785년에 출간된《Classical Dictionary of the Vulgar Tongue》(당시의 저속한 단어와 표현 총 수록-역주)의 저자로 잘 알려진 프랜시스 그로즈(Francis Grose)는 영국군의 급여 담당자로 오래 일했다. 그는 부대와 함께 전국을 돌아다니면서《잉글랜드와 웨일스의 유물(Antiquities of England and Wales)》(1772~1787)에 필요한 스케치를 하고 사전 편찬을 위해 단어를 수집했다. 현재 아는 사람이 거의 없지만 그가 군대의 급여 담당자로 일하는 동안 맡은 주요 임무 가운데 하나는 군법 회의에 참여해 군인들의 운명을 결정하는 것이었다. (내 생각에) 그는 증거를 저울질하고 의사결정을 내리는 사전 편찬자로서의 능력을 십분 활용했을 것이다.

내가 처음 편집하게 된 단어 묶음에 queen of puddings도 있었다. Queen of puddings를 만들어보기는커녕 먹어본 적도 없던 나로서는 그 디저트와의 첫 대면이었다(그것이 빵가루와 잼, 머랭을 섞은 트리플 같은 음식이라는 사실을 나만 빼고 옥스퍼드의 모두가 아는 듯했다). 오랜 세월 동안 쌓인 카드에서 이 단어의(주어진 다른 단어들도) 용례를 더 찾아보는 것이 내가 할 일이었다. 1917년에 작성된 카드 꾸러미에서 첫 번째 용례를 찾을 수 있었다. 왼쪽 하단에서 오른쪽 상단으로 비스듬하고 다급하게 적힌 카드였다. 마르가니타 라스키(Marghanita Laski)라는 사람이 메이 바이런(May Byron)의 《푸딩 북(Pudding Book)》이라는 책에 포함된 사례를 비스듬하게 적은 글이었다. 오래전의 기여자들이 슬립에 직접 쓴 글씨를 보면 많은 것을 알 수 있다. 그날 힘든 일이 있었는지, 쓰기 싫은데 억지로 쓴 것인지, 단어가 마음에 드는지 싫은지까지 글씨를 보고 알 수 있을 때도 있다. 적어도 나는 그렇게 생각한다. 나중에 컴퓨터로 작업하게 되면서부터는 화면 어딘가에 숨겨진 머리글자를 굳이 해독하려고 들면 모를까, 원자료와의 직관적인 연계는 사라져버렸다.

∞

내가 서류함에서 찾은 queen of puddings 색인 카드를 만든 마르가니타 라스키는 당시 나이 지긋한 노부인이었다. 1차 대전 발발 직후 맨체스터의 걸출한 유대인 지식인 가문에서 태어난 그녀는 현대에 OED에 가장 많은 인용문 자료를 제공한 독자였다. 가장 집착적인 원조 독자 중 한 명인 윌리엄 체스터 마이너(William Chester Minor) 박사와 똑같이 조용한 숭배를 받는다. 마이너는 OED를 다룬 사이먼 윈체스터(Simon Winchester)의 첫 번째 책 《교수와 광인(The Professor and the Madman)》에서 (제임스 머레이와 함께) 공동 주인공이었다. 마르가니타와 영 딴판으로 그는 19세기에 살인죄로 옥스퍼드 사전부에서 80 킬로미터 떨어진 정신병원에 갇혀 있으면서 분주하고도 명철하게 옥스퍼드 사전을 위한 활동을 계속했다.

당시 마르가니타가 OED에 끼친 영향력은 매우 중대했다. 그녀가 제공한 정보의 분량은 색인 카드 약 25만 개에 이른다. 그녀는 OED 편집장이 정기적으로 공개하는 수배 단어 목록에 걸려들어 1960년대부터 OED 기여자로 활동했다. 책을 읽다 발견한 단어 정보를 OED에 보내기 시작한 그녀는 머지않아 사전에 인용문 정보를 제공하는 것보다 더 즐거운 일은 별로 없다는 사실을 발견하게 되었다.

이 노부인의 독서 습관은 오늘날의 우리에게 별다른 관심을 일으키지 않겠지만 마르가니타가 사전에 제공한 인용문 정보에는 그녀만의 특유한 관심사가 스며들어 있었다. 그렇기에 OED가 제공하는 영어를 대표하는 데는 큰 영향을 끼치지 못했다. 당시의 편집자라면 그녀가 탐정 소설, 특히 1920년대부터 1950년대까지 여성 작가가 쓴 작품을 선호했다는 사실을 말해줄 것이다. 그래서 그녀가 보낸 카드에는 나이오 마시(Ngaio Marsh), 마저리 앨링엄(Margery Allingham), 도로시 세이어스(Dorothy Sayers)가 만든 탐정 피터 윔지(Peter Wimsey)경 같은 이들의 어휘로 가득했다. 그녀는 책을 닥치는 대로 읽었다. 러디어드 키플링(Rudyard Kipling)과 P. G. 우드하우스(P. G. Wodehouse)를 존경했다. 또한 그녀는 편집장의 지시에 따라 한때 유명했던 1차 대전 시인 에드먼드 블런든(Edmund Blunden)《대전 여운》과 이미 빠르게 잊히고 있는 몇몇 작가들의 책도 충실하게 읽었다. 그녀가 세련되고 품격 있는 계층의 사람들과 어울렸다는 사실도 그녀의 기여에 영향을 끼쳤다. 그녀는 프랑스 남부에서 와인을 마시고 지역 특산물을 즐기며 여름을 보내는 작가들(트롤로프 형제, 요리 작가이자 사회 역사학자인 도로시 하틀리(Dorothy Hartley), 〈하우스 앤 가든(House and Garden)〉이나 〈컨트리 라이프(Country Life)〉 같은 잡지의 저널리스트 등 다수)이 사용하는 단어를 많이 보내왔다.

오랜 세월이 지나 OED의 리딩 프로그램을 직접 운영하게 되었을 때 그녀를 직접 만날 수 있었다. 이상하게도 그녀는 내가 잉글랜드 출신이라는 사실이 무척 마음에 드는 듯했다. OED는 역사의 대부분 동안 스코틀랜드 저지대와 뉴질랜드 출신에 의해 운영되었고 결과도 썩 나쁘지 않았다. 오히려 학문의 도시 옥스퍼드에 빠져 있던 활력을 불어넣어 주었다. 그녀는 실제보다, 적어도 내가 생각한 것보다 나를 '옥스퍼드' 느낌이 강하다고 보는 듯했다. 스스로 아무리 다르다고 생각해도 남들은 옥스퍼드의 색깔이 들어간 색안경으로 나를 바라본다.

나는 감히 마르가니타에게 독서 습관을 바꾸라고 제안하지 않았다. 당시 그녀가 20년 넘게 OED에 제공해준 정보가 큰 도움이 되었기 때문이다. 그녀의 독서는 대중적인 분야로 향했지만 OED에 필요한 언어 정보 수집에 관한 한 여전히 내가 주류로 여기지 않았던 세련된 고급 문학의 분위기가 있었다. 나는 시간이 지날수록 스스로 약간 엘리트적이라고 여긴 영어의 관점에서 멀어지고 싶은 마음이 커졌다. 마르가니타는 문인 집단에 속했지만 나처럼 사전을 현대식으로 만들고 싶어 했다. 그녀에게 '현대식'이란 1960년대 중반의 새로운 자유와 그 이후의 혁신이 일어나기 전인 1950년대와 1960년대 초의 새로운 어휘를 포함시키는 것을 의미했다. 그녀의 문화는 나의 문화와 달랐지만 타당성이 있었다. 그녀는 cappuccino, Latino, Nabokovian, tabbouleh 같은 단어의 증거 기록을 대량으로 수집했다. 모두가 사전이 필요로 하고 그녀의 삶에 영향을 끼친 표현들이었다. 중요는 하지만 내가 보기에는 그녀 세대를 나타내는 것이었다. 나 자신의 문화적 관점은 대중문화를 기반으로 하는 기술 중심의 관점이었다. 이미 등장한 관점이 아니라 새롭게 등장하고 있는 관점이었다. Afrocentric, demo tape, ombudsperson, weaponising 같은 단어들이 내 관심사였다. 단순한 구어가 아니라 성차별, 다문화, 탐구적 음악, 세상에 대한 환경 및 군사적 위협과 관련된 새로운 어휘였다. 새로운 어휘가 등장하는 시점에서 그 현장에 있어야 하는 것이 우리의 의무라고 생각했다.

∞

Queen 단어 묶음 작업의 두 번째 단계는 사전부 도서관에서 더 자세한 자료를 찾아보는 것이었다. 오랜 세월 동안 사전 만드는 사람들에게 대단히 중요한 곳으로 자리 잡은 도서관이지만 다른 사람들에게는 별로 그렇지 않다. 전 세계 주요 언어 사전 수백 권이 보관되어 있고 비주류 언어 사전도 상당히 갖춰져 있다. 특정 작가의 어휘를 쉽게 찾는 도구로 용어 색인도 있고 누군가 슬립에 옮겨 적은 발췌문의 철자와 의미를 편집자들이 확인해볼 수 있도록 시와 소설도 있었다. 일반적으로 보통 사람들에게는 필요 없지만 사전 편찬자들에게는 필수적인 책들이 갖춰진 곳이었다. 노동부가 6년의 분석과 취합을 거쳐 1927년에 출간한 《직업 용어 사전: 1921년 인구 센서스의 직업 분류 토대(Dictionary of Occupational Terms: Based on the Classification of Occupations in the Census of Population, 1921)》는 그곳에서 눈에 띄기도 하고 내가 가장 좋아하는 책이기도 했다. 1921년에 평범한 영국인이 어떤 일을 했는지 궁금하다면 이 책을 보면 되었다. Batch-er(방적 작업을 위해 아마나 황마를 분류해놓는 사람-역주), beader(구슬이 들어간 제품을 만드는 사람-역주), beastman(가축을 사육하고 관리하는 사람-역주), beatster(그물 만드는 사람-역주), beveller(유리의 끝부분을 비스듬하게 자르는 사람-역주), (방적 공장의) big tenter(직물을 펴서 말리는 사람-역주) 등의 직업과 하는 일이 설명되어 있다. 무인도에 가져가고 싶은 책이다.

당연히 도서관에서는 조용히 있어야 했다. (a) 도서관이고 (b) 다른 편집자들도 일하고 있고 (c) 편집장이 어딘가 있을 것이기 때문이었다. 편집장과 마주치면 별로 중요하지 않은 부수적인 업무가 주어져서 주요 업무에 집중하지 못할 터였다. 입사 다음 해 그는 나에게 딸의 생일 선물로 오렌지 모양의 초콜릿을 사오라고 시켰다.

도서관에는 유난히 유용한 책들이 있었다. 사전 편집자들의 손때로 알 수 있었다. 제임스 머레이 경이 편집장이었던 OED 초판 작업 시절의 100년 이상 된 책들이 많았다. 머레이 박사의 대출 기록이 아직 남아 있는 책도 한두 권 있었다. 실수로 인해 책이 본래 주인에게 돌아가지 못했고 그 후손들은 지금쯤 책을 잃어버린 것이 확실하다고 포기했을 것이다.

이 단계에서는 메모를 많이 했지만 머릿속에도 방대한 지식을 넣고 다녔다. 나중에 단어 정의를 작성할 때 필요할 터였다. 나는 자연사 섹션을 뒤지는 짧은 순간만큼은 '꿀통에서 구멍이 작아 여왕벌을 제외하고 일벌들만 지날 수 있도록 막아놓은 판'을 뜻하는 queen excluder의 세계적인 전문가였다. 항해 관련 서적이 꽂힌 선반에서는 캡틴 냇 허레쇼프(Nat Herreshoff, 1848~1938)가 1906년에 경주용 스쿠너(schooner, 돛대가 두 개 이상인 범선-역주)를 위해 처음 디자인한 '스쿠너 주돛대의 중간 돛대에 치는 삼각형의 돛'을 뜻하는 queen staysail에 대해 조사했다.

이 연구 단계에서 체계적으로 살펴야 했던 참고 텍스트 중에서 내가 가장 좋아한 것은 에릭 파트리지(Eric Partridge)의 〈지하세계 사전(Dictionary of the Underworld, PDU)〉이었다. 런던과 시드니, 뉴욕의 강도와 살인자들이 사용하는 끔찍한 어휘가 담긴 험악한 사전으로 짧은 인용문이 속사포처럼 이어졌다. 에릭 파트리지는 이 어두운 사전을 좀 더 대중적인 〈속어와 비인습적 영어 사전(Dictionary of Slang and Unconventional English)〉(1937)이 나온 지 몇 년 후에 편찬했지만 더욱 가중되고 진심 어리고 으스스한 관심을 가지고 만들었다. 사전 편찬학이 올린 개가였다.

내가 곧 알게 되는 바에 의하면 파트리지는 queen이라는 단어의 잘 알려지지 않은 측면의 전문가였다. 일반 독자라면 기꺼이 지나칠 런던 빈민가와 뉴욕 지하세계에 관한 책들을 읽은 그였기에 queen과 quean(특히 동성애의 맥락에서)의 초기 사용에 대한 그의 언급은 매우 중요했다. 〈지하세계 사전〉은 사전 편찬자들이 다른 사람은 거의 들어보지 못했다는 사실을 알기에 자기들끼리 토론하는 사전이다. 몇 년 후 편집장은 〈옥스퍼드 영국 인명 사전(Dictionary of National Biography)〉을 위해 같은 뉴질랜드 출신의 에릭 파트리지의 인생 이야기를 써달라는 요청을 받았다. 어느 날 우연히 편집장의 사무실을 지나친 것이 전부였는데 다음 날 나는 서머싯 하우스에서 파트리지의 출생증명서와 사망증명서를 떼기 위해 런던행 기차에 몸을 싣고 있었다. 그래도 오렌지 모양 초콜릿을 사오라는 것보다는 의미 있는 심부름이었다.

사전부 도서관을 철저하게 뒤지고 난 후에 내 색인 카드의 분량은 두 배로 늘어나 있었고 **marshalling**과 단어 정의를 위한 마지막 과제를(세 번째 단계) 위해 책상으로 돌아갔다.

Marshal은 특이한 단어다. 프랑스어에서 온 영어지만 로망스어/게르만어의 분계에서 시작되었기 때문이다. 중립적인 사전 편찬자는 단어에 편을 갈라서는 안 되지만 나는 marshal이라는 단어가 항상 좋았다. 마치 중국 상자(chinese boxes, 작은 상자부터 차례로 큰 상자에 들어갈 수 있게 되어 있는 상자 세트-역주)처럼 순차적으로 다른 단어들을 담고 있어서인지도 모른다. M으로 시작해 ma는 mama의 줄임말이고 mar는 '망치다'라는 뜻이고 mars는 화성이고 marsh는 습지이며 Marsha는 사람 이름이고 marshal과 또 다른 철자 marshall도 사람 이름이다.

Marshal은 OED 부서에서 중요한 단어다. 편집장이 〈OED 보충판〉 한 권의 서문에서 자신의 역할을 설명하는 데 사용하게 되는 단어였기 때문이다. 그는 자신이 언어의 진행에서 발생하는 우여곡절을 기록하는 언어의 'marshaller'라고 했다. 한편으로 그가 이 단어를 사용한 것은 잘한 일이었다. 사람들이 사전 편찬과 너무 쉽게 연관시키는 '수호'의 의미를 피하기 때문이다. 역사 사전 편찬자는 언어를 변화나 쇠퇴로부터 '수호'하는 것이 아니라 그 변화(혹은 무변화)를 관찰, 감시, 보고한다.

Marshal은 노르만족 때문에 영어로 들어온 단어 중 하나다. (지금쯤 알고 있겠지만 노르만족은 사전 편찬자들의 업무량을 늘리는 데 큰 기여를 했다.) 노르만 정복이 있은 지 얼마 되지 않아 노르만 프랑스어에서 영어로 들어왔다. 프랑스의 영향력이 영어를 움켜잡기 전인, 사실상 아직 '고대 영어 후기'일 때였다. 아무리 들여다봐도 어디에서 파생되었는지 갸우뚱하게 만드는 그런 단어다. 그럴 때 사전이 도움이 된다. 게르만어에서 생겨났지만 프랑스어와 후기 라틴어로 동화되어 영어에 전해졌을 때는 프랑스어처럼 보인 두 개의 더 오래된 단어가 marshal을 이루고 있다. 지나치게 예외적인 일은 아니다. 프랑스어는 순수 로망스어라고 하지만 초기에 통합된 게르만어의 사례가 무수하게 들어 있다.

프랑스어 maréchal은 궁극적으로 게르만어의 뿌리에서 나왔으며 mare(암말)라는 단어를 파생시켰고 또 다른 게르만어 뿌리에서 shalk가 나왔다. Shalk는 고대 언어에서 내려왔지만 16세기에 무수히 많은 대체 단어에 완전히 휩쓸려 존재하지 않게 되었다. 단어의 소멸은 역사적으로 쭉 있는 일이다. Shalk는 하인 또는 (초기의 시에서) '사람'을 뜻했다. (seneschal이라는 단어가 저절로 떠오를 수도 있다. 몇 가지 특징을 살펴보고 넘어가는 것이 좋겠다. Seneschal은 귀족 가문의 집사장을 뜻한다. 요즘은 집사장이 흔하지 않지만.) Marshal은 편자공, 즉 말의 편자를 만들거나 일반적으로 말을 돌보는 사람을 뜻했다. 하지만 이 단어가 영어로 들어오기 전부터 말은 중세의 전쟁에서 매우 중요한 동물이었으므로 최고 편자공에게도 전략적 중요성이 부여되면서 marshal은 어느새 군내생활의 다른 영역으로 이동했다. 프랑스는 물론 이 단어가 존재하는 기타 유럽 국가에서 군대나 영국군 장교를 marshal이라고 부르기 시작한 것이다.

이 단어의 영어 어법은 궁정에서 법원으로 그리고 옥스퍼드와 케임브리지 대학의 특정 장교들의 이름에까지 퍼져나갔고 20세기 초에 이르러 자동차 경주 대회에서 참가자들의 배치를 감독하는 일을 맡는 사람을 marshal이라고 부르게 되었다. 실제로 17세기에는 도가 지나쳐서 사람들이 court martial을 (부정확하게) marshal's court라고 부르기도 했다. 따라서 우리 편집장이 자신을 언어의 'marshaller'라고 표현한 것은 (군대나 궁정과는 관계없이) 일반적으로 뭔가를 질서정연하게 정돈하는 사람이라는 의미로 사용한 것이었다. OED에 따르면 (marshaller 표제어를 보면) 존 드라이덴(John Dryden)은 '영국 시의 훌륭한 정제자이자 단어의 최고 Marshaller'였다. 한마디로 그는 우리 편집장의 경쟁자였다.

배경 연구가 끝난 다음에는 단어의 정의문을 작성해야 하는데, 맡은 단어들에 대한 정보를 모으는 동안 도움 될 만한 표현들이 머릿속에 쌓여 있었다. 나는 권위적인 정의로 곧장 건너뛰려고 하기보다는 단어의 중요한 특징 목록을 모았다. 주요 재료를 고를 수 있는 일종의 콘셉트 보드였다. 단어 정의의 좀 더 형식적인 맥락에 도움 되는 언어적 암시와 단서도 있었다. 놀랍게도 Queen of the Gypsies는 '높은 지위의 로마 여성'이었고 Queen City of the West는 '오하이오주 신시내티'를 뜻했다. 신시내티는 나에게 문화적 참고가 전혀 없는 도시였지만 왜 '여왕의 도시'인지 아직은 어리둥절하지 않았다. 나는 맡은 합성어들을 묘사하는 표현들을 이리저리 가지고 놀면서 정의문을 작성했다. Queen-pin(범죄 조직의 여성 보스), queen substance(여왕

벌이 분비하는 페로몬의 일종), queen's head(우표에 담긴 여왕의 얼굴 이미지), Queen's Scout(여왕의 충성스러운 신하라는 뜻이 아니라 최우수 보이스카우트 단원), queen's ware(도자기) 등. 처음 보는 것이 많았고 대부분은 뭐라고 설명해야 할지도 알 수 없었지만 queen이 붙은 단어들을 작업하는 동안 이정표를 찾으려고 했다. 나 스스로도 의미를 감지할 수 있고 정의를 작성하면서 독자들에게 전달해줄 수도 있는 사소한 표현 말이다.

그것이 사전 편찬의 매력 중 하나였다. 거의 모든 것에 접근하고 모든 것을 조금씩 알지만 너무 깊이 파고들 정도는 아닌 사람이 되어야 했다. Queen 단어를 작업하면서 미답의 영역에 놓이는 경우가 많았다. 나는 미지의 항해에 적합한 인물은 아니었다. 평생 마리화나를 피워본 적도 없고 집시와 어울린 적도 없으며 유치원 보이스카우트 단원 수준을 벗어나지 못했고 퀸 스카우트는 꿈도 꾸지 않았다. 영문학 전공자로 페로몬이 무엇인지, 그것이 왜 여왕벌을 귀찮게 하는지도 알 리 만무했다.

Queen이 가진 뜻 중에서도 가장 흥미로운 것은 '동성애자'라는 뜻이었다. 당시 queen의 색인 카드철에는 30장에 이르는 카드에 그 용법의 충분한 기록 증거가 마련되어 있었다. 지금은 별것 아니지만 당시에는 노다지나 마찬가지였다. 이 단어가 동성애자라는 뜻으로 사용되었다는 우리가 보유한 가장 빠른 문헌 기록은 1924년 오스트레일리아 신문 〈트루스(Truth)〉에 실린 속어 해설이었다. 속어는 대부분 용이 해설에서 수면으로 드러나는 경우가 많으므로 이미 그 단어의 역사가 초기에 머물러 있을지도 모른다는 좋은 신호였다. 하지만 이 뜻이 사용된 최초 문헌이 오스트레일리아에서 나왔다는 것이 얼마나 중요했을까?

1924년부터 수집된 증거에는 여러 문헌이 혼합되어 있었다. 증거물 A는 에블린 와프(Evelyn Waugh)의 《Vile Bodies》(1930년 출간)였다. "Now what may you want, my Italian queen?' said Lottie as the waiter came in with a tray. ('내 이탈리아 queen이여, 무엇을 원하나요?' 웨이터가 쟁반을 들고 오자 로티가 말했다.)" 그다음은 뉴질랜드 작가 나이오 마시의 《Artists in Crime》(1938)이었다. "We met the chap that runs the place. One of those die-away queens. (우리는 그곳을 운영하는 사내를 만났는데 한물간 queen이었다.)" 그 이후의 인용문들은 신문과 소설이고 현대적인 뜻으로 이어졌다. 사전부 도서관을 들락거렸지만 새로운 증거를 찾지 못했다. 에릭 파트리지의 〈속어 사전〉은 이 단어가 매춘부를 뜻하는 더 오래된 단어인 quean이 변질된 것이라고 보았다. 정말 그럴까? 1920년대 오스트레일리아에서? 1929년에 뉴욕 작가 맥스 리프(Max Lief)가 사용했다는 문헌도 있었다. 이것이 5년 전 오스트레일리아에서 처음 사용되었을 가능성에 대해 무엇을 말해줄까? 오스트레일리아에서 나온 것이라면 뉴질랜드 출신인 에릭 파트리지가 알아차리지 않았을까?

가능한 다양한 출처에서 정보를 수집하고 모든 증거물을 몇 번씩 읽고 일반적으로 queen이 영어에 어떤 모습으로 끼워져 있는지 유사 단어들과 이리저리 부딪쳐가며 생각해본 후 증거들을 조합해 정의를 생각해냈다. '남성 동성애자. 특히 동성애 관계에서 여성 파트너. 속어.' 최초의 문헌 자료는 있지만 오스트레일리아 영어에서 유래했다는 무모한 추측을 할 준비는 되어 있지 않았다. 미국과 영국의 증거물과도 얼마 차이 나지 않았기 때문이다. 그래서 대략적으로 정의한 후 특정하게 식별 가능한 뉘앙스로 좁혔다.

2007년 12월 OED 3판에서 queen의 '동성애자'라는 뜻을 수정하는 작업을 할 때는 보다 나은 맥락에서 파악할 수 있는 시기적으로 더 빠른 증거가 발견되었다. 1988년에 쓰인 부차적인 텍스트(《Perverts by Official Order: The Campaign Against Homosexuals by the United States Navy》)에서 queen이 포함된 1919년 문헌이 언급되었다. '오스트레일리아'에서 유래했다고 성급하게 단정 짓지 않은 것은 올바른 판단이었던 듯했다. 하지만 지금까지도 queen의 동성애자라는 뜻의 기원이 어느 지역 영어에서 나왔는지 자신 있게 말할 수 없을 것 같다.

1988년에 나온 그 책은 OED가 앞으로 비문학 텍스트도 다양하게 인용할 수 있을 것임을 암시했다.

OED 초판 이후 19세기 말에서 20세기로 들어서면서 사회 전반에 변화의 물결이 고조되었다. 초판은 여러 유형의 출처에서 단어 예문을 사용했지만 학식 있는 신사나 영국 수도 및 지방의 세련된 독신녀들의 독서에서 주로 나왔다. 영어 정보 수집이 문학의 구세계에 속하는 독자들, 즉 학식 있는 영국인들에 의해 수행되었다는 사실이 나에게는 특이해 보였다. 그들 다수에게 언어는 제국의 확장이었다. 지나친 단순화일 수도 있지만 OED에 인용된 텍스트의 일반적인 취지에 관심을 집중시킨다(고전 문학, 정식 신문, 쉽게 접근할 수 있지만 지나치게 난해하지 않은 전문 설명서와 간행물). 내가 1970년대에 OED 보충판 작업을 하게 되었을 때도 편집장은 자신과 직원들이 사진에 더하고 있는 현대 문학 속의 단어들을 가장 자랑스러워했다(D. H. 로렌스: doolowl, '따분한 사람', momentaneity, 제임스 조이스: codology, '속이는', dishybilly, '옷을 벗은 상태'). 하지만 변화의 파도는 강력했다. 사회는 바뀌었다. 사전 독자와 편집자들도 바뀌었다. 보다 광범위하고 내가 보기에 계몽된 정보 출처들이 끊임없이 새로운 어휘를 제공하고 있었다. 세계적인 영어, 속어, 대중 및 지역 잡지, 일상적인 단어가 늘어났다.

20세기 말로 접어들수록 사전 독자들이 단어를 추출하는 자료 출처의 범위를 확장할 기회가 많았다. 시간이 지날수록 나는 영국과 미국, 오스트레일리아 등에서 일반인들이 사용하는 단어를 찾으려 더욱 애써야 한다고, 그러한 방식으로 OED에 신선한 바람을 불어넣어야만 한다고 느꼈다. 내가 입사하기 전에 편집장은 자료 수집에서 컴퓨터와의 접촉을 피하기로 신중한 결정을 내린 터였다. 큰 프로젝트의 마무리에 가까워지는 시점에서 신기술에 익숙해지려면 오히려 시간만 지체될 뿐이라는 판단에서였다. 일리 있는 결정이었다. 하지만 시대를 따라잡기 위해 그 결정을 되돌려야만 하는 때가 올 것이었다.

∞

사전 편찬에 입문한 지 몇 주밖에 안 되었을 때, 첫 월급을 받기도 전에 힐러리와 나는 결혼을 하기로 했다. 우리끼리 알아서 조용히 준비하겠지만 와서 축하해주시면 감사하겠다고 한 달 전 양가 부모님에게 알렸다.

결혼식 당일 몇 가지 문제가 발생했다. 우리는 옥스퍼드 등기소에서 결혼을 했는데, 당시 그곳은 옥스퍼드의 편도 교통 시스템의 한가운데에 위치한 어느 슈퍼마켓의 위층에 고립되어 있어 주차가 매우 힘들었다. 암호 해독에는 뛰어날지 몰라도 그날 옥스퍼드에서 주차할

곳을 찾는 것은 아버지에게 너무도 어려운 일이어서 결혼식을 놓치고 말았다. 아버지는 등기소 밖에 가족들을 먼저 내려주고 다른 차들 사이에 휩쓸려버렸다. 우리는 아버지를 점심 식사 때나 볼 수 있었다.

결혼식 후 옥스퍼드의 한 호텔 레스토랑에서 식사를 했다. 양가 부모님, 내 형과 누이(힐러리는 무남독녀 외동딸이다), 할머니, 아버지의 고고학자 사촌, 옥스퍼드에 산다는 이유만으로 초대받은 그레이스 숙모가 함께한 자리였다. 점심 식사는 괜찮았다. 축사를 하는 사람이 아무도 없었다. 당시의 나는 잘못 선택한 몇 마디로 디저트 시간의 정적을 깨뜨리기에는 남의 시선을 많이 의식했다. 나중에 세월이 흘러 알게 되었지만 가장 큰 문제는 끝에서 발생했다. 취직한 지 한 달밖에 안 된 사전 편찬자의 월급과 박사 과정 학생의 연구 보조금으로는 신혼여행을 떠날 수 없었다. 그래서 나는 결혼식이 끝나고 중요한 하키 경기에 출전하기로 했다. 미리 힐러리에게 말하고 허락도 받았다. 하지만 가끔 사람들은 자신도 동의를 해놓고 오랫동안 마음속에 섭섭함을 묻어두는 것 같다. 나로서는 변명의 여지가 없고 그나마 처벌 경감을 위해 우리 팀인 옥스퍼드시 하키 클럽 세컨드 XI가 그날 경기에서 이겼다고 말할 수 있을 뿐이다. (그 후 나는 정규 선수로 계속 하키 팀에서 뛰었는데 당시에는 팀에 들어간 지 3주밖에 되지 않았으므로 내 존재를 어필할 수 있는 기회였다. 물론 그렇다고 상황이 나아지는 것은 아니겠지만……)

언어와 마찬가지로 *marriage*에 대한 태도는 1970년대 이후로 바뀌었다. 요즘은 결혼식 날 점심 식사가 끝나기도 전에 자리를 뜬다면 도리에 벗어난 일일 것이다. 당시에도 흔치 않기는 했지만 그래도 용인되는 수준이었다. 우리의 결혼식 자체가 소박했다. 힐러리는 인디언 문양이 들어간 긴 자주색 원피스를 입었고 나는 면 셔츠 위에 양

털로 만든(적어도 촉감은 그랬다) 꺼끌꺼끌한 풀오버 스웨터를 입었다. 친구들도 초대하지 않았고 신문에 실리지도 않았으며 우리는 그렇게 그냥 부부가 되었다.

1976년에 marriage는 논란 많은 단어가 아니었지만 요즘은 사전 편찬자를 커다란 곤경에 빠뜨릴 수 있는 단어다. 전통적으로 marriage는 남성과 여성의 결합에 관한 단어였다. 프랑스어에서 왔고 1300년경부터 사용되기 시작해 그 이후로 거의 줄곧 남녀의 결혼이 주요 의미로 사용되었다. 근래에 이르러 사전들은 동성 결혼에 대해서도 언급했다. 이것은 미국의 여러 주들이 marriage라는 단어의 경계에 대한 이해를 다시 검토하고 있다는 사실에 주목하면서 몇 년 전부터 시작된 일이다.

결혼의 정의는 여전히 치열한 접전이 벌어지는 사안이고 사전 편찬자는 정의를 작성할 때 절대적으로 중립을 지켜야 한다. 증거를 저울질하여 단어의 중요한 요인을 결정해야 한다. 관찰 가능한 문서에서 발견되는 marriage의 모든 속성이 정의에 전부 다 포함되어서는 안 된다. 예를 들어 결혼이 1년 중 언제 이루어지는지, 배우자 한 명이 나이가 많거나 사회적 위치가 높은지는 중요하지 않다(후자의 경우에는 morganatic marriage(귀천상혼)를 언급할 수 있을 것이다). 요즘은 결혼하는 커플이 남성인지 여성인지, 교회나 기타 승인된 장소에서 식이 이루어지는지 등은 중요하지 않다. 일반적으로 사전 편찬자는 단어의 보편적인 측면이나 속성만 선택해야 한다. 물론 사전 편찬 이론에서 이것은 marriage뿐만 아니라 모든 단어에 적용되는 이야기다.

동성 결혼을 다루어야 하는 문제가 단어의 새로운 속성을 내놓았고 그것의 사회적 중요성이 점점 커져서 사전에서도 언급하지 않으면 안 되게 되었다. 하지만 이러한 단어를 다루는 수단은 책상용 소형 사전과 대형 역사 사전의 경우가 서로 다르다. 만약 사전이 새로운 특징을 수용하기 위해 marriage의 기본 정의를 바꾼다면 더 넓은 뜻이 처음부터 공존해왔다는 잘못된 인상이 만들어진다. 소형 사전들은 공간 부족으로 인해 이러한 기법을 따르지 않으면 안 되는 경우가 많다. 반면 OED 같은 역사 사전은 공간 여유가 있어서(동시에 더욱 정확하다) 새로운 뉘앙스가 20세기 후반 등 언제 영어에 소개되었는지에 대한 설명이나 언급을 추가할 수 있다. 크고 작은 사전 모두 marriage의 동성적 의미가 부차적인 의미를 가질 정도로 단단하게 확립되었다는 대담한 선택권을 취할 수도 있다(이것은 중대한 변화가 될 것이다). 현재 우리는 역사적 사전을 만드는 사람으로서 자연스러운 두 번째 선택권을 택했다.

공교롭게도 marriage가 사전 편찬 분야에서 치열한 논쟁을 일으킨 것은 이번이 처음은 아니다. 1791년에 〈먼슬리 리뷰(Monthly Review)〉에서는 찰스 쿠트(Charles Coote)의 《영어 문법 요소(Elements of the Grammar of the English Language)》(1788)를 살펴보았다. 평론가는 marriage가 일부 지역에서 발음되는 방식에 대한 쿠트의 견해에 불만을 드러냈다.

여러 경우 (쿠트의) 발음은 품위 없고 상스럽다. 그는 marriage나 carriage 같은 단어들의 마지막 음절에서 a 소리를 빼뜨리는 것을 허락해 marrige, carrige로 만든다.

우리도 당시에는 그러한 점이 마음에 들지 않았지만 시간이 지나면서 문제였던 것조차 잊어버렸다.

∞

OED에서의 첫해가 지나가면서 서서히 알파벳 queen에서 quid, rap으로 옮겨가 마침내 Rastafarian 이후까지 나아갔다. 알파벳에는 자유가 있다. 민주적이다. 책상에서 알파벳순으로 주어지는 단어들을 따라가면 사회 각계각층의 후보 단어들을 만난다. 마케팅 전략이나 정치적 의도를 염두에 두고 선택된 것들이 아니다. Rannygazoo('장난질, 허튼수작')라는 단어 때문에 어리둥절했던 기억이 난다. 우리는 누가 그 단어를 발명했는지 알아내지 못했다. 그 단어는 영국 소설가 P. G. 우드하우스의 작품에 등장했는데 놀랍게도 당대의 비공식적 아메리카니즘의 전조였고 우리는 그 단어를 1896년 〈워싱턴 포스트〉로 거슬러 올라가 추적했다. 나는 OED 연구원들의 도움으로 피아노 래그(rag, 재즈의 한 요소가 되는 피아노의 연주 스타일, ragtime이라고도 함-역주)가 1890년대 말에 캔자스의 미국계 흑인 밴드가 처음 연주했다는 사실을 발견했다. 또 우리는 추적을 통하여 quisling(전쟁에서 적을 돕는 부역자)이 1940년에 노르웨이의 비드쿤 퀴슬링(Vidkun Quisling) 장교의 이름을 본떠 처음 등장한 단어임을 알아냈다. 모든 발견마다 흥미로웠고 영어가 근래의 수십 년 동안 전 세계에서 발달해온 단계를 파악할 수 있었다.

알파벳순으로 나아가는 동안 9년에 걸친 보충판 프로젝트를 빨리 끝내라는 출판사의 압박도 자연스레 심해졌다. 〈보충판〉 두 권이 출판된 상태였고 앞으로 두 권이 더 나와야 한다는 것도 기정사실이었다. 한 권당 4년으로 잡는다면 최소한 1980년대 중반은 되어야 끝날 수 있었다. 이상하게도 프로젝트가 끝난 이후에 대해 진지하게 생각하는 사람은 아무도 없었다. 옥스퍼드 대학교 출판사가 수년에 걸쳐 막 완성된 보충판을 개정한 또 다른 보충판을 내려고 할 수도 있었다. 하지만 나는 그럴 가능성은 낮다고 생각했다. Z까지 끝내고 나면 학계에서 우리의 성과를 높이 평가해 어느 대학 영문과에 교수 자리를 내어줄 수도 있었다. 물론 그럴 가능성은 없었지만 아무래도 상관없었다. 보충판의 마무리가 까마득하게 먼 나중의 일처럼 느껴졌고 당시에는 일이 너무 재미있을 뿐이었다. 1년밖에 되지 않았지만 시간이 무척 느리게 흘러가는 것처럼 느껴졌다. 그저 작업 과정의 모든 법칙과 비결을 흡수하면서 현재부터 영어가 처음 등장한 1500년 전으로 거슬러 올라가면서 퍼져나가는 언어의 장엄함을 음미할 뿐이었다.

OED는 무엇이든지 오래 걸려서 끝마치기로 유명하다. 당연히 여기에는 조롱의 의미가 담겨 있다. 하지만 우리가 최대 속도로 일하는 것이라고 말할 때마다 사람들은 도저히 믿기지 않는다는 표정으로 쳐다본다. 최근에 중세 유럽 역사 사전 프로젝트와 관련해 OED 초판이 1884년에 시작해 1928년에 끝나기까지(44년) 얼마나 빠르게 움직였는지에 대한 자료를 제공해달라는 부탁을 받았다. 실제로 OED는 당시로서는 군살 없는 조직이었다. 유럽의 또 다른 대표적인 사전은 〈Deutsches Wörterbuch〉, 즉 그림(Grimm) 사전이었다(동화 작가 그림 형제가 만들었다). 그 위대한 사전은 1854년에 시작하여 여러 권을 내놓으며 1961년에야 완성되었다(산수에 약한 사람을 위해 계산해보자면 무려 107년이라는 시간이 걸린 것이다). 따라서 OED는 독일의 세계 신기록에서 63년이나 덜어낸 것에 대해 칭찬을 받아야 마땅하다. 여러 권으로 이루어진 훌륭한 네덜란드어 사전 〈Woordenboek der Nederlandse Taal(WNT)〉도 비슷하다. WNT 1권은 1864년에 출간되었고 마지막 권은 1998년에 나왔다(라이덴의 대성당에서 열린 출판 기념행사에 나도 참석했다). 무려 134년이다. 독일어 사전이 세운 기록은 빛이 바랬다. 하지만 긴 시간이 나쁜 것만은 아니다. 독일과 네덜란드의 편집자들은 시간에 쫓기면서 철저하게 작업을 한 것이다. 정말 철저하게 말이다. 하지만 제작 기간이 길수록 여러 세대에 걸쳐 편집 스타일도 변하기 때문에 개정 작업이 어려워지는 것은 사실이다. 그에 비해 OED는 전력 질주로 시작했고 내내 일정 속도를 유지한 덕분에 (앞으로 알게 되겠지만) 때가 되었을 때 개정 작업을 고려할 수 있었다.

하지만 당시에 개정판의 가능성은 우리의 머릿속에 존재하지도 않았다. 우리는 〈OED 보충판〉의 마지막 두 권을 완성하기 위한 **deadline**에 쫓기고 있었다. 나는 평소 일을 빨리 끝마치는 편이기에 마감기한이 그리 신경 쓰이지 않았다. 매달 사전부 관리자들이 만드는 진행 상태 목록에서 항상 상위권을 차지했다. 진행이 중요했다. 마감기한은 놓쳐서는 안 되는 목표물이었다.

위기의 시기에 새 단어가 만들어진다. 19세기 중반의 미국에는 위험하지만 스릴 넘치는 황량한 서부(Wild West) 개척과 캘리포니아 골드러시 이후 일어난 남북전쟁으로 미국 영어라고 불리는 신흥 영어에 새로운 단어들이 들어와 뒤섞였다. (현재 황량한 서부라는 표현을 처음 사용한 것은 샬럿 브론테로 여겨지지만 앞으로도 그렇게 남을 것 같지는 않다.) Badlands(불모지, 미국 서부의 황량한 고원 지대-역주), bloviate(장광설을 늘어놓다-역주), bodacious(대담무쌍한-역주), bonanza(수지맞는 일-역주), braggadocious(뽐내는, 거만한-역주), buckaroo(카우보이-역주)(이만하면 충분한 예시가 될 것 같다) 등 새로운 어휘는 대부분 미국이라는 새로운 나라와 마찬가지로 자신만만하고 모험적이다.

Dead line이라는 단어의 최초 사용은 낚시에서 나왔다(1860). 이 단어는 언어 세계의 새로운 창조물은 아니지만 새로운 접근법을 취한다. 즉 창조적인 은유다. 물고기가 덥석 물기를 기다리면서 움직이지 않고 가만히 있는 것을 말한다. 이 단어의 현대적인 의미 속으로 들어가려면 남북전쟁이 끝나갈 무렵의 미국으로 가야 한다. 당시는 똑같은 단어 한 쌍이 서로 관련 없는 새로운 의미를 만들어낸 시기였다. 19세기 중반의 미국인들은 교도소 관리에 대해 계몽된 관점을 취하지 않았던 듯하다. 군대 교도소 주변에 선을 쳐놓고 죄수가 그 선을 넘어가면 총격을 가했다. 그것이 바로 dead line(사선)이다. 미국 작가 벤슨 존 로싱(Benson John Lossing)은 《미국 남북전쟁의 그림 역사(Pictorial History of the Civil War in the United States of America)》(1868, 3권)에 이렇게 적었다. "안쪽 방책에서 5미터 거리에 'dead-line'이 있었다. 그 선을 넘으면 아무도 살아남을 수 없었다." 20세기 초에 미국 신문사들이 기사 원고를 받는 제한 시간을 나타내는 뜻으로 deadline을 사용하면서 덜 치명적이 되었다. 마감기한을 지키지 못하면 죽음인 것이다. 그 후 deadline은 OED의 프로젝트 일정을 비롯하여 부수히게 다양한 영역으로 흘러들어가 사용되었다.

∞

인터넷 이전 시대에 나는 OED 표제어의 가장 두드러지는 특징이 바로 역사적 연구라는 사실을 알게 되었다. 나중에 우리는 단어나 표현에 관한 좀 더 빠른 사용 기록을 찾기 위하여 모든 디지털 자원의 도움을 받았다. 하지만 과거에는 선반 가득한 책과 도서관 카탈로그밖에 없었고 어디서부터 찾아봐야 하는지 힌트를 주는 사람도 없었다. 이를테면 thin red line이라는 표현의 역사를 연구하는 작업이 대표적인 보기였다.

이 단어는 OED 초판 편찬자들이 사전에 포함시키는 것을 완전히 잊어버린 단어였다. 사실 무심하다고 할 수 있었다. 그들이 red로 시작하는 단어에 이르렀을 즈음 thin red line은 이미 확실히 자리 잡힌 표현이었고 몇 년 후 thin을 작업하면서도 다룰 기회가 있었기 때문이다. 아마도 세 단어로 이루어져 있어서 단어가 아니라 구절에 가까우므로 사전 표제어로 적합하지 않다고 생각했던 듯하다. 그들은 현실적이어야 했다. 두 단어로 이루어진 합성어는 언어 속에 확고하게 자리 잡혀 있으면 사전에 쉽게 등재되지만 세 단어 합성어는 좀 더 의심스럽다. 고정된 표현인지 우연히 발생한 세 가지 요소의 연어(連語)인지 판단 내리기가 쉽지 않다. 네 단어 합성어는 사전에 등재될 확률이 더욱 낮았다.

1970년대 말에 이르러 OED 보충판에서 red를 작업하게 되었을 때 우리는 thin red line이 단어로 인정된다고 결론지었다. Red로 시작하는 단어는 내 사수 레슬리가 거의 편집했는데 그녀는 철저한 업무 처리를 위해 모든 가능성을 고려하는 사람이었다. 그녀의 red 단어 세트에는 thin red line이 포함되었다. 그것이 전투 대형에서 보호자 역할을 한 영국군을 가리킨다는 사실을 이미 알고 있었다. 영국군의 상징인 붉은 코트를 입은 군인들이 어둠의 세력으로부터 대영 제국을 지키기 위해 평소와 다른 가느다란 대형으로 방어벽 역할을 한 것이다. 적의 세력이 늘어날수록 대형은 더욱 가느다란 선이 되었다.

OED 카드철은 이 표현이 크림전쟁의 발라클라바 전투(Battle of Balaclava)를 떠올리게 한다는 사실을 보여주었다. 하지만 레슬리는 동의하지 않았다. 그녀에게는 사전 '독자들'이 100년 넘게 수집한 thin red line의 문서 정보가 잔뜩 있었지만 그중에서 1935년 조지 오웰(George Orwell)의 소설에 대외강경파의 맥락으로 등장한 것보다 앞서는 것은 하나도 없었다. 발라클라바 전투는 1854년 10월 25일에 일어났다. 따라서 thin red line이라는 표현은 그 전투와 아무런 관련이 없거나 거의 100년 정도 앞선 기록 증거가 어딘가에 존재한다는 뜻이었다.

OED 도서관에는 사전 편집자가 사용할 수 있는 크림전쟁에 관한 소중한 자료가 얼마 되지 않았다. 하지만 모두 쓸모없는 것은 아니었다. 레슬리는 한 줄기 희망을 가지고 OED 참고 문헌 도서관에서 인용문 사전들을 뒤졌다. 〈옥스퍼드 인용문 사전〉뿐만 아니라 19세기 중반 이후로 미국에서 출판된, 익숙한 표현에 대한 잘 알려지지 않은 정보를 가득 담고 있는 존 바틀릿(John Bartlett)의 《익숙한 인용문(Familiar Quotations)》 여러 판본도 확인했다. 내가 참고 문헌 도서관에서 가장 좋아한 것은 버튼 스티븐슨(Burton Stevenson)의 《Home Book of Quotations》였다. 그가 세상을 떠난 후 1967년에 뉴욕에서 출판된 이 두꺼운 붉은색 책에는 언어 표현에 대한 스티븐슨의 초기 연구가 포함되어 있다.

이번에 필요한 정보를 줄 뻔한 것은 예상외로 존 바틀릿이었다. 1854년 10월 25일자 〈타임스〉 기사에 발라클라바 전투에 대해 언급한 것이었다. 그는 해당 전투에 관해 '끝부분에 철의 선이 달린 가느다란 붉은색 가닥(thin red streak)'이라는 표현을 소개하면서 그것이 (나중에는 '경' 칭호를 받은) 아일랜드 출신의 종군기자 윌리엄 하워드 러셀(William Howard Russell, 1820~1907)이 사용한 것이라고 언급했다. 하지만 첫 번째 문제는 이것이 우리가 찾는 표현이 아니라는 점이었다. 근접은 했지만 부족했다.

레슬리는 런던과 옥스퍼드의 연구원들에게 도움을 청했다. 런던 북서부 교외 지역 콜린데일에 있는 영국 도서관 내 신문 도서관에서 일하는 OED의 오랜 단어 연구원 조지 초다레이-베스트(George Chowdharay-Best)가 〈타임스〉 10월 25일자 기사를 찾아보았지만 그런 내용이 없었다. 그것이 두 번째 문제였다. 마치 뜨거운 팬에서 녹는 버터처럼 사실 정보가 녹아내리고 있었다. 그 시점에 이르러 연구는 다시 옥스퍼드로 옮겨가 내 동료 이본느 워버튼(Yvonne Warburton)이 맡았다. 그녀는 해당 일자의 기사를 찾아 〈타임스〉를 샅샅이 뒤진 결과 그것이 사실은 11월 14일자 기사라는 사실을 발견했다. 하지만 여전히 'thin red line'이 아니라 'thin red streak'이라고 되어 있었다. 어쩔 수 없이 보류해야 했다.

연구원들이 사냥개처럼 새로운 길에서 냄새를 맡았다. 존 바틀릿에게서 답을 찾지는 못했지만 〈옥스퍼드 인용문 사전〉에 실린 좀 더 늦은 1877년의 용례가 예비책을 제공했다. 역시 윌리엄 러셀의 작품인 《크림 반도 탐험(Expedition to the Crimea)》(1877)이었다. 그 책에는

'끝부분에 강철이 달린 가느다란 붉은 선'이라는 표현이 들어가 있기는 했지만 전투가 있은 지로부터 23년이나 지난 후였다. 하지만 여전히 희망은 있었다. 희망은 언제나 있다. 러셀의 《크림 반도 탐험》(1877)은 그가 쓴 《전쟁: 갈리폴리 상륙(The War: From the Landing at Gallipoli)》(1855)의 나중 판본이었다. 따라서 thin red line이라는 표현이 1855년에 나왔다고 보기에 무리가 없을 터였다. 하지만 그 책에서 러셀은 'thin red streak'라는 표현을 썼다. 그렇다면 1858년 판본에서는 어떨까? 책이 옥스퍼드에 없어서 다시 런던의 연구원에게 확인을 부탁했다. 하지만 거기에도 'thin red streak'라고 되어 있었다.

1877년이라는 연도가 우리를 당황스럽게 했다. 1855년에 red line은 있지만 thin red line은 없었다. 답답했지만 다른 용례가 없었으므로 thin red line이 1877년에 처음 사용된 것으로 사전에 등재할 수밖에 없었다.

사전 만드는 사람들의 이야기에는 늘 후기 같은 것이 있기 마련이다. 몇 년 후 이본느는 자신의 연구에 관한 짧은 기사를 쓰면서 독자들에게 thin red line의 더 빠른 용례를 찾아달라고 부탁했다. 도전을 받아들인 독자들이 사전부로 보내온 인용문의 시기는 1869년까지 거슬러 올라갔다. 세바스천 에반스(Sebastian Evans)의 《애스턴 홀에 있는 여왕의 거실에서 낭독된 시들(Rhymes Read in the Queens Drawing Room at Aston Hall)》에 나오는 기념 시에는 thin red line을 발라클라바 전투와 직접 연결시키는 구절이 있다. "발라클라바 언덕에서도 / 목숨 걸고 2마일을 달려서 / 그 '가느다란 붉은 선'은 앞으로 돌신하고 다시 돌아왔다 / 얼마나 가느다랐던가!"

1~2년 후에는 더욱 값진 정보가 들어왔다. 인터넷에서 역사 간행

물을 접하기가 점점 쉬워지면서 사전 편찬 연구의 가능성이 또다시 극적으로 변화하고 있었다. 그 즈음에 이르러 〈타임스〉 아카이브를 온라인에서 검색할 수 있게 되었다. 전 세계 사람들이 분주하게 키보드를 두드렸고 OED의 숨은 기여자가 우리가 원하는 것을 찾았다. 1855년 1월 24일자 기사에서 "러시아 기병대를 후퇴시킨 '가느다란 붉은 선(thin red line)' 군대"라는 표현이 발견된 것이다. 따옴표가 들어갔다는 것은 러셀이 쓴 표현을 잘못 기억하고 사용했다는 의미일 수도 있다. 이 텍스트에서는 영국 정부가 크림전쟁에 참전한 어떤 군인에게 훈장을 줘야 하는지 토론하고 있다는 맥락에서 이 표현이 사용되었다.

> 발라클라바만큼 영광스러운 돌진을 역사 속에서 또 찾아볼 수 있을까? 콜린 캠벨(Colin Campbell) 장군이 이끄는 93연대의 용맹함 또한 영원히 잊히지 않을 것이다. 러시아 기병대를 후퇴시킨 '가느다란 붉은 선' 군대.

마침내 사람들의 기억과 문서 기록이 일치하게 되었다.

∞

OED 편집은 하루아침에 배울 수 있거나 queen 단어 세트 하나를 처리한다고 저절로 습득되는 것이 아니었다. 경험이 늘어나면서 인지하게 된 더욱 커다란 사안들이 많았다. 하지만 첫 번째 과제인 queen 세트를 두어 달 만에 끝내는 과정을 통하여 처음으로 편집 작업의 주기를 처음부터 끝까지 따라갈 수 있었다. 힘든 노동이지만 흥미진진한 자료 수집과 사전부 도서관에서의 연구 조사, 단어의 의미와 간결한 표현을 위한 싸움이었다. 이 모든 것은 내가 나중에 수없이 반복하게 되는 과정이자 내 뒤로 들어오는 후임들에게 전달해야 하는 복잡한 과정이었다. 초기 과정의 세부 사항 중에는 요즘은 필요 없게 된 것들이 많지만 당시에는 모든 작업 과정을 정확하게 엄수한 19세기의 편집자들과 이어지는 느낌이 들어 흥분되었다. 내가 옥스퍼드에서 최고로 좋은 직업을 가진 것만 같았다.

나는 엄격함 또한 새롭게 배워가고 있었다. 1970년대 중반의 영문학 학도는 엄격한 문학 분석가의 길을 장려받지는 않았다. 나는 엄격함의 영역에서 자신이 인상주의적이고 둥글둥글한 부분에 속한다는 사실을 자랑스러워했다. 하지만 그것이 사전 편찬자의 특징은 아니라는 사실을 곧 사수로부터 배우게 되었다. 증거를 세심하게 살펴보고 무뚝뚝하지만 유익한 정보를 제공하는 단어 정의문을 작성하려면 내 학문적 배경과 호기심을 날카롭게 가다듬을 필요가 있었다. 너무 힘든 일을 시작했다는 생각도 들었지만 다행히 나에게는 배움에 필요한 인내심이 있었다.

미래는 알 수 없었고 우리는 우리만의 세계에 갇혀 만족해하며 미래에 대해서는 별로 생각하지 않았다. 당시 우리가 할 수 있는 일이라고는 주어진 도구를 가지고 연구하고 편집하는 것뿐이었다. 이후의 기술 발달로 인해서 우리가 아는 것과 다르고 전례도 없는 훨씬 많고 중요하고 새로운 정보가 (예를 들어 발라클라바 전투의 thin red line처럼) 저 앞에 펼쳐져 있음을 알게 되었다. 우리는 구식 사전 편찬의 엄격함을 간직하는 동시에 저 멀리 숨겨져 있는 새로운 정보망을 활용하는 방법도 배워야 했다.

4 가장 멀리 돌아가다

입사 첫해는 편집자의 일
을 배우는 데 집중하느라 매우 길게만 느껴졌다. 하지만 그 이후의 몇
년, 〈보충판〉 프로젝트가 마무리되고 마침내 구식 옥스퍼드 사전 편
찬학이 막을 내린 시간은 너무도 빠르게 지나가는 듯했다. 나는 편집
을 배운 이후로 사전부에서 승진을 거듭했고 새로운 프로젝트를 받았
고 편집자의 역량을 키우기 위해 신입 편집자들을 감독했다.

대처와 레이건의 시대로 접어들면서 언제나 그렇듯 영어가 바뀌
고 있다는 것이 확실해졌다. 20년간의 자유와 반대로 우리는 정치
적 올바름이라고 알려지게 된 것의 이익과 불이익을 인지하게 되었
다. 성중립적 접미사로서의 -person 표제어를 작업하고 racism과
sexism 항목도 다시 검토했으며 머지않아 사전에 등재된 ablism,
lookism 같은 새로운 -isms 단어들도 계속 지켜보았다. 사전 편찬
자들은 사회와 마찬가지로 이전 세대들이 '부족(部族)'이라고 일컬었
던 사람들을 어떻게 하면 가장 잘 묘사할 수 있을지 의아해했다.

신기술이 대중의 어휘에도 스며들었다(microcomputer, EFTPOS,
data protection, electronic music). 기술적인 의미로는 훨씬 오래전부터
사용되었지만 이제 일반인들의 일상적인 어휘의 일부분이 되어가는
단어들도 있었다. 서양에서는 개인주의(big bang, debt counsellor, enter-
prise culture)라는 새로운 정치로 뒷받침된 풍족함이 높아지는 환경 의
식과 대조를 이루었다(biofuel, ecofeminism). 영국에서는 1970년대와
1980년대에 표준 영어와 런던에서부터 퍼져나간 것으로 보이는 코
크니(Cockney, 런던 사투리-역주)의 혼합물인 에스추어리 영어(Estuary
English, 잉글랜드 남동부 지역 영어-역주)가 기업가 지망생들로 이루어진
신세대에 의해 사용되었고, 미국에서는 흑인들이 사용하는 언어 eb-

onics가 자리 잡았다. 전쟁 이전의 궁핍함과 사이키델릭 예술의 다채로운 기이함으로부터 고립되는 새로운 영역으로 들어서고 있었다.

∞

나는 OED에 몸담은 오랜 기간 동안 옥스퍼드 대학교 출판사의 여러 사무실에서 일했다. 그때마다 장소가 주는 느낌은 매우 중요했다. 모든 사무실이 나와 동료들이 하고 있는 업무의 특징을 반영했고 우리가 담아내려는 언어 변화의 전형적인 보기가 되었다. 입사한 1976년에는 옥스퍼드의 주택가 골목에 있는 한쪽 면이 옆집과 붙어 있는 조용한 빅토리아풍 건물에서 일했다. 그때는 업무 자체가 조용하고 부드러웠다. 거대한 빅토리아 사전에 점진적으로 새로운 단어와 의미를 더하는 일이었으니까. 일하는 건물도 우리가 하는 일과 잘 어울렸다.

1976년 당시에는 몰랐지만 그 사무실에서 일하는 시간이 끝나가고 있었다. 사전부 사무실은 우리 편집장이 1957년에 임명된 이후로 월튼 크레슨트로 옮긴 것이었는데 1977년에 전 직원과 자료가 세인트 자일스(St Giles')에 위치한 장엄한 조지아 시대 건물로 이사하게 되었다. 옥스퍼드 중심부에 있는 큰길이자 출판사의 세계적으로 유명한 지도제작부가 있던 곳이었다. 이사 이유는 월튼 크레슨트의 사무실이 점점 비좁아져서였다. 우아한 입구 복도에서 단어로 가득한 방들로 이어지는 세인트 자일스의 새 사무실은 사람들이 으레 OED에 기대하는 구시대의 으리으리한 존엄성을 상징했다. 평일 내내 관광 *bus*가 도로를 천천히 지나다녔기에 대외적인 노출도 많았다.

1970년대에 신기술은 새로운 개념이 아니었다. 모든 세대가 인쇄기와 철도, 컴퓨터 등 그 시대의 결정적인 기술을 새로운 것이라고 여긴다. 19세기 초 프랑스의 거리에서 omnibus(또는 bus)는 산업혁명의 말기로 갈수록 사회가 말에서 마력으로 변화할 수 있도록 도와주는 신기술의 파도 가운데 하나였다. 이 단어는 말이 끄는 마차를 가리키는 단어가 모터 엔진의 신기술을 위하여 '용도 변경'되었음을 보여준다. 그 유사점은 현대 어휘로도 확장된다. 말이 끄는 bus가 19세기에 발명되지 않았더라면 data bus나 미국 식당에서 테이블을 치우는 busboy나 busgirl도 나오지 않았을 것이다(원래 busboy는 버스에서 요금 받는 사람을 뜻했다).

나폴레옹 전쟁으로 진이 다 빠져버린 1820년대의 프랑스는 나중에 bus가 되는 기계와 기계학에 주의를 쏟았다. 그 이전의 단어는 omnibus이고 OED는 '(omnibus가) 최초로 사용된 것은 1825년 프랑스에서였다. 보드리라는 사람이 낭트와 그 교외의 온천장 사이에 손님들을 이동시킬 목적으로 운영한 이동수단을 가리켰다'라고 신중하게 정의하고 있다. 영국에서는 1828년경에 omnibus의 발명 소식이 전해졌고 1829년에 조지 실리비어(George Shillibeer)가 런던의 거리에 '파리식' 옴니버스를 소개했다(〈The British Traveller〉 7월 4일자). 고작 1832년에 omnibus가 bus로 단축되었다. Omnibus는 '모두'라는 뜻의 라틴어 복수 여격 omnes에서 비롯되었고 문자 그대로 '모두를 위한' 대중교통 수단을 뜻하지만 그 이상의 의미가 숨겨져 있으리라는 은밀한 의심이 든다. OED는 중립적인 입장에서 이렇게 설명한다. '나아가 이 단어는 회사 명패에 Omnès omnibus라고 써놓았던 Omnès라는 성을

가진 상인에게서 유래했다고 알려진다.'

  사전부가 세인트 자일스로 옮겨간 사건에는 사전 편찬의 관점에서 볼 때 두드러지는 측면이 있었다. 어떤 이유에서인지 편집장은 '세인트 자일스'라는 거리명에 과연 아포스트로피가 붙어야 하는가를 반드시 알아내고자 했다. 영어는 아포스트로피의 존재 혹은 부재에 쉽게 집착한다. 많은 사람이 그것을 문명과 혼란의 차이점으로 인식할 정도다. 그러니 만약 OED의 위풍당당한 레터헤드(letterhead, 편지지의 윗부분에 인쇄된 개인이나 단체, 회사의 이름과 주소-역주)에 불필요한 아포스트로피가 들어갔다거나 영어에서 가장 중요한 구두점인 아포스트로피가 생략된 사실이 밝혀진다면 사회적 기반이 흔들릴 터였다.

  OED가 가진 능력이라면 바로 그런 문제를 연구하는 것이다. 우리의 가장 숙련된 편집자 중 한 명인 앨런 휴즈(Alan Hughes)가 '세인트 자일스의 아포스트로피'에 대한 진실을 알아내는 임무를 맡았다. 지역의 기록을 읽고 신문사들에 자문을 구하고 어원학자들에게도 견해를 얻으면서 살아 있는 언어의 실제적 증거(OED의 특기)를 조용히 분석했다. 수 주간의 토론과 드라마가 이어진 끝에 아포스트로피가 붙어야 한다는 쪽으로 판결 났다. 우리 주소에 아포스트로피가 들어간 St Giles'가 들어가야 한다는 뜻이었다. 하지만 신경 쓰는 사람은 아무도 없는 듯했다. (a) 우체국은 왕이나 여왕 이름이 들어간 것을 제외하고 거리명에 아포스트로피를 붙이는 것은 좋지 못한 생각이라고 여겨서 오래전부터 아포스트로피를 붙이지 않았고 (b) 같은 거리에 들어선 상점이나 업체들의 명판에도 아포스트로피가 붙었다 붙지 않았다 했다.

사무실 이전에 대한 사전 편찬학적 문제가 모두 해결된 후 우리는 1970년대 후반의 언어가 어디로 향하고 있는지 전통적인 방식을 이용해 살펴보는 작업을 시작했다. 여전히 부서에서 가장 어렸던 나는 거리 언어의 최신 유행을 살피는 OED의 눈과 귀라고 스스로 자부했다. 그러한 이미지를 강조하기 위해 이따금 카프탄 스타일의 분홍색 튜닉을 입고 출근하기도 했다. 출판사의 다른 부서들에서는 양복과 넥타이가 대세였지만 나는 분홍색 튜닉이 현실의 반영이라고 여겼다. 물론 OED에는 최신 유행에 밝은 편집자가 필요하지 않았다. 거리의 언어는 물론 야생에서 나타나 살아남은 그 어떤 형태의 언어라도 전부 카드에 담을 수 있는, 이미 검증을 거친 무수히 많은 적절한 시스템이 구비되어 있었기 때문이다. 하지만 내 생각에 나는 새로운 시대의 기수인 듯했고 OED가 너무 오랫동안 과거를 돌아보았으니 이제는 현재와 미래에 반응해야 할 때라는 생각이 점점 강해졌다.

분홍색 튜닉이 새로운 시대의 조짐으로서 자신을 표시할 방법을 찾고 있다는 신호였다면 1970년대 후반의 언어에 퍼져나가는 두 가지 문화 물결인 펑크와 라스타파리아니즘(Rastafarianism)에 보인 관심 또한 마찬가지였다. 나는 펑크 음악을 열성적으로 좋아하지는 않지만 (분명 라스타파리언도 아니다) OED가 꼭 다루어야 할 문화 현상이라고 생각했다. 그래서 질 낮은 사이클로스타일(cyclostyle, 톱니바퀴식 철필로 원지를 긁는 등사기-역주)로 인쇄된 언더그라운드 펑크 잡지를 최대한 많이 모았다. 그 저속한 유행 음악의 자료가 갖춰지기 시작하자 사전 편찬의 노다지를 찾아서 읽기 시작했다. 몇 년 안으로 영국으로 선해질 것으로 보이는 현대의 미국 어휘를 살짝 엿보기 위해 〈롤링 스톤〉도 읽었다.

내 노력은 OED가 일시적인 추종 현상을 포착하고 담아내는 방식에 별로 큰 영향을 끼치지 못했지만 상사들에게는 나중에 생산적인 업무로 돌린다면 쓸모 있을지도 모르는 관심사와 열정을 가진 직원이라는 인상을 주었다.

그해 연휴에 찾아간 중고 서점에서 오래된 18세기 소설 시리즈를 구입해 OED의 방식을 거스르며 힘들게 '읽기' 시작했는데 메츠의 《영화 언어》를 읽을 때보다 훨씬 즐거웠다. 사전에 수록된 것들보다 훨씬 앞서는 단어와 의미의 용례를 수없이 찾았다. 편집장에게 보여주고 카드철에 넣었다. 나도 모르는 사이 주목받으며 미래를 새겨나갔다.

∞

내가 편집장의 레이더망에 전도유망한 인재로 희미하게나마 등장하고 있는 동안 출판사 내부에서 변화가 일어났다. 그것은 사전부의 세인트 자일스 사무실이 한 시대가 막을 내리는 모습을 목격하고 있음을 의미했다. 당시는 펜과 색인 카드, 책, 사람들에 둘러싸여 손으로 써내려가는 옥스퍼드 사전 편찬학의 전성기 후기였다. OED는 주요 참고 문헌 중에서는 유일하게 여전히 주조 활자 식자(사진 식자로 대체되었다가 최근에는 디지털 식자로 바뀌었다)를 사용하고 있었다. 뜨거운 용해 금속으로 개별적 금속 활자를 주조한 후 다음번에 비슷한 페이지를 인쇄할 때를 위하여 식자기에 단어를 줄별로 배치해놓는 것이다. 마지막 남은 인쇄업체가 주조 활자 식자를 중단하자 우리는 〈보충판〉의 무거운 인쇄판을 기차로 전국을 반 바퀴 돌아 다른 업체로 옮겼다.

인쇄 기술뿐만 아니라 다른 분야에도 새로운 기술이 나왔지만 〈OED 보충판〉은 Z에 도달할 때까지 기존의 색인 카드 방식을 고수했다. 빅토리아 시대에도 문제없는 방법이었으므로 여전히 효과적이었다. 우리는 새로운 언어를 탐구할 때도 전통적인 기법을 이용했다. 전 세계 독자들과 일반 대중이 발견한 언어 정보가 우리의 색인 카드를 채웠고 최대한 빨리 OED에 포함되었다. OED는 ***crowdsourcing***이라는 단어가 나오기도 전에 그것을 항상 활용해왔다. 〈보충판〉에 Reaganomics를 넣었지만 Thatcher's Britain은 놓쳤다. 이 단어는 다음 편집 단계를 위해 남겨두어야 했다. 언어가 어느 방향으로 나아가고 있는지 예측하려고 했지만 모든 트렌드를 올바르게 점치지는 못했다. 우리 편집장은 1970년대 중반에 미국을 방문한 후 미국 트럭 운전사들의 트럭에 장착된 무선통신 장비인 CB(Citizens' Band) 라디오가 속어의 세계를 지배할 것이라는 생각에 사로잡혔다. Ten-code(미국 경찰이 먼저 사용하기 시작해 CB 라디오 트럭 운전사들에게 퍼진 10으로 시작하는 신호 체계), breaker(다른 이들의 대화에 끼어드는 운전사), handle(트럭 운전사들의 별명) 등. 사전부 사람들의 눈썹이 올라갔다(믿을 수 없다는 뜻을 나타내는 옥스퍼드만의 암호이며 곧바로 벌렁거리는 콧구멍으로 이어진다). 그 새로운 단어들의 증거를 모으라는 지시가 떨어지기는 했지만 우리는 다음 물결에 의해 휩쓸려갈 일시적인 흔적이라고 예상했고 역시나였다.

결국 CB 속어 중에서는 대표적인 소수만이 OED에 등재되었다. 이것은 OED의 선별 과정을 입증한다. 카드철에는 **무수히** 많은 '재미있고' 잊힌 단어들이 가득하지만 시간을 통한 검증을 통과하지 못하는 경우가 대부분이었다. 우리는 단어의 사용 증거가 수년에 걸쳐 충분히 퍼져 있어야 한다는 엄격한 선별 기준을 따랐는데 대부분의 단어는 첫 번째 울타리에서 막혔다. 물론 그런 단어라도 기약 없는 부활에 대비해 여전히 색인 카드에 남는다. (우리가 강경하게 유지하는) 이 시스템은 단어 해적들이 신조어를 사전으로 밀반입할 수 없게 만든다. 우리의 색인 카드를 본 방문자들은 사전에 들어가지 않은 것이 매우 많다는 사실에 놀란다. OED는 빙산의 일각에 불과한 단어를 사전에 넣지 않는다. 수면 아래에 꾹꾹 눌려서 쌓인 층이 있어야만 편집 과정에 포함될 수 있다.

Crowdsourcing은 OED의 사전 등재 법칙을 깨뜨린 단어다. 우리는 수집된 존재 증거가 7년밖에 되지 않는데도 이 단어를 등재했다. 원래는 10년 이상 사용되어 영어에 자리 잡은 기록을 보유한 단어만 등재한다는 것이 원칙이었다(인터넷 시대 이전이었다). 우리가 crowdsourcing이라는 단어를 처음 알아차린 것은 비교적 최근인 2006년 〈와이어드〉지에서였고 2013년 6월에 사전에 넣었다. 사실 OED에는 오랫동안 꽁꽁 숨겨진 두 번째 원칙이 있었다. 유난히 두드러지는 신조어는 첫 번째 원칙을 비튼다는 것이다. 예전에 perestroika와 glasnost가 그러했다. Crowdsourcing이 이 두 단어만큼 사회적으로나 정치적으로 중요한지는 모르겠지만 어쨌든 우리에게는 원칙이 있다. Crowdsourcing은 그보다 오래된 outsourcing에서 나왔으므로 완전히 새로운 단어는 아니고 crowd(고대 영어 동사에서 나온 16세기 명사)와 sourcing(source는 고대 프랑스어에서 나왔지만 out-sourcing은 1980년대 비즈니스 용어다)이 합쳐진 것이다. 언어 변화는 논리적인 순서로 일어나므로 그 순서를 따라야 할 이유가 있다.

∞

〈OED 보충판〉이 마지막을 향해 끈덕지게 나아가는 동안 (추가되는 새로운 부분은 제외하고) OED의 전반적인 가치가 하락하고 시대에 뒤떨어진다는 대중의 차가운 인식이 더욱 피부로 다가왔다. 그러한 인식을 판단할 수 있는 기준은 여러 가지였다. 첫째, 기존 단어에 대한 정보를 보내주는 사람들이 점점 줄어들었다. 그들은 지난 수십 년 동안 OED를 관찰한 결과, 핵심 단어의 오래된 뜻에 대한 편집 점검이 이루어지지 않는다는 사실을 알아차린 것이었다. 하지만 그것은 우리 소관이 아니었고 그런 일을 가능하게 해줄 자원이 존재하는지조차도 알지 못했다. 둘째, 신문이나 학술지들은 OED의 단어 정의를 친절하게 인용하기는 했지만 그 인용문들이 더 이상 필요하지 않게 되었음을 잘 알고 있었다. 저널리스트들이 공룡 뼈를 다루고 있다는 사실을 아는 것이나 마찬가지였다.

하지만 무엇보다도 OED가 시대의 변화 속에서 한물간 사전이라는 사실을 깨닫게 해준 것은 다른 곳에 있었다. 예를 들어 〈브리태니커 백과사전〉은 쇄신을 추구하고 내용을 완전히 최신으로 개정하여 새로운 판본을 계속 내놓았다. 우리는 그런 면에서 뒤떨어졌다.

게다가 언어학의 혁신이 OED가 언어를 다루는 방식을 구식처럼 보이게 만들었다. 1960년대에 언어학은 노암 촘스키(Noam Chomsky)와 변형 문법의 감독 아래 혁명을 겪었다. 변형 문법은 어떠한 말의 눈에 보이지 않는 심층 문법 구조를 우리가 인지하는 '표층' 구조로 바꾸는 것을 뜻한다. 변형 문법을 통합한다면 모든 문법 용어와 설명에 새로운 수학적 풍미가 더해질 터였다. 그렇다면 OED는 이러한 새로운 구조적, 문법적 관점에 어떻게 반응했을까? 반응을 아예 하지 않았다. 아무것도 바꾸지 않았다. 언어학은 점진적으로 새로운 이데올로기를 발전시켰지만 OED는 여전히 오래된 빅토리아 시대의 문법 구조와 이어져 있었다. 사회언어학? 언어와 사회적 요인(성별, 방언, 계급 등)의 관계를 연구하는 학문이다. 우리는 그 학문이 발달하는 것을 멀리서 지켜보았지만 계속 우리만의 방식으로 사회적 사안을 다루었다. OED가 다시 학계의 주목을 받으려면 이러한 문제들을 꼭 짚고 넘어가야 할 것처럼 보였다.

설상가상으로 다른 사전들이 새로운 작업 방식을 시도하고 있었다. 래리 어당(Larry Urdang)과 패트릭 행크스(Patrick Hanks)가 새로운 〈콜린스 영어 사전(Collins English Dictionary)〉을 만들었다. 역사 사전이 아닌 현대 영어를 다루는 현대 사전으로 일반인이 쉽게 이해할 수 있도록 단어를 정의했다.

최악의 상황은 콜린스의 COBUILD 프로젝트(Collins Birmingham University International Language Database의 줄임말)가 단어 정의 방식 이론을 완전히 재창조하고 있다는 것이었다. 사전 편찬학적인 단편이 아닌 일관된 문장으로 이루어져야 한다고 말이다.

최악의 최악은 컴퓨터 언어학이라는 새로운 학문이 정규 언어의 컴퓨터 분석을 제안하기 시작한 것이었다. 거대한 텍스트 뭉치, 즉 데이터베이스에서 가장 중요한 언어 패턴을 자동으로 찾았다. 그런 점에서 신기술은 OED에 진정으로 도움 될 것처럼 보였지만 〈보충판〉일정으로는 우리가 신기술을 완전히 습득할 만한 시간이 불가능했다.

OED는 과연 이러한 변화를 어떻게 따라갔을까? 당시에는 따라가지 못했다. 〈보충판〉 작업이 마무리될 때까지는 그냥 하던 대로 하면서 나중의 상황을 살피는 수밖에 없었다.

하지만 이상하고도 무서운 일은 아무도 신경 쓰지 않는 듯하다는 점이었다. 마치 OED가 대영 제국 빅토리아 시대의 잔존하는 장식용 건물이고 앞으로도 쭉 그러리라는 사실을 받아들이기라도 한 것 같았다. 평론가들은 상황이 나아지리라는 기대도 전혀 없이 OED의 노쇠함에 대한 변명을 했다. 하지만 사전부 사무실에는 그러한 분위기를 상쇄하는 긴박한 분위기가 있었다. 편집자들은 우리 사전이 시대에 뒤떨어지고 있다는 사실을 알았고 너무 많은 사람들이 알아차리기 전에 고치고 싶어 했다. 20세기가 21세기로 바뀌는 시점에서 모두가 사전을 20세기로 천천히 끌어가고 있었다. 〈보충판〉의 마지막 알파벳에 가까워질수록 우리를 둘러싼 희미한 그림자가 더욱 짙어졌다.

∞

사전부에서는 OED의 희미해져 가는 영광과 비슷한 일이 거의 매일 일어났다. 내가 처음 입사한 날 이후로 쭉 그러했다. 그 일은 수백만 명에 이르는 기여자들의 색인 카드가 보관된 회색의 대형 금속 서류함이 놓인 은밀한 장소에서 일어났다. 1970년대와 1980년대 내내 그 서류함은 이상한 일본 연극 같은 사전부 티타임을 주최했다. 사전부 티타임에서는 사전이 19세기에 성장해온 조용한 환경의 증상이 나타났다. 학문에 대한 옛 대학 휴게실의 태도를 보여준 이 티타임은 편집장과 부편집장이 가끔 모습을 드러내면 절정에 이르렀다. 일부 편집자에게 사전 티타임은 현대적인 사전이 피해야만 하는 타이타닉에서 칵테일을 즐기는 듯한 편집자의 품위를 느끼게 했다.

이전의 월튼 크레슨트 사무실에서는 운명의 장난과 건물 구조, 건축적 상식으로 인해 인용문 서류함이 지하실에 놓였다. 그 옆에는 편리하지만 음울한 티룸이 있었다. 세인트 자일스의 사무실로 이전한 후에는 건물 바닥이 튼튼해서 서류함이 1층에 놓였다. 그 방 자체가 차를 마시기에 적절한 곳이었다.

매일 오후마다 사전부 편집자들(혹은 그만둔 후에도 동료들과 정기적으로 만나는 사람들)은 티룸으로 내려갔다. 내가 일해본 모든 직장에서는 (대학 입학 전 여름 방학 아르바이트 등) 직원 두 명 이상이 모일 때 으레 이루어지는 대화의 주제는 (a) 축구 (b) 전날 TV 프로 또는 (c) 다른 동료에 대한 이야기였다. 하지만 사전부 티룸에서는 그런 대화를 단 한 번도 들어보지 못했다.

가끔씩 티룸에 열띤 흥분감이 감돌 때도 있었다. 편집장이 거들먹거리며 티타임에 참석해 자신을 거쳐 간 수많은 부하직원에 대한 이야기를 꺼냈다. 그는 특히 기분 좋은 날이면 우리의 훌륭하고 과묵한 부편집장 존 사이크스와 (주로 일방적으로) 대화를 시작했다. 나는 면접 이후 부편집장을 만날 기회가 좀처럼 없었다. 편집장과 부편집장은 공통 관심사가 별로 없고 언어에 접근하는 관점도 달랐기에 대화가 어떻게 흘러갈지 예상하기가 힘들었지만, 그들은 서로의 말을 귀담아들었다. 그들의 대화는 〈스타 트렉〉의 커크 선장과 스포크의 대화 같았다. 존 사이크스가 없을 때 커크 선장은 1950년대의 사전부를 회상했다. 대부분의 사람들은 그때 없었으므로 알지 못하는 이야기였다. 가끔은 누군가 편집장에게 1957년에 처음 입사해 사전 편집을 어떻게 해야 하는지 고민했던 시절에 대해 물었다. 수많은 고민을 하고 홍차를 여러 잔 마신 끝에 그는 영어가 나아가는 방향을 밝히는 가장 좋은 방법은 〈타임스〉를 읽는 것이라고 결론 내렸다고 했다(이것은 현대 편집자들을 불안하게 만들었다). 그날 편집장은 신조어와 영어에 더해진 야만적인 변화의 증거를 찾고자 당시 보수주의의 수호자였던 〈타임스〉를 가지고 출근했다.

사전부 티타임에 따르는 위험 중 하나는 편집자가 어떤 표현을 너무 문자 그대로 받아들여 공개적으로 해체할 수도 있다는 것이었다. 이것은 사전 편찬자가 빠지기 쉬운 덫이다. 언젠가 티타임에서 referendum의 복수에 대한 이야기가 나왔다. Referendums(20세 이하 영어 사용자라면 누구나 이렇게 복수형으로 사용할 것이다)인가, 아니면 키케로와 그의 주변 사람들의 생각처럼(그리고 20세 이상 영어 사용자들도) 그냥 referendum인가? 사전 편찬자는 자신의 선택에 대해 언어적 혹은 어휘적 근거를 내놓아야만 한다. 권위자, 즉 내 동료 밥 앨런(Bob Allen)은 영어에서 두 개의 referendums는 대중의 견해가 필요한 개별적인 핵심을 각각 가리키는 것일 수 있는 반면, 라틴어 referenda는 '사람들의 투표를 실시해야 하는 것들'이라는 뜻이므로 referenda는 '틀리다'라고 지적했다. 한동안 열띤 토론이 이루어지고 사전부 지붕의 굴뚝에서 하얀 연기가 솟아오를 때쯤이면, 장담하건대 문자 그대로 거의 모든 논지가 샅샅이 다루어졌다.

∞

OED의 영광이 저물어가는 가운데, 한 가닥 희망은 있었다. 당시 새로운 직원이 들어오는 경우는 아주 가끔뿐이었지만 적어도 시니어 편집자들은 그들을 구시대의 마지막이 아닌 신세대의 시작이라고 낙관적인 관점에서 바라보았다. 내가 입사한 지 1년 정도 되었을 때 들어온 에드 와이너(Ed Weiner)와는 나중에 OED의 현대화를 위해 많은 일을 함께하게 된다. 비록 내가 1년 선배지만 에드는 나보다 몇 살이나 많았다. 그는 몇 년간 박사 과정에서 위클리프 시편 주석을 바쁘게 연구하느라 취직이 늦어졌다. 부끄럽게도 내가 대학에서 그냥 스쳐 보내버린 시간이었다. 우리는 세인트 자일스의 1층 사무실을 함께 쓰게 되었다. 그전에 사무실을 함께 쓴 라틴어 학자 데이비드 하울렛(David Howlett)은 옥스퍼드의 어딘가에서 느릿느릿 진행되는 〈영국 출처 중세 라틴어 사전(Dictionary of Medieval Latin from British Sources)〉의 책임자가 되어 떠났다.

역시 그리스 로마 연구학자인 필립 하디(Philip Hardie)와도 사무실을 함께 쓴 적이 있었다. 내가 만난 가장 뛰어난 사전 편찬자라고 할 수 있는 필립이 OED에 남지 않은 것은 아쉬운 일이었다. 그에게는 어떤 단어로 골머리를 썩고 있을 때 그것과 정확한 대응 관계에 놓여 있는 단어가 무엇인지 알고 사전 편찬의 구덩이에서 헤어나오게 해주는 능력이 있었다. 그리고 필립은 나처럼 부드러운 어조로 이야기했다. 우리 사무실을 방문하는 사람들은 우리가 그들에게 잘 들리지 않는 수준의 목소리로 대화하고 있다는 사실을 한참 후에 깨닫고는 했다. 필립은 그것을 '속삭임'이라고 불렀다. 멋없는 사람들은 미친 짓이라고 했다. 필립이 사전부를 떠나 옥스퍼드의 코퍼스 크리스티 칼리지(Corpus Christi College)의 서양고전학 연구원으로 간 후 '속삭임'에 대해 비난한 것은 별로 놀라운 일이 아니었다. 그는 그 후 옥스퍼드에 이어 케임브리지의 서양고전학 교수로 승승장구했다. 현명한 사람에게는 말 한마디면 충분하다.

에드가 입사하기 전까지 내가 편집자 중에서 가장 나이가 어렸고 그가 들어온 후에도 마찬가지였다. 사전부 채용 절차의 예측 불허한 변화 때문에 나는 몇십 년처럼 느껴지는 시간 동안 사전부의 최연소자로 남아야만 했다. 에드는 크라이스트 처치(Christ Church, 영국 잉글랜드 옥스퍼드에 있는 대학 겸 성당-역주)에서 고대 및 중세 영어를 가르친 경험이 있었다. 편집장은 자신의 후임자로 발전할 수 있을 만한 인재를 찾아서 매우 안도하는 듯했다. 에드와 나는 성격은 크게 달랐지만 시간이 갈수록 서로를 보완해주고 호흡도 잘 맞는다는 사실을 알게 되었다. 내가 모르는 것은 에드가 알고 있었고 나는 그에게 지금이 몇 시인지 정도는 알려줄 수 있었다. 물론 그 이상을 주고받는 호흡이었지만 가끔 나에게는 그렇게 느껴졌다. 바로 전해에 내가 그랬던 것처럼 그가 편집에 입문하기 위해 힘든 과정을 거치고 있는 모습을 보니 흐뭇하기도 했다. 우리는 OED의 현재와 미래에 대해 고민하면서 탄탄한 우정을 가꿔나갔다.

∞

1970년대 후반에 이르러 나는 편집장이 편집자들을 관리하는 방식에 흥미가 생기기 시작했다. 그는 편집자로서의 강점은 있었지만 전반적으로 제대로 하는 일이 없는 듯했다. 예를 들어 역사 사전 편찬자에게 절대로 해서는 안 되는 말이 세 가지 있다. 첫 번째는 사전 프로젝트 총괄이 연대를 지휘하는 것과 똑같다는 말이다. 사전 편찬자가 한 구성단위에 소속되어 타인이 만든 거대한 설계의 일부로서 특정 개인과 상관없는 틀에 박힌 과제를 지시받는 것보다 싫어하는 일은 없다. 이유를 짐작할 수 있다. 사전 표제어를 다루는 것은 개인적인 작업이고 사전 편찬자들이 실시하는 연구와 분석은 (그들이 생각하기에) 언어의 역사에 무엇보다 중요한 일이다. 따라서 그들을 누군가의 북소리에 맞추어 행진하는 보병에 비교한다면 그들이 하는 일의 중요성도 폄하된다. 두 번째로 피해야 할 비유는 사전 편찬자의 작업을 생산 라인에 비교하는 것이다. 역사 사전에는 방대하고 엄청난 분량의 작업이 개입되지만, 편집자는 스스로 대의를 위해 함께 일하는 독립적인 연구원들로 이루어진 무리를 이루는 구성원이라고 생각하는 쪽을 선호한다. 편집자들이 노력해서 만드는 사전 텍스트를 가리키는 말로 절대로 사용해서는 안 된다고 내가 좀 더 근래에 들은 말은 바로 콘텐츠(content)다. 콘텐츠는 텍스트를 윗선이 조종하는 공간 때우기용으로 치부하는 출판계 용어다. 사전 편찬자에게 content의 반대는 discontent(불만)다. 나는 편집팀을 마치 만족스럽게 가르랑거리며 혼수상태에 빠진 듯 자는 고양이들이 가득한 곳이라도 되듯 '콘텐츠 팀'이라고 부르는 것도 들어보았다.

우리 편집장은 2차 대전 때 이탈리아에서 뉴질랜드군과 함께 복무했다. 군 복무 중에 럭비를 하기도 한 그는 프로젝트를 군대식으로 생각하는 경향이 있었다. 편집팀이 사전이라는 커다란 목표를 위해 헌신하는 군대라고 생각했다. 이것은 부당한 관점은 아니다. OED 같은 *project* 관리에 필요한 비전을 키우려면 전체를 한번 둘러볼 필요가 있으니까. 하지만 내가 경험으로 깨달았듯이 이러한 비유는 속으로만 생각해야 한다.

Project는 중세 후기(1450년경)에 영어 속으로 들어온 단어다. 사전 편찬자들은 모든 것을 알지는 못하는 듯하다. Project처럼 프랑스어에서 왔는지 아니면 중세 라틴어에서 왔는지 알 수 없는 단어들이 있다. 두 언어 모두 당시 활발하게 사용되었고 중세 사람들은 언어의 기원을 지금처럼 정교하게 구분하려고 하지 않았다. 공식적으로 영어 project는 '돌출 구조', '돌출부'를 뜻하는 라틴어 proiectum에서 왔다. 하지만 로마인들은 그 단어를 비즈니스 관리의 의미로 사용하지 않았다. OED의 설명에 따르면 우리가 사용하는 project에 담긴 '계획'이라는 뜻은 비슷한 중세 프랑스어 projet에 더 큰 빚을 진 듯하다. 이 단어에는 실제로 '계획'이라는 뜻이 있다. 하지만 이 두 개의 어원은 서로 맞닿지 않는다. 라틴어는 형태/철자를 제공하고 프랑스어는 의미를 제공하지만 현재로서는 그 교차점이 설명되지 않는다.

이 뜻은 16세기에 유럽 전역으로 이탈리아어와 스페인어로도 스며들었다. 한 언어가 다른 언어에서 단어를 빌릴 수 있다면 상대 언어 또한 편의에 따라 차용할 수 있음을 알아야 한다. 네트워크는 퍼져나간다. 언어의 발달은 선형적이 아니다.

하지만 project가 근대에 비즈니스, 연구와 연관 지어 사용된 것은 (경영 전문 용어라고 할 수 있을 정도로) 20세기 초에 경영학과 경영 계획이 등장한 때로 거슬러 올라간다. OED가 발견한 최초 기록은 1916년으로 1차 대전 당시 군대에 의해 개척된 새로운 조직 이론에서 일부 비즈니스 관행 용어들이 단생했음을 암시한다. OED는 건방지게도 W. H. 오든(W. H. Auden)의 말을 인용한다. "Thou shalt not worship projects nor / Shalt thou or thine bow down before / Administration (프로젝트를 숭배하지 마라 / 정부에 머리를 숙여라)"(Nones, 1952: 61)

편집장의 관리 스타일에는 원시(遠視)적인 부분이 있었다. 그는 능력 있는 편집자들을 소중히 여겼고 그들을 이용해 자신이 가장 애정을 쏟는 〈OED 보충판〉 프로젝트를 끝마치고 싶어 했지만 그들의 성장을 도우려면 작은 개인 프로젝트도 맡겨야 한다는 사실을 알고 있었다. 사전부 동료들에게는 여러 소형 사전의 편집 작업이 주어졌다. 과학 분야에 뛰어난 동료들은 〈주니어 사전(Junior Dictionary)〉을 준비하고 〈과학 작가와 편집자들을 위한 옥스퍼드 사전(Oxford Dictionary for Scientific Writers and Editors)〉의 편집을 맡았다. 사람들은 독립적인 프로젝트를 맡는 기회를 즐기는 듯했다. 하지만 당시 나는 혼자 사전을 맡아 편집한다는 생각은 하지도 못했다. OED 작업에서 주어진 단어 세트의 정의와 역사를 추적하느라고 다른 생각을 할 틈이 없었다.

그런데 어느 날 알파벳 R의 어딘가쯤에서 단어의 역사를 연구하고 정의문을 작성하느라 정신없을 때 편집장의 호출을 받았다. 아주 가끔씩 있는 일이었다. 이번에는 (다행히) 생일 선물을 사다 달라는 심부름이 아니라 차후 프로젝트에 참여하고 싶은지 묻기 위해서였다. 의사를 묻는다는 것은 선택권이 있다는 뜻이고, 참여하고 싶은지는 다른 참가자가 있을 수 있다는 뜻이었다. 그런데 알고 보니 둘 다 아니었다. 지난 몇 년 동안 과묵하게 일한 내 모습을 편집장이 높이 평가한 것이라고 믿고 싶다. 어쨌든 갑작스러운 호출에 불려가 그의 커다란 새 사무실에서 두 번째로 편안한 의자에 앉아 있었다. 전에는 언뜻 보았을 뿐인데 1층 내 사무실의 의자와는 천지차이였다.

편집장의 두 번째로 좋은 의자에 편안하게 앉아 있다가 잠시 후 알게 되었다. 내가 순진하게도 출판계의 정치에 순순히 발을 들여놓았다는 것을. 옥스퍼드에는 〈옥스퍼드 영어 속담 사전(Oxford Dictionary of English Proverbs)〉이 있었다. 하지만 당시 옥스퍼드 사전은 어떤 주제든 통합적인 하나로 이루어지지 않았고 같은 주제라도 〈콘사이스 사전〉이 있고 〈리틀 사전〉이 있었다. 별다른 거부감이 없으면 늘 그런 식이었다. 숫자로 승부하는 출판 같지만 이치에 맞는 일이었다. 사람들은 크고 무겁고 복잡한 버전이 아니라 소형 버전을 구입하고 싶을 테니까. 내가 맡게 된 프로젝트가 바로 '소형 버전' 작업이었다. 옥스퍼드의 웅장한 출판 회의에서 혹은 월튼 스트리트에 있는 대학교 출판사 주요 건물의 영원히 끝나지 않을 듯한 좁은 복도에서 나온 제안이었으리라. 우리 편집장이 편집자 한 명을 시켜 故 F. P. 윌슨(F. P. Wilson) 교수의 권위 있는 〈옥스퍼드 영어 속담 사전〉 축약판을 만들면 어떻겠느냐고 제안한 것이다. 방대한 그 사전은 윌슨 교수가 1960년에 세상을 떠났을 때 거의 완성된 상태였고 그의 아내에 의해 1970년에 출간되었다.

나는 〈OED 보충판〉을 작업하면서 속담을 접할 기회가 별로 없었다. 보충판은 주로 19세기와 20세기의 신생 어휘를 다루는 작업이었고 대부분의 속담은 그때쯤 완전히 정착한 후였기 때문이다. 근대 속담은 회임 기간이 긴 경향이 있다. 알려진 저자의 인용문으로 시작하여 오랜 시간 동안 점진적으로 원저자의 정체가 거의 또는 완전히 잊힐 때 즈음 보편적인 속담이나 격언으로 자리 잡는다. '부서지지 않으면 고치지 마라(If it ain't broke, don't fix it)'(버트 랜스, 미국 지미 카터 대통령 행정부의 예산관리국 국장: 1977)나 '시간의 많고 적음과 상관없이 일은 늘어난다(Work expands to fill the time available, 파킨슨의 법칙)'(C. 노스코트 파킨슨, 영국 해군 역사학자: 1955)는 인용문이라고 해야 하는지 속담이라고 해야 하는지 여전히 모호하다. 속담은 대체로 진리를 담고 있는 간결하지만 함축적인 말이다. 그리고 나는 사전부에서 일하는 동안 속담에 전혀 흥미를 느끼지 못했다.

하지만 그런 것 따위가 중요할 리 없었다. 잠시 후 편집장의 사무실을 나와 다음 해에 〈OED 보충판〉 작업을 그만두고 조상들의 지혜가 담긴 '말'과 '속담'이라는 미지의 영역에 전념할 것인지 고민해볼 시간이 주어졌다.

힐러리(당시 철학 박사여서 문학 관련 조언을 해줄 자격이 충분했다)에게 의논했다. 힐러리도 내가 속담 사전 프로젝트에 지목되었다는 사실을 놀라워했다. 물론 경제적인 유인책 따위는 없었다. 옥스퍼드의 여유로운 학문 세계에서 그런 것은 중요하지 않은 조건이었다.

어쨌든 거절할 수 없다는 것을 잘 알았기에 며칠 후 편집장에게 기꺼이 맡겠다고 알리고 뭘 어떻게 하면 되는지 물었다.

○○

속담 사전을 맡으면서 즉각적인 보상은 주어지지 않았지만 에드 와이너와 나는 이변이 없는 한 직속 상사들이 다른 프로젝트(〈옥스퍼드 콘사이스 사전〉과 〈쇼터 OED(Shorter OED)〉 개정판 작업)로 옮겨가는 1980년쯤에 시니어 편집자로 승진할 것이라는 말을 들었다. 속담 사전 프로젝트를 잘 해내지 않으면 그나마 한 걸음도 나가지 못하고 몇 걸음이나 미끄러지는 셈이었다. 하지만 거미줄과 곰팡이 가득한 단어 카드 틈에서 깊은 우정을 쌓은 에드와 긴밀하게 작업할 수 있다는 점은 좋았다.

다음 해부터 18개월 동안 당시의 방법대로 〈옥스퍼드 속담 사전 축약판〉의 전체 텍스트를 직접 손으로 쓰면서 보냈다. 덕분에 고민을 털어놓는 사람들에게 '속담'과 자명한 이치를 술술 조언해줄 수 있게 되었다. 어떤 사람은 말을 훔치지만 다른 사람은 울타리 너머를 쳐다보지도 않는다, 선미에서 바짝 추격하면 더 오래 걸린다, 남보다는 자신이 더 소중한 법이다, 말을 타는 것보다 사람의 정신 건강에 좋은 것은 없다(즉 운동을 해라), 작은 항아리일수록(어린아이들) 귀가 크다, 바보와 어린아이에게는 완성되지 않은 작품을 보여주지 마라, 개와 함께 누우면 벼룩과 함께 일어난다(로마의 현자 세네카의 말에서 번역된 것), 구경꾼이 게임을 더 잘 본다 등. 속담은 보편적인 진리지만(혹은 그렇게 전해내려 왔지만) 다수가 중세 소작농 가정에서 발달한 것이라 대부분의 주제가 고양이, 개, 친구, 날씨, 교회 참석, 먹을거리와 마실거리 등 집과 관련 있다. 일상의 대화의 특별하고 다채롭고 긍정적인 부가물이었다.

속담을 맡게 된 것이 사전의 전체적인 편집 작업에 익숙해지기 위해서이기도 하다는 사실을 곧 깨달았다. OED 작업은 단편적이기 때문에 편집자는 A부터 Z까지의 작업을 전부 맡으면서 사전 편찬의 모든 측면을 제대로 인식할 수 있는 경험이 필요했다. 에드도 얼마 후 비슷한 프로젝트를 받았다. 그는 〈보충판〉 작업을 잠깐 쉬고 〈옥스퍼드 영어 용법 미니가이드(Oxford Miniguide to English Usage)〉 직업에 참여해 사전 편찬의 전체적인 관점에 익숙해질 기회를 얻었다. 당시에는 몰랐지만 우리는 더 큰 무대에 나갈 준비를 하고 있었다.

윌슨 교수의 커다란 옥스퍼드 속담 사전은 OED와 구성 방식이 대략 동일했다. 각각의 속담이 최초부터 현대에 이르는 용례가 담긴 텍스트와 함께 제공되었다. 하지만 윌슨 교수에게는 수집 메커니즘이 전혀 없어서 예문이 너무 이른 20세기 초에 줄어들었다. 다행히 나를 무척 좋게 봐준 OED의 충실한 독자 마르가니타 라스키가 단어 수집에서 속담 수집으로 방향을 바꾸어 도움을 제공했다. 마르가니타와 나는 몇 명의 다른 독자들과 함께 예문의 틈새를 메웠다.

윌슨 교수의 속담 사전은 빅토리아 시대의 OED와 마찬가지로 속담이 사용된 문헌 정보를 제공했다(저자의 이름, 작품명, 사용된 판본, 페이지). 하지만 OED와 마찬가지로 정보의 대다수가 너무 간략하고 난해하고 근대 학문의 관점에서 완전히 잘못된 것도 있었다. 〈L. L. L.〉이 셰익스피어의 〈사랑의 헛수고(Love's Labour's Lost)〉이고 〈P. R.〉이 밀턴의 〈복낙원(Paradise Regain'd)〉을 뜻한다는 사실을 아는 사람이 요즘 얼마나 될까. 사전 텍스트가 현대 독자에게 가까이 다가가되 역사적 원칙은 유지해야 했다. 또한 인용문 자체가 대부분 근대 판본에서 인용된 것이라 근대 역사 사전 편찬의 원칙에 따라 초본을 전부 다시 확인할 필요가 있었다. 예를 들어 (근대 독자들의 편의를 위하여 철자가 근대화된) 토머스 모어(Thomas More) 경의 19세기 판본 작품에서 인용된 것을 16세기 초본에 나온 원래 형태로 바꿔야 했다. 근대화된 철자를 사용한 성형 버전이 텍스트가 세상에 처음 나왔을 때 사람들이 본 모습 그대로로 돌아가는 것을 눈앞에서 볼 수 있는 매혹적인 경험이었다. 사람들이 크게 신경 쓰지는 않겠지만 언어의 원래 이미지를 재현해 당시와 똑같은 경험을 일으키도록 만들려면 나중에 편집해서 고친 것이 아니라 원본 텍스트를 찾아봐야만 한다는 확신이 들었다. 개조

된 증거로는 역사적 자료 분석이 이루어질 수 없다.

그래서 처음으로 영어의 초기 역사에 몰입하게 되었다. OED 작업을 할 때는 아직 다뤄보지 못한 부분이었다. 속담 사전은 OED처럼 철저한 난제는 아니었지만 그전의 *inkling*(눈치 챔, 느낌-역주)에 불과했던 것보다 훨씬 깊은 사전 편찬의 측면을 경험하도록 해주었다.

Inkling은 침묵으로 회피하기에는 너무 멋진 단어다. 폐어 동사에서 유래한 아직 사용되고 있는 명사이기 때문이다. Inkling이 고대 영어 동사 inkle에서 유래한 사실을 아는 사람은 많지 않다. 사실 고대 영어 시대(서기 약 1150년까지)에는 존재하지 않았으므로 '고대 영어' 단어라고는 할 수 없다. 하지만 적어도 동사 inkle은 project와 마찬가지로 중세 후기로 거슬러 올라가며 '조용한 목소리로 말하다, 암시를 주다'라는 뜻이었다. 즉 '진실을 inkle하다'는 진실을 넌지시 알려준다는 뜻이었다.

그렇다면 동사에서 나온 명사 inkling도 있었다는 사실이 놀랍지 않다. 속삭임으로 암시를 주는 행위다. 이 동사와 명사의 뜻이 16세기에 무언가를 '짐작하다'라는 근대적 의미로 발전했음을 보여주는 증거가 있다. Inkling은 C. S. 루이스, J. R. R. 톨킨을 비롯한 옥스퍼드 작가와 학자들이 공식적으로 사용하기도 했다. 그들은 1930년대에 OED의 세인트 자일스 사무실 바로 근처에 있는 술집 이글 앤 차일드(Eagle and Child)에서 이루어진 토론 모임 'Inklings'를 결성했다. 이 경우에는 ink(잉크)와 ling을 합친 말장난으로 탄생시킨 단어였다.

사전 편찬자들이 자주 받는 질문이 있다. "가장 좋아하는 단어는 무엇인가?" 순수한 의도에서 나온 질문이지만 우리는 괴롭다. 나는 항상 없다고 대답한다. 역사 사전 편찬자는 편애하면 안 되고 중립을 지켜야 한다고. 모든 단어는 저마다 다른 의미에서 중요하다. 사전 편찬자의 전형에 인간적인 요소를 넣고 싶어 하는 저널리스트들에게는 매우 불만스러운 대답이다.

하지만 속담에는 그 법칙을 따를 필요가 없다고 느꼈다. 지금은 거의 잊힐 정도로 오래된 내가 가장 좋아하는 속담 '둘러가는 먼 길이 집으로 가는 가장 가까운 길이다'가 16세기 초의 '결단력에 이르는 길은 의심 바로 옆에 있다, 집으로 가는 다음 길은 가장 멀리 둘러 가는 길이다('다음(next)'이 '가장 가까운'의 어원적 의미로 사용되었다)'라는 말로 거슬러 올라간다는 사실을 발견했다. 이것은 가장 짧은 지름길이 꼭 가장 좋은 방법은 아니며 신중함에 장점이 있다는 사실을 사람들에게 계속 상기시켜줘야만 하는 역사적 사전 편찬학에도 단단히 적용되는 생각이다.

속담은 나중에 OED 개정판 작업을 하게 되었을 때 다른 측면에서도 큰 도움을 주었다. 속담 사전 축약판을 처음부터 끝까지 맡아 작업함으로써 표현의 기원이 고전학, 라틴어와 그리스어 모두에서 유래하는 속담이 많다는 사실을 알게 되었다. 축약판이 아닌 큰 속담 사전은 예전에 플리니우스나 호라티우스, 헤로도토스가 표현한 적 있는 생각인지 옥스퍼드식으로 언급하기를 좋아했다. 뭐 어쩔 수 없다. 하지만 라틴어에서 유래한 속담이라면 라틴어에서 유래한 단어들이 거친 것과 비슷한 경로로 영어에 들어왔을 확률이 높았다. 나는 속담의 고대 그리스 로마의 원형(原型)뿐만 아니라 라틴어에서 프랑스어나

이탈리아어로, 그리고 다시 영어로 발전한 흔적 또한 찾아야 한다는 사실을 서서히 인정하게 되었다. 단어 작업과 마찬가지로 보기보다 더욱 복잡한 상황이었지만 최종적인 결과는 훨씬 만족스럽다. 역시나 가장 먼 길이 집으로 가는 가장 가까운 길이다.

세계의 유산이 합쳐져서 탄생한 속담의 좋은 보기는 바로 '고양이가 없으면 생쥐가 살판난다'라는 말이다. 여러 속담의 특징인 가정환경의 이미지가 담긴 전형적인 속담이다. 영어에서는 17세기 초에 나왔다(토머스 헤이우드(Thomas Heywood)의 《Woman Killed with Kindness》). 그 책에서조차 '오래된 속담'이라고 나온다. 영어에는 그보다 빠른 증거가 없지만 14세기 초 프랑스어에 이 속담이 존재했다. "Ou chat na rat regne. (고양이가 없으면 쥐가 왕이다.)" 영어권 사람들의 비위가 약해서 쥐 대신 생쥐가 들어갔는지도 모른다.

∞

속담 사전 축약판은 출판되기 전에 내부 검토를 거쳐야 했다. 승진 가능성의 측면에서 나에게 중요한 일이었다. 내 원고가 어떤 반응을 얻을지 불안했다. 훌륭한 학문을 만든다는 신념으로 워낙 비판을 좋아하는 옥스퍼드지만 나쁜 평가가 나온다면 치명적일 터였다. 몇 달간의 초조한 기다림 끝에 결과가 나왔다. 검토서는 당연히 편집장이 가장 먼저 읽은 후 나를 불러 전달해주었다. 내부 검토자는 (아내 아이오나와 함께 훌륭한 〈옥스퍼드 동요 사전〉을 편집한) 피터 오피(Peter Opie)였다. 편집장은 인내심을 요구하는 서론을 먼저 늘어놓은 후 만족스럽다는 반응이 나왔다고 전해주었다. 그 후 나는 에드와 함께

OED 시니어 편집자가 되었다. 사족을 붙이자면 내 속담 사전에 대한 평론이 처음으로 주요 지면 매체에 등장한 것은 힐러리의 책《D. H. 로렌스와 페미니즘(D. H. Lawrence and Feminism)》에 대한 평론이 실린 것과 같은 호의 〈타임스 문예 부록〉이었다(둘 다 긍정적인 평가를 받았다). 상황이 나아지고 있었다.

속담 사전이 출판된 해(1982)에 우리 집에는 완전히 새로운 변화가 일어났다. 첫 아이 캐서린 제인(케이트)이 태어났다. 특이한 직업을 가진 아버지지만 남들이 하는 것은 다 했다. 조심스럽게 아기를 병원에서 집으로 데려와 아기 침대에 눕히고 사진을 찍었다. 케이트는 모든 면에서 정상적인 성장발달을 보였고 제 개월 수의 옷 사이즈가 잘 맞았으며 식습관도 육아서에 나온 그대로 발달했다. 좀 더 자라서는 제 아버지가 단어 정의에 결정권을 가지고 있는 사람인데도 단어를 가지고 나에게 반박했다. 가끔 아이들의 고집은 못 말린다.

∞

편집장은 전에 약속한 대로 1982년에 나와 에드를 OED의 시니어 편집자로 승진시켰다. 그때까지 나와 에드는 각자 맡은 단어나 사전을 편집하면서 얽히고설킨 문제가 있을 때는 상의해가며 평행하게 앞으로 나아갔다.

OED 시니어 편집자가 되었다는 것은 편집장이 직속 상사이며 처음으로 단어를 맡아 초고를 준비하는 열 명 남짓한 어시스턴트 편집자들을 총괄해야 한다는 뜻이었다. 사전 표제어의 기본 연구와 정의 작업은 더 이상 할 필요가 없었지만 주니어 편집자들이 작성한 초고를 검토, 개선하여 편집장의 최종 승인을 받아야 했다. 또한 신입을 임명하고 교육시키고 완성된 다양한 작업물을 인쇄소에 보내고 출판 전 모든 교정 단계를 처리해야 했다.

사전의 마감기한에는 본질적인 문제가 있었다. 예전에 동료 필과 나는 OED의 작업 후반부에 꼭 포함되어야 하는 단어들이 항상 주어진 공간보다 많기 마련이라는 사실을 발견했다. 우리는 제논의 역설이 OED에도 적용된다고 결론지었다. 편집자들이 아무리 빨리 일해도 단어의 움직임이 더 빠르므로 철학적으로 〈보충판〉 작업이 절대로 완료될 수 없다는 것이었다. 그래서 에드와 나의 첫 번째 업무는 편집장만이 알고 있는 사전 프로젝트 범위의 초점을 다시 맞추는 것이었다. 〈보충판〉의 분량은 네 권으로 제한되어야만 했고 1980년대의 활력이 다하기 전에 완성해서 출판하려면 4~5년의 시간밖에 남아 있지 않았다. 계산자와 양면테이프(전통적인 사전 편찬자의 계획 도구들)를 없애고 펜과 종이를 이용해 현실적으로 마감기한 전에, 출판사의 분노가 끓어오르기 전에 편집자들이 완성할 수 있는 단어와 의미의 숫자를 계산했다. 그 이상의 단어들은 다음 버스에 태우는 수밖에 없었다.

〈보충판〉의 진전 속도가 방대한 단어 자료에 좌우되도록 내버려두어서는 안 된다는 결론이 나왔다. 계산에 따르면 모든 편집자가 일주일에 약 25개의 표제어를 끝마쳐야 했다. 그런 다음 원고를 수정해야 하는데, 나와 에드가 일주일에 각각 125개 표제어의 초안을 처리하여 편집장이 빠르게 검토할 수 있도록 준비한 후 인쇄소에 보내야만 했다. 한마디로 주니어 편집자들이 매주의 필수 작업량을 해내도록 훈련, 격려, 회유한다면 〈OED 보충판〉의 마지막 궤도가 확실하게 보장될 수 있을 터였다.

에드와 나는 목표를 따라잡을 수 있다는 자신감이 늘 있었다. 그저 시간만 내면 되었다. 거의 모든 업무가 문제를 해결하는 것이었다. 업무의 쉬운 부분은 시간을 잡아먹지 않았고 문제나 어려운 부분, 명백한 법칙이 존재하지 않는 부분들과는 한동안 씨름하기 마련이었다. 하지만 모든 문제는 사전의 고유한 법칙에 따라 혹은 최대한 그에 가까운 쪽으로 해결되어야 했다. 단어 정의문을 품격 있게 쓰는 일을 하는 사전 편찬자들이 논리학이나 수학 분야의 배경을 가진 경우가 많은 것도 그 이유 때문일 것이다. 문제는 그저 단어 정의와 관련 있는 것이 아니었다. 그보다 편집자들은 자료를 빨리 분석해 독자들이 보지 못한 패턴을 찾을 수 있어야 했다(형용사 rustic이 붙는 일반적인 명사 유형은 무엇인가? 수 세기에 걸친 변화인가? 의미론적인 진행이 보이는가?). 에드와 내가 올바른 결정을 빠르게 내리는 재주가 있는 것도 도움이 되었다.

에드와 나는 OED 시니어 편집자의 '진짜' 업무는 대단히 빠르고 정확하게 일해야 하는 것임을 깨달았다. 주니어 편집자들이 한 일을 전부 검토하면서 정의문을 새로 작성하고 전 세계의 주요 연구 도서관에 있는 우리의 헌신적인 연구원들에게 더욱 자세한 연구를 부탁하고 그 와중에 필연적으로 제기되는 어휘 문제를 어떻게 처리할지 빠르게 결정 내려야 했다.

일의 방식에는 항상 적어도 두 가지가 있음을 기억하는 것이 시니어 편집자의 비결이었다. 주니어 편집자들이 단어 정의를 제대로 썼다면 내가 생각하는 것과 다르다는 이유만으로 고치지 말아야 한다. 남도 옳을 수 있다는 사실을 알아야 했다(당시의 '옥스퍼드식' 태도와는 거리가 있었다). 그러나 주니어 편집자가 항상 옳은 것도 아니므로 장황하고 두서없는 원고를 신조어 소개에 초점이 향하도록 고쳐주거나 (간혹) 처음부터 다시 쓰기도 했다. 사전 표제어의 나머지 모든 요소도 마찬가지였다. 출처와 연도, 맥락 등 다양한 요소의 예문이 (대부분은 성문화되지 않은) 지침에 따라 선택되었는지 전부 확인해야만 했다. 어원이 단어의 출현을 가장 그럴 듯하게 설명해주는지도 확인해야 했다. 구두점과 문체를 고치는 작업도 꽤 많았다. 나는 그 작업을 무척 좋아했지만 모든 편집자가 처음부터 그런 것은 아니다.

시니어 편집자의 또 다른 업무는 인쇄소에서 확인과 수정을 위해 돌려보내는 교정쇄를 확인하는 것이었다. 교정쇄의 텍스트 세로단은 인쇄 페이지보다 두 배 정도는 길었다. 세로단이 페이지의 체제를 갖추기 전에 만들어지는 것이기 때문이다. 그래서 교정쇄의 한 페이지 안에는 중요한 수정 행위를 가능하게 해주는 공간이 있었다.

교정쇄는 면밀한 작업이라 매우 어렵지만 만족감도 대단했다. 이제는 출판 과정에서 교정쇄 자체가 사라진 지 오래되었다. 교정쇄의 한 세트는 학자들에게 보내 전문적인 내용에 대한 확인을 부탁했다. 다른 세트는 '중요한 독자들'에게 보냈다. 중요한 독자들이란 보통 연로한 학자들이나 OED에 대해 철저하게 알고 있지만 옥스퍼드와 관련 없는 베테랑 사전 편찬자들이었다. 박식한 관점으로 표제어를 살펴보고 가장 엄중한 평가를 내려줄 수 있는 사람들이었다. 교정쇄의 여백에 적히는 그들의 논평은 흥분되어 있을 때도 있었지만('뭐라고요?', '테니슨이 정말 사랑을 언급한 게 맞아요?', '절대 아님! 재확인 요망') 대부분은 사색적이었다. 몇 주에 걸쳐 모든 이들의 논평이 수급되면 에드와 내가 비판적인(솔직히 칭찬이 많았다) 반응을 토대로 표제어를 수정했다. 당시에는 그보다 재미있는 일이 없었다. 신속하고 통찰로 가득하고 가끔씩은 타이밍 좋지 않은 논평들을 완전히 이해하며 이미 홀륭한 표제어를 최대한 완벽하게 만드는 일이었다.

∞

경험이 점점 쌓이는 듯했다. 어느덧 편집장의 사무실에도 익숙해졌다. 편집장이 전날의 작업을 검토하고 편집자들의 작업이 차질 없이 진행되도록 매일 아침 9시 정각에 나와 에드와의 회의를 주재했기 때문이다. 그래서 그날도 호출을 받고 2층 그의 사무실로 올라갔을 때 별다른 생각을 하지 않았다. 하지만 놀라운 일이 기다리고 있었다. 편집장이 내 어휘력을 확장시킬 또 다른 계획을 세운 것이었다. 늘 그렇듯 내가 모르는 사이 오스트레일리아의 사전 시장이 몇 달 동안 혼란에 빠져 있었다. 영국 함대가 오스트레일리아에 처음 도착해 식민지를 건설한 지 200년째 되는 1988년에 오스트레일리아 영어 사전을 출판하려는 계획이 진행 중이었다. 옥스퍼드에서는 영국 내의 반대 목소리에도 불구하고 오스트레일리아의 OED라고 할 수 있는 〈오스트레일리아 내셔널 사전(Australian National Dictionary)〉의 출판권을 옥스퍼드 대학교 출판사가 따낸 것에 대해 흥분하는 분위기였다. 뉴질랜드 출신의 빌 램슨(Bill Ramson)을 주축으로 한 오스트레일리아 편집자들이 캔버라의 오스트레일리아 국립대학교(Australian National University)에서 열심히 작업하여 첫 번째 편집 텍스트를 내놓았다.

이 모든 사실을 나는 모르고 있었다. 사람들은 뉴질랜드 출신인 편집장이 오스트레일리아 편집자들의 사전 작업에 관심이 많으리라고 생각했을 것이다. 내가 생각하기에도 그러했다. 하지만 편집장은

〈OED 보충판〉 작업이 너무 바쁜 나머지 새로운 업무에 신경 쓸 여력이 없으므로 이미 여러 업무로 바쁜 나에게 추가로 맡겨야겠다고 생각한 것이었다.

지극히 평범한 제안이었다. 즉 옥스퍼드의 정규 편집자로서 늘 하는 일을 전부 그대로 하는 상태에서 새로운 업무가 하나 더 추가되는 것이다. 여기서 '추가'란 오스트레일리아 캔버라에서 쉼 없이 몰려오는 교정쇄를 읽고 옥스퍼드 사전 편찬의 상세한 지식을 토대로 사전 편찬의 관행과 절차에 대한 전반적인 조언을 해주는 것이었다.

나에게 이상적인 업무가 아니라는 사실을 알 수 있었다. 편집장의 생각 또한 마찬가지였지만 나와 다른 점이 있다면 그에게는 아랫사람에게 위임할 수 있는 권한이 있다는 것이었다. 그의 사무실을 나와 아래층으로 내려가서 내 '선택권'에 대해 생각해보았다. 예상된 일이었지만 하루 정도 지난 후에 2층으로 올라가 추가 업무를 기쁘게 하겠다는 뜻을 전했다.

머지않아 구성을 전혀 갖추지 않은 책의 첫 번째 원고가 전달되었다. 알파벳 A에서 시작해 여러 페이지에 걸쳐 A 단어로 진행되는 원고였다. 자리에 앉아 오스트레일리아 사전을 읽었다. 텍스트의 기본 포맷이 이미 검증된 OED의 구조를 바탕으로 되어 있어서 매우 친숙했다.

당시 나는 약 100년의 역사를 자랑하는 오스트레일리아 영어에 대한 오래된 오해를 인지하고 있었다. 초기 정착민들이 저 멀리 덤불 사이에서 껑충껑충 뛰는 이상한 동물을 보고 원주민들에게 이름을 물어보았더니 '모른다'는 뜻의 '캥거루'라고 대답했다는 이야기도 들어보았다. 하지만 안타깝게도 그 이야기는 말도 안 된다. Kangaroo는 그 동물을 가리키는 오스트레일리아 원주민의 말이었다.

편집자 빌 램슨과는 모르는 사이였다. 당시만 해도 오스트레일리아의 사전 편찬자들은 유럽에서 열리는 학회에 참석하지 않았다. 그가 내 논평을 어떻게 받아들일지 걱정되었다. 사람들은 옥스퍼드가 인사만 건네도 상대방을 무시한다고 생각하는 경향이 있기에 절대로 그런 느낌을 주고 싶지 않았다. 우유부단하게 공손한 논평과 회신만 주고받다가 알파벳 B로 접어들었을 때 그가 보내는 암호가 이해되기 시작했다. 알고 보니 빌은 사전 작업 과정에서 매일 대해야 하는 대상이 편집장이 아니라는 사실을 기뻐했고 내가 교정쇄에 적어주는 논평에도 큰 도움을 받았다. 내가 의도한 대로였다.

그 경험에서 배울 수 있는 것도 많았다. 특히 쿡 선장에 의해 1770년대에 처음 유럽인의 정착이 이루어진 후 지금까지 오스트레일리아 영어가 어떻게 형성되었는지를 배웠다. 당연히 처음에는 오스트레일리아 영어라는 것이 없었다. 〈오스트레일리아 내셔널 사전〉에 기록된 최초의 두드러진 오스트레일리아 영어 단어는 표준 영어를 새로운 맥락에서 재발명하거나 원주민 언어에서 빌린 것이었다. 새로운 영어 표현은 일반적으로 해안 근처 탐구를 위해 떠난 배에 탄 선원들과 과학자들이 발견한 동식물과 관련 있었다. 새로운 단어는 익숙하지 않은 것을 위해 필요하지만 새로운 것은 이미 아는 무언가와 비슷한 경우가 많은 법이다. 이를테면 쿡 선장은 1773년에 습관적으로 꼬리 깃털을 펼치는 오스트레일리아의 딱새류를 보고 영국의 흰색 공작비둘기(fantail pigeon)를 떠올리며 fantail이라고 불렀다. 초기 정착민들은 오스트레일리아로 이송시킨 죄수들을 자유롭게 해주는 행동을 가리키는 단어가 필요해서 영국의 법률 용어인 emancipation(해방)을 재

사용했다. 일반적으로 언어는 새로 발명되지 않고 기존의 재료를 재활용하고 결합시킨다.

원주민의 무기를 처음 본 정착민들은 이미 아는 단어로 고유한 단어를 만들 수도 있었지만(부메랑은 1790년대에 throwing-stick이라고 했다) 원주민의 언어인 boomerang을 그대로 사용했다. Boomerang은 뉴사우스웨일스주 시드니 근처에서 사용된 원주민 언어인 다룩어(Dharuk 또는 Darug)다. 정착민들이 식민지화시킨 지역이었다(언어 차용이 백인 정착민과 원주민들의 언어 소통을 의미한다는 사실에 주목하자). 다행히도 빌과 편집자들은 원주민 언어 전문가들이 원주민어가 사용되는 특정 언어를 찾고자 오랫동안 활발하게 벌인 연구 결과를 사용할 수 있었다. 부메랑의 다른 말 kylie는 늉가어(Nyungar)를 비롯한 오스트레일리아 서부 언어에서 유래하고, 원주민의 무기 wirri는 오스트레일리아 남부 애들레이드 근처의 가우르나에서 나왔다.

새로운 지리적 특징 또한 최초의 방문자와 정착민들이 이미 아는 언어를 바탕으로 이름 지어졌다. 그들이 발달시킨 새로운 관습도 마찬가지였다. 정착민에게 주어진 왕실 소유 땅은 allotment라고 했다. 기존의 단어들이 오스트레일리아에서 새롭게 사용되는 경우도 많았다. House(시골 지역의 주요 거주지로 hut과는 다르며 예전 죄수 유배지의 특징이 남아 있을 수도 있음), public(정부가 죄수 유배지에 제공하는 혜택), settlement(비원주민 정착민이 사는 작은 마을) 등. 그리고 목양과 광산업이 오스트레일리아의 주요 직업군으로 자리 잡으면서 영어를 창의적으로 비튼 오스트레일리아 영어가 더 많이 나왔다. Gun은 양털을 빨리 깎는 사람이었고 out-station은 양 농장에 딸린 2차적 농장을 가리켰으며 cradle은 모래에서 사금을 채취할 때 사용하는 상자 모양의 도구를 말했다. 초기에 언어를 이끈 것은 문학의 신이 아니라 적대적인 환경에서 삶을 꾸리려고 애쓰는 평범한 인간들이었다.

하지만 오스트레일리아 영어의 탄생에는 재미와 창조성이 있었다. 압운 속어가 런던 사투리의 전유물이라고 생각할지도 모르지만 그것은 20세기 오스트레일리아에서도 단어 형성의 보편적이고 익살스러운 패턴이 되었다. 특히 20세기에 Aristotle은 병(술), Jack Shay(아일랜드식 이름)는 tay(=차(tea))를 우려내는 커다란 용기, steak and kidney는 시드니를 가리키는 압운 속어였다.

영국에서 잘 알려지지 않은 지역 사투리가 오스트레일리아에서 새 삶을 찾아 보편적으로 사용되는 경우도 있었다. 동사 fossick[뭔가 (원래는 금을)를 찾거나 뒤지다]이 대표적인 보기일 것이다. 〈영어 사투리 사전(English Dialect Dictionary)〉에 따르면 '묻거나 뒤져서 얻어내다'라는 뜻의 영어 사투리 fossick은 콘월 지방에서만 사용되었다. 이러한 언어 탄생의 과정을 컴퓨터 모델로 본다면 정말 흥미로울 것이다.

20세기 후반에 이르러 오스트레일리아 영어는 단순히 영국 영어에서 파생된 줄기가 아니라 독립적인 언어로 인정받게 되었다. 요즘은 고유의 창의성을 마음껏 발휘하고 있다. 500년 전 영국 영어와 비슷한 주기를 따르면서 자신감을 얻었다.

나는 빌의 편집 작업이 1980년대 중반에 마무리될 때까지 계속 교정쇄에 논평을 적었고 일정대로 200주년에 맞추어 사전이 출판되었다. 빌과 팀원들이 실시한 오스트레일리아 영어 단어에 대한 연구는 OED와도 큰 연관이 있었다. **Pom**이 대표적인 보기였다. 이것은 오스트레일리아인이 살가운 욕설로 영국인을 지칭하는 단어다. '살가운 욕설'이라고는 하지만, 순진한 영국인은 살갑다고 생각해도 (Pommie bastard라는 호의적인 표현에 가려져 있을 때도) 오스트레일리아인에게는 의도적으로 모호한 표현이다. 욕설이면서도 창의적이고 익살스러운 오스트레일리아 영어인 것이다.

오스트레일리아에는 유쾌한 단어 창조 전통이 있다. 1845년으로 거슬러 올라가 보자. 영국이 오스트레일리아에 죄수들을 이주시킨 지 수십 년이 지났을 때였다. 이 절박한 정책은 1870년대까지 이어졌는데, 폐지되기 훨씬 전부터 영국 정부와 주들은 특히 아일랜드 기근으로 인한 영국 본토의 인구 '과잉'으로 캐나다와 오스트레일리아 이민을 적극 장려했다. 1845년에 오스트레일리아와 뉴질랜드에서 이민은 대표적인 문화적 현실이 되었다. 실제로 사람들이 immigrant(emigrant도 마찬가지)라는 단어를 가지고 놀기 시작할 정도로 그러했다. Immigrant를 이용해 일반적으로 새 정착민을 Jimmy Grant라는 이름으로 불렀다. Jimmy Grant(또는 그냥 jimmy)라는 농담 섞인 이름은 immigrant를 뜻하는 속어로 자리 잡았다.

20세기 초에 이민이 여전히 뜨거운 화두일 때 오스트레일리아인들은 또다시 단어를 만지작거리기 시작했다. 그들이 찾은 jimmygrant와 가장 비슷한 단어(jimmygrant를 유래시킨 단어들을 제외하고)는 pomegranate였다. 그래서 pomegranate를 석류 말고 다른 뜻으로도 사용하기로 했고 jimmygrant가 역시 'immigrant'를 뜻하는 pomegranate(1912)가 되었다. 너무 번거로워서 같은 해에 pomegranate가 그냥 Pom으로 바뀌었고 1913년부터는 '살갑게' Pommy 또는 Pommie를 사용했다.

∞

마침내 사전 편찬자가 되었다고 생각할 때마다 새로 배워야 할 것과 풀어야 할 문제가 나타났다. 하지만 나는 한 학문의 선두에서, 국제적인 무대에서 일하는 것이 즐거웠다. 비록 그 국제적인 무대에서 볼 수 있는 사람들이라고는 제 할 일을 열심히 하고 있는 사전부 동료들뿐이었지만 말이다. 편집자와 연구원, '독자들'은 모두 영어라는 언어의 '공식적인' 기록을 만드는 중요한 일을 하고 있다는 사명감을 느꼈다. 완전한 사전이 점점 구시대의 유물이 되어가고 있어도 그것은 여전히 우리의 기록 사전이었고 그 사전에 새로운 기록을 더하는 것은 영광스러운 일이었다.

처음 입사했을 때만 해도 내가 과연 이 일을 잘 해낼 수 있을지, 보통 사람들과 동떨어진 OED의 분위기에 적응할 수 있을지 확신하지 못했다. 하지만 일은 나를 매료시켰고 내가 풀기 좋아하는 문제들을 내놓았다(단어 정의에 어울리는 표현 찾기, 기록 증거가 이치에 맞도록 역사적 용례 연구하기, 동료 편집자들은 물론 사전의 경계를 넘어 옥스퍼드의 전문가들과 협업하기). 하지만 그 흥분감은 공짜로 얻어지지 않았다. 통과의례를 거쳐야만 했다. 오랫동안 나와 함께한 긍정적이지만 부정확한 의식을 뿌리 뽑고 냉철한 분석으로 서서히 교체해야 했다. 모두에게 가능한 변화는 아니었다. 필요한 배경을 갖추고 편집자 자리에 오른 사람이라도 엄격한 작업에 거부감을 느껴서 오래 버티지 못하는 경우도 있었다. 하지만 나는 그 엄격함에 적응했고 편집자의 무기고에 새로 갖춰진 무기들이 자랑스러웠다.

하지만 옥에 티가 하나 있었다. 〈OED 보충판〉은 워낙 복잡한 작업이었지만 나와 동료들은 앵글로-색슨 시대에서 현재에 이르는 영어 전체를 다루는 것이 아닌, 사전에 장식용 반짝이를 더하는 부록의 개념에 불만이 커졌다. 그러한 작업 방식으로는 언어의 전체 그림을 만들 수가 없고 〈보충판〉이 언어의 많은 부분을 등한시한다는 사실을 알고 있었다. 〈보충판〉 작업이 끝나면 큰 사전을 완전하고 정확하게 개정할 수 있는 기회가 있을까? 혁신적인 사고와 거리가 있는 옥스퍼드(대학과 출판사)가 그러한 모험을 지지해줄까? 아니, 작업 자체가 실행 가능하기나 할까?

입사한 지 거의 10년이 되어가는 시점이었다. 처음에 머뭇거리며 편집의 길에 들어섰던 내가 교육에 관여하고 나만의 사전 프로젝트를 계획·진행하고 영어에 대한 전체적인 관점을 얻었다. 영어의 역사를 연구하고 기술하는 것은 형식적인 언어에서 속어까지 모든 영역 안에서 모든 세계와 시간을 바라보는 일이라는 사실을 깨달았다. 그리고 나는 그 일을 색인 카드와 펜을 가지고 전통적인 방법으로 했다. 〈보충판〉 작업의 후반부에 들어서서야 우리는 미래에 대해 진지하게 고민하기 시작했다. 과연 그 미래에 〈옥스퍼드 영어 사전〉이 들어 있을지.

5 스캥크 춤은 어려워

1986년에 〈OED 보충판〉의 마지막 4권이 출판되면서 밥 버치필드가 편집장으로 임명된 1957년에 시작되어 30년의 대장정을 지나온 프로젝트가 마무리되었다. 마땅히 엄청난 업적으로 평가받았다. 〈보충판〉은 1차 대전 이전의 눈부신 여름날부터 기술 발전과 전 세계의 불확실성으로 가득한 1980년대 중반까지 20세기의 언어 변화를 성공적으로 담아냈다.

하지만 대형 사전 프로젝트의 후반부가 으레 그러하듯 기본적인 편집 작업이 완료된 후에는 그동안 최대 인원을 동원하여 가동된 편집 인력의 필요성이 사라진다. 1980년 초 이후로 일부 편집자들이 떠나고 또 일부는 서서히 다른 사전 프로젝트를 찾아가 결국 편집장 혼자 외로운 장군처럼 〈보충판〉이 출판되는 전 과정을 지켜보았다. 에드 와이너는 〈뉴 쇼터 OED(New Shorter OED)〉 개정 작업에 합류하기로 했다(이 사전은 OED와 마찬가지로 초판 이후 개정된 적이 없었다. 초판은 1933년에 나왔다). 〈뉴 쇼터 OED〉는 큰 프로젝트였다. OED를 축소한 두 권짜리 역사 사전으로 50만 단어가 수록되었지만(OED의 3분의 2 분량) 예문의 숫자는 8만 개밖에 되지 않았다(OED는 180만 개). 주로 1700년대 이후의 영어로 제한했다.

하지만 나는 그 프로젝트에는 흥미가 생기지 않았다. 개정판이 아닌 내 멋대로 진짜라고 규정한 작업에 훨씬 관심이 갔다. 그런데 그때 놀랍게도 거의 비슷한 시기에 새로운 가능성이 희미하게 나타났다. 잘만 하면 OED 전체가 부활할 가능성이 있었다. 당연히 에드와 나에게는 매우 큰 관심사였다. 불확실한 변화로 기득힌 1980닌내 초에는 중복된 일이 워낙 많았으므로 지금은 전통적인 편집 작업의 문제에만 집중하겠다. OED의 미래에 대한 이야기는 다음 장에서 이어가도록 하자.

다행스럽게도 전환기에 편집장이 나를 챙겨주었다. 〈보충판〉 작업 후반부의 혼란스러운 재편의 과정에서 혼자 진행할 수 있는 프로젝트를 제안받았다. 신조어가 계속 생겨나고 있다는 사실을 잘 아는 옥스퍼드 대학교 출판사는 편집자들로 이루어진 신속대응군을 꾸려 기회가 생기는 대로 사전 만들 준비를 하는 것이 가장 적절한 선택이라고 결정 내렸다. 내가 그 '신조어' 팀의 책임자를 맡게 되었다. 더 이상 〈보충판〉 텍스트를 만들 필요가 없으니 남은 편집자들이 앞으로 어떤 사전에 필요할지 모르는 (물론 모든 사전에 해당되었다) 신조어 표제어를 계속 준비하는 것이었다. 장기적으로 보자면 신조어 작업은 가장 오래 살아남은 군마라고 할 수 있는 OED에도 필요한 것이었다.

신조어 팀 운영이 미래를 대변하지 않았지만 사전부는 물론 전반적으로 출판사가 앞으로 어떻게 일해야 하는지 생각해볼 수 있는 틈을 주었다. 나는 신조어 팀을 통하여 처음으로 OED 업무의 한 영역을 처음부터 조직할 수 있는 첫 번째 기회를 얻었고 몇 년 동안 동료들과 1980년대 초부터 중반까지 영어가 겪은 어휘 변화에 파묻혀 살았다. 당시에는 가파른 학습 곡선이라는 말을 들어보지 못한 것 같지만 알았더라면 그 의미가 깊이 다가왔을 것이다.

신조어 팀은 일반 독자에게 우리 사전을 이해하기 쉽게 설명하는 방법을 시험해보는 기회도 주었다. 내가 팀의 책임자로서 맡은 주요 역할 중 하나는 우리가 특히 집중해야 하는 어휘 영역의 풍조를 확립하는 것이었다. 내가 선호하는 풍조는 덜 '문학적'이고 좀 더 '대중적'인 어휘, 즉 더욱 '세계적인' 영어였다. 그때까지는 거의 몰래 도입해야 했던 신조였는데 이제는 나만의 정책을 확립할 수 있는 권한이 생겼다.

우선 색인 카드철로 들어오는 자료의 유형에 변화를 주기로 했다. 독자들이 읽는 텍스트의 분야를 조절하면 사전이 다루는 범위에 영향을 끼칠 수 있었다. 충실한 '독자들'이 대중적인 관심 분야를 읽도록 만드는 계획도 세웠다. 대부분의 주제에 관해 '진지한' 책들만 읽다 보니(역시나 메츠의 《영화 언어》가 좋은 보기다) 대중성의 우위를 놓치는 경우가 많았다. 모든 주제가 마찬가지였다(교육 이론, 정치, 패션, 심지어 DIY와 자동차 기계학 등). 그래서 독자들에게 인근 서점에서 파는 대중 잡지를 읽으라고 했다. 독자들이 우리 사전을 위하여 그런 텍스트를 읽는다면 카드철에 들어가는 자료의 격식 수준도 달라질 것이라고 생각했다. 정말로 효과가 있었다. 예를 들어 오토바이 잡지 덕분에 dirt bike(비포장도로용 오토바이-역주)라는 표현에 주목하게 되었고 사전 등재까지 이어졌다. 기회를 놓치지 않으려고 dirt bike 잡지에 연락해 단어의 뜻을 좀 더 정확하게 잡아냈다. 도움을 주고 싶어 하는 dirt bike 애용자들도 있었다. OED를 도와주고 싶어 하는 사람들이 언제나 있다는 사실에 안심이 되었다.

1970년대에 영국의 슈퍼마켓에서 식품을 구입하면 매주 처음 보는 이상한 식품들이 aloo gobi, arrabbiata, carpaccio 같은 낯선 이름을 달고 선반에 진열되어 있었다. 잠시 동안 가만히 서서 생각해보면 16세기에 무역 상인들을 통해 머나먼 외국에서 영국으로 신조어가 들어왔던 방식과 유사성이 있음을 알 수 있었다.

현대 슈퍼마켓에서 이국적인 제품을 마주했을 때 보통 사람이라면 그냥 시험 삼아 구입해볼 것이다. 하지만 사전 편찬자는 그렇지 않다. 나는 슈퍼마켓에서 판매되는 제품 중에서 선별하여 색인 카드를 만들면 사전에 큰 도움이 되리라고 생각했다. 그래서 어느 슈퍼마켓의 관리자에게 그곳에서 취급하는 모든 식품의 목록을 보내줄 수 있는지 정중하게 부탁하는 서신을 보냈다. 단어를 수사하는 사전 편찬자는 대의를 위해 엉뚱한 행동을 해야 할 때도 있다. 슈퍼마켓 관리자역시 같은 생각이기를 바랐다. 몇 주 동안 아무런 연락이 없었다. 내책상의 편지함에는 처리해야 할 서신들로 가득했지만 사전에 실을 이국적인 과일 목록이 든 편지는 놓여 있지 않았다. 거의 희망을 포기할때 즈음 세상을 위해 단어 목록을 제공하지만 영업 비밀을 누설하지말아 달라는 머뭇거리는 메모와 함께 슈퍼마켓 관리자의 회신이 도착했다. 우리는 몇 달 동안 그 식품 목록을 뒤져가며 사전에 들어갈 자료를 찾았다. Semifreddo, halloumi, teppan-yaki 같은 단어들이편집을 거쳐 결국 사전에 들어갔다.

사전에 등재되는 단어들의 범위뿐만 아니라 표제어의 스타일도새롭게 고치기 시작했다. 선대 편집자들이 추구한 학문적인 복잡성에서 멀어지려고 했다. 이것은 느린 과정이었고 지금까지도 진행 중이다. 독자들이 단어의 맥락을 좀 더 쉽게 이해할 수 있도록 예문을 길게 소개하고 주제의 이름표도 바꾸었다. 이를테면 Cinematography를 Film으로 바꿨다. 정의를 물 흐르듯 매끄럽게 하려고도 노력했다. 예를 들어 〈OED 보충판〉에 intro는 '구(어). 축(약형). INTRODUC-TION(명사)의'라고 되어 있었다. 너무 간결해서 이해하기 어려운 약어와 집중력을 흐트러뜨리는 상호 참조를 사용해 독자들에게 혼란을줄 수 있었다. 그래서 좀 더 격식에 얽매이지 않는 단어인 outro(1971년부터 사용)는 모호한 느낌이 덜한 모델을 선호해 '끝맺는 부분. esp.(특히) 방송이나 음악을 마무리하는 부분'이라고 정의했다. 새로운 스타일로 조금씩 나아가고 있어 모든 것이 완벽할 수는 없었지만 변화가 가능하다는 사실이 만족스러웠다.

신조어 팀은 작업할 필요가 있는 중요 단어를 추적하기 위해 곧 계획을 세웠다. 우리는 사전의 앞부분이 가장 오래된 만큼 가장 시대에 뒤떨어진다는 사실을 알고 있었다. 그래서 우선 A부터 G까지에 집중하기로 했다. 당시에도 컴퓨터 파일이 없었고 여전히 우리의 가장 중요한 자원은 카드철이었다. 그래서 몇 달 동안 동료들과 함께 A부터 G까지의 카드철을 뒤지며 정의가 필요한 주요 신조어들을 위한 증거 자료를 찾았다. 누군가 그 자료들을 샅샅이 살핀 지 20년 정도밖에 되지 않았으므로 찾기가 어렵지 않았다.

*Aerobics*는 첫 발견물 중 하나였다. 오리지널 OED에 포함되지 않은 단어였고 aerobe, aerobian, aerobic 등의 관련 단어들도 마찬가지였다(일부는 19세기 후반에 존재했지만 오리지널 OED에 등재될 만큼 보편적인 단어가 아니었다). 우리는 곧바로 aerobics 작업을 시작했지만 전체 그림을 담는 것이 중요했으므로 관련 단어들도 찾아서 포함시켜야 했다. 모든 단어는 망으로 이어져 있다. 단어를 고립 상태로 편집하면 안 된다. 당시 조깅 열풍이 불어 관련 어휘들이 사전 편집자들의 주목을 끌었다.

Aerobics의 조사 과정은 우리를 19세기의 과학 분야로 이끌었다. 앞에서 독일어 epicentrum과 영어 epicentre를 만났던 바로 그곳이다. 이번에는 프랑스의 회학자이자 미생물학자인 루이 파스퇴르(Louis Pasteur, 1822~1895) 덕분이다. 파스퇴르는 1863년에 프랑스의 한 학술지에 발표한 논문에서 형용사이자 명사인

aerobie라는 단어를 처음 소개했다. Aero-가 '공기'와 관련 있는 단어라고 어렵지 않게 추측해볼 수 있다. 하지만 -bie의 기원을 추측하기는 쉽지 않을 것이다. OED에 따르면 그것은 amphibie 의 끝부분에서 나왔다(amphibie는 물속과 땅 위에서 모두 살 수 있는 양서류 amphibian과 같은 말이다. -bie는 '생명체'를 뜻하는 그리스어 bios에서 유래한다). Aerobie는 '(유기체가) 산소가 있어야 살 수 있는', 그 반대인 anaerobie는 '산소 없이도 살 수 있는'이라는 뜻이었다.

영어에서는 법칙상 aerobie 같은 단어를 형용사로 사용하지 않으므로 영어권 과학자들은 1865년에 의학 학술지 〈The Lancet〉에 파스퇴르의 연구를 소개하면서 aerobian이라고 영어 색깔을 입혔다. 하지만 그것 역시 영어로 안착하기에는 과학적인 느낌이 부족했다. 과학자들은 몇 년 동안 aerobian을 사용하다가 aerobic(반대는 anaerobic)을 선호하게 되었다. 둘 다 1878년에 파스퇴르의 연구 맥락에서 영어에 사용된 기록이 발견된다.

이 단어들은 1960년대 후반까지 한 세기 동안 주로 미생물학자들을 통해 사용되었다. 그때부터 과학자들은 인체가 운동 과정에서 효과적으로 산소를 처리하는 방법을 연구하기 시작했다. 운동을 하거나 가르치는 사람들이 aerobic이라는 단어를 일반적으로 사용하게 되었다. 그래서 과학자들은 새로운 명사 aerobics를 만들었다. 처음에는 미국(1968)에서, 나중에는 영국 이외의 나라에서 사용되었다. 조깅에 매료된 사람들은 aerobics가 그 어원과 일치하는 '신체의 산소 소비를 지속적으로 증가시켜주고', '심혈관계 건강 개선을 목표로 하는' 운동을 가리킨다는 사실을 알게 되었다. 당시 영국과 미국 영어가 세계무대의 중심이었던 것을 고려할 때 이 단어의 발달이 프랑스 과학이 유럽 과학 연구의 고급 언어였던 시절에 시작되어 영어의 용광로에서 마무리되었다는 사실은 주목할 만하다. 루이 파스퇴르의 발견을 보여주는 사진 자료는 존재하지 않지만 오늘날 aerobics라는 단어가 존재하는 것에 대해 그에게 감사해야 한다.

우리는 aerobics와 무관하지 않은 환경 문제와 배려하는 사회에 대한 새롭고 요란한 대중의 관심에 주목했다. 역시나 우리가 마주한 어휘에 반영된 관심이었다. 카드철에서 찾은 animal rights의 첫 용례는 1875년으로 거슬러 올라갔고 역시나 그것도 꾸러미의 일부였다(animal rightist가 딸려왔다: 1979). 또한 컴퓨터 기술이 주류로 이동하고 있었다. 소형 컴퓨터가 사무실보다 가정 위주로 보급되었다(home computer라는 이름이 어렵게 만들어졌다). 컴퓨터가 booted up(1980) 된다는 사실이 새로운 단어 세트를 탄생시켰다(그 어원인 bootstrap이 컴퓨터에 처음 쓰인 것은 1953년이고 1982년에는 bootable이 나왔다). 또 우리는 disinformation(1955)이라는 단어도 찾았고 러시아어 단서를 토대로 냉전 초기에 소비에트 연방 단어에서 유래했을지도 모른다는 사실을 발견했다. 소비에트 러시아어는 스파이 활동과 관련 있는 단어들의 출처로 늘 고려해볼 수 있었다. 그리고 존 르 카레(John Le Carré)가 사용한 단어 *mole*(적의 조직에 깊숙이 잠복한 정보 요원)의 경우도 마찬가지였다.

Mole은 땅을 파고 생활하는 두더지과에 속하는 작은 동물이다.

단어의 특징 때문에 스파이 활동과 연관된 의미로 계속 사용되어 왔다. 이 단어는 1400년경에 처음 영어로 들어왔고 모든 언어 관계가 게르만어로 되어 있다(고대 프리지아어 moll, 중세 네덜란드어 mol 등). 두더지의 습성은 스파이 활동에 잘 어울리는 것처럼 보이지는 않는다. 사전에는 두더지가 시력이 매우 약하고(또는 아예 보지 못하고) 땅을 파기에 적합한 짧고 튼튼한 앞발을 가졌다고 되어 있다. 벨벳처럼 부드러운 털은 '어느 방향에서든 빗겨진다.'

영어는 두더지의 땅을 파는 습성을 이용했다. 1600년경에 지하에서 일하는 사람(광부 등)을 가리키는 단어로 사용한 것이다. 햄릿이 망령에게 한 말에서 찾아볼 수 있다. "말 잘했군, 늙은 두더지 양반, 땅속에서 그렇게 빨리도 움직인단 말이지, 훌륭한 땅꾼이야." ["Well said old Mole; can'st worke in the earth? so fast, a worthy Pioner"(pioneer는 포위 작전 때 땅을 파는 일을 담당한 군인이었다.)] 지하 작업은 어둠 속에서 남모르게 일하는 것과 관련 있을 수도 있었다. 프랜시스 베이컨(Francis Bacon)은 mole을 스파이 행위의 맥락에서 처음 사용한 사람일 것이다. 베이컨은 헨리 7세가 스파이들을 필요로 한 이유에 대해 '그의 기반을 약화시키려고 끊임없이 일하는 두더지들이 있었기 때문'(1622)이라고 말했다.

두더지는 땅을 깊게 팔 수 있고 남모르게 일할 수 있다. 20세기 영어권 스파이 장르의 대가가 이러한 습성을 가진 두더지를 스파이 분야에서 다시 활용했고 나중에는 'sleeper'라고 불리는 단어가 되었다. 적의 조직에 깊숙이 스며들어서 오랫동안 신뢰를 얻은 후 전혀 예상치 못한 타격을 일으키는 비밀 요원을 뜻한다. 러시아 혁명의 맥락에서 처음 사용된 듯하지만 20세기에 존 르 카레의《스마일리》시리즈를 통해 대중화되었다.

최종 선택권은 나에게 있었지만 단어 선택은 별문제가 되지 않았다. 우리에게는 전체 과정에서 추측을 완전히 배제해주는 명백한 증거를 바탕으로 세운 법칙과 지침이 있었기 때문이다. 모든 단어는 몇 년 이상 사용되었어야 하고(처음에는 5년이었고 나중에는 10년으로 바꾸었다) 다양한 장르(형식, 전문, 일상, 속어-물론 모든 단어가 무조건 빠짐없이 충족해야 하는 것은 아니었다)에 기록되어 있어야 하며 카드철에 적어도 다섯 개의 예문이 들어 있어야 했다. 이러한 시험을 통과한 단어는 비로소 편집 작업대에 놓일 수 있었다.

그때가 1980년대 중반이었다. 신조어 팀의 리더로서 바지 뒷주머니에 작은 세로형 수첩을 넣고(경찰이 들고 다니는 수첩처럼) '사건'이 발생하면, 즉 OED에 넣을 새로운 단어나 뜻을 접할 때마다 언제든 꺼낼 준비를 하면서 다니던 시절이었다. 지면상의 활자 증거가 있는 단어들만 OED에 들어갈 수 있었다. 라디오나 레코드 앨범, 대화에서 들리는 신조어는 당연히 지면 증거가 아니었다. 하지만 간과한 증거가 있는지 단어 카드철을 한번 뒤져봐야 한다는 뜻이었다. 내 수첩 작업 방식이 사전에 영향을 끼쳤을까? 이번에는 그러했다. 우리는 밥 말리(Bob Marley)의 'natty dread'에 대한 자료를 연구하고 'knotty' 드레드록(dreadlock)을 조사했다(natty는 knotty의 방언이다). 내 수첩은 선임자들이 놓친 bubblewrap과 clingfilm 같은 단어도 연구하도록 해주었다. 이것은 단어 카드철에 수집된 자료가 사진에 들어갈 단어를 결정한다는 기존의 확고한 지침을 완전히 거슬렀지만 모든 단어를 카드철과 대조해 확인하는 것을 잊지 않았다.

이 비공식적인 단어 수집 방법은 몇 년 동안 효과가 있었다. 나는 거리에서 잠행하듯 단어를 모으는 거리의 사전 편찬자였다. 문제는 어느 날 수첩을 뒷주머니에 둔 채로 바지를 세탁하는 바람에 완전히 망가져버렸다는 것이다. 그 후 새 수첩을 사지는 않았다. 우리의 신조어 탐지 방식이 개선되고 있었고 나의 추가적인 도움 없이도 신뢰할 수 있는 결과가 나오기 시작했다.

∞

1970년대와 1980년대는 일반인의 삶에 스며드는 새로운 컴퓨터 기술의 덕분에 계속 신조어가 유입되던 시기였다. 우리가 작업하는 신조어들은 언제나 트렌드가 반영되어야만 하는데 신조어가 놀라운 속도로 밀려왔다. 돌이켜 생각해보면 그 보기를 쉽게 포착할 수 있었다. 예를 들어 affluenza(1973년으로 거슬러 올라간다)는 언어 순수주의자들이 싫어하는 혼합어였다(affluence와 influenza). 로봇공학의 발달에 따른 animatronics(1971), 새로운 사회 문제 연구에 따른 antiretro-viral(1979) 약품과 biodegrading(1970) 같은 단어들도 다루어야 했다. 록 가수의 앨범을 위주로 소개해주는 라디오 포맷 AOR(album-oriented rock, 1977)이 내놓은 단어들은 또 얼마나 많았는지. 사회가 경제적으로 풍족해질수록(비록 우리 사전부의 형편은 그렇지 못했지만) booze cruise가 생기고 여가 시간이 늘어 여행사들이 awayday 티켓(1972년부터)을 출시했다. 이것은 나중에(1976) 비즈니스 관행의 변화와 더불어 사무실을 벗어나 세미나를 떠나는 것으로 변했고 (참여하지 않는 사람들의 눈에는) 편애받는 직원들이 하루 이틀 동안 호화생활을 즐기는 것으로 비춰졌다. Business-speak(1973)도 이때 생겼다. (마침내 1980년대에 OED 편집자들에게도 전해진 비즈니스 세미나는 일거리가 보이는 곳에서 커피와 대니시 페이스트리, 공짜 몽당연필, 오렌지 주스로 이루어진 시간이었다.)

우리는 컴퓨터 어휘가 1단계 컴퓨터 전문 분야를 넘어 금융, 영화, 음악 산업 같은 2단계 비즈니스 분야로 스며든 사실을 발견했다. 평범한 사람들이 일상생활에서 2단계 컴퓨터 사용을 마주하기 시작했다. 은행, 계산대, 워크맨 등. EFTPOS(판매 시점에 현금 대신 카드로 구매 결제하는 것, 금융 분야의 컴퓨터 시스템이 탄생시킨 또 하나의 이상한 단어), ATM, paperless office, cashless society 같은 단어들이 사용되기 시작했고 synergy를 동경하고 fusion을 존중하라는 말도 들려왔다.

우리의 색인 카드로 쏟아지는 단어의 물결은 언제나 문화 변동의 지표였다. 1980년대 초에 debit card에 대한 인용문을 처음 보고 도대체 이것이 어떤 원리로 작동되는 것인지 의아했다. 세계 경제에 별로 주목하지 않은 것처럼 보이겠지만 새로운 어휘의 물결은 미국에서 한동안 완전하게 운용되다가 영국으로 건너오는 경우가 많았다.

이렇게 라이프스타일의 새로운 장신구로 자리 잡은 단어들의 정의도 준비해야 했다. Debit card는 다음과 같이 정의되었다.

> 기관이 발급하는 카드로 소유자가 단말기를 통하여 계좌에 접근할 수 있음, 특히 물품 구매 시 계좌의 돈이 자동으로 타인에게 송금된다.

돌이켜 생각해보니 썩 자랑스러운 정의는 아니지만 당시 직불 카드는 아직 초창기에 머물러 있었다. 단어 정의가 긴 것만 보아도 사전 편찬자들이 새로운 직불 카드의 개념, 그리고 기술과 얼마나 씨름했는지 알 수 있다. 또한 정의는 독자들이 개념과 의미를 이해할 수 있는 스타일로 작성되어야 했다. 그래서 단어 정의가 아니라 짧은 사용 설명서처럼 되어버린 것이다.

짐작되겠지만 단어를 선별하고 정의하는 데는 여러 가지 위험이 따를 수 있다. 사전에 넣을 단어가 너무 느닷없이 선택될 위험이 높다. 하지만 영국인들이 익숙해질 때까지 debit card의 정의를 미룬다면 다른 독자들, 특히 이미 그 신조어가 흔해지고 있는 미국의 독자들을 실망시킬 수밖에 없을 것이다. 우리는 일반적으로 신조어가 영어에 완전히 안착하기 전까지는 정의하지 말아야 한다는 사실을 깨우쳤다. 이렇게 신중한 접근법을 채택한 이유는 크게 두 가지였다. 첫째, 단어의 의미와 의미에 대한 사용자의 인식은 언어에 적응되는 동안 미묘하게 표류할 수 있다. 둘째, 다른 사전들이 단어의 예비적 설명을 자신들이 받은 인상에 따라 한 것인지, 연구에 따라 한 것인지 알면 도움이 된다. 이것은 반칙이 아니라 좋은 연구 감각이다. OED는 장기적인 관점을 취하는 역사 사전이다. 단숨에 달려들기보다는 숙고를 거친 그림을 제시해야 한다. 규모가 작은 현대 사전들은 단어의 뜻을 거리낌 없이 단번에 제시하지만 우리는 우선 몇 년의 시간을 거친다.

곧 channel-surfing이라는 단어가 주의를 끌었다(1988). 나는 surfing이 텔레비전의 맥락에 적용된 것이 별로 만족스럽지 않았다. 신기술과 캘리포니아 해변에나 어울릴 법한 물에서 즐기는 놀이가 억지로 용접된 느낌이기 때문이다. Downloadable(1982년부터) 같은 단어는 그것이 어떤 과정을 말하는지 이해된 후로는 괜찮았지만 cyberspace나 cyber-가 붙은 게으른 표현들은 여전히 꺼려진다. 이 단어들에 대해 알아보려면 마치 3D 안경을 써야 할 것처럼 느껴진다는 이유가 가장 크다. 실제로 1980년대 후반에 일부 신조어들이 짜증나기 시작했다. 중립적인 관찰자로서 그래서는 안 되는 것이었다. 대처와 레이건 시대의 새로운 부와 기술은 사회에 퇴폐와 양극화를 만들었고 불필요한 중복과 과잉이 곪아터졌다. Channel-surfing에 대해 약간 가혹하게 말하기는 했지만 여전히 타당한 논지라고 생각한다.

∞

같은 시기에 A~G의 제한적인 범위를 벗어난 단어들도 우리의 시야로 들어왔다. 이를테면 카리브해의 skanking 같은 단어였다. 1970년대와 1980년대는 영국 사회에서, 덩달아 언어에서 다문화주의가 성장한 시대였다. 영국의 다문화 언어에 가장 큰 영향을 끼친 것은 아시아 언어와 카리브해 영어였다. 영국의 주요 도시에 이 두 지역의 이민자들이 점점 증가하는 현상이 반영된 것이었다. 우리의 편집 작업에서 음악과 음식, 패션이 가장 중요한 위치를 차지했는데 성공적인 통합의 보기가 바로 chicken tikka masala였다. 이것은 인도에 없는 요리인데도 영국의 대표적인 요리로 급부상했다. OED에 따르면 이 요리는 1975년에 시작되었지만 향신료가 들어간 매운 인도 카레의 담백하고 안전한 대안으로 영국인의 식탁에 자리 잡은 것은 1980년대였다. 파키스탄 북부 요리는 1982년에 영국인들에게 balti를 소개했다(버밍엄에서 처음 발견). OED에 따르면 이것은 '난에 곁들여 먹는' 향신료가 많이 들어간 요리다.

나는 그때까지 요리책을 많이 읽지 않았지만 라스타파리아니즘에 대한 신뢰할 수 있는 지식을 쌓기 위해 밥 말리의 전기는 읽었다. OED는 다문화적 배경을 고려하여 skanking이라는 단어를 다루기로 했다.

기술과는 거리가 먼 이 신조어에 대해 열심히 작업하고 있던 어느 날이었다. 우리 단어 카드에 담긴 증거만 봐도 그것이 카리브해의 춤(적어도 카리브해에서 나타나는 음악에 따른 움직임)을 뜻한다는 사실을 짐작할 수 있었다. 그전에 일시적이나마 라스타파리아니즘에 관심이 있었지만 skanking에 대해서는 모르고 있었기에 정의가 쉽지 않았다. 당연히 학자들로 이루어진 조언자들은 춤과 거리가 멀어서 별로 도움이 되지 않았다.

그 즈음 나는 TV 프로그램에 출연해 퍼포먼스 시인 벤저민 제파니아(Benjamin Zephaniah)와 다문화 사회의 언어에 대해 토론했다. 사전 편찬자들은 언제나 사람들에게 변칙적인 질문을 던지므로 나도 벤저민에게 시도해보았다. 그에게 skanking의 비결을 설명해달라고 정중하게 부탁했다. 그는 사전 편찬자들이 상대방에게 받곤 하는 근엄한 표정을 한두 번 짓더니 skanking의 뜻은 전적으로 인지하고 있지만 말로 설명하는 것은 불가능하다고 했다. 나는 그것이 카리브해 사회의 중요한 정보를 OED를 통해 대중적인 장으로 흘려보내지 않고 비밀스럽게 간직하려는 예의 바른 답변인지 의아했다.

제1안은 겉으로 완전한 실패처럼 보였지만 나는 사전 편찬자이기에 성가실 정도까지 집요하게 부탁할 의무가 있었다. 벤저민도 포기하는 편이 낫겠다는 사실을 깨달았다. 하지만 그는 skanking을 글이나 말로 알려준 것이 아니라 영악하게도 다음번에 옥스퍼드에 갈 일이 있으면 내 사무실에 들러 직접 보여주겠다고 했다. 어쨌든 그 단어의 정의를 작성하는 데 필요한 자세한 정보를 얻을 수 있게 되었다.

약속한 대로 벤저민은 한 달쯤 후에 전화를 걸어 지금 옥스퍼드에 갈 것이라면서 곧 만나자고 했다. 세인트 자일스가 내다보이는 내 1층 사무실에서 곧 펼쳐질 축제 공연에 대해 동료들에게는 알리지 않았기에 아쉽게도 구경할 수 있는 특권은 나만 누렸다. 사무실에 도착한 벤저민은 책상 앞쪽을 치운 후 무음의 비트에 맞추어 양손으로 허공을 잡으면서 춤을 추었다. 처음에는 민망했지만 점점 공연 분위기가 무르익었다. 나는 춤을 구경하면서 메모를 했다. 그런 경험은 처음이었다. 춤이 끝났을 때는 단어 정의에 필요한 자료가 충분히 모였다. 벤저민은 그날 저녁에 또 다른 (이번에는 예정된) 공연이 있었다. OED를 보면 skank 춤을 추는 방법을 알 수 있다.

레게 음악에 맞춘 서인도 제도의 춤, 허리를 앞으로 숙이고 무릎을 들고 손을 허공에 대고 허우적거리듯 춘다, 또는 그러한 스타일의 춤.

이 단어는 1970년대 중반에 나왔다. 1976년부터 skanking이 사용된 기록이 있다(〈New Musical Express〉, 1970년대 초에 거리의 눈과 귀 역할을 담당한 내 전임자 토니 오가드(Tony Augarde)도 이 잡지를 읽었을지 모른다). 하지만 명사형 skank는 그보다 더 빠른 기록이 있다. 찰리 길렛(Charlie Gillett)의 《Rock File》 시리즈 2권에 나온다. 영국인 라디오 진행자이자 록 음악 전문가로 저서 《도시의 소리(Sound of the City)》로 유명한 찰리(1942~2010)는 이따금씩 대중문화 자문위원으로 OED에 도움을 주었다. 그 자신도 '옥스퍼드'에 대중문화에 관한 조언을 해주

는 것이 자신의 신념을 거스르는 일인지 의아했으리라. 동사 skank
는 자메이카 킹스턴의 〈Gleaner〉 신문 같은 카리브해 출처 자료에서
더 빠른 1973년의 기록이 발견된다. 레게의 본고장에서 실물 텍스트
기록이 발견된다는 것은 매우 바람직하고 올바른 일이었다.

하지만 skanking의 어원은 우리 모두를 의아하게 만들었다. 당연
히 벤저민의 강점은 어원이 아니었으므로 우리는 오래전부터 선호하
는 '기원 미상'에 의지했다. 현재 새로운 자메이카 출처의 정보에 따
르면 과거에 동사 skank에 다른 의미가 있을 수도 있었다. 그중 하나
는 '어깨 너머로 사람을 던지다'다. 또 다른 뜻은 부정행위와 속임수
와 관련 있다. 현재 가능한 증거를 토대로 어원학자의 관점에서는 기
본적인 뜻이 무엇인지 판결 내릴 수 없다. 드문 일은 아니다. 어원은
절대 과학이 아니다. 이를테면 영어에서 프랑스어로, 그리고 다시 라
틴어로(advantage, benefit, chance, opportunity, seasonableness 등 많은 단어
가 있지만 timeliness는 아니다) 이렇게 언어들 사이로 단어를 추적할 수
있지만 흔적이 어디에선가 멈춘다. 글로 된 기록이 나오기 전에 멈춘
다면 어원학자는 유추에 의존할 수밖에 없다(학자들이 '어림짐작'의 뜻으
로 사용하는 말이다).

Reggae, ska(음악), samfie(사기꾼) 등 지배적인 구술 문화에서 나
온 단어들은(카리브해 영어처럼) 어원의 비가시성이 훨씬 가까운 과거
에서부터 나타난다. Skank의 20세기 후반 이전 기록이 없다면 확실
한 어원 단서가 없으므로 사전 편찬자는 '어원 미상'에 의지할 수밖에
없다. 하지만 이것은 사전 편찬자들을 속상하게 만들지 않는 훌륭하
고 유효한 관점이다. 나중에 더 나은 정보가 나올 수도 있으므로 지금
당장 잘못 추측하는 것보다 기다리는 편이 낫다. 사전 연구에서는 한

단어에 두 배나 많은 노력을 쏟아도 지식이 1퍼센트밖에 진전되지 않을 수 있다. 효율적이지 못하다. 연구에 관한 의사결정은 어느 시점에서 현실성이나 자원에 긴밀하게 얽매여야만 한다. 즉 필요하다면 (지금 당장은) 포기해야 한다.

∞

사람들은 사전 편찬자가 주목받을 단어를 미리 감지할 수 있다고 생각한다. 매일 단어를 쳐다보고 분석하니 분명히 다음번에 유행할 신조어를 예측하는 직감이 발달했으리라고 말이다. 저널리스트들도 그렇게 생각하고 싶어 하지만 당연히 나는 그렇지 않다. 그런 예측은 사전 편찬자를 곤경에 처하게 만들 뿐이다. 내가 입사하고 얼마 후에 우리 편집장이 무심코 보여준 일이기도 하다.

편집장은 1978년에 미국으로 강연 투어를 떠났다. 그 자신은 흥분감에 들떴지만 사전부에는 두려움이 감돌았다. 그는 뉴욕과 워싱턴을 비롯한 미국의 여러 대도시에서 강연을 하기로 되어 있었다. 당시 나는 주니어 사전 편찬자로서 그에게 강연 투어에 대한 상세한 배경지식을 전달하라는 지시를 받았다. (내 생각과 달리) 영국과 미국의 영어 상태가 아니라 그가 방문하는 여러 주들의 관광명소에 대한 정보를 준비하는 것이었다. 인터넷 이전 시대였으므로 사무실에서 〈브리태니커 백과사전〉을 보는 것밖에 할 수가 없었다. (하지만 다른 방법이 있더라도 별 의욕이 없었다.)

편집장의 강연 투어가 며칠 째에 접어들었을 때 문제가 발생했다. 시카고 강연 후 질의응답 시간에 한 저널리스트가 편집장에게 영어의 가까운 미래에 대한 질문을 했다. 사무실에서 미리 토론을 거친 질문이 아니었지만 원래 편집장은 깜짝 놀라는 것을 좋아했다. 돌이켜 생각해보니 그가 의도적으로 그 주제에 대한 논쟁을 촉발하고자 했는지도 모르겠다. 그가 내놓은 답변의 메아리는 다음 날 아침 옥스퍼드에 있는 우리에게로 전해졌다. 아침에 일어나보니 200년 후에는 영국과 북아메리카의 영어가 서로 알아듣지도 못할 정도로 달라져 있을 것이라는 소식이 기다리고 있었다. 다들 너무 놀라서 잠깐 동안 멍해 있다가 반응을 보였다. 우리가 준비한 답변지에 없는 말이었다.

하지만 미디어에서는 좋아했다. 마침내 비난을 무릅쓰고 영어의 미래를 예언하는 용감하고 단호한 사전 편찬자가 나온 것이다. 그것이 정확한 예언인지 확인할 수 있을 때까지 살아남을 사람이 한 명도 없다는 사실은 문제 되지 않았다. 방송에서 논쟁할 거리가 생겼다는 것이 중요했다.

현재 두 지역의 영어가 서로 알아들을 수 없을 정도의 변화를 향해 서서히 나아가는 기미가 보이는가? 그렇지 않다. 영국 영어와 미국 영어, 오스트레일리아 영어 등은 그 어떤 종류의 영어보다도 서로 단어와 뜻에 공통점이 많을 수밖에 없다. 하지만 일반적으로 세계의 영어 사용자들은 서로 다른 영어들의 두드러진 특징을 잘 인식하고 있다. 매일의 작업은 우리에게 영어가 분열이 아니라 세계화의 과정을 거치고 있다는 사실을 가르쳐주었다. 북아메리카 영어에서 유래한 단어 표제어를 준비할 때(air guitar, hardball, wacko 등) 그 단어들이 으레 미국에서 시작되어 서서히 영국(혹은 오스트레일리아나 다른 지역)으로 퍼져서 사람들이 그 표현에 더욱 익숙해졌다는 특징이 반드시 나타나기 마련이다. 영어 사용자들이 특히 미디어를 통하여 다른 지역의 영어 단어에 융합되는 것이다. 우리는 이전에도 미국 영어의 융합을 목격했다(stumped, '어쩔 줄 모르다'는 뜻, slick, 버럭 화를 내다는 뜻의 fly off the handle). 오랜 세월에 걸쳐 사람들은 그것이 이상한 현상이라는 사실을 잊어버리고 이제는 처음부터 영국 언어의 일부처럼 받아들였다.

미디어에서 영어의 상호 이해도에 대한 토론을 일으킨 시카고를 비롯해 미국 도시에서의 소동은 머지않아 잠잠해졌다. 하지만 언어의 변화가 일반적으로 닳고 닳은 길을 따라 발전한다는 사실을 일깨워주었다. 지평선 너머에 어떤 신조어가 기다리고 있는지 정확히 예측할 수는 없지만 신조어가 어떻게 생기고 보통 어떤 경로를 거쳐 영어로 들어오는지는 조사할 수 있다. 굳이 예측하고 싶다면 백분율을 따져야 한다. 과거에 단어가 어떻게 만들어졌고 언어의 어떤 영역에서 새로운 어휘가 만들어질 가능성이 큰지 그 두 가지를 알아야 한다.

실제로 신조어 가운데 정말로 새로운 단어는 1퍼센트에도 훨씬 미치지 못한다. 무(無)에서 새 단어를 만들려고 하는 것은 부질없는 짓이다. 거의 모든 신조어는 이미 존재하는 단어와 혈연 또는 연계가 있다. 언어의 목적은 의사소통이다. 기존의 단어 형성 패턴과 아무런 연결고리가 없는 새로운 단어를 용감하게 소개한다면 소통하려는 사람들이 그 단어의 새로운 의미를 배우기 전까지 의사소통이 갑자기 멈춘다.

한 예로, 몇 해 전 갑자기 지구별로 떨어진 단어가 '직관적으로 혹은 감정이입을 통하여 이해하다'라는 뜻의 grok이었다. 로버트 하인라인(Robert Heinlein)은 1961년에 이렇게 적었나. '스미스는 의사들의 존재를 의식하고 있었지만 그들의 의도가 무해하다고 grok했다. (Smith had been aware of the doctors but had grokked that their intentions were benign.)'(《낯선 땅의 이방인(Stranger in a Strange Land)》, 3장) 당연히 사전 편집자들은 박장대소를 터뜨렸다. 즉흥적인 창작, 초기 현상, 다른 동사들이 한 번도 하지 않은 과감한 시도. OED는 grok에 대해 짧고 간단하게 설명한다. '하인라인이 임의로 만든 단어.' 이 단어에는 친척이라고 할 만한 어휘가 하나도 없기 때문에 별로 설명할 거리도 없었다. 사용자가 포착할 만한 기존 단어와의 알려진 연계성이 하나도 없으면 어떻게 의사소통이 진전될 수 있을까? 정말로 불가능한 일이다.

(grok과는 또 다른 사례로) 영어에 안착하지 못한 일회성 단어들도 자주 보았다. 실제로 잠재적인 사전 표제어를 찾아 카드철을 뒤적거릴 때는 사전에 등재되는 것보다 그냥 무시되는 것들이 많았다. 배제된 단어에 무엇이 있는지 이따금씩 질문을 받았다. 하지만 기억나지 않는다. 예문이 다섯 개도 되지 않는 단어들이었다. 등장과 함께 곧바로 잊힌 단어들이기에 전부 다 즉각 잊혔다. 만약 사람들의 주목을 끌고 사용되기 시작했더라면 용례도 더 많이 나왔을 것이다. 또다시 실용성을 고려할 필요가 있다. 이런 단어에도 시간을 낭비하면 안 된다.

일반적으로 새로운 단어가 순수 발명품이 아니라면 어디에서 오는 것일까? 대부분 다른 언어에서 낚아채는 것이라고 생각할지도 모른다. 그것도 틀렸지만 완전히 틀리지는 않다. 지난 천 년 동안 영어의 어휘 변화에서 차용은 중요한 요인이었지만 오늘날에는 통계적으로 줄어들고 있고 과거보다 생산성이 떨어지는 형태의 언어 변화가 되었다. 요즘은 차용되어 생기는 새로운 어휘가 10퍼센트 미만이다. 그 이유는 무엇일까? 그 이유는 수 세기에 걸친 경제적, 문화적 조정 속에 파묻혀 있다. 중대한 언어 변화는 하루아침에 일어나지 않는다.

어느 날 이루어진 정치적 결정에 좌우되지 않으며 때로는 여러 세대에 걸친 작은 변화의 축적이다. 차용어 혹은 차용 연구는 영어가 게르만어를 토대로 하며 여러 시기에 침략과 무역, 문화 발달, 과학 혁신 등을 통하여 중대한 변화를 겪었음을 알려준다. 19세기까지만 해도 영어는 오늘날의 위풍당당한 세계 공용어와 거리가 멀었다. 따라서 당시 영어가 최신 트렌드를 따르려면 특히 문화와 과학을 비롯해 여러 분야의 위신 있는 언어였던 프랑스어와 라틴어, 그리스어에서 단어를 수입해야만 했다. 목록을 장황하게 늘어놓고 싶지는 않지만 18세기에 군사 방어 기술에 관한 지식과 어휘를 늘리려면 스칸디나비아어나 웨일스어가 아니라 프랑스어, 즉 나폴레옹의 언어를 참고할 필요가 있었다. Abate(방어용 바리케이드), deployment(군대 배치), pas de souris(외루에서 방어용 도랑으로 이어지는 통로) 등. 같은 세기에 예술적인 탁월함을 영어에 넣고 싶으면 이탈리아어와 라틴어를 참고해야 했다. Agitato, falsetto, melodrama까지. 영어가 선두를 달리지 못하는 분야는 그 밖에도 많았다.

20세기로 접어들면서 변화가 일어났다. 영국 이외 다른 지역들의 영어가 강해졌고 점점 더 활기차고 자신감 넘치는 문화가 뒷받침되어 고유의 어휘들이 만들어졌다. 전반적으로 영어가 세계적인 언어로 부상했고 새로운 지배적 위치를 차지하게 된 영어 어휘를 다른 언어들이 흡수하고 있었다. 비영어 사용자들은 영국과 미국의 문화를 동경했고 미국의 경제적 강점이 상황을 더욱 굳혔다. 따라서 영어는 다른 곳에서 단어를 빌려야 할 필요성이 줄어들었고 신조어에 필요한 사원을 자기 안에서 찾게 되었다. 이제 영어가 전혀 차용을 하지 않는다는 뜻이 아니라 이것을 비롯한 여러 이유에서 차용 비율이 줄어든 것뿐이다.

오늘날 언어 변화에서 두드러지는 요인은 사소한 조정이라는 말로 가장 잘 표현된다. 아는 것을 약간 비틀어 함께 사용하는 것이다. 이처럼 언어의 기존 요소를 활용하는 '조심스러운' 혁신은 자연발생적인 단어 창조나 단어 차용보다도 언어에 더 큰 영향을 끼치고 있다. 덕분에 굳이 야단법석을 떨지 않고도 영어의 기존 단어들을 용접하여 새로운 합성어를 만들고(snowboard, halterneck) 기존 단어나 단어 요소에 접사를 붙여 새로운 단어를 만들 수 있다(microbrewery, interdisciplinary, rageful, selfie).

오늘날 대표적인 유형의 단어 형성은 바로 의미 변화다. 단어의 기존 의미에 더해져 새로운 뜻이 만들어지는 것이다[손으로 잡는 몸통 부분부터 무선의 경우를 제외하고 긴 꼬리까지 쥐를 닮았다는 이유로 의미가 더해진 컴퓨터 mouse를 비롯해 기술 분야에 새로 등장한 arriviste(최근에 성공을 달성한 사람-역주) 등이 있다]. 끝없는 목록을 늘어놓을 수도 있지만 내가 생각해도 흥미로울 것 같지 않다. 기본 의미에 더해 2차적, 3차적 의미가 생긴 단어를 생각해보면 된다(table, ladder, kid, rotor부터 시작해보자).

단어 형성의 주요 유형에 대하여 마저 살펴보려면 전환(conversion) 혹은 말의 부분 변동(예: 명사 impact가 동사 impact가 되는 것. 이것은 언어의 시작부터 늘 있었던 변화 방식이므로 신경 쓰지 않아도 된다)을 언급해야 한다. 그리고 혼합(blending)(예: influenza, affluence, affluenza), 단축(shortening)(또는 축약), 두문자어 아크로님(acronym)과 두문자어 이니셜리즘(initialism)의 탄생도 있다. 아크로님과 이니셜리즘은 둘 다 두문자어지만 아크로님은 한 단어로 발음할 수 있는 반면(예: NATO,

AIDS) 이니셜리즘(예: RSPCA, FYI)은 철자가 부자연스럽게 분리되어 있다.

언어 형성의 모든 방식에서 중요한 사실은 기존 단어에서 새로운 어휘를 만드는 이미 검증된 경로가 사용된다는 것이다. 따라서 미래의 어휘를 예측하려면 이러한 지침을 따라야 한다. 여러 단어 형성 방식의 상대적인 사용 빈도는 시간의 흐름에 따라 달라질 수 있지만 예측 가능한 미래의 새로운 표현은 거의 모두가 이 방식을 따른다.

먼저 우리는 신조어의 예측 가능성 여부에 대해 생각했다. 이것은 피하기를 권유하는 행동이다. 하지만 그 여부에 대해 생각해봄으로써 언어 변화에 영향을 끼치는 요소들에 빠져들 수 있었다. 일반적으로 언어 변화는 탄탄하게 확립된 경로를 따라 일어나며 정치, 의학, 컴퓨팅, 일반 속어, 환경 문제, SMS 등 일상에서도 가장 변화가 큰 영역에서 특히 활발하다. 그 밖에도 더 있을 것이다. 일반적으로 바꾸려고 하지 말고 변화를 그냥 관찰하는 것이 시간을 아끼는 방법이다.

∞

이상하면서도 잘 알려지지 않은 사실이지만 신조어 팀은 1980년대 중반에 새로운 표제어를 편집하면서 과거 OED 편집자들이 내린 별난 결정에 노출되었다. 예를 들어 표제어 African에 새로운 자료를 더하려고 하니 기존 표제어가 부자연스러울 정도로 짧았다. 1884년에 초대 편집자들이 의도적으로 그 단어를 누릭시켜서 1970년대에 〈보충판〉에 넣기 위해 서둘러 작업한 것이었는데 무척 짧았다. 초대 편집자들이 African을 생략한 이유는 단어가 아니라 접미사 -an이 붙

157

어서 고유명사가 유사 단어로 바뀌었다고 간주했기 때문이다. 사전에 African을 넣으려면 당연히 지명과 인명을 토대로 무수하게 많은 단어를 포함시켜야만 했다. 하지만 초대 편집자들은 몇 달 후 역시 접미사 -an이 붙은 **American**에 이르렀을 때는 엄청난 심경 변화를 보였다. 객관적이고 중립적인 OED 편집자들조차 American이 보기보다 훨씬 흥미로운 단어라는 사실을 알 수 있었으므로 자신을 낮추어 비교적 간단하게나마 사전에 포함시켰다(약 6인치 활자).

1884년에 처음 등장하여 현재에 이르기까지 OED에 다양하게 등장한 American은 편집과 문화적 관점의 여러 변화를 보여준다. OED는 확고하게 '역사적 원칙'을 토대로 했지만 편집자들은 스스로 잘 안다고 생각하는 단어에서는 원칙을 벗어났다(좀 더 정확하게 말하자면 증거가 아직 발견되지는 않았지만 분명히 감을 뒷받침해줄 것이라고 생각될 때). 그들은 고유명사를 설명할 때 형용사가 먼저 생기고 명사가 나중에 생기는 것이 보편적인 법칙이기라도 한 듯 설명하는 습관이 있었다. 하지만 특히 인터넷으로 이용 가능해진 방대한 자료에서 나온 실제 증거는 일반적으로 형용사보다 명사가 먼저 만들어진다고 말해주는 듯하다.

표제어 American에 따르는 문제가 그런 것이다. OED에서는 1598년부터 시작된 '아메리카 대륙의'라는 형용사를 명사보다 먼저 소개했다. 형용사 다음에 명사가 나오는데 당시의 표현을 그대로 옮기자면 명사의 첫 번째 의미는 "아메리카 대륙의 원주민, 현재는 '아메리칸 인디언'이라고 부름"이었고 기록 증거가 형용사보다 20년 앞선 1578년으로 거슬러 올라갔다. 편집자들의 역사적 원칙에 따르자면 명사가 먼저 설명되었어야 한다. 정의에서도 편집(혹은 일반적인 문화적) 관점의 변화 증거가 나타난다. 요즘은 원주민들을 가리킬 때 사용하는 단어가 달라졌다(예를 들어 aborigine은 아니다). 북아메리카에 처음부터 살고 있던 사람들을 '아메리칸 인디언'이라고 부르는 것은 더 이상 정확한 표현이 아니다. 북아메리카 원주민(Native American)을 위한 새로운 어휘가 도입되었기 때문이다. 이것은 여러 영어권에서 수십 년 동안 사회와 언어에 일어나고 있는 변화이고 미래에도 분명히 또 바뀔 영역의 일부분이다. 요즘 달라진 단어 사용과 달라진 사고방식이 그 변화에 얼마나 많은 영향을 끼치는지만 가늠해보아도 흥미롭다. 생각이 달라져서 사용하는 단어도 달라졌다. 새로 만들거나 빌린 단어가 아니라 기존의 단어를 수정한 것이다. 별것 아니지만 제국 시대의 관점이 지금과 얼마나 달랐는지 보여준다.

과거의 OED가 전반적으로 충실하게 지켜왔고 현재의 편집자들도 엄격하게 지키고 있는 보편적인 법칙은 America 같은 지명이나 Mandela 같은 인명을 포함한 고유명사는 하나 이상의 사람이나 장소를 뜻하지 않는 한 사전에 수록하지 않는다는 것이다. OED가 웰링턴 공작(Duke of Wellington)에게 주목하는 점은 그가 수상이었다는 것이나 군사 분야에서 보여준 탁월함이 아니라 그의 부츠였다. 웰링턴 공작은 여러 가지로 기억될 것이다. 영국인으로서는 유례없이 축하 의식에 사용되는 문 두드리는 쇠에 그의 이름이 붙었다. 비록 OED의 예리한 핑커턴(스코틀랜드 태생의 미국인으로 1850년에 미국 최초의 탐정 사무소를 차린 앨런 핑커턴(Allan Pinkerton)을 뜻한다-역주)들은 그 사실을 놓쳤지만 말이다. 이 물건은 여러 가지 모양이 있지만 보통은 나폴레옹을 상징하는 독수리로 된 받이판을 내리치는 대영 제국의 사자 모양으로 된 튼튼한 철문고리였다. 이웃을 방문하고 전쟁 물자에 기여하라고 권장하는 소리였다.

철의 공작(Iron Duke)(1830년부터)은 우리에게 상당한 언어 유산을 남겼다. 무릎까지 닿는 그의 군화는 1816년부터 웰링턴이라고 불렸다. 비슷한 모양의 방수 군화가 19세기에 후반에 만들어졌다. 1810년부터 웰링턴 바지, 웰링턴 모자, 웰링턴 코트도 나왔다. 그의 이름을 딴 소고기 요리와 사과(OED에 따르면 더멜로 묘목(Dumelow's seedling)이라고도 불렸다)까지 있다.

지난 100년 동안 널리 기억되지 않은 사실이지만 웰링턴은 영어에 ganja(인도 대마, 흡연 이외의 용도로 사용)라는 단어의 첫 번째 용례를 제공한 주인공이기도 하다. 그는 어쩌다 ganja와 연관이 생겼을까? 웰링턴 공작은 군인으로 복무하던 초기 시절을 대부분 '인도 대마'의 원산지인 인도에서 보냈다. 군대는 군인들을 만족시켜주기 위해 인도인들이 뭐든 사고팔 수 있는 시장을 운영했다. 웰링턴은 군대 동료들에게 긴급 공문을 부지런히 보내 인도에서 일어나는 일들에 대해 들려주었다. 1800년에 그는 인도인들이 시장에 ganja, bhang, 아편, 아라크주, 역시 술인 토디(toddy)를 가져와 판다고 적었다. 그는 영국 군인들이 타락하거나 난봉꾼으로 전락할까 봐 군인들에 대한 술 판매를 전면 금지시켰다. 하지만 대마와 아편은 허용했던 듯하다. 아마도 전투에서 부상 입은 군인들을 위한 강장제로 여겼기 때문일 것이다. OED는 역동적인 걸작이므로 언젠가 ganja의 더 빠른 기록을 찾을 수 있을 것이다. 하지만 지금은 철의 공작이 '긴급 공문에서 언급해'

가장 먼저 소개한 것으로 여겨진다.

∞

　신조어 팀의 편집자로서 꼭 다루어야 하는 중요한 단어를 자각할
때도 있었다. 문화 또는 과학 토론을 장악한 단어들이었다. 그런 단어
들은 편집이 어렵기 마련이었지만 우리의 사전 편집 지침의 강점을
보여주는 좋은 지표이기도 했다. 중요한 단어들은 대중적으로 빠르게
두각을 나타내는 경우가 많지만 의미와 문화적 의의가 안착되기까지
는 시간이 좀 걸릴 수 있다. 단어의 의미 해석이 6개월 후와 50년 후
에 크게 달라질 수 있기 때문이다(AIDS, perestroika, online). 현실 세계
의 텍스트인 우리 증거 자료는 혼합된 메시지를 보내기도 한다. 영어
사용자들이 단어의 철자와 발음만 미묘하게 바꿔서 영어에 끼워 넣을
때도 있다.

　1980년대 중반에는 역사 사전 편찬자가 아니더라도 AIDS가 중
요한 사회적 사안임을 인식할 수 있었다. 따라서 OED는 그것을 포
괄적이면서도 민감하게 다룰 필요가 있었다. AIDS는 우리가 마주
한 가장 까다로운 표제어 중 하나였다. 사회적 맥락의 측면에서 그러
했다. 그 단어는 계속 움직였다. 심지어 철자법마저도 문제를 야기했
다. 우리가 수집한 가장 빠른 증거에서는 구식으로 일일이 점을 찍어
A.I.D.S라고 표기했다. 하지만 이 단어가 영어에 안착하면서 상당한
불확실성이 제기되었다. 소문자로 aids라고 표기하는 것을 선호하는
사람들도 있었지만 도움을 준다는 뜻으로 이미 멀쩡하게 사용되고 있
는 다른 단어 aids와 혼란을 일으킬 수 있었다. 두 단어는 거의 동일

한 의미론적인 영역(의학)에 공존했다. Aids라고 쓰기도 했지만 그것
도 오래가지 않았다. 결국 1980년대 후반과 1990년대 초에 AIDS로
합의가 이루어졌다. 이 표제어를 준비하고 출판하는 초기에 가장 빈
번하게 사용되는 철자의 증거가 뒤처지지 않도록 거의 매일 추적 관
찰을 해야만 했다.

어원에도 비슷한 문제가 있었다. 초기 문서 증거에는 후천성면
역결핍증을 뜻하는 AIDS가 acquired immune deficiency syn-
drome의 약자인지, acquired immuno-deficiency syndrome의
약자인지 혼란이 있었다. 자세히 보면 다르다. 이후의 증거들은 전자
인 acquired immune deficiency syndrome을 선호하는 경향이 있
었지만 어느 쪽이 기본인지 확실하게 규명할 수 없었다. 하지만 언어 발
달이 지극히 간단하지 않을 수도 있다는 사실을 받아들여야 한다.

단어의 역사적 출현과 연속성을 상세하게 규명하는 일반적인 방
법은 문서 기록을 따라가는 것이다. 증거를 최대한 많이 수집한 다음
분석 과정을 실시한다. 우리는 시간이 흐르면서 증거 수집에 컴퓨터
의 힘을 빌릴 수 있게 되었지만 여전히 결정은 (매우 인간적인) 편집자
의 손에 달려 있었다. AIDS라는 단어 역사의 불안정한 무대인 1980
년대 중반으로 돌아가 보자. 당시에는 의학적 지식이 충분하지 않았
고 병에 대한 이해가 높아지면서 발달한 결정적인 용어들도 없었으
며 문서 증거를 수집하고 걸러낼 수 있는 컴퓨터 기술도 없었다. 또한
HIV라는 말은 1986년에야 생겨났으므로 AIDS에 대한 전체 그림이
아직 갖춰지지 않은 상태였다.

AIDS는 1983년에 처음 확인되었다고 알려져 있었다. 하지만 우
리는 연구를 통해 놀랍게도 그것이 1983년 전부터 존재했다는 사실

을 발견했다. 그 전해에 의학계의 토론에서 등장한 말이었다. 사실은 그리 놀라운 일도 아니었다. 연구 과정에서 단어의 선사시대 역사가 발견되는 것은 드문 일이 아니다. 1982년 8월 8일자 〈뉴욕 타임스〉는 새 질병에 관한 선구적인 기사에서 이 단어가 1980년대, 아니 20세기의 가장 대표적인 단어가 되는 것에 대한 잠정적인 정보를 제공했다.

1982년의 가장 빠른 AIDS 용례는 사전 사용자들을 위한 또 다른 실질적인 보기다. 사용자들이 OED가 소개한 첫 번째 기록 예문이 AIDS가 처음 사용된 것이라고 생각하는 경우가 적지 않다. AIDS라는 표현이 실제로 1982년 8월 8일에 처음 사용되었다고 말이다. 만약 그렇게 생각한다면 뒤통수를 한 번 치고 현실로 돌아오기 바란다. 현실적으로 그것은 단순히 우리가 발견한 가장 빠른 용례일 뿐이다. 당시 전문가들 사이에서 퐁퐁 솟아오르고 있던 단어를 기자가 처음 만들었을 리 만무한데도 깜빡하기 쉬운 사실이다.

AIDS의 문서 증거를 전부 수집한 다음에는 정의문 작성 문제가 기다리고 있었다. 앞에서 말한 것처럼 아직 언어 속에 완전히 정착하지 않은 단어를 정의할 때는 문제가 생길 수 있다. AIDS의 정의문을 처음 작성하는 과제는 과학 편집자들이 맡았다. 그들이 처음 내놓은 정의는 (이후 여러 번의 수정을 거쳐서) 1989년에 인쇄되었다. 지금 보면 기묘하게 시대에 떨어져 보인다.

후천성면역결핍증: 세포성 면역의 심각한 손상으로 기회감염 또는 악성 종양이 발생하게 되는 질병으로(사망에 이르는 경우가 많으나 꼭 그런 것은 아니다) 성적인 접촉과 혈액을 통해 레트로바이러스인

HIV에 감염되어 발생한다.

당시에는 썩 괜찮은 정의였지만 머지않아 과학 편집자들이 내 사무실에 찾아와 수정이 필요하다고 했다. 그 후 수년 동안 새로운 의학 지식과 대중의 인식, OED 독자들이 알고 싶어 하는 내용의 변화에 따라 AIDS 정의에 여러 차례 수정이 이루어졌다. AIDS에 대한 대중의 인식이 변하면서 정의의 취지도 서서히 바뀌었다. 처음에는 단순히 병에 대해 알려진 사실을 진술하는 것에서 나중에 밝혀진 HIV와의 관계에 대한 좀 더 복잡한 정보로 변했다. 또한 관련 합성어(AIDS crisis, AIDS awareness 등)로 이루어진 자료까지 포함하면서 표제어가 거의 매일 확장되었다. 의학적으로뿐만 아니라 사회적으로도 중요한 단어임을 보여주는 것이었다. 2014년의 정의를 처음의 것과 비교해보자.

> 열과 체중 감소, 임파선염, 기회감염, 악성 종양을 발생시키는 질병.
> 혈액의 *T* 림프구 숫자가 줄어들어 발생하는데 현재 인간 면역결핍
> 바이러스(*human immunodeficiency virus*, HIV) 감염의 후기 단계에
> 나타나는 것으로 알려져 있다. = 형용사 *ACQUIRED*의 *acquired*
> *immune deficiency syndrome* 참고. 특수 사용. (일반적으로)
> HIV 감염.

사전 편집자들이 사회적 중요성을 수량화할 수 있는 방법에 대해 생각해보자. 언어학적으로 그냥 단어 자체만 쳐다봐서는 그 사회적 혹은 문화적 중요성을 밝힐 수 없다. 단어는 맥락 속에서 존재한다.

우리는 맥락을 사용해 정의를 가다듬는다. 누가 봐도 분명한 사실이다. 단어의 이해에 중요하지 않다면 OED에 수록된 단어 사용의 맥락을 보여주는 수백만 개의 예문도 아무런 소용이 없을 것이다.

문화적 맥락은 그것보다 거대하며 아무리 사소하더라도 모든 단어에 적용된다. 기본 정의에 추가적인 사실과 어감을 제공하기 위하여 사전 편찬자가 문화적 맥락을 판단하는 가장 좋은 방법은 수년간 어떤 합성어와 파생어가 생겨났는지 조사해보는 것이다.

좀 더 자세한 설명이 필요할 듯하다. AIDS의 기본 의미는 OED에 수록된 표제어의 4분의 1밖에 되지 않는다. 그렇다면 나머지 내용은 무엇이고 이 단어에 대해 무엇을 알려줄까? 다름이 아니라 AIDS로 시작하는 수많은 합성어가 나온다(AIDS sufferer, AIDS test 등). 이 합성어들은 AIDS에 대한 사회적 인식과 대처를 보여주는 다양한 유형으로 또 세분화할 수 있다.

우선 단순히 AIDS가 무엇인지에 대한 설명을 도와주는 중립적인 합성어가 있다. AIDS virus가 대표적이다. 그리고 AIDS treatment, AIDS drug, AIDS patient 등 병에 대한 기본적인 의학적 접근법을 알려주는 합성어가 있다. 전혀 놀라울 것이 없다. 탐정 사전 편찬자는 단어 자료를 통해 과학계에서 AIDS 관련 연구가 바쁘게 이루어지고 있으며 AIDS가 중대한 문제임을 알 수 있다. 그래서 AIDS research, AIDS researcher 같은 단어가 나온다. 의학 연구 결과로 사람들은 AIDS test를 받을 수 있으며 약간의 개선이 이루어져서 이 병에 대한 대중의 인식을 뜻하는 AIDS awareness가 등장한다. 마지막으로 AIDS crisis, AIDS hysteria, AIDS epidemic 같은 한 단계 나아간 합성어들이 나온다.

요즘은 OED 온라인에서 이러한 분석 과정을 좀 더 자세하게 실시할 수 있다. 사전에서 AIDS가 포함된 단어들을 찾아 일반적인 인식과 오해에 대한 더욱 많은 정보를 접할 수 있다. 이를테면 buddy나 gay plague가 있다. 이것들은 사전이 현실 세계에 언어적으로 존재하는 것을 사전포장하거나 사회적으로 용인되는 모습이 아니라 직설적이고 단호한 모습으로 보여준다는 사실을 반영한다.

∞

우리가 작업한 새로운 단어와 의미는 1980년대에 매력적인 문화 지표를 제공했다. 나는 OED 신조어 팀의 편집자로 완전히 자리 잡았지만 사전 편찬자의 진짜 업무는 영어의 초기 역사와 관련 있다는 사실을 조금씩 느끼고 있었다. 물론 종종 실속 없는 경우가 발견되는 현대 신조어들의 출처를 하나씩 추적하고(신조어라도 일반 대중이 생각하는 것보다 훨씬 오래전에 시작된 경우가 많았다) 기존 의미에 옷걸이처럼 걸어놓고 언젠가 편찬되기를 바라는 일도 흥미로웠다. 하지만 대부분의 신조어가 몇 년 되지 않아 역시나 잠깐 쓰고 사라질 다른 신조어들에 의해 교체되어 사라질 것이라는 생각이 늘 자리했다. 신조어 작업이 그 자체로서 충분한 수단이 아니라는 생각이 들기 시작했다.

신조어 편집은 크리스티앙 메츠의《영화 언어》를 읽는 것처럼 내가 한 번쯤 거쳐야 하는 단계인지도 몰랐다. 사전 방법론의 여러 분야를 위한 훌륭한 훈련이 되었지만 완전한 그림에 이르게 해주지는 못했다. 계속 언어의 조각과 단편에만 색칠하고 있었다. 물론 우리는 신조어들을 제대로 선택했다. 우리가 작업한 신조어들의 다수가 사라지지 않고 영어 속에 뚜렷하게 남아 있다.

일부 박식한 저널리스트들은 무조건적으로 언어를 받아들이는 듯하던 이전의 저널리스트들과 달리 사전 출판사들이 내놓는 최신 사전 부록 목록에 불만을 느꼈다. 그들은 출판사 홍보팀의 화려한 부가물이 자신들을 겨냥한다고 의심했다. 나 역시 소리 내어 공감하고 싶은 부분이었다. 언어의 일시적인 속성은 걱정스럽지 않았지만 신조어에 집중하면 우리가 할 수 있고 또 해야 하는 일이 하찮아질까 봐 걱정스러웠다.

하지만 신조어 작업은 항상 여러 가지 새로운 교훈을 주었다. 고전 작가들보다 사람들이 일상에서 흔히 접하는 자료 출처로 언어를 기록하는 것이 낫다는 것도 그중 하나였다. 우리가 bean-counter(회계 담당자)나 demo(새로운 음악 등을 보여주다), toastie(샌드위치) 같은 단어의 증거를 찾은 것은 찰스 디킨스나 J. D. 샐린저, 해럴드 핀터 같은 작가의 책이 아니었다. 〈Ski Magazine〉, 〈Hyperlink Magazine〉, 〈Plow Snowboarding〉, 〈Melody Maker〉 같은 출처였다. Demo의 경우 오클라호마 남서부의 지역 신문 〈Lawton Constitution〉에서, toastie 같은 상상력 넘치는 새로운 음식 이름은 스코틀랜드의 〈Glasgow Herald〉에서 발견되었다. 〈OED 보충판〉은 이미 그쪽 문을 열었고, 자신감이 생기자 문을 좀 더 밀었다. 역사를 가르치는 일을 포함해 세상의 많은 일이 그러하듯 OED도 조용한 민주화를 겪고 있었다. 역사는 더 이상 왕과 여왕의 이야기나 원대한 정치 계략에만 집중하지 않고 평범한 사람의 평범한 삶에도 주목했다. OED도 마찬가지로 언어 변화의 증거를 일상적인 출처에서 찾으려고 하기 시작했다.

∞

내가 일에 변화가 필요하다고 느끼고 있었을 때 우리 가족도 변화를 겪고 있었다. 아버지는 정보통신본부의 런던 사무실로 옮긴 뒤 10년간 근무하다 1980년에 은퇴했다. 아버지는 직장생활 내내 언어 암호보다는 숫자 암호에 더 많이 관여했다. 어머니는 크로이든 전문 대학교(Croydon Technical College)에서 사무학(속기 등)을 가르쳤다. 두 분은 서리에 살았다. 누이 질과 매제는 라임 레지스에서 작은 가족 사업을 했고 형 데이비드는 네다섯 곳의 해안 중 한 곳에서 **bird-watching**을 했다. 자연 보호 프로젝트를 위해 바닷새들의 이동 패턴을 구상하거나 난초의 분포를 기록하고 나비들이 저녁으로 뭘 먹었는지 따위를 조사하는 것이 일이었다. 그 후 몇 년 동안 우리 가족 모두 변화를 겪게 되지만 햇살 눈부신 1980년대 후반의 그때는 알지 못했다.

처음에는 매력 없어 보여도 모든 단어에는 흥미로운 점이 있다고 생각한다. Bird-watching은 처음에 필요에 의해 영어에 등장했고 근래에 이르러서는 그 단어를 토대로 인간에게서 관찰되는 다양하고 새로운 -watching 행동이 등장했다. OED에 따르면 에드먼드 셀루스(Edmund Selous, 1857~1934)가 저서 《Bird Watching》(1901)에서 이 단어를 가장 먼저 사용했다. 셀루스가 이 단어를 합성어로 생각하지 않았음을 알 수 있다. (a) 두 낱말을 하이픈으로 연결하지 않았고 (b) 합성어의 강세는 BIRD-watching이 아니라 bird WATCHing이라는 것을 짐작해볼 수 있다. 여기에서 중요한 것은 셀루스가 새와의 새로운 상호작용 방식을 설명하려고 했다는 점이다. 과학적으로 새를 관찰하고 움직임과 먹이를 먹고 둥지를 짓는 습관 등을 조사하려고 했지 새를 사냥하려는 것이 아니었다. 그래서 새로운 단어가 필요한 상황이었고 자연스럽게 bird watching이 나왔다. 온라인에서 찾아보면 이 표현이 그전부터 고립적으로 등장한 것을 알 수 있지만 일반적으로 모든 합성어가 그러하다. 나는 은둔 비슷한 생활을 했던 셀루스가 새와 새 관찰자의 관계를 사전 편찬자 존슨 박사와 그의 전기작가 제임스 보즈웰(James Boswell)의 관계에 비교한 것에 큰 흥미를 느꼈다. 관심 대상은 새와 새의 행동이지만 모든 것이 관찰자의 눈을 통해 걸러져서 기록된다는 것이다. 셀루스의 저서에 담긴 챕터 제목들은 조류학자가 아니면 흥미를 느끼지 못할 수도 있다. 첫 번째 챕터는 '검은가슴물떼새 외 관찰'이고 두 번째 챕터는 '꼬마물떼새, 붉은발도요, 댕기물떼새 외 관찰' 등으로 되어 있어서 보통은 강박적인 관심이 있는 사람들에게 흥미를 유발한다. 하지만 새 관찰의 새로운 시대를 열었으므로 새 단어가 적절했다.

이 단어는 -watching으로 끝나는 합성어로도 관찰할 수 있다. -watching 합성어는 bird-watching 이전에 밤 시간을 관찰하는 것과 관련 있다. Midnight-watching, night-watching이다. 이 두 가지는 할 일이 별로 없었던 16세기와 17세기로 거슬러 올라가는 꽤 유서 깊은 단어들이다. 하지만 bird-watching은 1901년에 언어 형성의 새로운 경로를 터주었다. 앞부분에 bird 대신 과학 연구나 개인의 관심사 대상이 들어가는 단어들이 나왔다. People-watching, whale-watching, weight-watching, word-watching이 네 가지 '가장 큰' 보기다.

1980년대 중반에 방대한 역사 사전을 보충하는 작업이 매우 불만족스럽게 느껴지기 시작했다. 언어의 핵심을 다루지 않는 단편적인 일일 뿐이었다. OED가 앞으로 추구해야 할 더 큰 목표가 있었다. 하지만 주변에서 일어나는 컴퓨터 혁명에 OED를 개입시키고 싶지 않은 편집장은 우리를 몇 년 동안이나 저지했다. 하지만 변화의 물결은 옥스퍼드도 뚫을 수 있을 정도로 강력했고 실제로는 태풍처럼 휘몰아쳤다.

The
Word
Detective

6 상어 떼 득실거리는 바다

1970년대 후반과 1980년
대 초반까지만 해도 OED를 컴퓨터에 넣는 가능성은 상상조차 하지
못한 일이었다. 다른 곳에서는 이를테면 텍스트의 알파벳순 정리 같
은 일에서 컴퓨터가 사전 편찬자들을 도와주고 있다는 사실을 대략
적으로 알고는 있었지만 우리 편집장 밥 버치필드는 그저 〈OED 보
충판〉을 마무리 짓는 것만 생각하느라 편집 작업에 반갑지 않은 방해
물이 끼어드는 것을 원하지 않았다. 프로젝트가 이미 4분의 3도 넘게
진행되었으니 이미 확립된 절차를 흐트러뜨릴 필요가 없다는 생각이
었다.

하지만 옥스퍼드가 정신 바짝 차리고 19세기에서 벗어나도록 하
려는 계획이 진행 중이었다. 아침에 일어나 도서관으로 향해 몇 가지
사실(또는 아이디어)을 확인하고 대학에서 점심을 먹고 저녁때까지 꾸
벅꾸벅 조는 19세기 말이다. 우리는 세인트 자일스의 사무실에서 계
속 부지런히 다양한 편집 작업을 했지만 출판사 윗선에서 변화가 일
어나고 있었다. 1980년 이후 우리 사전부는 출판사 참고문헌부의 리
처드 샤킨(Richard Charkin) 부장(곧 상무이사가 되었다)이 뒤에서 '상어
(the Shark)'라고 불린다는 사실을 멀리서나마 알고 있었다. 그와 어떤
식으로든 가까이할 정도로 용감한 사람들에 따르면 그의 말은 곧 법
이었다. 그는 아이디어가 있으면 반드시 끝까지 밀고 나갔다. 사전 만
드는 사람도 비슷하기는 하지만 우리는 출판사의 다른 사람들이 벌이
는 두뇌 싸움에는 익숙하지 않았다.

새로운 상무이사의 관심이 서서히 사전부로 향했다. 출판사가
OED의 생계를 책임져야 하는가, 아니면 이제부터 OED가 스스로 생
활비를 벌어야 하는가? 윗선의 선택은 두 번째였다. 하지만 우리 사전

부는 매일 작업하느라 바빴고 일부는 세상이 바뀌고 있다는 사실을 알아차리지 못했다.

상어는 '현실적인' 상업 출판사에서 구식의 나른한 대학교 출판사로 온 사람이었다. 그는 옥스퍼드 대학교 출판사를 세계 최고의 교육 출판사로 변신시켜 다른 대학교 출판사들의 존재감이 전부 희미해지도록 만들려는 계획이었다. 나는 늘 그렇듯 큰 정치에 대해서는 잘 알지 못했는데 1982년 하반기 어느 날, 편집장이 과거 내 사수였던 레슬리 브라운과 함께 사무실로 오라고 호출했다.

알고 보니 바로 눈앞에 미래가 열리고 있었다. 하지만 편집장은 눈을 꼭 감고 있었고 나는 조금씩 눈을 뜨려고 했던 것 같다. 상어가 내 상사에게 전달한 과제는 이러했다. 깃털 펜과 계산기, 종이 단어 카드, 지나치게 많은 숫자의 편집자들과 함께 1957년부터 시작해 너무 느리게 진행되고 있는 보충판 프로젝트를 한번 점검해보고 사전을 컴퓨터에 넣어 앞으로는 빨리 빨리 작업을 끝마칠 수 있도록 (그러면서도 여전히 품질은 최고여야 하고) 하는 방안을 찾아보라는 것이었다. 그러면 출판사는 다른 프로젝트에 자원을 투자할 수 있었다. 우리는 컴퓨터화가 OED를 위해 좋은 일이라고 확신하면서도 출판사가 앞으로 보충판에 예산을 지원하고 싶어 하지 않으므로 그것이 OED가 미래에 살아남을 수 있는 유일한 희망일까 봐 두려웠다.

사전의 컴퓨터화가 이루어지면 편집자들이 최신 정보를 신속하게 따라잡고 OED가 더욱 많은 사람에게 다가갈 수 있을지도 몰랐다. 독자들(나중에는 '사용자'로 불리게 된)이 굳이 도서관까지 찾아가지 않아도 (당연히 귀찮아하는 사람이 많았다) CD를 구입해 가정에서 사전을 이용할 수 있게 된다.

편집장과의 회의가 진행되면서 레슬리와 내가 상어의 머릿속에서 서서히 만들어지는 원대한 계획을 시험해보라는 요청을 받고 있음을 분명히 알 수 있었다. 처음에 출판사에서는 빅토리아 시대의 OED 초판과 현대의 보충판을 합쳐서 전체를 종이책으로 다시 출판하는 거대한 잘라 붙이기 작업을 기획했다. 하지만 상어는 거기에 관심이 없었다. 그는 사전을 현세기로 끌어오는 유일한 방법은 최신 컴퓨터 기술로 업데이트하는 것뿐이라고 보았다. 하지만 그 계획을 시험해보려면 레슬리와 내가 최첨단 가위를 들어 컴퓨터인 척할 필요가 있었다. 문자 그대로 두 가지 자료(OED 초판과 현대의 보충판)의 표제어를 잘라 붙여야 한다는 뜻이었다. 레슬리와 나는 풀과 스테이플러를 이용하는 어느 정도 기계적인 방법이 가능하다면 컴퓨터로는 같은 작업이 자동으로 매우 신속하게 가능할 것이고 사전으로 출판할 가치가 있는 결과물이 나오리라고 판단했다.

우리는 미래 사전의 *blueprint*로 두 개의 사전을 합친 텍스트를 쉴 새 없이 만들었다. 그다음에는 한동안 조용했다. 나는 신조어 팀 업무로, 레슬리는 〈쇼터〉 개정판 작업으로 복귀해 익숙한 편집 문제와 마감기한에 대해 고민하는 생활로 돌아갔다.

단어는 그것이 사용되는 문화에서 발전한다. Blueprint는 빅토리아 시대 사람들이 빛에 대한 민감도(물론 사진학을 통해 가장 쉽게 인식되지만 감광전지로 작동되는 스위치를 이용하는 모든 분야에서 발견된다)에 가진 과학적 관심에서 자연스럽게 나왔다. 현재 blueprint의 전문적 의미는 건축, 전자공학 등 선으로 구조를 드러내야 하는 모든 분야의 '전문적인 도안'을 말하지만 1850년경에 처음 등장했을 때는 좀 더 구체적인 의미를 가진 단어였다. '파란색 배경에 흰색 선으로 이루어진 복제 사진으로 주로 도면, 기계 도안 등을 복제하는 데 사용'되었다.(OED) 당시 사람들이 직면한 문제는 이러했다. 19세기 초에는 복사기도 랭크 제록스(Rank Xerox)도 스피릿 복사기도 색깔 재현도 없었다. 이미지를 복사하고 싶으면 직접 하거나 사람을 써야 했다. 도면 200부가 필요하면 밤을 꼬박 새워야만 했다.

사진술은 그 시대에 가장 큰 성공을 거둔 기술 중 하나였다. 1839년에 존 허셜(John Herschel, 준남작 수학자이자 천문학자, 화학자, 발명가)은 크게 기뻐하며 이렇게 적었다. '어제 유리판에 사진을 만드는 데 성공했다.' 새로운 기술 과정의 발명이라는 점과 photograph라는 단어가 처음 사용된 사례라는 점에서 중요하다. Blueprint는 페로-갈레이트(ferro-gallate)에 적신 종이로 빛에 노출되면 파랗게 변했다. 이것을 유리 아래에 놓고 빛이 투과되는 종이에 그린 도면이나 지도에 겹쳐서 빛에 노출시키면 원화에 '파란색 사진(blue print)'이 만들어진 것처럼 보인다.

사소하지만 어휘적으로 흥미로운 부분이 또 있다. 원래 발음은 지금처럼 앞 음절에 강세를 둔 BLUEprint가 아니었을 것이다. 시간이 지나면서 앞 음절로 강세가 바뀌는 경우가 있다. 철자가 두 개의 단어로 이루어졌던 것처럼 원래는 두 단어 모두에 똑같이 강세를 두어 'BLUE PRINT'라고 발음했을 것이다. 혹은 뒤쪽 단어를 강조해 'blue PRINT'라고 했을 수도 있다. 어떻게 알까? 단어의 과거 철자를 분석하고 강세 표시가 나오는 옛날 사전을 살펴보고 시(초기의 시 구절에서는 blueprint라는 단어를 찾아보기 어렵겠지만)와 개인 경험, 그 밖에 직간접적으로 음의 억양에 대해 말해 주는 모든 것을 통해 알 수 있다. 일반적으로 OED는 가능한 모든 방법으로 정보와 지식을 구한 후 반드시 확증 과정을 거친다.

1910년에 이르러 blueprint의 적용 범위가 넓어져 화학과 설계에서 구어로도 옮겨갔다. 미래의 청사진, 성공의 청사진 등 모형이나 견본 역할을 하는 것이라면 무엇이든 '청사진'이 될 수 있었다. 언어와 문화의 원래의 연결고리가 약해졌다.

∞

나는 조용한 사전 편집의 일상으로 돌아갔지만 리처드 샤킨은 다음 한 해 동안 OED의 미래, 특히 컴퓨터화 가능성에 대해 옥스퍼드 대학교 출판사의 높은 사람들과 열띤 토론을 계속했다. OED는 약 100년의 역사를 통틀어 가장 걱정스러운 교차로에 놓여 있었다. 옥스퍼드 대학교 출판사와 옥스퍼드 대학교의 일부 임원들은 OED가 다른 흥미진진한 출판 프로젝트들을 억누르는 애물단지라고 보기도 했다. 만약 출판사에서 컴퓨터화 계획을 찬성하지 않으면 OED는 미래의 발전이 차단되어 그냥 먼지에 쌓인 채 빅토리아 시대의 기념비적인 업적으로 잊힐 수도 있었다. 하지만 OED의 전체 텍스트와 〈OED 보충판〉의 전체 텍스트를 합쳐서 동시에 컴퓨터로 옮기는 계획에 서서히 가속도가 붙기 시작했다. 잠정적인 계획이 나왔다. 〈OED〉 초판 텍스트와 〈OED 보충판〉 텍스트를 정의와 어원 등 비롯한 요소들로 구분하여 두 개의 별도 파일에 옮긴 후 하나의 포괄적이고 거대한 사전 파일로 합쳐서 CD로 제작한다는 것이었다(이 계획이 세워질 당시는 인터넷이 없던 시절이었다).

컴퓨터화는 말할 것도 없이 거창한 프로젝트였고 매우 위험하기도 했다. 완전히 새로운 출판 방식이고 출판사의 경험도 전무하다는 사실로 볼 때 실패가 거의 확실시되었다. 하지만 출판사가 이 프로젝트를 승인할 가능성이 조금이라도 있다면 컴퓨터화 토론에서 사전부를 대표할 편집자가 필요했다. 나는 얼마 후 에드 와이너가 그 역할을 제안받았다는 사실을 알게 되었다. 아직 탐색 단계였으므로 요란한 발표는 생략되었다. 한편으로 에드가 그 일을 제안받고 나는 계속 신조어 팀을 관리해야 한다는 사실이 실망스럽기도 했다. 하지만 내가 적임자가 아니라는 사실도 알고 있었다. 사전 텍스트의 컴퓨터화에 호기심 이상으로 관심은 갔지만 나에게는 무에서 새로운 시스템을 구축하는 것보다 기존의 시스템을 관리하고 개선하는 일이 더 잘 맞았다. 어쨌든 나와 에드의 업무는 두 개의 반쪽으로 이루어진 하나의 달걀이나 마찬가지였다. 에드는 사전의 전자적 접근을 용이하게 만드는 프로젝트를 하게 되는 것이고 나는 편집 내용을 개정하고 단순화하는 유사 프로젝트를 진두지휘하고 있었으니까. 모든 것이 서로 연결되었다. 컴퓨터화 프로젝트의 복잡한 사항을 전부 이해하려면 당연히 엄청난 시간이 걸릴 테니 내 분야를 통해 조금씩 가까워지는 것이 가장 현명한 방법일 터였다.

그 후 조용하고 내성적인 사전 편찬자들에게는 낯설기만 한 광범위한 활동의 시기가 이어졌다. 옥스퍼드 대학교 출판사는 컴퓨터화 프로젝트에 시동을 걸려면 소프트웨어 분석과 데이터 처리라는 국제적인 세계에 속한 적극적인 파트너가 필요하다는 사실을 잘 알고 있었다. 그만한 수준의 전문성을 스스로 갖추지 못했기 때문이다. 따라서 출판사는 프로젝트의 정식 승인 여부를 결정하기 전에 상어에게 파트너십에 대해 철저하게 알아볼 것을 권유했다.

에드는 OED가 하고자 하는 일이 담긴 설명문을 작성했다. 우리에게 설득당해 파트너로 나설 용감한 기술 기업들에 유포할 자료였다. 여기에서 에드는 운이 좋았다. 옛 OED 편집자들은 마치 컴퓨터가 발명되기를 기다리면서 사전을 고안하기라도 한 것 같았다. 에드는 OED가 컴퓨터 데이터베이스 구조로 비교적 수월하게 대체될 수 있는 엄청난 정보 구조를 갖추었다는 사실을 발견했다. 데이터베이스는 정보가 규칙적인 패키지로 되어 있는 것을 선호한다. 사전 또한 마찬가지다. 사전은 구조와 페이지의 외관을 통해(포맷 설정-활자 변화, 인쇄 크기, 특수 인쇄 문자, 들여쓰기) 보는 사람이 단어의 정의와 발음, 어원을 구분할 수 있도록 해준다. OED는 이 모든 정보가 규칙적으로 그리고 반복적으로 표시되므로 올바른 데이터베이스 통에 올바른 정보 조각(정의, 어원 등)을 쏟아붓기가 비교적 수월하다는 사실이 드러났다. 물론 엄청나게 수월하지는 않았고 우리에게는 쏟아부을 통도 없었다. 하지만 무슨 뜻인지 감이 올 것이다.

신조어 팀이 컴퓨터화 프로젝트에서 중요한 역할을 수행해야 한다는 사실이 곧 분명해졌다. 프로젝트가 시작되면서 무수히 많은 회의에 참여했는데 컴퓨터 사전에 넣을 새로운 표제어를 제공할 수 있겠느냐는 요청이 있었다. 사전화 프로젝트는 기존의 표제어들을 그대로 새로운 포맷에 넣는 것이지만 거기에 들어갈 신조어는 다를 터였다. 오래된 사전이 개정 작업을 시작할 수 있는 기회였다. 그래서 나는 호탕하게도 완전히 새로운 단어와 뜻을 5,000개 제공하겠다고 했다. 그중에는 신조어 팀이 이미 작업하고 있는 단어와 뜻이 많았다

(AIDS, computer disk, disinformation, black propaganda 등). 단어 카드를 계속 뒤지면서 발견한 새로운 단어들도 많았다. 그리하여 'OED 초판과 보충판 전체를 컴퓨터화하는' 프로젝트는 'OED 초판과 보충판 전체를 컴퓨터화하고 시간이 충분하건 아니건 5,000개의 단어와 뜻을 추가하는' 프로젝트로 확장되었다.

얼마 후 또 다른 회의에서 상어가 새로운 요인을 소개했다. 제임스 머레이 경이 오래전 손수 만든 발음 체계를 국제 음성 기호로 바꾸는 것이 좋겠다는 것이었다. 상어는 경영의 권위자였지만 편집의 최신 동향에도 빠삭했고 좋은 아이디어를 알아보는 능력도 있었다.

잠깐 설명하자면 국제 음성 기호(International Phonetic Alphabet, IPA)는 표준적이고 중립적인 음성 기호로 OED의 출판보다 약간 늦은 1880년대에 고안되었다. IPA 체계가 최초로 공식화된 것은 OED 1권이 나온 지 4년 후인 1888년이었다. 제임스 머레이 경은 만족스러운 음성 표기 방법이 없어서 직접 만들었다. 사실 IPA와 대략 비슷하지만 한편으로 너무 복잡하기도 하고(모음이 음성 정보뿐만 아니라 어원 정보까지 젊어졌다) 또 한편으로는 너무 단순했다. 100년이나 시대에 뒤처졌고 우리 말고는 아무도 사용하는 사람이 없으니 업계의 현재 표준으로 바꾸는 것이 좋은 계획처럼 보였다. 폐어에는 발음 체계가 표시되어 있지 않았지만 그래도 약 14만 개에 이르는 발음 표기를 새것으로 전환해야 했다. 결국은 대부분 컴퓨터가 자동으로 변환해주는 방법을 찾을 수 있었다. 하지만 문제가 있었다. 단어에는 강세가 있다. 이를테면 preliminary는 두 번째 음절에 강세가 들어간다. 머레이 경의 구식 체계는 강세가 들어가는 음절을 뜻하는 표시를 강세를 받는 모음의 바로 앞에 넣었다(즉 prel'iminary). 하지만 새로운 체계에서는 강세를 받는 음절 앞에 들어갔다(pre'liminary). 에드는 음절이 어디에서 시작하는지를 컴퓨터에 어떻게 말해주어야 하는지 한동안 고민해야 했다. 기계와의 대화는 항상 쉽지 않은 법이다.

이리하여 컴퓨터화 프로젝트는 'OED 초판과 보충판 전체를 컴퓨터화하고 시간이 충분하건 아니건 5,000개의 단어와 뜻을 추가한 후 수십만 개의 발음 표기를 OED의 고유한 방법에서 IPA로 바꾸는' 프로젝트로 확장되었다.

가능하다면 회의를 피해야 하는 이유가 있다.

∞

할 일이 점점 추가되었지만 가까운 미래에 온라인으로 사전을 개정하는 작업은 나 같은 편집자들을 크게 매료시켰다. 나와 동료들이 흥미를 느낀 것은 (우리 자신을 포함해) 사람들이 사전 전체에서 곧바로 관련 정보를 검색할 수 있다는 점이 가져다줄 가능성이었다. 사전의 탄생 이후 오로지 찾은 단어를 통해서만 정보에 접근할 수 있었다. 예를 들어 사전에서 strategy라는 단어를 찾으려면 S로 가서 st-까지 힘들게 찾은 후 단어의 의미를 깨우쳐주는 짧은 정의문을 읽었다. 하지만 관심사의 범위가 넓어졌다고 해보자. *-ology*로 끝나는 단어를 전부 찾고 싶으면 1쪽부터 시작해 Z까지 사전을 전부 다 읽어야만 했다. 눈이 게슴츠레해지거나 전화 통화에 집중이 방해되거나 해서 한두 개를 놓칠 가능성도 컸다. 터무니없이 오랜 시간을 들여 -ology로 끝나는 단어가 몇 개인지 전부 찾아본 후(현재 1,011개) -ography(현재 508개)로 끝나는 단어의 숫자와 비교해보고 싶을 수도 있다. 그러면 당연히 처음부터 다시 읽어야 했다. 너무 어렵고 시간이 많이 걸리는 일이므로 보통 사람은 하지 않았다.

그 밖에도 언어에 관해 아예 떠올리지 않거나 견본 자료만으로 엉성하게 답해진 질문들은 수없이 많았다. 언어에 관해 거의 모든 질문을 던질 수 있고 답이 곧바로 나온다면 어떨까? 질문에 역사적인 관점까지 부과할 수 있다면? 당시 대부분이 불가능하다고 생각했던 일이고 도전 가치가 있는 꿈이었다.

-ology로 끝나는 단어들을 떠올리는 것은 혼합된 역사와 온갖 잡다한 단어들을 보는 것이나 마찬가지다. 역사적으로 -ology는 궁극적으로 '단어'나 '논의'를 뜻하는 그리스어 logos에서 유래했고 '학문'이라는 뜻이다. OED에 나오는 가장 오래된 -ology는 14세기 중반부터 기록된 theology다. 하지만 이 단어는 전적으로 빌려온 것이었다. 초기 영어에서 -ology는 다른 단어에 붙일 수 있는 접미사가 아니었다. 이미 -ology(혹은 상대 언어에서 그에 해당하는 단어)로 끝나는 온전한 단어로 빌려왔다. 14세기에 학문주의 기미가 엿보이는 단어는 프랑스어에서 온 경우가 많았다. 당시 영국에서 이루어지는 박식한 토론이 프랑스어와 라틴어로 이루어졌기 때문이다. 따라서 theology를 프랑스어 théologie에서 빌려온 사실은 놀랍지 않다. 프랑스어 théologie도 라틴어 theologia에서 빌린 새로운 단어였던 듯하다. 라틴어 theologia는 또 그리스어 theologia에서 빌려왔다.

또한 초기에는 -ology의 차용이 통으로 이루어졌다. 영어에서 구축된 것이 아니라 직접적으로 혹은 궁극적으로 고대 그리스 로마 언어에서 빌렸다. 1500년 이전에 영어로 들어온 단어는(라틴어와 프랑스어에서) amphibology(모호한 어법, 트집), astrology, etymology(단어 파생), mythology, tropology(성서의 비유적 해석)로 당시 옥스퍼드와 케임브리지의 공식 만찬에서 이루어진 토론 주제를 엿보게 해준다. 나중에는 과학(고전적인 요소로 만드는 단어를 선호했다)과 철학 분야의 단어도 이러한 유형으로 만들어졌다. 특정한 소수만 이해하는 분야라 평범한 앵글로-색슨 단어를 사용하기에는 무리가 있었다.

하지만 우리가 알고자 하는 것은 전환점이다. -ology가 단지 외국어에서 빌린 단어가 아니라 영어에서 처음 단어 형성 언어로 자리 잡은 순간 말이다. Demonology(영어 1597년)가 가능성 있는 보기다. 이 단어는 후기 라틴어에서 만들어졌을 수도 있지만 영어의 첫 용례보다 앞서는 증거가 아직 발견되지 않았다. 따라서 잠정적으로는 영어에서 demon과 -ology(혹은 demono-와 -logy)가 합쳐져 만들어진 단어라고 가정할 수 있다. 17세기 후반과 18세기 초에 이르러서야 진정으로 영어에서 생겨난 것들이 보이는데 대부분 trickology(1723)나 punnology(1744)처럼 유쾌한 단어들이다.

18세기 내내 학문 분야에서 새로운 -ology 단어가 생겨나기 시작했다. 대부분은 고전적 요소로 형성되었지만 라틴어와 그리스어에 알려지지 않은 합성어였다. 프랑스어도 고유의 -ology를 만들기 바빴고 영어에서도 낭비될세라 entomology, morphology 등 일부를 빌려왔다. 요즘도 여전히 고전적 요소의 -ology가 다수 만들어지고 있지만 영어 단어를 이용해서 만드는 자유가 허용된다(Egyptology, musicology, oceanology, reflexology). 다음번에 -ology 단어를 보면 어떤 경로를 통하여 영어에 들어왔는지 생각해보기 바란다.

우리는 새로운 사전 프로젝트의 파트너를 찾는다는 소식을 영국은 물론 해외에도 널리 알렸다. 아니, 출판사의 윗선들이 그렇게 했다. 옥스퍼드와 영국에서는 늘 그렇듯이 침묵이 울려 퍼졌지만 당시 영국 제도보다 훨씬 더 컴퓨터와 가까웠던 북아메리카에서 마침내 약간의 관심을 보이기 시작했다. 나는 조용히 새로운 표제어 작업을 하고 있었다.

북아메리카에서 보이는 관심을 컴퓨터화 프로젝트에 도움 되는 쪽으로 이용하기 위해 에드와 상어, 옥스퍼드 대학교 출판사의 컴퓨터 관리자 한 명은 잠재적 파트너들과 심도 깊은 토론을 나누고자 1983년 11월에 미국과 캐나다로 떠났다. 우리에게는 세 명의 새로운 친구가 생겼다. 장비와 인력을 제안한 IBM, 여러 권의 사전 텍스트 전체를 *computer*에 입력한 펜실베이니아 포트 워싱턴의 인터내셔널 컴퓨터프린트 코퍼레이션(International Computaprint Corporation, ICC), '(당시는 이론상으로) OED를 구성하는 방대한 구조적 자료를 가장 효율적으로 수용할 수 있는 전자 데이터베이스는 무엇인가'라는 모호한 질문에 흥미를 보인 캐나다 온타리오주의 워털루 대학교였다. 옥스퍼드가 종이책을 출판하느라 분주한 사이 워털루 대학교 컴퓨터 공학과는 전자 데이터 처리 분야에서 세계적인 명성을 쌓았다. 영어가 세계적인 언어로 자리 잡고 있었으므로 프로젝트 파트너도 당연히 세계에서 찾아야만 했다. 파트너들의 흥미를 사로잡은 것은 처음부터 끝까지 6,700만 글자에 이르는 OED의 규모였다. 당시로서는 매우 방대한 양의 데이터였다. 우리 사전에 대한 국제적인 관심을 대중에 텍스트를 개방할 수 있는 기회로 이용하지 못한다면 아무런 가치가 없었다.

Computer는 과거에만 해도 별로 중요한 단어가 아니었다. 20세기 후반에 이르러서야 영어 역사에 중대한 영향을 끼치게 되었다. 그때는 이미 나온 지 400년도 더 된 단어였다. 이 단어의 의미 변천사를 살펴보면, 어떤 일을 하는 사람에서(즉 계산하는 사람) 특히 새로운 기술이 발달하면서 그와 동일한 기능을 수행하는 기기(즉 계산하는 기기)를 뜻하게 되었음을 알 수 있다. Printer와 scanner, typewriter도 비슷한 경로를 거쳐서 발달했다. Typewriter는 19세기 후반에 사람이 타자 칠 때 이용하는 기기와 타자를 치는 사람을 모두 가리켰다.

어떤 이유에서인지 나는 근대 초기에 영어로 들어온 단어들에 특히 정이 간다. 1500년경부터 1700년대 초까지다. 18세기로 진입할수록 개인적인 관심이 줄어들기는 한다. Computer(그리고 그 바탕이 되는 동사 compute)는 내가 좋아할 만한 요소를 모두 갖추었다. 중세 후기의 라틴어 기반의 강한 의미를 제외하고 동사 compute는 1531년부터 활발하게 사용되었고 1613년에는 명사형 computer가 조용하게 들어왔다. 하지만 첨단 전자공학 기기가 없던 시절이었으므로 지금과는 의미가 사뭇 달랐다. 즉 '컴퓨터'는 계산하는 사람을 뜻했다. 당시에는 기계가 계산을 할 수 있다는 사실을 알지 못했다. Computer가 처음 사용된 용례만 보면 20세기 후반과 21세기 초에 대단히 중요한 단어로 부상하리라는 느낌이 전혀 들지 않는다. 그 최초의 기록('계산하는 사람'이라는 옛 의미)은 다음과 같다.

나는 이 시대의 진정한 computer, 역사상 가장 훌륭한 산술가에 대해 읽었다. 그는 인간의 수명을 짧은 숫자로 줄였다. (I haue read the truest computer of Times, and the best Arithmetician that euer breathed, and he reduceth thy dayes into a short number.)

수수께끼 같은 R. B. Gent(젠틀맨)가 1613년에 쓴 《Yong Mans Gleanings Gathered Out of Diuers Most Zealous and Deuout Fathers》라는 무뚝뚝한 제목의 책에 나오는 말이다. 이 뜻은 계속 이어지다가 19세기 중반에 계산자처럼 계산 기능을 수행하는 기기에 computer라는 말이 사용되기 시작했다(그보다 앞서 calculating machine, mill 등도 쓰였다). 1940년대에 이르러 전자공학의 발달로 현재 우리가 컴퓨터로 생각하는 것들에 사용되기 시작했다.

　해외 파트너들이 합류한 후 프로젝트가 더욱 긍정적으로 보였고 진행 속도도 빨라졌다. 나도 신조어 팀 업무를 계속하면서 컴퓨터화 프로젝트에 더욱 관여하게 되었다. 에드와 나는 사전의 내용 그리고 구조와 관련 있는 부분은 전부 감독할 수 있었지만 전체 프로젝트 관리에 필요한 전문성은 갖추지 못했다는 사실을 (다른 이들과 마찬가지로) 인정했다. 다행히 출판사에는 그런 일에 뛰어난 사람들이 있었다. 1984년의 시작과 함께 상어는 방황하는 사전 편찬자들을 좁고 반듯한 길로 돌려보내기 위해 OED 프로젝트 관리자로 팀 벤보우(Tim Benbow)('제독'이라는 애칭으로 불렸다)를 임명했다. 팀의 관리하에 옥스퍼드 대학교 출판사는 1984년 말에 위험하고 급진적인 새 프로젝트를 공식 승인했다.

이것은 짧은 박수갈채를 받기에 충분한 업적이다. 출판사 대표단이 프로젝트를 승인했다는 소식이 전해졌을 때 나는 정말 기뻤다. 마침내 예산이 확보되었고 곧 상세한 계획도 나올 터였다. 적어도 프로젝트의 승인에 이르기까지 우리가 세워놓은 것보다는 자세한 계획이 나올 것이라고 예상했다. 이 결정이 과연 OED 인쇄 전통의 종말을 예고할 것인지 아무도 알지 못했다. 다양한 의견이 나왔지만 '인쇄 출판의 종말이라고 속단하지 말고 일단 기다려보자'는 것이 정답 같았다. 하나의 작품을 두세 가지 버전으로 판매할 수 있다면 출판사 입장에서는 기쁠 것이다. 나는 컴퓨터공학을 공부하기 위해 옥스퍼드의 야간대 입학시험을 쳤다. 노련한 파트너들이 우리의 아이디어를 억압할 때 당황하고 싶지 않아서였다. 소프트웨어 분석가가 어떤 일이 실행 불가능하다고 할 때 그것이 엄포에 불과하다는 것을 지적하고 그들이 우리의 접근을 막기 위해 세운 모호한 벽의 헐거운 부분을 찾는 것이 내 임무임을 깨달았다. 컴퓨터공학은 내가 수강해본 그 어떤 과목보다 쉬웠다. 눈앞에 어두운 밤이 펼쳐져 있지만 마침내 우리 사전이 회복과 자립 가능한 미래로 나아가는 기회가 주어졌음을 알 수 있었다.

나와 에드는 갑자기 상어와 절친한 사이가 되었다. 그가 자신이 소속된 옥스퍼드셔 지역의 크리켓 팀에서 뛰어달라고 부탁하기 시작하는 데서 확신할 수 있었다. 옥스퍼드셔의 웜슬리에 위치한 존 폴 게티(John Paul Getty) 사유지에서 열리는 연중행사인 옥스퍼드 출판인 vs. 런던 출판인 크리켓 시합에 참석해달라는 부탁이 몇 차례 있고부터 그와의 새로운 친분 관계가 기정사실이 되었다. 부탁받는 것까지는 좋았지만, 엄밀하게 말하자면 크리켓을 사랑하지만 별로 자신은 없었다. 각 팀에는 TV에서나 볼 수 있는 국제적인 유명인사가 한두 명씩 있었다. 두 팀의 대결은 언제나 옥스퍼드 팀의 굴욕으로 끝났다. 알다시피 런던에는 옥스퍼드보다 출판인들이 많아서 선수 풀도 풍부했다. 위켓키퍼를 맡은 상어는 그래도 우리의 사기를 높여주려고 애썼다.

당시 내가 보기에 가혹한 두 가지 현실을 상징하는 사건이 하나 일어났다. 첫째는 우리가 인쇄와 보급의 옛 전통에서 새로운 것을 맞이하기 위해 나아가고 있다는 사실이었다. 두 번째는 옥스퍼드 일각에서 드러나는 과거의 아이콘들을 무시하는 걱정스러운 태도였다. 옥스퍼드 편집자들은 이따금씩 출판사 뒤편의 인쇄 공장을 방문하는데 나도 상어, 에드와 함께한 적이 있었다. 옥스퍼드 대학교 출판사의 인쇄 작업은 전 세계의 제3업체들에 의해 이루어지지만 옥스퍼드에서 인쇄되는 텍스트도 많았다. 옛날 신문기사에 나오는 거대한 기계처럼 생긴 2층 높이의 대형 인쇄기가 달가닥거리며 텍스트 종이를 뱉어냈다. 그 후 제본을 거쳐 출판되었다. 매우 인상적인 장면이었지만 1980년대 말에 새로운 기술과 작업 관행에 완전히 휩쓸려버렸다.

일행과 함께 좁은 복도를 따라 인쇄실로 걸어가고 있을 때 나이 많은 남자가 성난 용광로에 정사각형의 금속을 던지는 모습을 보게 되었다. 자세히 보니 그것은 일자리 창조 계획이 아니라 옥스퍼드 인쇄소의 재활용 계획의 일부였다. 과거에는 거대한 창고에 인쇄 동판이 가득 쌓여 있었는데, 시간이 지나면서 동판이 낡고 더 이상 사용되지 않게 되었다. 결국 녹여서 다시 사용하는 것으로 재활용되었다.

놀랍게도 노인이 혼자 열심히 *inferno*에 던지는 묵직한 인쇄 동판은 한때 OED에 사용된 것이었다. 당연히 에드와 나는 OED의 역사가 자발적으로 파괴되는 모습에 경악을 금하지 못했다. 상어도 충격을 받았다. 그도 우려하는 마음은 같았지만 OED의 유산이 가져다줄 수 있는 뜻밖의 수익을 놓쳤다는 사실을 더 아쉬워하는 듯했다. 우리는 당장 작업을 중단시키고 남은 것이나마 구조했다. 상어는 수익을 만회하기 위해 일부 동판을 옥스퍼드에 있는 옥스퍼드 대학교 출판사 서점을 통해 판매했다. 운 좋은 사전 편찬자들이 자전거에 동판을 싣고 가던 모습이 아직도 기억난다.

모든 단어에는 모양 혹은 윤곽이 있고 역사 사전 편찬자는 그것에 익숙해져야 한다. 우리가 AIDS를 작업할 때 그것은 근래에 등장한 기본적인 의미가 하나뿐인 단어였고 AIDS virus 등 다양한 합성어를 발달시켰다. 나무로 본다면 작은 키에 나뭇잎이 무성하게 우거진 모습이다. 중세나 그보다 앞서서 영어로 유입된 단어들은 오랜 시간을 거쳐서 발달했으므로 그 윤곽이 광범위한 파급력을 지닌 오래된 오크 나무 같다(나뭇가지 구조).

오늘날 inferno는 중요하고 강력한 단어지만 신기하게도 광범위한 윤곽을 가지고 있지 않다. OED에 따르면 뜻이 한 가지이고 주목할 만한 합성어도 없다. 마치 땅으로 옮겨진 채 성장 기회를 기다리는 어린 묘목 같다. 이렇게 이상한 윤곽을 하고 있는 이유는

inferno가 영어에 늦게 들어왔고(1834) 이탈리아어에서 빌린 자의식 강한 문학의 결과다. 이 단어는 1830년대 이전에도 알려져 있었지만 단테의 《신곡》 1부의 제목으로서였다. 베르길리우스가 단테를 데리고 아홉 개 구역으로 이루어진 지옥(inferno)에서 사탄이 자리 잡고 있는 중앙으로 내려가기까지의 이야기다. 하지만 19세기 초까지는 inferno를 지옥(혹은 불타는 용광로 비슷한 것)으로 사용할 생각을 하지 못했던 듯하다. 남겨두었다가 단테의 작품 제목에 사용되었다(그것만으로는 사전에 포함될 만하지 않다. 사전은 지식 백과사전이 아니므로). Inferno는 이탈리아어 inferno에서 직접 왔다. 이탈리아어 inferno는 로마 제국 멸망 이후 후기 라틴어 infernus(=지옥)에서 발달했다.

왜 영어에서는 inferno를 더 빨리 사용하지 않았을까? 영어는 오랜 유대교-기독교 전통을 가진 문화이기에 '지옥(Hell)'을 가리키는 말이 이미 많이 있었다(OED에 따르면 97개나 되며 연대순으로 고어 Hell부터 perdition, welling woe, Tophet, Avern, Hades, Sheol 등). 19세기 초의 고딕 문학이 새로운 단어를 소개하기 전까지는 굳이 새 단어가 필요하지 않았다.

한편으로 inferno는 사람들이 그 친척 관계에 있는 단어들에 이미 완전히 익숙했기에 영어로 비교적 쉽게 유입될 수 있었다. Inferno는 형용사 infernal의 사촌이다. Infernal은 중세 시대에 프랑스어에서 흡수되었고 프랑스에서는 12세기에 라틴어 infernalis('지하 영역', 즉 지옥)에서 발달했다. 이탈리아어 inferno는 라틴어에서 infernal과 같은 개별적인 경로로 나왔다. Infernal은 영어에서 강한 윤곽을 지닌 단어로 분노 상태에서 '빌어먹을'

의 뜻으로 지옥과의 연결고리가 잊힌 채 사용되기도 한다.

∞

　OED 컴퓨터화 프로젝트가 승인되고 상어가 든든한 조력자로 버티는 상태에서 에드(편집장)와 나는(신조어 편집자) 컴퓨터화 프로젝트를 일정과 예산에 맞춰 진행시키면(당시에는 주문처럼 외웠다) 앞으로 하고 싶은 일을 선택할 수 있도록 해준다고 약속받았다. 사전의 부활과 함께 우리의 자리도 보장되는 것이었다. 물론 그런 약속은 유효기간이 길지 않은 법이지만 우리는 프로젝트에 대한 열정이 있기에 믿었다.

　OED는 전환점에 도달했다. 새 상무이사는 1년간 출판사와 (더 중요하게는) 대학교 내에서 노쇠한 사전을 위한 지원을 끌어모았다. OED를 컴퓨터로 옮기는 계획을 세우는 동안 사전 내용이 데이터베이스 구조와 비교적 쉽게 맞을 것이라는 사실을 알게 되었다. 나보다 에드와 제독의 공이 훨씬 컸지만 어쨌든 우리는 프로젝트 계획을 세웠다. 대학교의 덕망 있는 학자들이 도와주려 준비하고 있었다. 리처드 샤킨이 조직한 옥스퍼드 대학교 출판사 대표단이 새 OED 프로젝트로 알려진 프로젝트의 예산안을 가결하기 전까지만 해도 권위 있는 OED가 그냥 노쇠하여 몰락하도록 방치될 가능성이 높다고 생각하지 않을 수가 없었다. 하지만 OED가 적어도 생존할 수 있는 기회가 마침내 주어졌다.

7 돌아온 OED

출판사의 컴퓨터화 프로젝트를 공식 승인한 후 OED 2판(이렇게 불리게 되었다)의 출판 시기는 1989년으로 결정되었다. 앞으로 약 5년 동안 IBM과 인터내셔널 컴퓨터프린트, 워털루 대학교와 함께 초판과 보충판의 텍스트를 컴퓨터에 넣은 후 두 가지 텍스트를 하나로 합쳐서 제 시간에 지면으로 출판해야 하는 것이었다. 2판은 편집의 측면에서는 새로운 사전이 아니었다. 통합 텍스트가 인쇄 동판이 아니라 컴퓨터 데이터베이스로 혹은 종이 기반의 사진 촬영 가능한 인쇄 원고를 이용한 사진 식자로 출판된다는 것이 미래를 위한 핵심 열쇠였다. OED 2판이 지면 출판된 후에 텍스트를 검색 가능한 CD로 보급할 것인지 생각해보면 되었다. CD는 지면 출판 이후에 개별 프로젝트로 진행될 예정이었다.

학술지와 신문, 입소문으로 시작해 학계에 프로젝트 소식을 알리기 시작했다. (입소문(word of mouth)의 구문이 영어답지 않다는 것을 알 수 있다. 그도 그럴 것이 중세 라틴어 verbum oris를 직역한 것으로 영어에서의 첫 기록은 1450년대다.) 마감일이 절대로 변경 불가하다는 사실을 되새기고자 1989년에 출판기념회가 열릴 클래리지 호텔도 미리 예약해두었던 것 같다. 출판 프로젝트는 마감일을 슬금슬금 넘기는 경우가 가끔 있다. 상어와 제독은 에드와 나에게 그것이 절대로 용납되지 않는다는 사실을 계속 상기시켰다.

집중력을 높이기 위해 사무실까지 옮겼다. 일반적으로 새 사무실은 강한 동기부여가 된다. 그리하여 새 OED 프로젝트는 옥스퍼드 대학교 출판사의 '옛 우편실(The Old Post Room)'이라고 불리는 공간에 당당하게 자리 잡았다. '옛 교구 목사관'이나 '옛 빵집' 등 고대의 탁월함을 강조하기 위해 붙은 이름들처럼 그림 같은 전망과 매력적인 오랜 역사를 일깨워주는 공간은 아니었다. 그곳이 '옛 우편실'이라고 불린 이유는 옛날 방식대로 우편물을 분류하여 출판사의 각 부서로 전달하는 우편실로 사용되던 큰 정사각형의 실용적인 공간이라서였다. 진짜 우편실은 출판사 지하실로 옮겨갔다. 당시만 해도 프로젝트 참여 인원이 많지 않았고 나는 새 사무실과 신조어 팀이 있는 세인트 자일스 사무실을 왔다 갔다 하며 공식적인 아르바이트를 하고 있었다. 새 사무실은 아무런 특징이 없었고 특징을 더할 만한 예산은 더더욱 없었다.

OED가 마침내 올바른 방향으로 나아가는 것처럼 느껴졌다. 2판이 사전 편찬의 모든 것이라고 생각하지는 않았다. 솔직히 나에게 컴퓨터화는 기계적인 프로젝트였고 그래서 어렵고도 창의적이었다. 사전 텍스트가 컴퓨터에 안전하게 자리 잡았으면 했다. 그래야 보충판으로 조금씩 하는 것이 아닌 포괄적인 개정 작업이 시작될 수 있었다. 하지만 아직 모든 것이 불확실했다. 출판사가 1990년대에 대대적인 개정판 프로젝트를 지원하게 되리라는 것을 그때의 에드와 내가 알턱이 없었다. 알았다고 해도 수십 년 동안 방치된 사전의 광범위한 역사적 점검을 어떤 식으로 실시해야 하는지 몰랐을 것이다. 현대적인 국민 영어 사전을 위한 편집 지침이 어때야 하는지 이야기를 나눈 적이 한 번도 없었다.

어쨌든 일단은 1989년까지 사전을 컴퓨터에 넣어야 했다. 그것을 해내지 못하면 그 이후의 행복한 결말을 그려봤자 아무런 소용이 없었다. 나는 1989년까지의 프로젝트를 1단계로 생각했다. 장기적인 관점에서 OED를 어떻게 꾸려나가야 할지에 대한 비밀스러운 꿈이 2단계였다. OED의 *redux*, 즉 부활이 가능할 수도 있다는 생각이 들

194

었다. 오래 기다리면 유행은 다시 돌아오기 마련이니까.

1970년대 후반에 〈OED 보충판〉에 들어갈 흥미로운 단어 redux를 작업했다. OED 초판에는 '신체 기관이 건강한 상태로 돌아왔음을 뜻하는 마찰음 또는 그 밖의 신체 신호'라고 한 가지 뜻으로만 정의되어 reduviid('침노린재')와 redvore('radevore의 변형. 정확한 의미는 분명하지 않다') 사이에 들어가 있었다. 편집자들은 redux가 르네상스 시대의 의학자들이 라틴어에서 직접 빌려온 말이라는 사실을 발견했다. 20세기에 이르러 OED 편집자들은 이 오래된 의학 용어가 잘 쓰이지 않게 된 반면 본래의 라틴어에서 재탄생한, 보통 사람도 이해하기 쉬운 '부활한, 회복한, 거듭난'이라는 뜻의 새로운 용법이 알려져 있음을 알 수 있었다. 앤서니 트롤럽(Anthony Trollope)의 《Phineas Redux(1873)》와 존 업다이크(John Updike)의 《Rabbit Redux》(1971) 같은 소설 제목에서보듯 같은 작가의 이전 작품에 등장하는 캐릭터가 시리즈에 재등장하여 '부활'한다는 뜻이었다. 대부분은 문학 유형과 관련 있는 용법이었다. 나는 우리가 OED를 부활의 과정으로 데리고 나간다고 생각하고 싶었다.

우리는 옛 우편실에서 조용히 사전 편찬의 혁명을 계획했다. 그곳은 에드와 나, 이본느 워버튼이 기존 텍스트를 이용해 OED 2판(OED2)을 준비하고 출판하게 될 사무실이었다. 줄리아 스완넬(Julia Swannell)(내가 오래전 면접을 보았던 〈옥스퍼드 포켓 사전〉 편집 어시스턴트에 합격했던 인물이다), 베로니카 허스트(Veronica Hurst)(나중에 OED 문헌학자가 된다)를 비롯해 엄선된 인재들이 함께했다. 이 프로젝트가 성공하면 독자와 편집자 모두 엄청난 혜택으로 도약할 수 있다. 그때까지 사전은 '단 한 번의 찾기'(원하는 특정 단어를 찾는 것)와 우연히 훑어보는 것만 가능했지만 이제 OED를 중심으로 하는 새로운 언어의 우주로 들어가게 되는 것이다. 그리고 편집자들은 거대하고 역동적이고 쉽게 개정 가능한 언어 자원을 창조할 수 있었다. 알파벳 순서에 따른 지면 개정에만 구애받지 않고 원하는 방식으로 편집할 수 있을 것이다. 어쨌든 희망사항이었다.

명심해야 할 것은 이 프로젝트가 오늘날 우리가 아는 온라인 사전이 아니라는 점이다. 온라인화는 당시 아무도 알지 못하는 개념이었고 인터넷도 미국 군대를 제외한 곳에서는 존재하지 않았다. 상어의 야심찬 프로젝트는 사전을 컴퓨터에 다 넣은 후 상황을 살펴보는 것이었다. 온라인 출판의 가능성은 나중에 제기되었다. 지금은 구식처럼 들리지만 당시의 과제는 사전의 컴퓨터화였다. 그것이 사전 디지털화라는 것은 나중에 알게 되었다. 두 가지는 거의 *same*이었다.

Same 같은 간단한 단어는 사전 편찬자들에게 거대한 문제를 초래한다. 어떻게 사용되건 same은 똑같은 뜻이기 때문이다. 이것은 게르만어를 선조로 둔 단어로 영어 안에서 오랜 세월을 거쳐 발달했다. 이 단어의 첫 기록은 중세 영어 시대로 거슬러 올라간다(하지만 유럽 대륙에서의 유사성으로 보아 고대 영어에서도 사용되었지만 기록이 존재하지 않는 것일 가능성이 높다). OED에서는 '앞에서 언급한 것과 수적으로 다르지 않음, 동일한'이라고 일반적이고 두루뭉술하게 정의한다. 그리고 처음부터 문제가 발견된다. 정의가 부정문('수적으로 다르지 않음')으로 시작되기 때문이다. 일반적으로 좋지 못한 관행이다.

하지만 사전 편찬자들은 언제나 도움을 주고 싶어 한다. 그들은 same이 사용될 수 있는 맥락이 크게 다르다는 사실을 알고 있다. 여기에 두 개의 문장이 있다. '모든 비슷한 상황의 계약에 동일한 견해가 적용된다', '모든 행성은 똑같은 방향으로 태양 주위를 돈다.' 첫 문장에서 '동일한 견해'는 비교 가능한 다른 '견해'를 시간상 거꾸로 언급한다(아마도 문단의 앞부분). 두 번째 문장에서 행성들은 '똑같은 방향'으로 태양 주위를 돈다. 과거의 무엇에 대한 비교가 아니라 서로에 대한 비교다. 이러한 구분을 좋아하는 사람들이 사전 편찬자가 된다.

약간 다르지만 좀 더 수월한 문제가 있다. 다음 두 가지 용법의 차이를 설명할 수 있겠는가? 'the sailors in the fleet all received the same pay as the soldiers(함대의 모든 선원이 군인들과 똑같은 봉급을 받았다)', 'the Greeks and Macedonians……looked on the Egyptian Ammon as the same god with their own Zeus(그리스인과 마케도니아인은……이집트의 아몬을 자신들의 제우스와 동일한 신으로 보았다).' 두 문장에서 same의 의미는 매우 흡사하지만 하나는 통사 구조 안에서 as와 함께 사용되었고 또 하나는 with와 함께 사용되었다. 친절한 사전 편찬자는 둘 사이의 충분한 차이를 알아보고 각각의 역사를 따로 설명하고자 한다.

결과적으로 same의 문서 기록을 살펴보면 수많은 맥락과 통사 구조로 구분되며 뜻이 아니라 맥락 설명을 통하여 정의할 수 있다. 전치사와 접속사 같은 단순한 단어들과 다수의 형용사와 부사가 그렇다. 방금 살펴본 same의 보기는 이렇게 정의된다. 'as와 함께 사용. 현재 가장 일반적인 구조.' Same 같은 단어의 표제어를 찾아보면 어떤 기법이 사용되었는지 설명되어 있을 때가 많다. 사전 편찬과 언어에서는 단어의 뜻뿐만 아니라 맥락도 중요하다는 사실을 알 수 있다.

에드는 나보다 몇 달 먼저 옛 우편실로 사무실을 옮겼다. 그는 좌(옥스퍼드 대학교 출판사), 우(IBM), 중앙(워틸루)에 놓인 여러 컴퓨터의 도움으로 OED2를 위해 사전 텍스트를 안전하고 품격 있게 컴퓨터로 옮기는 작업 절차를 고안했다. 그의 감독하에 OED 초판 열두 권(1884~1928)과 보충판 네 권이 1989년 출판을 준비하기 위해 미국에서 입력되고 있었다.

∞

사전의 전체 텍스트를 컴퓨터에 수동으로 (자동으로 스캔하지 않고) 옮기는 것은 초기에 내려진 기본적인 결정이었다. 하지만 확정하기 전에 산업 관계자들의 조언을 구했다. 일부는 (광학 문자 인식을 이용해) 텍스트를 컴퓨터에 스캔하지 않고 일일이 손으로 치는 것은 시간 낭비에 오류 위험을 높이는 어리석은 짓이라고 했다. 우리는 그런 상냥한 컨설턴트들에게 사전 몇 페이지를 견본으로 주고 최첨단 텍스트 스캔 장비로 작업한 결과를 보여 달라고 했다. 이상하게도 그런 사람들은 늘 그 후로 연락이 두절되었다. 어쩌면 일부는 실성했거나 브라이튼의 해변에서 아이스크림 파는 모습이 목격되었을지도 모른다. 어쨌든 확실한 것은 스캔한 텍스트를 가져와 보여준 사람이 한 명도 없었다는 사실이다.

결국 우리는 손으로 직접 컴퓨터에 텍스트를 입력했다. 하지만 **transpire**(알고 보니 ~하다) 영국에는 OED의 전체 텍스트를 입력하는 작업을 맡을 만큼 규모 있고 용감한 회사가 없었다. 다행히 잠재적 파트너 중에 이러한 작업을 제안한 회사가 있었다. 용감하고 배포 큰 사람들의 땅(펜실베이니아)에 자리한 인터내셔널 컴퓨터프린트 코퍼레이션이었다. 그 회사의 키보드 입력자 약 150명이 플로리다에서 18개월 동안 사전 텍스트를 입력했다. 우리는 높은 정확도를 요구했다. 키보드 입력 10,000회당 오류가 7회 이상 나오면 안 되었다. 그것만으로도 쉽지 않은 일이었다. 그리고 키보드 입력자들은 컴퓨터가 인식할 수 있도록 사전 표제어의 각 요소 앞에(정의, 어원 등) 태그를 붙였다.

이 작업을 어떻게 감독한단 말인가? 전체가 20,000페이지에 이르고 각 페이지마다 세 개의 세로단에 작은 글씨가 빽빽하게 들어갔다. 게다가 제인 오스틴의 소설도 아니고 내용마저 어려웠다. 고대 영어부터 초서와 셰익스피어를 거쳐 현대에 이르는 인용문이 가득했다. 플로리다의 평범한 키보드 입력자에게 익숙한 텍스트가 아니었다. 텍스트 입력 후에는 전체를 교정해야만 했다. 그 자체도 중요한 프로젝트였다. 옥스퍼드에서 키보드 입력과 교정 업무를 관리하는 것은 동료 이본느의 책임이 되었다. 그녀는 프리랜서 교정자 50명으로 이루어진 팀을 꾸렸다. 프리랜서 교정자들이 끝마친 작업물을 제출하고 새로 작업할 것을 받기 위해 사무실을 오갔다. 이 모든 작업이 촉박한 마감기한 안에 이루어져야만 했다.

18세기 중반에서 후반에 동사 transpire는 보통은 정상적인 개인들 사이에서 끝없는 언쟁을 일으켰다. 모든 단어가 과거와 똑같은 의미로 사용되어야만 하고 거기에서 조금이라도 벗어나면 이단이라고 생각하는 사람들이 있다(즉 '어원적 오류': nice는 '무지한'을 뜻하는 라틴어 어원 nescius와 여전히 관련 있다, 혹은 logic은 '말'을 뜻하는 그리스어 logos에서 왔으므로 '말'에 대한 논쟁일 뿐이다). Transpire(적어도 그에 해당하는 오래된 단어)는 라틴어에서는 문자 그대로의 의미이지만 수 세기 동안 영어 사용자들이 망가뜨렸다. 이 단어는 영어에서 16세기 후반부터 알려졌고 라틴어 transpirare에서 왔다. trans-는 '건너서'(Trans-Siberian 등)라는 뜻이고 spirare는 '숨 쉬다'(inspiration, spirit 등)라는 뜻이다. 따라서 호흡을 통한 이동과 관련된 뜻이라고 추측할 수 있다.

OED는 이 단어의 과거 의미를 이렇게 정의했다. '신체의 내벽이나 표면을 통하여 수증기가 나오다, 또는 피부를 통하여 몸에서 발하거나 방출하다(수분 등).' 17세기에 이 단어의 맥락이 확장되었지만 핵심적인 의미에는 일관성이 있다. 발한의 의미일 때가 많다. 안에서 밖으로 혹은 밖에서 안으로 액체가 흐르는 것이다. 근대 초기에 새로 등장한 과학에서 매우 유용하게 쓰이면서 인기가 높아졌다.

하지만 이 단어가 불멸로 가는 길에 처음 문제가 발생한 것은 1748년이었다. 영국의 정치가이자 외교관, 문인이었던 체스터필드 경(Lord Chesterfield)이 연관된 일이다. 나중에 체스터필드 경은 존슨 박사가 제안한 사전이 계획에서 멀어지고 있다는 사실을 깨닫고 지원을 철회함으로써 그의 심기를 건드렸다(즉 존슨이 언어 변화를 수용해 사전의 마무리에 좀처럼 가까워지지 않았다.

사전은 변화에 개방적이어야 한다). 1748년에 체스터필드 경(일반적으로 언어 변화를 꺼려했지만 약간 반어적으로)은 한 편지에서 동사 transpire를 당시 영어에는 새로운(프랑스어 transpirer의 경우는 새롭지 않았다) 비유적인 방식으로 사용했다. 그는 이렇게 적었다. "This letter goes to you, in that confidence, which I······ place in you. And you will therefore not let one word of it transpire. (당신에 대한 믿음으로 이 편지를 보냅니다. 따라서 이 편지의 내용을 한 마디라도 누설(transpire)해서는 안 됩니다.)"

이 표현에는 아무런 문제가 없고(언어에서 '틀린 점'을 찾으려고만 하는 사람이 보기에) 프랑스어에서는 그보다 약간 앞선 18세기부터 이러한 용법이 발달했다. 체스터필드 경의 말은 편지에 담긴 내용이 현재의 사적이고 비밀스러운 상태에서 대중의 관점으로 스며들어서는 안 된다는 뜻이다. 물질적인 증산(蒸散)에서 은유적인 뜻으로의 발달은 크게 새로울 것 없는 간단한 변화다. 하지만 존슨 박사는 사전에서 이 단어를 다룰 때 약간 젠체하며 이 사소한 의미론적 변화가 지나친 감이 있다고 했다('최근에 프랑스에서 새롭게 나온 불필요한 의미').

하지만 그다음에 일어난 일은 언어 순수주의자를 크게 감소시켰다. OED에 따르면 미국 2대 대통령의 아내 아비게일 애덤스(Abigail Adams)는 1775년에 필라델피아의 대륙회의에 참석 중인 남편에게 보낸 편지에서 이렇게 말했다. "There is nothing new transpired since I wrote you last. (지난번 편지 이후로 새로운 일이 전혀 생기지(transpire) 않았어요.)" 물론 그전에도 이러한 의미로 사용한 사람들이 있겠지만 현재로서는 그녀가 최초로 인정받고 있다.

언어 순수주의자들은 transpire의 '일어나다, 발생하다'라는 새로운 뜻을 싫어했다. 한 상태(아무 일도 생기지 않는)에서 또 다른 상태(뭔가가 생긴)로 움직인다는 매우 느슨한 침투와 이동의 의미밖에 없기 때문이다. 18세기의 고상한 대저택 응접실에서는 일어나면 안 되는 유기적인 변화였다. 어쩌면 이것이 미국 어법인데 1775/1776년경에 미국인이 영국에서 중요한 지위를 차지하지 않았다는 사실 때문에 영국에서는 대중적이 되지 못했는지도 모른다. OED 초판에서는 '잘못된 사용'이라고 절망하면서 약간의 도움을 제시한다. 'What had transpired during his absence he did not know. (그는 자신의 부재 동안 일어난(transpire) 일을 알지 못했다.) 같은 문장에 대한 오해에서 비롯된 것이 분명하다'는 것이다. 이 자체도 매우 불가사의하고 혼란스러운 설명이다. OED는 이 단어의 사용을 관찰하면서 이전 사전 편찬자들의 전철을 따라가고 있다. 이를테면 1850년에 다음과 같이 쓴 미국의 조셉 우스터(Joseph Worcester)다. '이 단어의 새로운 어법은 미국에서는 매우 보편적이다. 영국에서도 매우 드물어 보이지는 않으나 신중한 비평가들에게서 부적절하다는 지적을 계속 받아오고 있다.' 하지만 우스터는 별로 개의치 않는 듯하다. 그런 일이 생길 수도(transpire) 있는 것이니까.

∞

1985년 가을에 나는 힐러리와 세 살 반 된 딸 케이트와 함께 캐나다 워털루 대학교에 초빙되어 갔다. OED 전문가로서 워털루의 컴퓨터 *guru*들에게 OED 데이터베이스의 잠재적 구조를 위한 이론적 사고에 필요한 조언을 해달라고 부탁받았다. 사실 내 역할은 그보다 단순했다. 방대한 사전 데이터를 컴퓨터 안에 정리하는 가장 좋은 방법에 대해 논의하는 전문가들의 작업에 도움이 될 수도 있으므로 종이 사전의 구조와 내용에 대한 심도 있는 정보를 제공하는 것이었다.

캐나다에 머무르는 동안 워털루 영문학과 방문 부교수 자격으로 대학원생들에게 사전 편찬의 역사와 관행에 관한 강의도 했다. 힐러리 또한 전공인 근대 영어 소설 개론 강의를 해달라고 부탁받았다. 케이트는 그곳의 어린이집에 맡겨졌다. 케이트는 캐나다에서 지낼 때 차도의 눈을 치우던 일은 기억하지만 어린이집의 교육적 혜택에 대해서는 전혀 기억하지 못한다.

나는 18세기에 사용된 철자법 gooroo가 마음에 든다. 즉 guru는 초기 근대 영어다(그래서 개인적으로 더욱 애정이 간다). 이것은 juggernaut과 마찬가지로 초기 여행자와 무역 상인들이 인도 아대륙에서 접한 수많은 인도어 단어 중 하나였다. Guru들의 생활 방식과 그들이 받는 깊은 존경은 유럽인들을 놀라게 했다. 인도의 guru는 유럽인들이 아는 현자와 완전히 달랐으므로 당연히 고국에 있는 사람들에게도 그 이야기를 전해주려고 했다. OED는 guru를 '힌두교의 영적 스승이나 종교 지도자'라고 정의하고 1613년부터 사용되었다고 전한다(computer가 처음 사용된 연도와 똑같다). 당시 열심히 여행기를 기록한 새뮤얼 퍼처스(Samuel Purchas)는 '고루(Goru)라는 이름을 가진 현지 종교의 유명한 선지자'라고 언급한다. 하지만 OED는 이 단어가 개인의 이름이 아니라 보통명사라고 본다.

일반적으로 인도의 guru들은 체구가 작고 마른 신사들인 듯하다. 하지만 컴퓨터 guru들은 다 그렇지 않다. 늘 컴퓨터 앞에 앉아 있고 활동량이 적어서 체중이 불어난다. 20세기 영어는 guru의 뜻을 힌두교에서 다른 곳까지 확장하기 시작했다. H. G. 웰스(H. G. Wells)의 《Babes in the Darkling Wood》(1940)에 '스텔라, 네 스승으로서, 말하자면 구루로서 그 일에 대해 한마디도 하지 말 것을 요청한다'라는 말이 나온다. 그 후 일반적으로 '영향력 있는 스승이나 멘토를 모두 일컫는' 단어로 사용되었다. 당시의 컴퓨터 담당자들은 눈앞에서는 아니더라도 자신들이 없는 곳에서 guru라고 불리기를 원했다.

∞

OED의 디지털화가 진행되는 흥미진진한 나날이었다. 예전에 문학 학자들에게는 박식한 설명과 비판 대상이었던 OED가 워털루에서는 컴퓨터 논리학자들에 의해 정보 보유 및 표현 방식을 철저하게 조사받았다. 그들은 예전에 들어본 적 없는 단순하지만 곤란한 질문을 했다. 이를테면 이런 질문이었다. "단어 정의의 일반적 구조는 무엇입니까?", "하나의 표제어를 그것이 언급하는 완전히 디지털화된 버전의 텍스트와 연결하는 것이 유용할까요?", "표제어가 항상 알파벳순으로 표현됩니까, 다른 선택권도 있습니까?", "어떤 표제어가 가장 시대에 뒤처지는지에 대한 컴퓨터화된 평가를 원하십니까?", "20세기 합성어 가운데 실제 텍스트에서 흔하게 나타나는 경우 사전에 추가되어야 한다고 알려주는 기능을 원하십니까?" 내 답은 미래의 OED를 만들어가는 일에 일조할 터였다. 매우 적절하고 생산적인 시합이었다.

워털루는 빛의 속도를 갖춘 검색 소프트웨어를 이미 개발했다. (당시는 그런 유형의 소프트웨어가 시중에 나오기 훨씬 전이었다.) 소프트웨어는 사전의 방대한 텍스트 안에서 즉각 검색을 가능하게 해주었지만 사전 텍스트가 복잡하다 보니 여러 문제를 해독하는 데는 인간의 두뇌(즉 내 두뇌)가 필요했다.

우리가 실랑이를 벌인 문제들은 특수한 지식을 가진 소수만이 알아보는 것이지만 수면으로 떠오르기를 기다리고 있는 새로운 언어 정보들을 디지털화 데이터베이스의 효율적인 검색을 통해 찾으려면 반드시 해결되어야만 했다. 날짜를 예로 들어보자. 전통적으로 OED는 단어 설명을 돕고자 제시된 인용문에 정확한 날짜를 할당할 수 없으면(인쇄술 발명 이전의 날짜가 기입되지 않은 필사본 텍스트) '약 1400년'처럼 정확하지 않은 날짜를 넣는다. 이것은 표제어를 참고하는 인간 독자들에게는 아무런 문제도 초래하지 않는다. 인간은 상식을 활용하기 때문이다. 하지만 상식을 가지고 태어나지 않은 컴퓨터에는 소용이 없었다. 컴퓨터는 '약 ~경'이 함축하는 바를 본능적으로 이해하지 못하므로 실제 숫자 또는 수 범위를 원했다. 따라서 필요한 방안을 찾아야 했다. 실험을 통하여 컴퓨터에 초기 역사의 한 시대를 말해준 후 (주로 필사본의 실제 제작 시기를 대략적으로 아는 경우) 50년 범위로 '약 ~경'을 가정해주되 중세 이후의 텍스트는(텍스트의 제작 시기 정보가 좀 더 확실한 경우) 25년, 혹은 나중에는 5년 범위로 '약 ~경'을 가정해주는 특이한 시스템을 고안했다. 완벽하지는 않았지만 소프트웨어에 이 정보가 내장되어 컴퓨터가 사전의 부정확성을 만족스럽게 처리할 수 있었다.

∞

　나는 워털루에서 텍스트가 새로운 분석 형태의 대상이 되는 새로운 문화를 접했다. 그것은 언어의 패턴을 찾는 것이 무엇보다 중요한 환경이었다. 우리는 컴퓨터가 텍스트에서 정보를 추출해 사전의 내용을 개선하고 언어 분석에도 도움 될 수 있도록 만드는 방법을 고민하기 시작했다. 물론 다른 곳에서도 이루어지고 있는 일이었지만 옥스퍼드에서 장기적인 편집 프로젝트를 맡고 있는 나에게는 새로운 발견이었다. 1950년대에 시작된 〈OED 보충판〉 프로젝트를 떠올리게 했다.

　사전을 조사하는 다수의 새로운 방법에 어느덧 익숙해져가고 있었다. 셰익스피어는 항상 좋은 보기가 된다. 우리는 셰익스피어가 만들었다고 여겨지는 단어와 뜻을 전부 찾아보았다(약 8,000개). 그것이 저자의 창의성에 대해 무엇을 알려주는가(명사와 형용사, 동사 중 무엇이 가장 많은지?), 셰익스피어의 어휘적 창의성이 초기 혹은 후기 작품에서 가장 뛰어났는가, 비극 혹은 희극에서 가장 뛰어났는가? (〈한여름 밤의 꿈〉에서는 210개의 신조어가, 〈햄릿〉에서는 480개가 발견되었다.) 셰익스피어가 명사 2,900개(partner=댄스 파트너), 형용사 2,350개(Nestor-like), 동사 2,250개(뒤뚱뒤뚱 걷다의 waddle을 사람에게 쓴 것), 관용구 146개(좋은 것도 너무 많으면 싫다는 뜻의 too much of a good thing), 감탄사 40개(bow-wow!), 전치사 39개로 영어 단어를 늘렸다는 사실을 발견했다. 또한 1600년에서 1610년 사이에 단어가 몇 개나 만들어졌는지도 알 수 있었다(OED 기록에 따르면 8,400개). 명사와 동사 등 모든 품사가 저마다 총 몇 개인지도 살펴보았다. 품사마다 개수가 어떻게 다르고 그것이 언어에 대해 무엇을 말해주는가? 15세기에 폐어가 많이 생겼는가? 그런 폐어에는 무엇이 있는가? 왜 폐어가 되었는가? 사회의 어떤 현상이 폐어에 기여했는가? 같은 시기에 생긴 말들과의 차이점은 무엇인가? 데이터가 부족할 때도 있었지만 질문을 던지는 것만으로도 흥분되었다.

워털루에서 컴퓨터공학자들과 이런 대화로 여유로운 오후를 보내던 어느 날이었다. 프랭크 톰파(Frank Tompa), 가스톤 고넷(Gaston Gonnet) 두 명의 신사가 대화를 이끌었다. 프랭크는 수학과 컴퓨터공학 분야의 지식이 매우 뛰어났다. 가스톤도 만만치 않았다. 워털루에는 프랭크의 이름을 딴 거리가 있었고 우루과이 출신의 입양아 가스톤은 자신이 개발한 컴퓨터 언어에 캐나다에 어울리는 메이플이라는 이름을 붙였다. 교수들은 사전 편찬자들만큼이나 프로젝트에 큰 흥미를 보였다. 우리는 그것이 비슷한 시기에 시작된 인간 게놈 프로젝트와 같은 맥락이라고 보았다. 방대한 데이터 속에서 패턴을 찾는다는 점에서 똑같았다.

워털루에서 겪은 가장 예상 밖의 일은 사전 편찬학을 컴퓨터화된 OED가 이끄는 진보적인 언어 연구의 새롭고 중요한 분야로 간주하는 환경이었다. OED를 위해 워털루 대학교에 신설된 센터의 컴퓨터공학 교수들은 용감하고 새로운 미래를 향해 나아가려고 씨름하는 OED를 도와주었다.

영문학 석사 과정 학생들은 이 새로운 연구 분야에 관심이 많았고 영국의 전형적인 고루한 사전 편찬자의 이미지에 연연하지도 않았다. 영국 미디어는 'OED 사전 편찬자'라고 하면 하얀 수염과 건망증, 분필가루가 연상되는 이미지를 고착시켰다. 하지만 내 학생들은 17세기 초의 로버트 코드리(Robert Cawdrey)에서 존슨 박사, 노아 웹스터(유일하게 수염이 없다)에 이르는 영국 사전 편찬의 역사를 공부하며 캠퍼스에서 OED 컴퓨터 사전을 조기 사용할 수 있었다. 그들은 그 데이터베이스가 문학과 언어 공부에 새로운 관점을 제공해줄 수 있음을 깨달았다.

∞

당시에는 사전 편찬학 수업을 제공하는 대학이 많지 않았다. 디지털 혁명 이전에 역사 사전은 학자들에게는 찬양받지만 나머지 사람들에게는 간과되기 일쑤였다. 신기술을 이용해 그들이 언어에 관심을 가지도록 만들어야 했다. 따라서 미래의 선택권을 넓히기 전에 사전의 전통에 대해 살펴볼 필요가 있었다.

사전의 역사는 BC 3000년 아카드/수메르의 단어 목록으로 거슬러 올라간다. 하지만 영어 사전에 대한 학생들의 이해를 높이기 위해 좀 더 근래의 시점에서 강의를 시작했다.

꼭 알아야 할 몇 가지 기본적인 내용이 있다. 이중 언어 주석, 그리고 그 후에 등장한 이중 언어 사전이 OED 같은 단일어 사전보다 앞서 나왔다. 모국어의 단어 정의보다 외국어를 이해해야 할 필요성이 먼저 대두되었기 때문이다. 초기 영어가 주석을 달아야 했던 첫 번째 언어는 초기 교회의 언어이자 교육 언어인 라틴어였다. 앵글로-색슨족 스승들은 제자들의 성경 이해를 돕기 위해 필사본 텍스트의 행간에 라틴어를 영어로 적었다(라틴어 원문보다 간단하게 적을 때도 있었다). 이러한 용어 해설집은 매우 드물지만 비슷한 성격을 지닌 몇몇 작품이 알려져 있다. 예를 들어 현존하는 라이덴 용어 해설집(Leiden Glossary)은 잃어버린 앵글로-색슨 필사본을 서기 800년경의 근대 스위스에서 복제한 것이다.

중세 필사본의 행간 주석은 언어의 이해를 도와주는 참고 텍스트의 필요성을 보여주지만 국제적인 성공을 누리지는 못했다. 15세기 중후반에 인쇄술이 발명되고 나서야 사전 (그리고 기타) 텍스트의 접근성을 높여주는 매체가 나왔다.

하지만 그때조차도 영국은 최초의 영어 사전을 만들 준비가 되지 않았다. 중세인들은 사전보다는 관련어집(thesaurus)(문자 그대로 지식의 '보물 창고')으로 지식을 분류하는 데 관심이 더 많았다. 하지만 번역의 필요성은 여전히 컸다. 16세기에 이중 언어 *dictionary*(라틴어, 영어, 프랑스어, 이탈리아어 또는 스페인어 포함)가 변하는 세상에 대해 알고 싶어 하는 유럽(영국 포함) 시장을 충족시켰다. 16세기 내내 여러 판본으로 나온 토머스 엘리엇(Thomas Eliot) 경의 라틴어-영어 〈사전(Dictionary)〉(1538)과 클라우디우스 홀리밴드(Claudius Hollyband)의 〈프랑스어와 영어 사전(Dictionarie French and English)〉(1593), 존 플로리오(John Florio)의 이탈리아어-영어 사전 〈Worlde of Wordes〉(1598) 등이 이 시기에 나온 대표적인 사전이다.

Dictionary라는 단어가 처음 등장한 것은 13세기에 라틴어 dictionarium을 통해서였다. 하지만 당시에는 지금과 같은 뜻으로 사용되지 않았다. 페르시아의 교사 갈랜드의 존(John of Garland)(잉글랜드 출신이라는 사실에 주목)이 자신의 라틴어 작품에 대한 기본 지침서의 이름으로 선택하면서 소개했다. OED를 비롯한 사전들은 조사 결과 그 책의 서론에 "책의 제목 〈Dictionarius〉는 '한 단어'라는 뜻의 (라틴어) dictio가 아니라 '연결된 말'이라는 뜻의 dictio에서 나왔다"라고 소개되어 있다고 설명한다. 즉 갈랜드의 존의 의도는 주석이나 정의가 있는 '단어 목록'이 아니라 '연결된' 라틴어 작품의 미스터리를 설명하는 책을 뜻하는 것이었다.

영어 dictionary의 첫 등장은 윌리엄 본드(William Bonde)의 《Pylgrimage of Perfection》(1526)이라고 알려져 있었다. 하지만 최근에 이 단어가 1480년 즈음에 존재했다는 놀라운 증거가 새롭게 밝혀졌다(영국 도서관에 소장된 라틴어-영어 용어 모음 〈Medulla Grammatice〉 또는 〈문법의 골수(Marrow of Grammar)〉). 즉 dictionary는 중세 후기에 나온 단어다. 이처럼 연구를 통해 훨씬 이전의 언어에 속한다는 사실이 밝혀지면 무척 중요한 단어처럼 느껴진다.

Dictionary는 영어에서 최초로 '사전'을 뜻하는 단어로 기록되었다. 당연한 말처럼 들릴지도 모르지만 핵심어가 확고하게 자리 잡기 전에 다른 여러 단어들이 산발적으로 나오는 경우가 많은데 dictionary의 경우 그다음 번에 같은 뜻으로 시도된 단어가 1568년의 calepin이었다. 이것은 1502년에 처음 출판된 유명한 라틴어 사전을 쓴 아우구스티누스회 수사의 이름에서 나왔다. 16세기에는 널리 알려진 단어였지만 그 후 사용하지 않게 되었다. 또 다른 동의어로는 world of words(1598~), lexicon(1603~), thesaurus(1823~) 등이 있다.

예상대로 dictionary(lexicon, thesaurus와 마찬가지로)는 게르만어가 아니라 로망스어에서 유래했다. 중세와 르네상스 시대의 학문 관련 단어는 로망스어 쪽에서 나오는 경우가 많다. Dictionary는 영어에 자리 잡은 후 시간이 흐르면서 새로운 의미를 발달시켰다. 1570년대에 이르러 두 가지 새로운 의미가 싹텄다. 실제로는 기존 의미가 수정된 것에 더 가깝다. OED에 따르면 1576년에 dictionary는 표제어와 정의가 들어간 책뿐만 아니라 알파벳순으로 이루어진 모든 참고 서적이나 백과사전을 가리키는 말이 되었다. 1579년에는 개인의 어휘를 뜻하는 말로까지 도약했다. 즉 '누군가의 dictionary' 하면 그 사람이 아는 단어의 총 숫자를 뜻했다. '자주색(그 밖에도 다양한 말을 집어넣을 수 있다)은 내 사전에 없다'처럼 비슷한 뜻의 변형이 아직도 사용된다. 1609년에는 시인이자 극작가인 조지 채프먼(George Chapman)이 사람을 대상으로 '걸어 다니는 사전(walking dictionary)'이라는 표현을 사용하기 시작했고 오늘날까지도 이어지고 있다. 1829년에는 뭐든지 다 아는 체하거나 어려운 말을 쓰는 사람에게 '사전을 삼켰다(swallowed a dictionary)'는 표현이 사용되었다.

나는 학생들에게 전통적으로 최초의 영어 사전이라고 여겨지는 책이 1604년에야 출판되었다고 설명했다. 교사 로버트 코드리가 쓴 〈Table Alphabeticall〉이다. 사실 우리가 생각하는 그런 사전은 아니었다. 저자가 '어려운' 단어라고 생각한 것들만 수록되었기 때문이다. 교육을 받지 못한 영국인들을 위해 라틴어나 그리스어에서 파생된 단어들을 주로 모아놓았다. 저자는 대놓고 여성과 어린아이들을 위한 책이라고 했다.

17세기에 사전 편찬자들은 소형 사전 출판 경쟁을 벌였는데 초기에는 어려운 단어가 수록된 책이 지배적이었다. 점점 커지는 시장을 충족시키기 위해 사전이 조금씩 두꺼워지면서 빈약한 어원과 지역어, 보편적인 단어, 고전 인용, 지명, 속담과 관용구 등이 들어갔고 17세기 말에 이르러 1676년에 나온 엘리샤 콜(Elisha Cole)의 〈영어 사전(English Dictionary)〉을 포함해 오늘날의 사전과 비슷한 사전들이 등장하기 시작했다.

당시에는 사전 편찬학 이론이 없었다. 단어 정의가 단순한 유의어 목록이거나 짧은 설명에 불과했다. 당시 어원 사전이 발달하지 못했던 만큼 어원도 별로였고(간혹 훌륭한 것들도 있다) 발음은 전혀 도와주지 않았다. 17세기의 사전들은 익명의 교사들이 수업에 쓰려고 만든 것이 대부분으로 별로 흥미로울 것이 없었다.

18세기에 들어서는 사전의 상업성이 짙어졌다. 18세기 초의 위대한 영국 사전 편찬자 네이선 베일리(Nathan Bailey)는 작고 땅딸막하지만 이상한 매력을 가진 사전들로 시장을 장악했다. 베일리는 단어를 설명할 때 마치 단어에 새로운 정당성을 부여하듯 유명 작가가 사용한 용례를 넣기도 했다. 1721년에 처음 출판된 그의 〈보편적 어원 사전(Universal Etymological Dictionary)〉은 매우 큰 인기를 누렸지만 어원의 측면에서는 그리 훌륭하지 않았다. 특히 그는 단어를 애매모호하게 정의한 것으로 유명하다. 예를 들어 spider는 '잘 알려진 곤충'이었다. 17세기의 아마추어 사전을 떠올리게 한다. 보통은 훨씬 더 모호한 수준이었고 모두 구어체가 사용되었다. 예를 들어 갈고리 모양의 못 hook-pin의 정의는 이러했다. '(건축) 갈고리 대가리만 달린 끝이 뾰족한 철제핀. 지붕의 틀이나 바닥을 핀으로 꽂을 때 사용.' 일반적으로 베일리의 사전은 단어를 찾아보기 전에 이미 아는 단어라야 도움이 되었다.

네이션 베일리는 존슨 박사의 존재를 우려했다. 존슨 박사가 모든 사전을 물리칠 수 있는 사전을 내려고 준비하고 있다는 사실을 알고 있던 베일리는 시장에서의 입지를 더욱 굳히기 위해 경쟁작을 출판했다. 존슨 박사가 1755년에 출판한 두 권짜리 사전과 동일한 대형 2절판 사전이었다. 하지만 소용없었다. 존슨의 사전은 출판되자마자 빠르게 표준으로 자리 잡았다. 언론인이자 문인인 존슨의 페이지 포맷은 품격이 있었고 단어 정의 또한 마찬가지였으며 '최고' 작가들의 인용문도 충분히 소개되었다. 존슨은 여러 단어의 근대적 철자법을 소개한 사람으로 여겨지지만 사실은 그렇지 않았다. 하지만 그는 당시 사용되던 여러 변형된 철자법 가운데 현명하게 골라서 표준 철자로 강화시켰다(오늘날까지 그대로 이어지는 경우도 있다). 그는 영어 사전은 물론 영어라는 언어에 작은 학교 교사의 사전 편찬학에는 없었던 정통성을 부여했다. 소수의 엉뚱한 정의 (잘 알려진 단어 oat: 곡물. 잉글랜드에서는 주로 말의 먹이로 주지만 스코틀랜드에서는 사람이 먹는다) 또한 독자들이 그를 더욱 좋아하게 만들었다.

새로운 미합중국은 열렬한 철자 개혁주의자이자 북부 연방의 시민이자 지지자인 노아 웹스터를 중심으로 고유한 사전 전통을 발전시켰다. 그가 낸 가장 유명한 사전 〈미국 영어 사전(An American Dictionary of the English Language)〉(1828, 총 2권)은 사전 이외에 정치적인 목적도 있었다. 웹스터는 그 사전이 정치적으로는 물론이고 언어적으로도 미국이 영국 제도와 독립되어 있다는 의미로 받아들여지기를 원했다. 그의 사전은 품격 있는 활자가 들어간 책처럼 느껴지지 않지만 정의가 명확하고 새로운 미국의 특징을 이루는 단어와 뜻이 소개되었다. 처음 출판되었을 때는 그리 인기를 끌지 못했던 그 사전은 웹스터가 세상을 떠난 후 조지와 찰스 메리엄(George and Charles Merriam) 형제가 사들여 새 편집자들과 함께 점진적으로 성공시켰다.

웹스터는 18세기 후반에 유럽에서 발달한 새로운 비교언어학을 사용하지 않았다. 독일을 비롯한 여러 지역의 비교언어학자들은 겉으로는 서로 완전히 동떨어져 보이는 언어들이 (프랑스어와 산스크리트어 등) 먼 친척일 수 있다는 사실을 알아내기 시작했다. 그 연결고리는 언어가 기록되기 전으로 거슬러 올라가는 경우가 많아 비교언어학을 더더욱 이해하기 어려운 학문으로 만들었다. 예를 들어 영어 단어 fish가 라틴어 piscis(=fish)와 유전적인 관계가 있음을 보여주는 법칙들이 만들어졌다. 초기 발견이 이루어진 후에는 언어의 가계도 안에서 동족 언어들의 연결망과 수 세기 전으로 거슬러 올라가 퍼지는 그 결합된 문화를 상상해볼 수 있게 되었다.

영국 학자들은 19세기 초에 큰 관심을 가지고 비교언어학의 발달을 따라갔다. 그중 다수는 런던의 언어학회 회원이었다. 비교언어들의 연결망에 관한 사상은 나중에 〈옥스퍼드 영어 사전(OED)〉이라고 알려지게 된 것에 대한 회원들의 토론에도 큰 영향을 미쳤다.

언어학회가 영어 사전의 상태에 대한 토론을 시작한 1857년부터 초판이 완성된 1928년에 이르기까지 OED가 거친 발달 과정은 단순명료하다. OED는 비교언어학 지식을 이용해 다른 (대개는 동족) 언어들에서 영어 단어의 초기 단계를 조사한다. 그다음에는 가계도 같은 것으로 시간의 흐름에 따라 갈라져 나오는 의미들을 살피면서 영어 안에서의 언어적 발달을 실증한다.

검색이 가능한 디지털 사전 프로젝트는 이러한 역사적 전통을 더욱 개선해준다. 그 결과는 인쇄술의 발명과 이중 언어 사전에서 단일어 사전으로의 발달이 가져온 변화만큼이나 사전 편찬에 중대한 의의를 가진다. 과거에 사전은 정적인 텍스트였고 독자들은 페이지를 훑어보다 우연히 흥미로운 새 단어를 찾아 흥분감에 들떴다. 하지만 디지털 사전은 인식 도약의 가능성을 제시했다. 개별 단어뿐만 아니라 언어 전체의 정보와 연구로, 즉 사전 텍스트 안에서 독자가 탐구하고자 하는 세상(텍스트, 지식 등)으로 나아갈 수 있는 것이다.

∞

나는 사람들이 이상하고 별난 단어를 과도하게 즐기는 모습이 걱정스럽다. 신기하고 재미있지만 언어에 기여하지 않고 언어 연구에 있어 중요하지도 않은 단어들이다. 애지중지할 수 있는 겉만 반지르르한 단어에 끌리는 사람들이 있다. 하지만 단어는 인형이 아니다. 실질적인 언어의 관점에서 antidisestablishmentarianism(국교 폐지 반대-역주)이나 floccinaucinihilipilification('무언가를 가치 없다고 추정하는 행동 또는 습관'-한때 OED에서 가장 긴 단어였다), mallemaroking(무슨 뜻인지 찾아보길) 같은 단어에 누가 신경 쓸까? 이런 단어에 무엇 하러 시간을 낭비하고 목록을 만들어 출판할까? 하지만 이 부분에서 나와 생각을 같이하는 사람이 없는 듯하다.

나는 보여주기식 단어들이 엘리트주의와 같거나 적어도 자격 없이 관심을 얻으려 한다고 생각하는지도 모른다. 이 단어들은 쉽게 호감을 줄 수 있지만(그렇게 보이거나) 진짜 언어의 중심이 아니라 본체에서 떨어져 있다.

워털루에서 컴퓨터공학자들과 일하면서 훨씬 거대해 보이는 언어 관련 질문을 컴퓨터로 연구하기 시작했다. 내가 조사하고자 했던 것은 단어들이 시간에 따라 어떻게 진화했는가였다. 패턴을 탐구하고 싶었다. 사회에서 일어난 일들이 일반적으로 언어에 어떤 영향을 끼쳤는가? 성공한 단어와 그렇지 못한 단어의 차이점은 무엇인가? 노르만 정복 이후 묻혀 있다가 500년 이상이 지난 후에 갑자기 다시 등장해 지금까지도 팔팔하게 살아 있는 앵글로-색슨족 단어는 무엇인가? 18세기에 새로운 독립 국가를 꾸려나간 미국인들이 전통 영어에서 필요로 한 것과 필요로 하지 않은 것은 무엇인가? 낱말 맞히기 애호가들을 위한 질문이 아니다. 영어의 일상적인 자료를 충분히 수집하고 정확하게 분석하지 않으면 답을 찾으리라고 기대조차 할 수 없는 질문들이다.

내가 연구하고자 했던 질문 하나를 짧게 살펴보자. 초기 항해자들이 16세기와 17세기에 영국으로 가져온 단어들은 무엇인가? 16세기는 영어가 영국의 언어임을 재천명하고 훌륭한 문학과 사상, 발명이 표현될 수 있는 문화적 가공물이 되었던 시기다. 조금 이상하게 들리지만 그 이전 세기에 영어는 정복자들의 프랑스어와 교회 및 관료 사회의 라틴어에 맞서 고군분투했고 자력으로 숨 쉬지 못했다. 16세기와 특히 17세기에 영국은 팽창주의를 경험하면서 제국으로 부상했고 여러 지역과의 안정적인 관계 수립으로 영어에 무수히 많은 신조어가 유입될 수 있었다. 영국의 팽창주의에서 가장 중요한 지역 중 하나는

바로 인도 아대륙이었다. 영국 동인도회사는 초기의 탐색 이후 1600
년에 영국 정부를 대신해 인도에서 교역을 할 수 있도록 인가받았다.
시간이 지나면서 그 역할에 변화가 찾아왔고 캘커타와 마드라스, 봄
베이에 기지를 두고 인도의 광활한 지역에 대한 행정 통제권을 행사
하게 되었다. 동인도회사는 영국 정부로부터 세금을 올릴 수 있는 권
한을 부여받았고 따로 군대까지 두면서 포식자 같은 야망을 뒷받침했
다. 하지만 1857년에 세포이 항쟁(현재는 보통 '인도 반란'이라고 부른다)
으로 동인도회사의 힘이 약해졌고 영국 정부와 새로운 인도 행정자치
부(Indian Civil Service)가 영국의 지배하에 놓인 지역들을 관리하는 일
을 맡았다.

영어가 이러한 중대한 변화를 뒤쫓은 것에 대해 OED는 무엇을
알려줄 수 있을까? OED에 따르면 두 국가 간의 상호작용이 전혀 혹
은 거의 없었던 16세기 하반기까지는 (한 예로) 힌두어에서 영어로의
차용이 전혀 존재하지 않는다는 사실을 알려준다. 1550년부터 1599
년까지 기록된 힌두어 차용어는 다섯 개다. 차용어의 이동 방식에서도
중요한 정보가 드러난다. 다섯 개 중에서 하나를 제외하고 모두 외국
작품의 영어 번역본에서 발견된다. 영어 사용자들은 번역본을 통해 간
접적으로 새로운 관심사를 접했다. 팽창주의 정치에서 초반에 영국의
위치는 이러했다. 영국이 동방 혹은 서방의 신세계에 가 보면 으레 스
페인인이나 프랑스인, 포르투갈인이 먼저 와 있었고 그것은 그 지역의
언어가 영어에 어떤 식으로 들어오는가에 큰 영향을 끼쳤다.

힌두어에서 빌린 첫 단어의 기록은 인도의 지안 판사 혹은 경찰을
뜻하는 kotwal이다. 이 단어가 영어에서 처음 발견되는 것은 1582
년인데 페르나오 로페스 데 카스타네다(Fernão Lopes de Castanheda,

약 1500~1559)가 쓴 포르투갈어 작품의 영어 번역본에서다. 포르투갈의 역사가인 카스타네다는 어린 시절을 대부분 포르투갈령 인도 고아 지역에서 보냈다. 당시 포르투갈은 인도에서 다른 유럽 국가들보다 훨씬 앞서 있었다. 그의 저술은 대부분 그가 세상을 떠난 후에 출판되었고 영어로 번역된 것은 사후 30년이나 지나서였다.

16세기에 인도에서 온 나머지 단어 네 개는 다른 번역물에서 유래한다. 네덜란드 상인이자 역사가인 얀 호이겐 반 린스호텐(Jan Huyghen van Linschoten, 1563~1611)의 저술이다. 린스호텐이 쓴 포르투갈령 동아시아 항해기는 1596년에 네덜란드에서 출판되었고 그 지역에 대한 커지는 관심 때문에 즉각(1598) 영어로 번역되었다. 린스호텐은 인도 무역로도 출판했고 인도가 네덜란드와 영국에 개방되는 데 중요한 역할을 했다. 그에게서 나온 단어에는 무역 용어(빈랑나무 열매와 관련 있는 paan과 supari)와 인도의 농민 계급 Kunbi가 있다. 16세기 후반에 힌두어에서 영어로 빌려온 네 번째이자 마지막 단어는 hing이다. 이것은 인도에서 요리와 의학에서 사용되는 수지인데 예전 명칭인 asafoetida로 더 잘 알려져 있고 영국 상인 랄프 피치(Ralph Fitch)의 일기에 기록되었다. Hing은 무역 상인들이 해당 상품을 부르던 이름이고 유럽으로 가는 배로 옮기는 과정에서 사용되었다. 서양의 약제상과 요리사들은 더 익숙한 asafoetida라는 이름을 선호했다. 이 몇 개의 단어가 어휘의 거대한 맹습을 대표하지는 않지만 당시의 작은 조짐을 말해준다.

영국은 1947년 분할 이후까지도 인도와 힝글리시(Hinglish, 인도식 영어-역주)에 침투적인 영향을 끼쳤다. 시작은 느렸지만 힌두어에서 영어로 스며든 단어가 수없이 많다는 뜻이다. OED에 수록된 힌두어에서 나온 단어는 800개가 넘었다. 놀라웠다. 내가 알고 있던 것들은 영국이 인도로 진출한 초기에는 중요했지만 기억에서 사라진 단어들이 아니라, 오랫동안 남은 표현뿐이었다. 인도의 다른 언어에서 빌린 단어들도 많다는 사실 또한 놀라웠다. 벵골어에서 80개, 구자라트어 25개, 마라티어 61개, 펀자브어 49개, '공식' 언어 산스크리트어 550개였다. 자료의 컴퓨터화 이전에는 이 언어들과 영어와의 관계를 한눈에 볼 수가 없었다. 핵심적인 단어들은 잘 알려져 있었지만 (jungle, Sikh, crore, rupee, Jain, raj 등) 별로 중요하지 않은 단어들은 찾기가 어려웠다(즉 힌두어에서 빌려온 영어 단어의 빈도 목록에서 하위를 차지하는 단어들). 하지만 별로 중요하지 않은 단어도 살펴봐야 언어의 비교 영역과 사회적 상호작용 및 발달에 대해 정확하고 자신 있게 말할 수 있다.

∞

내가 컴퓨터공학과 교수들에게 조언을 해주고 학생들에게 사전 편찬학을 가르치는 동안 힐러리는 영어 소설 개론을 가르치느라 바빴다. 시험지를 채점하고 수업을 준비하고 새로운 학생들을 알아갔다. 힐러리는 워털루에서 보낸 한 학기 동안 가장 기억나는 것이 네 가지라고 한다(본인에게 직접 들은 말이다). 첫 번째 제자가 반바지 입은 모습을 본 것, 어떤 학생이 점수를 가지고 항의한 것, '티타임'에 만나자고 말했다가 놀림당한 것, 그리고 가장 기억에 남는 것은 워털루 대학교 신문 〈워털루 가제트(Waterloo Gazette)〉에 실린 작은 제목이었다.

〈워털루 가제트〉의 편집자는 우리 부부가 온 소식을 싣기로 하고 워털루와 옥스퍼드의 새로운 협업에 관한 훌륭한 제1면 기사를 썼다. 내 소개와 프로젝트에서의 역할도 몇 문단 들어갔다. 학생신문 편집자는 관대하게도 힐러리가 영문학과에서 무엇을 가르치는지에 대해 짧은 단락도 포함시켰는데, 하대하듯 경솔하게 '부인은 교수'라는 작은 제목을 넣은 것이 문제의 발단이 되었다. 당시 힐러리는 완강한 페미니스트였다. OED 편집장 밥 버치필드조차도 어느 날 나에게 힐러리는 자신이 유일하게 경외심을 느끼는 사전부 편집자의 '동반자'라고 말한 적이 있었으니 워털루 학생신문의 편집자는 어땠을까. 잔뜩 화가 난 힐러리는 〈워털루 가제트〉 편집자에게 자신에 관한 내용에 성차별적인 저의가 숨어 있다고 주장하는 신랄한 편지를 보냈다. 자신이 나의 아내이고 교수라는 명백한 사실 뒤로 그가 저널리스트답게 숨어 있다는 것이었다. 우리는 **hue and cry**가 잦아든 후 앞에 '부인은 교수'라는 문구가 들어간 티셔츠를 입었다.

요즘 hue는 화석 같은 단어다. 더 이상 고유의 생명이 없고 본래의 의미가 담기지도 않은 관용구에서만 발견될 뿐이다. 단어의 화석화는 드문 일이 아니다. 안타깝게도 그것은 과거의 내용은 잊은 채 모양만 유지하는 방법 중 하나이기도 하다(beck and call의 beck과 비교해볼 수 있다). 당연히 한때 hue에도 뜻이 있었다. 노르만 정복 이후 노르만족과 그 후손이 영국을 지배한 시절로 돌아가야 한다. 당시에는 앵글로-노르만 프랑스어가 법률 용어로 사용되었는데 그중에 hu e cri라는 표현이 있었다. (OED에 따르면) '괴롭힘당하는 무리나 경찰 등이 중죄인을 추격하라고 외침'이라는 뜻이었다. 하지만 영국인들은 그 앵글로-노르만 프랑스어를 영어에 가까워 보이도록 hue and cry로 바꾸어 사용했다. Cry라는 영어 단어가 있으므로 달아나는 범죄자를 향해 미친 듯 소리치는 것으로 이해될 수 있는 데다 당시에는 hue에도 외침 소리라는 뜻이 있었다(cry와 비슷). 17세기 중반에 이르러 hue는 의미가 거의 퇴색되었지만 계속 사용되었고 hue and cry라는 표현에서 화석화되었다. 17세기의 후손들은 이 표현에 혼란스러워했고 그것이 한 단어이거나 심지어 hewing cry일 수도 있다고 생각했다. 단어가 화석화되는 모습을 잘 보여주는 사례다.

1986년 이른 봄에 컴퓨터화 프로젝트에 대한 확신을 가지고 옥스퍼드로 돌아갔다. 워털루에서 보낸 시간 동안 OED를 19세기의 안전지대에서 끄집어내 21세기에 집어넣으려는 대담한 시도가 실제로 성공할 수 있다는 것을 알게 되었다.

옥스퍼드로 돌아간 후 프로젝트에서의 내 위치에도 변화가 있었다. 에드 와이너와 함께 OED의 공동-편집자로 임명되었다. 예전과 마찬가지로 신조어 팀을 계속 이끌어나가되 컴퓨터화 프로젝트에 대한 공동 책임이 더해진 것이었다. 하지만 조심성 많은 성격의 나에게 새로운 책임의 규모는 엄청난 두려움으로 다가올 수밖에 없었다. 하지만 빅토리아 시대의 사전에 새로운 생명력을 불어넣는 중요한 역할을 맡았다는 흥분감이 두려움보다 컸다.

옥스퍼드 대학교 출판사의 옛 우편실로 돌아가 보니 내가 없는 동안 프로젝트기 진진되어 있었다. 〈OED〉 초판 열두 권과 〈보충판〉 네 권의 텍스트를 입력하는 작업이 끝나 있었다. 다음 과제는 소프트웨어를 이용해 두 개의 텍스트를 알파벳순으로 매끄럽게 결합시키는 것이었다(우리는 '통합'이라고 불렀다).

소프트웨어로 두 가지 텍스트를 합쳤지만 구멍이 생겼다. 놀라운 일은 아니었다. 컴퓨터 시스템이 미세한 수술을 제대로 해내지 못하면 기사도 정신을 발휘해 달려들어 해결해야 할 날이 오리라는 사실을 우리는 처음부터 알고 있었다. 〈보충판〉이 단어의 새로운 뜻 4c를 기존의 뜻 4a와 4b 다음에 넣으려고 하면 보통은 컴퓨터가 대처할 수 있었다. 만약 초판에 어떤 단어의 뜻이 1, 2, 3번으로 들어가 있고 〈보충판〉이 새로운 뜻을 새로운 뜻 2로 집어넣어 기존의 뜻 2와 3을 4로 내려놓으려 한다고 해보자. 컴퓨터는 그런 상황도 보통은 처리할 수 있었다. 하지만 컴퓨터가 이해하지 못하는 수식이 있는 듯했다. 〈보충판〉이 사전에 새롭게 추가된 퍼즐 조각이 어디로 향하는지 알려주려고 인간 독자들에게 제공하는 설명이 컴퓨터의 입장에서는 논리적 일관성이 부족하거나 완전히 틀려서 컴퓨터가 *brick wall*에 부딪힌 것처럼 보였다. 우리는 곧바로 새로운 편집 단계를 도입했다. 즉 컴퓨터가 한 작업을 이따금씩 수동으로 신중하게 빼냈다(이것은 '해체'라고 불러야 했다). 1986년 이후로 텍스트의 각 부분에 대한 작업이 이루어지는 동안 우리는 화가의 붓과 지휘자의 지휘봉을 들고 통합 텍스트에 생긴 구멍을 처리했다.

놀랍게도 영어에는 서로 완전히 다른 두 개의 단어 brick wall이 존재한다. 과연 그럴 필요성이 있었는지 의아할 것이다. 이것은 뒷전에서의 건전한 경쟁과 함께 이루어진 단어의 성장과 쇠퇴, 소멸을 보여주는 좋은 보기다.

'벽돌로 된 벽'이라는 본래 의미를 가진 brick wall은 중세 영어 시대인 약 1440년에 등장했다. 일반적으로 합성어는 그보다 훨씬 이후의 세기에 많이 발견되지만 그렇다고 고대와 중세 영어 시대에 합성어가 아예 존재하지 않았다는 뜻은 아니다. 단지 그 숫자가 적을 뿐이다. 그리고 합성어는 cupboard(무슨 뜻인지 생각해보라), love-drink(이것은 생각해보지 말고), brick wall 등 대부분 일상에서 쉽게 볼 수 있는 물건들과 연관 있다. Brick wall은 너무도 명백한 표현이었으므로 OED 초판 편집자들은 사전에 넣을 이유가 충분하지 않다고 여겼다. 그래서 가장 빠른 시기의 인용 문헌을 소개한 후(1440년경: 오스번 보켄햄(Osbern Bokenham)이 천지 창조부터 당대에 이르기까지의 역사가 담긴 수도사 라눌프 히겐(Ranulf Higden)의 《Polychronicon》을 영어로 옮긴 번역판) 성경과 셰익스피어의 작품에서 용례를 소개하고는(18세기에 나온 에프라임 체임버(Ephraim Chamber)의 《Cyclopaedia》도 세 번째로 인용했다) 끝이었다. 그 이후의 사용에 대해서는 설명해주지도 않았다. 마치 '이 단어에 대한 더 자세한 설명을 원한다면 번지수를 잘못 찾았다'고 말하고 싶어 하는 듯했다. 낙오자들을 도와주기 위해 편집자들은 '벽돌로 된 벽'이라는 최대한 짧은 정의를 넣었다.

Brick wall은 brick과 wall이 합쳐진 단어다. Wall은 고대 영어지만 brick은 나중에 나왔다. OED는 brick의 어원을 100퍼센트 확신하지 못하지만 프랑스어와 연관 있다고 본다. Brick이 고대 언어가 아니라면 brick wall도 고대 언어에서 발견되지 않을 것이다. 하지만 stone wall은 그렇지 않다(사전 편찬자가 얼마나 꼬불꼬불한 길을 거쳐서 역사를 거슬러 올라가는지 알 수 있다). Stone과 wall은 모두 고대 영어에서 잘 알려진 단어였다. 당연히 앵글로-

색슨 시대 이전에 다수의 게르만 부족들도 알고 있었을 것이다. 따라서 stone wall이 고대 영어에 기록된 것은 놀라운 일이 아니다. 한 단어로 붙여서 쓰는 brickwall도 있다. 이것은 brick과 wall로 이루어진 것이 아니다. 서로 유래가 다르므로 OED에도 표제어 brickwall이 따로 수록되어 있다. 이 두 번째 brickwall은 언어에 대한 또 다른 사실을 알려준다. 이 단어는 중세가 아니라 초기 근대(1500~)부터 시작되었다. 오늘날의 영어와 좀 더 비슷해진 형태의 영어가 사용되기 시작한 시기다. Brickwall은 '공이 (옥내) 테니스 코트의 벽을 맞고 튀어나옴'이라는 뜻이다. 이 단어는 1570년에 영어에 등장했고 초기 근대 프랑스어 bricole이 변질된 것이다. Bricole은 원래 '돌이나 화살을 던지는 고대 군대의 기관차 또는 투석기'라는 뜻이었지만 공이 옥내 테니스 코트에서 튀어나오는 것을 가리키게 되었다. 어차피 공이 튀어나오려면 벽에 맞아야 하므로 영어는 (익살스러운 지혜를 발휘하여) 기이한 프랑스어 bricole보다 비슷한 소리를 가진 기존의 합성어 brick wall을 재사용하기로 했다.

당시는 옥내 테니스(real tennis)의 전성기였다(잔디에서 하는 론 테니스(lawn tennis)와 구분할 필요가 없었으므로 그냥 테니스라고 불렀다. 론 테니스는 19세기에 등장했고 처음에는 '공 다루는 실력'을 뜻하는 sphairistike라는 끔찍한 명칭을 달고 나왔다). 옥내 테니스의 인기가 서서히 줄어들면서 bricole과 brickwall의 필요성이 줄어들었고 좀 더 탄탄하게 자리 잡히고 유용한 brick wall과의 생존 싸움에서 승리하지 못해 17세기 중반에는 자주 쓰이지 않게 되었다. 반면 brick wall은 19세기 후반에 'banging your head against a brick wall(벽돌로 된 벽에 머리를 박다=불가능한 일을 시도하다)'(1697년부터)과 'come up against a brick wall(뚫을 수 없는 벽을 만나다)'처럼 새로운 비유적 표현으로까지 확장되었다. 장인의 품격과 단순함을 지닌 brick wall은 오늘날까지도 기본적인 뜻은 물론 확장된 뜻까지 활발하게 사용되고 있다.

A부터 Z까지 사전의 텍스트를 전부 키보드로 입력하는 데 18개월이 걸렸다. 입력한 텍스트를 교정하는 데는 6개월이 필요했다(동시에 진행되었다). 에드와 내가 통합된 최종 텍스트를 처음부터 끝까지 읽으면서 내용을 확인하고 출간 승인을 내렸다. 각자 사전 열 권 분량을 읽어야 했다. 다시는 하고 싶지 않은 일이었다.

1986년은 우리 편집장이었던 밥 버치필드가 은퇴한 해이기도 했다. 그는 OED를 디지털 시대로 밀고 나가기를 원하지도 않았고 그럴 위치에 있지도 않았지만 1950년대부터 30년 가까이 근무하면서 정체 상태에 머물러 있던 OED를 미래 직전으로 끌고 나간 장본인이었다. 그는 조용히 떠난 것처럼 보였다. 이미 다른 건물로 옮겨서 파울러의 〈근대 영어 용법(Modern English Usage)〉 새 판본을 준비하고 있었고 마지막도 매우 조용했다. 세인트 자일스의 사무실을 떠나기 직전에 사전부 티타임에 들른 그는 런던 피커딜리 광장과 빅토리아 역을 비유하는 기나긴 이야기를 했다. 마치 디지털화에 대한 요란한 흥분(피커딜리 광장)과 과거 방식에 따른 사전 편찬학의 조용한 규칙성(빅토리아의 기차역)을 상징하는 것처럼 들렸다. 하지만 좀 더 가다듬을 필요가 있는 비유였다. 그가 떠남으로써 마지막으로 남아 있던 빅토리아 시대 편집자들의 일상과의 연결고리가 마침내 끊어졌다.

∞

옛 우편실에서 컴퓨터화 프로젝트가 끝으로 나아가고 있음을 알려주는 것은 두 가지였다. 첫째, 처음부터 요란하게 강조된 1989년의 출간 예정일이 점점 가까워지고 있었다. 둘째, 진행 과정이 담긴 카드보드 차트가 사무실 구석의 창문 쪽에 가까워졌다. 전문적인 온라인 프로젝트 관리 소프트웨어를 대신하는 우리만의 편리한 방식이었던 그 카드보드 차트는 일이 제대로 된 순서로 진행되어야만 한다고 사전 경고를 해주었다. 처음에는 그냥 카드보드지 한 장에 불과했지만 나중에는 그 위에 빈 정사각형들이 있는 모양으로 발전했다. 공식적으로 이본느나 그녀의 동료 베로니카 허스트가 한 회분의 업무가 무사히 끝나면 차트의 정사각형을 채워 넣는 일을 맡았다. 따라서 컴퓨터를 켜지 않고도 프로젝트가 얼마나 진행된 상태인지, 전체의 어느 단계에 머물러 있는지 벽만 보고도 알 수 있었다. 출판사의 일부 관리자들이 임시변통으로 마련된 우리의 이 방법을 마음에 들어 하지 않는다는 이야기도 들려왔다. 하지만 가끔 설비가 잘 갖추어진 다른 사무실들에 들를 때 볼 수 있는 연속 종이를 뱉어내는 프로젝트 관리 소프트웨어보다 훨씬 더 강력한 동기부여가 되었다.

〈OED〉 2판의 엄격한 마감일을 맞추기 위해 텍스트를 처리하고 옛날 방식대로 인쇄기에서 돌아가는 페이지를 교정하면서 정신없이 달렸다. 사전 텍스트가 모두 컴퓨터에 들어 있어 OED 편집자들만 접근할 수 있었다. 스무 권으로 이루어진 2판의 인쇄는 영국에서 이루어졌지만(요크셔 스카버러에 있는 필름타이프 서비스(Filmtype Services)가 맡았다) 제본과 최종 제작은 미국의 랜드 맥낼리(Rand McNally)에 맡겼다. 엄청난 인쇄 분량과 면지의 마블링, 그리고 가장 큰 잠재 고객으로 점쳐지는 미국인 독자들에게 필수인 가장자리 부분의 반점 패턴 작업에 익숙한 업체였다.

우리는 미리 계산을 통해 새로운 판본이 스무 권 분량이라는 사실을 알고 있었다. 하지만 각 권마다 맨 앞에 어떤 단어로 시작될지, 즉 책등에 어떤 단어가 들어가게 될지는 알지 못했다. 책등에 들어갈 단어는 어느 정도까지는 우리가 결정할 수 있었다. 〈쇼터 OED〉 초판 1권에는 A부터 시작해 markworthy까지가 수록되어 있다는 제목이 자랑스럽게 실렸다. 그래서 markworthy가 더 중요한 단어처럼 느껴지기도 했다. (예전 동료 존 사이크스는 책등에 atom이라고 적힌 사전들이 많다는 사실을 매우 재미있어 했다. 여기에서 atom은 'A to M(A부터 M까지 수록)'을 말하는 것이었다. 사전 편찬자들은 작은 것에도 잘 웃는다.)

책등에 언어와 관련 있는 단어가 들어갈 수 있는 방법을 찾으려고 차근차근 준비했다. A부터 시작인 것은 당연했다. 1권의 페이지를 끝까지 넘겨보니 B.B.C. 바로 앞에서 끊을 수 있었다(B.B.C. English 등). 그리하여 B.B.C.가 2권을 시작하는 단어가 되었다. 3권을 시작하는 단어에는 수수께끼 같은 느낌이 필요했으므로 새뮤얼 존슨의 별명에서 나온 *Cham*을 선택했다.

요즘 Cham이 OED와 관련 있다는 사실을 아는 사람은 소수에 불과할 것이다. 잊힌 단어가 갑자기 튀어나와 새로운 사람이나 물건과 연관 지어지는 경우가 간혹 있는데 Cham이 그러하다. OED는 Cham을 이렇게 정의한다. 'KHAN(명사¹)의 고어로 타타르와 몽골의 지배자, 중국의 황제를 가리켰다.' 언어 연구와는 별로 관계가 없음을 알 수 있다.

이 단어와 언어와의 연결고리는 18세기에 《페러그린 피클의 모험(The Adventures of Peregrine Pickle)》, 《패섬 페르디난드 백작의 모험(The Adventures of Ferdinand Count Fathom)》 등 다수의 피카레스크 소설(picaresque, 문학 양식의 하나로 매력적인 악당의 모험을 그리는 소설-역주)을 발표한 작가 토비아스 스몰렛(Tobias Smollett)에게서 나온다. 스몰렛은 1759년에 급진주의 정치가이자 언론인인 존 윌크스(John Wilkes)에게 쓴 편지에서 새뮤얼 존슨의 흑인 하인 프랜시스 바버(Francis Barber)가 존슨의 곁을 떠나 뱃사람이 되기로 했다는 소식을 전했다. 상심한 존슨은 프랜시스가 험난한 바다에서의 생활을 이겨내지 못할까 봐 염려했다. 존슨의 전기작가 보즈웰에 따르면 존슨은 '뱃사람은 스스로를 감옥에 가둬두는 것이므로 뱃사람이 되지 말아야 한다. 배는 침몰의 위험까지 더해진 감옥이다'라고 말했다. 스몰렛은 윌크스에게 보낸 편지에서 위대한 사전 편집자인 새뮤얼 존슨을 가리켜 '문단의 훌륭한 cham(원로)'이라고 했고 보즈웰도 전기에 그대로 실었다.

유감스럽게도 각 권마다 의미 있는 단어를 맨 처음에 넣으려는 창의성은 거기에서 그쳤다. OED 2판 4권의 첫 단어는 우리조차도 어휘 연구와의 연관성을 부여할 수 없는 creel(물고기를 담는 커다란 고리버들 바구니-역주)이었다. 드디어 20권(Wave~Zyxt)까지 전권의 내용과 책등 확인이 끝난 후 출판 준비가 갖춰졌다.

비록 잠깐 동안이지만 천하를 얻은 듯했다. 5년 동안 종이 사전 텍스트를 컴퓨터로 옮기고 교정하고 5,000개의 새로운 표제어를 추가하고 (절대적인 반대 속에서도) 음성 표기법을 바꾸고 드디어 출판할 일만 남았다. 재미있게도 (당장은) 전자 매체가 아니라 다시 책으로 출판될 예정이었다. 아직 할 일이 남아 있었다.

8   터널과 비전

마침내 그날이 왔다. 1989년 3월 30일 목요일, OED 2판 출간일. (왜 그런지 출간일은 예전부터 늘 목요일이었다. 며칠 동안 돈을 준비했다가 토요일에 서점에 가서 책을 사라는 뜻에서 그랬던 것 같다.) 출간일을 몇 주 앞두고 홍보팀이 분주하게 움직이기 시작했다. 에드 와이너와 나는 런던으로 가서 스노든 경(Lord Snowdon)과 함께 사진을 찍었다. 마가렛 공주의 전 남편인 그는 당시 크게 성공한 상업 및 사교계 사진작가였다. 〈타임스〉의 출간 기사와 함께 실릴 사진이었다. 모델 세계에 처음 발을 들여놓은 에드와 나는 순진하게도 온갖 유명인사들이 모여드는 스노든 경의 작업실에서 사진을 찍은 후에는 곧 〈보그〉 표지를 장식하고 피커딜리 광장의 화려한 광고판에 실릴 것이라고 상상했다. 그런데 스노든 경은 사전 편집자들을 스타일 아이콘으로 변신시키는 것보다 OED 초판의 엄청난 자료를 어떻게 콤팩트디스크에 집어넣었는지에 더 관심을 보였다. 그의 눈에는 스무 권의 사전 위로 조그만 CD-ROM(콤팩트디스크-읽기 전용 기억 장치, 즉 오디오가 아닌 데이터 CD)을 들고 있는 에드의 손밖에 보이지 않았다.

CO-ROM에 대해 짧게 짚고 넘어가자. 요즘은 '자기 테이프' 하면 오디오 기술을 떠올릴 뿐 그것이 데이터 저장 장치였다는 사실은 거의 잊혔다. 하지만 세심한 저장 디스크가 나오기 전에는 커다란 자기 테이프 장치에 자료를 저장한 후 컴퓨터에 연결했다. 디지털 OED는 인터넷 등장 이전인 1980년대 말과 1990년대 초의 새로운 매체였던 CD-ROM과 자기 테이프를 이용해 대중에 모습을 드러냈다. 우리는 1989년에 단지 가능하다는 사실만 보여주려는 목적인 것처럼 CO-ROM으로 OED 초판의 기본 버전을 만들었다(1928년까지 편집되었던 내용을 전부 수록). 구매는 가능하지만 베타 테스트 버전에 가까웠다. 스노든 경이 우리가 OED 2판 스무 권 사이에서 자랑스럽게 들고 있기를 바란 것이 바로 그것이었다.

스노든 경은 콤팩트디스크가 사진의 중심이 되어야 한다고 생각했지만 그보다 창의성이 떨어지는 우리 홍보팀은 (결국 출판사가 돈을 지불하는) 사진에 실제 물건과 에드와 내가 나와야 한다고 주장했다. 그래서 사진에 변화가 생겼다. CD는 마땅히 있어야 할 곳인 CD 케이스로 들어가고 에드와 내가 다시 우위를 차지했다. 하지만 스노든 경의 작업실 테이블에 스무 권의 사전이 말끔하게 쌓인 후 우리는 병풍처럼 사전 뒤로 물러나라는 요청을 받았다. 머리만 보이도록 말이다. 절대로 우리가 주인공이 아니었다. 스노든 경은 이때를 놓치지 않고 에드에게 사전을 비추는 조명 쪽으로 팔을 쭉 뻗어 CD를 들고 있으면 어떻겠느냐고 제안했다. 역시나 그 제안도 거부되었다. 하지만 사진은 찍혔다. 결국 우리는 의자 두 개를 밟고 서서 중고 시장에 내놓은 물건처럼 쌓아올린 스무 권의 사전 앞에 19세기의 위풍당당한 유럽 군주처럼 완전히 주도권을 잡은 모습으로 찍혔다.

이것은 우리가 찍은 가장 멋진 홍보 사진이었다. 다른 수많은 기자와 사진작가들은 우리 두 사람이 사전을 반씩 들고 있다가 놓치려는 순간을 카메라로 포착하면 재미있겠다며 찍었다. 그런 경험이 한두 번 이어지자 우리는 건설 노동자나 북엔드, 방명록을 든 마네킹 같은 연출을 단호하게 거부했다.

몇 년 동안 계획한 *launch*가 런던의 클래리지 호텔에서 열렸다. 사실 편집자들에게는 시시한 행사였다. 흥미진진한 일은 다 끝난 데다 사무실을 떠나 사람 많은 곳에서 일에 대해 이야기하는 것이 익숙하지 않았다. 하지만 출판사 입장에서는 만족스러운 행사였다. 문학 평론가 크리스토퍼 릭스(Christopher Ricks)와 작가 맬컴 브래드버리(Malcolm Bradbury), 전 의회 사서 다니엘 부어스틴(Daniel Boorstin)을 비롯한 초청 연사들은 옥스퍼드 대학교와 옥스퍼드 대학교 출판사, 편집자들의 노고와 학문에 대한 헌신을 크게 칭찬했다. 아직 그들은 스무 권에 이르는 사전을 전부 다 읽어보지 않은 상태였으므로 첫인상을 토대로 말한 것이 분명했다. 2판 1쇄는 주로 전 세계 대학의 도서관으로 몇 달 안에 전부 팔려나갔다.

오늘날 launch라는 단어에는 뭔가 불가해함이 있다. 보자마자 '어디에서 유래했는지 알겠다' 싶은 단어가 아니다. 다행히도 1902년에 이 표제어를 처음 출판한 OED의 옛 편집자들은 현명했다. 이것은 고대 앵글로-색슨 어휘가 아니라 노르만 정복 이후의 프랑스어에서 왔다. 하지만 사전 편찬자들에게는 흥미로운 부분이다. 역사적으로 중요한 프랑스 방언에서 유래하기 때문이다. 박식한 OED 편집자들은 launch가 중세 시대에 노르만 정복 이후 대거 쏟아진 프랑스어들과 함께 영어로 들어왔다고 말한다. 이 동사는 '뚫다'라는 뜻의 프랑스 북부 고어 lancher에서 나왔다. 여기에서 launch가 프랑스 중앙 지역에서 사용되던 형태의 lancier가 아니라 북부 지역에서 사용된 -ch-가 들어간 형태에서 나왔다는 사실에 주목해야 한다. 이러한 종류의 프랑스어는 어휘뿐만 아니라 발음의 측면에도 차이가 있었다. 고대 북부 프랑스어는 노르망디의 언어였고 중세 노르망디의 노르만 정착민들이 사용하는 북유럽(스칸디나비아) 언어의 특징을 포함했다. 노르망디의 윌리엄이 프랑스 북부에서 온 후로 그의 군대와 함께 다수의 북부 어법도 들어왔을 것이다. 주머니 또는 자루를 뜻하는 poke(buy a pig in a poke라고 하면 물건을 보지도 않고 산다는 뜻이다)가 pouch(북부 프랑스어는 poque, 중앙 프랑스어는 poche)와 함께 쓰이고 guarantee가 아니라 warranty가 쓰인다(중앙의 gurant와 garant가 아니라 북부의 warrant에서 온 것).

동사 launch는 '(무기를) 던지다' 또는 '(창으로) 뚫다(주의: lance/launch)'라는 뜻이었다. 중세 시대 사람들에게는 '돌진하다, 뛰어들다, 앞으로 휙 움직이다'를 뜻했다. Launch에는 비유적인 뜻도 발달하게 되었는데 17세기부터는 배나 직업과도 함께 쓰였다. 1870년경에 출판업이 발달하면서부터는 책을 런칭한다는 개념이 발달했다(나중에는 다른 상품에도 사용되었다). 19세기에 잉글랜드 서쪽에서는 리크(leek, 서양의 대파 같은 채소-역주)를 launch했다. '리크를 셀러리처럼 도랑에 심다'라는 뜻인데 그 뜻이 아직 남아 있다는 증거 기록은 없다.

발음에 대해 한마디 하자면 20세기로 접어든 후에도 영국에서는 launch가 branch와 각운을 이루었다. 지금은 가능하지 않아 보이지만.

에드와 나는 2판 출판 후 몇 주 동안 홍보용 미소를 달고 다녔다. 우리에게는 전혀 익숙하지 않은 일이었다. 북아메리카로 날아가 디지털 사전의 중요성을 설명했다. 북미 홍보는 포기할 줄 모르는 성격의 로얄린 오코너(Royalynn O'Connor)가 맡았는데 그녀는 우리가 뉴스 가치가 있으며 적어도 의사소통에 소질을 보인다고 생각했다. 그녀는 그것이 틀린 생각임을 확인하기도 전에 정신없이 바쁜 미디어 일정을 잡아놓았다. 어느 날 호텔방에서 게슴츠레한 눈으로 전화벨 소리에 잠을 깬 에드는 미국에서 생방송이 잡혔다는 유감스러운 소식을 들었다. 얼굴을 마주 보고 하는 인터뷰에서 질문에 대한 답을 한 글자도 고치지 않고 그대로 내보내야 한다고 주장하는 기자 때문에 우리는 둘 다 짜증이 났다. 머뭇거리거나 더듬거리는 말이나 잘못 나온 말까지 전부 포함된다는 것이었다.

일본 홍보 투어는 더욱 부담스러웠다. 당시 일본은 미국에 이어 두 번째로 OED 종이 사전의 수요가 큰 시장이었다. 영국은 3위였다. 매우 놀라운 일이었다. 북아메리카가 1위인 것은 당연한 일이었다. 미국의 대학들은 언제나 영어에 관심이 많았다. 옛 조국의 언어, 식민지 시대 이후에 자신들이 개척한 언어이니까. 그리고 영국이 학문에서는 최고라는 점을 미국도 인정하는 바였다. 그런데 일본이 2위라니?

그 이유는 일본 사람들이 특히 영어에 관한 한 상세한 정보를 좋아하는 덕분이었다. 일본의 교수들은 교육계에서 매우 큰 존경을 받는데 그중에서도 영어 교수들이 가장 높은 위치를 차지하는 듯하다. 일본 사람들은 OED를 탄생시킨 철저한 작업에 감탄했고 자국 문화의 강점을 세계에 알릴 수 있는 역사 사전이 없다는 사실에 풀 죽고 약간 유감스러워하는 듯했다. 또한 일본의 기업들은 돈이 많았으므로 영어 사전에 대한 존경심과 애정에 뒤질세라 그것을 구입할 수 있는 능력까지 있었다. 반면 영국인들은 OED가 학계의 기념비적인 작품인지 아니면 단순히 영국인의 집착을 세계에 드러내는 것인지 확신하지 못했다.

일본 홍보 투어는 시작부터 순조롭지 못했다. 일본에 도착하자마자 옥스퍼드 대학교 출판사 도쿄 지사 대표를 소개받았다. 우리는 그보다 한참 어렸고 (그가 생각하기에) 자고로 무엇이든 최고일수록 나이 지긋한 위엄을 갖춘 법이라고 생각하는 일본 대중에게도 너무 어렸다. 하지만 교환을 요청하기에는 너무 늦었으므로 그는 어쩔 수 없이 2주간 우리와 함께했다. 그는 사케와 해초, 따개비 같은 것으로 우리를 극진하게 대접했다. 적어도 몇몇 저녁 식사 때는 일본인도 먹지 않는 '전통 음식'을 영국인이 어디까지 먹나 시험해보려고 하는 듯한 느낌이 들었다.

의구심도 있었지만 예상대로 일본 사람들은 매우 친절했다. 새 사전의 방법론과 내용에 대한 오랜 강연을 조용히 들어주었다. 하지만 문제가 있었다. 말이 동시통역 된다는 것이었다. 에드와 내가 동시에 말한다는 것이 아니라 내가 강연할 때 청중을 위해 한 문장마다 곧바로 통역되었다는 뜻이다. (고백하건대) 우리는 여러 장소에서 똑같은 내용의 강연을 했다. 도쿄의 동시통역사는 우리에 대한 지나친 존경심으로 한 문장마다 장황한 설명을 넣었다. 영어가 한 문장이라면 일본어는 세 문장이었다. 지나친 공손함 때문에 강연이 30분이나 초과되었다. 똑같은 사태가 발생하지 않도록 교토에서 똑같은 강연을 하기 전에 원고를 잔뜩 잘라냈다. 하지만 교토의 동시통역사는 우리를 동료 혹은 동등한 존재로 여겨서 장황하지 않은 일본어로 통역을 했다. 결과적으로 강연이 너무 일찍 끝나는 바람에 진행자가 역사상 가장 긴 질의응답 시간을 마련하지 않으면 안 되었다.

∞

자세히 살펴보면 OED에는 일본에서 온 차용어가 많다. 그것은 내 강연의 한 주제이기도 했다. 앞에서 영국이 인도 아대륙으로 확장과 합병을 시도하던 시절 힌두어에서 온 단어가 500개라는 사실을 이야기했다. 일본 차용어의 역사에도 그만의 특징이 있다. 서양 문물이 일본에 노출된 특정한 경로 탓이다. 역사적으로 일본은 17세기 초부터 19세기 중반까지 쇄국 정책(sakoku)을 실시해 서양의 무역 상인과 방문자들을 사실상 거의 완전히 차단했다. 마찬가지로 에도 시대에 일본인은 일본을 떠나는 것이 금지되었다. 단어 차용은 접촉을 통해서 일어난다. 특히 과거에는 지리적 근접성이나 물리적 접촉을 통해서만 가능했다. 일본이 사실상 서양을 완전히 차단했으므로 일본어가 영어로 스며들 수가 없는 상황이었다.

일본어에서 온 차용어는 1557년에 하나가 있다(Kuge, 교토의 궁정 귀족). 초기 힌두어 차용어와 마찬가지로 이것은 중간 언어의 번역을 통해 발생했는데 이 경우는 이탈리아어다. 그러다 1600년에서 1650년까지 작은 일본어 붐이 일었다. 장식용 상자 inro, 된장 miso, 일본 군대의 세습 지휘관 shogun, 바닥에 까는 골풀로 엮어 만든 돗자리 tatami 등이 있다. OED에는 1557년에서 오늘날까지 영어로 차용된 일본어 508개가 수록되어 있다. 하지만 일본으로의 공식적인 여행이 없었던 1650~1800년까지는 지극히 소수에 불과하다.

19세기 초에 일본어 신조어가 조금씩 영어로 들어오기 시작했다. 하지만 세찬 움직임이 나타난 것은 19세기 중반, 특히 1870년 이후였다. 1870년에서 1910년 사이에 일본어에서 온 단어는 200개에 이른다. 어떻게 된 일이었을까? 다시 말하지만 언어는 문화를 따라간다. 일본은 1868년에 문호를 개방했다. 그리고 서양에서는 동양의 예술에 대한 관심이 조금씩 생겨나고 있었다. OED에 따르면 스타일에 관한 명사인 chinoiserie가 사용된 기록이 1883년부터, Japanesery는 1885년, japonaiserie는 1896년부터 나타난다. 일본어 신조어는 일본의 문화를 직접 경험하고 심취된 여행자들에게서 직접 나오기도 했지만 일본어 예술과 문학, 의복(책과 전시회를 통해 일본의 예술 애호가들에게 유명했다)의 영향력을 통해서도 나왔다. 예술 분야에서는 haiku, judo, ju-jitsu, Kabuki, netsuke, Noh 등이 있고 futon, hahama(헐렁한 바지), haori(짧고 헐렁한 외투), happi(헐렁한 외투) 그리고 kimono가 있다. 일본어의 유입은 20세기까지 계속되어 음식(edamame, 콩)과 무술(유도의 ippon) 관련 단어가 많았고 emoji, karaoke 등 기술 발달 쪽으로 움직이는 모습을 보였다.

이 신조어들은 어떻게 시간의 시련을 버티고 영어에 계속 남을 수 있었을까? 서양인들이 일본어 신조어의 어원을 모두 이해할 수 있는 것도 아니다(픽토그램을 뜻하는 emoji가 그림을 뜻하는 일본어 e와 글자, 문자를 뜻하는 moji에서 왔다는 것을 아는 사람은 많지 않다). 하지만 서양인들은 일본 문화의 물질적 표현에 집착적일 정도의 관심을 갖게 되었고 그것을 기술해주는 단어가 필요했다. 가장 쉬운 방법은 일본에서 사용되는 말을 그대로 가져오는 것이었다.

∞

OED 2판의 요란한 홍보 활동이 마무리되자 OED는 더 이상 출판사의 가장 중요한 우선순위가 아니었다. 초기부터 현재에 이르는 영어를 다루는 일, 그것도 세계적인 영향력을 발휘하는 대대적인 프로젝트에 몰입하다 보니 그것이 자신뿐만 아니라 누구에게나 중대한 일이라고 생각될 수밖에 없었다. 하지만 착각이었다. 나는 그것을 서서히, 어쩌면 주변 사람들보다 늦게 깨달았다. 빅토리아 시대의 OED를 전체적으로 구석구석 손보아서 현대적이고 역동적인 참고 자료로 개정하는 다음 프로젝트를 빨리 시작하고 싶었다. 하지만 출판사는 그동안 우리가 게걸스럽게 먹어치운 예산을 오매불망 기다리고 있는 다른 프로젝트들이 해결될 때까지 OED 개정판 프로젝트를 보류할 예정이었다. 5년간 세상의 주목을 받아온 우리는 편집자들이 다른 프로젝트로 가버리고 구석에 홀로 남았다.

하지만 그렇다고 언어가 멈추는 것은 아니므로 신조어 편집자들은 순식간에 스쳐지나가는 신조어들을 기록하는 일을 계속해나갔다. 내가 편집자들에게 늘 하던 말이 있다. 프로젝트에 경제적이건 개인적이건 문제가 생기면 그냥 텍스트에만 집중하라고. 그 밖의 것은 장기적으로 중요하지 않다. 텍스트를 제대로 만드는 일에만 집중하면 언젠가 나머지 것들도 저절로 제자리를 찾는다. 당시에 큰 도움이 된 생각이었다. 하지만 출판사가 OED 개정판 작업을 보류한 것이 큰 불만이었고 배신감마저 느껴졌다. 새로운 인력과 소프트웨어, 혹은 단순한 지원이라도 필요하다고 계속 호소했지만 대개는 소용이 없었다. 우리가 할 수 있는 일은 개정판 OED에 들어가지 못하리라는 사실을 알면서도 신조어들을 계속 편집하는 것뿐이었다.

신조어는 계속 만들어졌다. 대처 시대를 벗어나면서 영어가 그 사회적 여파를 겪기 시작했다('고통'이라고 표현하고 싶지만 가치 판단은 바람직하지 않다). 펍도 구식의 단순한 동네 가게에서 gastropub(1996)으로 바뀌었다. 대처 시대 이후 1990년대 초의 자신만만한 자기중심성을 보여주는 new lad(1991년부터)(전통적 남성상을 지지하는 신남성-

역주)가 gastropub(퀄리티 높은 음식을 전문으로 하는 펍-역주)을 찾았다. 1995년에는 ladette(술을 많이 마시고 남자처럼 거칠게 행동하는 젊은 여성-역주)라는 단어도 생겨 lad라는 단어가 주목을 받게 되었고 예상 밖의 방식으로 발전했다. 클린턴 대통령의 policy wonk(1984, 기원 미정)(정책의 사소한 부분에 과도한 관심을 기울이는 사람-역주) 때문에 on message(1992)(정치인이 정당에 대한 지지를 공개적으로 밝히는 것-역주)가 등장했다. 이러한 미국 정신은 Blairism(1994년 이후)(블레어주의-역주)의 일부가 되었다. 1991년에 babelicious(성적인 매력을 가진 여자-역주)가 처음 사용되었고 1994년에는 text-message(휴대폰으로 메시지를 보내다-역주)가 가능해졌으며 1994년부터는 그냥 text라고 사용했다. 이때가 자랑스러운 시대임을 누가 부인할 수 있을까? (없을 것이다! 특히 1992년작 〈웨인즈 월드〉라는 영화로 이 단어들이 대중화되었다.)

∞

1989년에 OED 2판이 출판된 후에도 나는 여전히 사전에 파묻혀 지냈고 우리 부부는 둘째의 탄생을 앞두고 있었다. 첫째 케이트는 일곱 살이고 정기 상담 때마다 찾아가면 선생님들은 아이가 잘 하고 있다고 했다. 1990년 1월 1일에 새해와 함께 둘째를 맞이할 준비가 끝났다. 1990년 1월 10일 아침에 엘리노어(엘리)가 태어났을 때 아무런 문제도 없었다. 두 번째 경험이었기에 우리 부부는 어떤 문제가 생겨도 해결할 수 있다고 생각했다. 일찍 일어나고 늦게 자야 하는 것, 새벽에 깨야 하는 것, 울음, 배앓이, 쉴 새 없이 기저귀를 갈아주어야 하는 것 등 일반적인 일에 모두 준비가 되어 있었다.

그렇게 6개월 동안은 아무런 문제도 없다가 1990년 여름에 어머니가 오랜만에 우리 집에 들렀다. 당시는 부모님을 자주 뵙지 못하던 때였다. 힐러리의 부모님은 은퇴 후 노퍽에 거주했고 역시 은퇴한 우리 부모님은 남부 해안에 포도농장을 가꾸고 싶은 아버지의 헛된 꿈으로 서리 지방에 살았다. 엘리가 생후 6개월을 맞이했을 때 부모님이 어디를 가던 중에 잠깐 우리 집에 들렀고, 어머니가 엘리를 유모차에 태우고 산책을 나갔다. 산책에서 돌아온 어머니는 엘리가 다른 아기들과 다른 것 같다고 했다. 유모차에 탄 6개월 아기는 나무나 구름, 새 등 눈앞에 보이는 다양한 자극에 활발하게 반응해야 하는데 엘리의 눈은 전혀 반응이 없다는 것이었다. 그것이 엘리에게 뭔가 문제가 있다는 첫 번째 낌새였다. 하지만 엘리의 **_disability_**가 확실하게 밝혀진 것은 좀 더 나중의 일이었다.

Ability는 중세 시대에 프랑스어에서 들어온 수많은 단어 가운데 하나다. 하지만 그 프랑스어가 disability라는 단어까지 준 것은 아니었다. 이 단어는 영어 스스로 만들어야 했다. '(어떤 일을 할 수 있는) 능력의 부재'라는 일반적인 의미로서 disability의 첫 기록은 1545년으로 거슬러 올라간다. 하지만 개인의 정신적 또는 신체적 불능 상태를 가리키게 된 것도 비슷한 시기로 1561년이고 당시 개인적인 장애를 가리키는 데 사용된 다른 단어들(imbecility(저능, 우둔함-역주), dumbness(벙어리임, 우둔함-역주) 등 오늘날에는 용인되지 않는 단어들이다)과는 큰 대조를 이룬다. Disability 같은 '중립적인' 단어가 16세기에 널리 퍼져 있었다니 놀랍다.

장애를 가리키는 단어는 세대에 따라 변화한다. 어떤 단어가 주로 사용되기 시작하면서 기존의 단어를 대체한다. 엘리가 진단받았을 때는 disability가 handicap을 누르고 전문가들이 선호하는 단어가 되어 있었다. 한때는 disability 같은 중립적인 단어가 엄청난 위험을 초래하기라도 할 것처럼 handicap이 주로 사용되었다('이제 세상의 배려심을 보여주는 제대로 된 단어를 찾았다'라는 듯).

왜 disability가 사회적으로 더 용인되는 단어가 되었을까? Handicap은 disability보다 한 세기 이후인 17세기에 나왔다. 영어가 새로운 어휘를 가지고 실험하던 시기였다. 하지만 처음에 handicap은 장애와 아무런 상관도 없는 단어였다. 처음에 handicap은 게임이었다. OED에 따르면 '한 사람이 남의 물건에 대한 소유권을 주장하고 교환의 의미로 다른 것을 제안하면 심판이 두 물건의 값 차이를 결정하고 값이 적게 나가는 물건의 주인이 차액을 돈으로 내는 게임'이다. 따라서 핸디캡은 두 물건의 값 차이 혹은 다른 값과 동등해지기 위해 더해야 하는 값을 말한다.

기본적인 정의만으로는 왜 이 게임이 '핸디캡'이라고 불리는지 설명되지 않지만 내용을 더 읽어보면 두 참가자가 모자(hat이나 cap)에 똑같은 금액의 내기 돈을 넣었다는 것을 알 수 있다. 심판과 두 참가자가 모자에 손을 넣었다(눈치 빠른 사람이라면 여기에서 handicap이라는 단어가 만들어지는 모습이 눈에 보일 것이다). 심판이 값이 덜 나가는 물건을 결정한다. 참가자들이 모자에서 손을 뺀다. 그때 두 사람의 손은 비어 있거나 차 있는데 심판의 가치 평가에 동의하거나 그렇지 않다는 뜻이다. 만약 두 사람 모두 동의하면 심판이 돈을 가진다. 그렇지 않으면 내기 돈은 가치 평가에 동의한 참가자의 차지가 된다.

이해되지 않는 게임이지만 비슷한 원칙으로 만들어진 TV 퀴즈쇼를 본 적이 있다. 어쨌든 핸디캡이 두 물건의 값 차이 혹은 똑같이 만들기 위하여 더해야 하는 값을 뜻한다는 것이 핵심이다.

18세기에 이르러 handicap은 같은 논리에서 경마와 연관 지어졌다. 한 관료가 우승 가능성을 동등하게 만들기 위하여 말이 짊어져야 하는 무게를 늘리기로 했다. 원래 그 합의는 게임의 경우와 마찬가지로 모자를 이용해 두 당사자 사이에 이루어졌지만 나중에는 관료들에게 넘어갔다. 이러한 뜻은 18세기와 19세기에 다양한 스포츠에도 스며들었다.

Handicap이 신체적 또는 정신적 장애에 처음 쓰이게 된 것은 1888년이었다. 가장 빠른 기록은 미국에서 나온다. 처음에는 두 사람의 능력 차이를 인정하는 지극히 정상적인 표현으로 간주되었다. 그러나 20세기에 들어서서 handicap은 일반적으로 용인되지 않는 단어가 되었다. 장애인과 비장애인을 지나치게 뚜렷하게 구분하고 장애인에 대한 멸시를 내포하는 낯설게 생긴 단어였다. 어쩌면 '손에 모자를 들고(cap in hand)'는 사람들의 도움을 구걸하는 모습을 연상시키기도 했다.

장애를 가리키는 새로운 표현을 찾으려는 노력은 계속되어 '능력이 다른(differently abled)' 같은 표현이 나오기도 했다. Handicap의 역사는 장애를 세심하게 표현하려는 것과 관계가 없으므로 요즘 널리 사용되지 않는 것이 잘된 일인지도 모른다. 평범한 사람과 '다르다'는 참담한 가치 판단을 세공하는 듯하기 때문이다. 하지만 이 단어가 장애에 대한 과거 사람들의 반응을 말해준다는 사실을 잊으면 안 된다. Disability에도 부정적인 의미의 접두사가 들어가 있으므로 이 단어의 유통기한도 비교적 짧을지 모른다. 어휘가 어떻게 바뀌건 단어가 그 시대의 불쏘시개와 같다는 사실을 잊지 말아야 한다.

엘리의 장애는 시간이 갈수록 뚜렷해졌다. 처음에 의사는 엘리의 체중이 표준에 미치지 못한다고 했다. 몇 번 병원에 가본 후 신경학과 전문의의 소견을 들어보라는 조언을 받았다. 엘리의 새 담당의는 매우 적극적이었고 또 어리둥절해 했다. (힐러리는 그를 만나러 갈 때마다 그와 내가 똑같은 옷을 입고 있다는 사실을 알아차렸다. 우리는 삶에 찾아온 크나큰 비극을 잊기 위해 그렇게 사소한 일에 관심을 쏟곤 했다.) 의사는 수많은 검사를 실시했다. 우리는 생전 처음 들어보는 어휘에 어느덧 익숙해졌다. 의사는 엘리가 자폐증은 아니지만 미토콘드리아 이상으로 인한 유전적 장애가 의심된다며 안젤만 증후군이나 레트 증후군인 것 같다고 했다. 엘리는 이미 두 가지 검사를 받았지만 모두 음성으로 나왔었다.

의학적인 이유를 정확히 알 수 없는 혼란스러움 속에서 나는 이두 가지 병명을 OED에 넣으면 어떨까 생각하게 되었다. 일반적으로 사전은 막대한 범위의 증후군이나 질병을 수록하려고 하지 않는다. 전통적인 단어 선별 과정에 내 사생활과 선입견이 작용하면 사전의 중립성을 해칠 것 같았다. 그래도 결국 두 단어가 사전에 들어갔다. 안젤만 증후군(Angelman syndrome)은 알파벳 A 단어 파일에 들어간 후 OED 전체 출판 편집 과정에 포함되었다. 1965년에 이 질환을 처음 기술한 영국의 소아과의사 해리 안젤만(Harry Angelman, 1915~1996)에 대한 간단한 배경 정보가 포함된 짧은 표제어였다. 심각한 정신적 장애를 일으키는 희귀유전질환인 안젤만 증후군은 운동 실조로 밝고 환하게 웃는 모습이 나타나지만 특히 말이 아예 혹은 거의 없는 것이 특징이다. OED에 수록된 첫 번째 인용문은 사람들이 이 질환에 얼마나 끔찍한 비공식적인 이름을 붙였는지 알게 해준다. 〈미국소아질환 저널(American Journal of Diseases of Children)〉(1972)이 "안젤만 증후군 (행복한 꼭두각시 증후군)'에 대해 이야기하다."

알파벳 R을 작업할 때 레트 증후군도 들어갔다. 요즘 사전에는 레트 증후군이라는 표현이 1983년(〈신경학 연보(Annals of Neurology)〉)에 처음 사용되었고 1966년에 처음 이 질환에 대해 기술한 오스트리아 의사 안드레아스 레트(Andreas Rett)의 이름을 땄다고 되어 있다. 6~18개월에 시작되고 주로 여자아이에게서 나타나며 환자의 이해 능력은 막혀 있지 않으나 뇌에서 몸으로 메시지를 전달할 수 없어 '감금' 증후군이라고도 불린다. 내 개인적인 삶의 불확실한 부분이 괴물처럼 커다랗게 입을 벌리고 OED의 중립적인 절차를 집어삼켰다.

∞

엘리의 장애는 어머니가 처음 엘리에게서 이상한 점을 발견한 순간 갑자기 찾아온 것이 아니었다. 삶은 그렇게 단순하지 않다. 그 후 몇 개월 혹은 몇 년 동안 아이에게서 이상한 점이 발견되는 횟수가 점점 늘어났고 병원을 찾는 일도 늘었다. 우리가 보기에 아이의 정신적 발달은 6개월에서 멈추어 있었다. 전혀 학습이 이루어지고 있지 않았다. 말도 하지 못했고 무언가를 알아보거나 이해하는 일도 거의 없었다. 놀지도, 물건을 집어 들지도 않고 그저 부드럽게 밀어냈다(전문가들의 표현으로는 '내던지기'라고 했다). 그래서 엘리는 혼자 힘으로 컵을 들고 마시지 못했다. 미소 짓거나 소리 내어 웃기도 했지만 한 번도 말을 한 적은 없다. 그래서 어디가 아픈지 두통이 있는지 다쳤는지 알기 어려웠다. 평상시나 약간 다쳤을 때나 똑같이 침묵이었다. 하지만 움직임은 매우 정확했다. 위험을 인지하지만 막을 수는 없는 것처럼.

우리가 엘리의 장애를 한순간에 알 수 있었던 것은 아니었다. 미래가 한순간에 산산조각이 난 것도 아니었다. 엘리의 상태에 대한 우리 부부와 첫째 딸 케이트의 슬픔과 무기력은 서서히 커졌다. 많은 부모가 그러할 것이다. 할 수 있는 일이 정말 아무것도 없다. 케이트는 혼자 있을 때만 말을 하는 아기에 대한 책을 읽고 동생 또한 그런 것이라고 확신했다(우리에게는 그런 생각을 말해주지 않았다). 아이의 장애를 서서히 확신하게 된 것이기 때문에 최대한 받아들일 수 있는 시간이 있었다. 하지만 마음 한편의 공허감은 영원히 채워질 수 없을 것이다.

엘리의 정확한 병명은 끝까지 알아내지 못했다. 엘리는 아름다운 아이다. 아이의 상태는 나를 비롯한 주변 사람들을 좀 더 나은 사람으로 만들어주지만 정작 아이에게는 아무런 도움도 되지 못한다.

시간이 지나면서 우리 부부는 엘리를 돌보는 것이 단순히 힘든 일이 아니라는 것을 깨달았다. 낮에 한순간도 눈을 떼어서는 안 되고 밤에도 위험한 일이 생기지 않도록 돌봐야 한다. 갓난아기를 돌보는 일과 똑같다. 시간이 지날수록 중압감이 생기기 시작했다.

엘리는 지금 20대 중반이지만 말을 하기 전의 유아와 같은 발달 단계에 머물러 있다. 엄지로 나머지 손가락을 마주 보기, 소근육 운동 기능을 시작으로 엘리는 그 이후의 모든 성장발달 단계를 통과하지 못했다. 하지만 아이는 단어가 없는 자신만의 세상에서 행복하다. 나는 언제나 그 안으로 들어갈 수 있을 것이라고 생각했다. 지금도 여전히 노력하고 있다. 희망을 놓을 수 없기에.

∞

OED 2판이 출판된 후 우리는 벽에서 카드보드 진행 차트를 떼고 미래에 대해 고민하기 시작했다. 벽에 새로운 진행 차트를 달 수 있으리라고 생각했다. 그것이 빅토리아 시대 사전 OED의 전체 개정 프로젝트가 되기를 바랐다. 2판 작업을 하는 동안에도 모두가 그것이 전체 개정이라는 진짜 프로젝트를 위한 과정이라고 생각하면서 했다. 2판이 출판되면 곧바로 착수할 수 있으리라고. 하지만 출판사가 즉각 개정판에 착수할 기미는 보이지 않았다. 승인된 계획 자체가 없었다. 우리가 순진했지만 일이 돌아가는 과정을 자세히 설명해준 사람은 아무도 없었다. OED는 다른 프로젝트들이 끝날 때까지 차례를 기다려야 했다. 물론 현실적으로는 그것이 합리적이고 전략적인 계획이지만 마음에 들지 않았다. 진행 차트가 벽에서 내려온 후 다시 세인트 자일스 사무실로 돌아가 신조어 작업을 하게 되었고 남은 사람들은 옛 우편실에서 CO-ROM에 넣을 OED2 자료를 준비했다.

당시는 신조어 팀이 매우 활발하게 움직이던 시기였다. 우리는 OED2를 위해 스스로 단어를 선별하기보다 다른 소형 사전들을 담당하는 편집자들에게 요청받은 단어를 작업했다. 소형 사전들은 OED와 달리 놀라운 속도로 알파벳을 쭉쭉 처리해나가며 새 단어를 계속 필요로 했다. Achy-breaky, anoraky, badassery, fusion(음악), happy-clappy(종교), janky(품질이 좋지 않은), kikay(교태 부리는 여자)

등 비격식적인 단어가 앞다투어 나왔다. 세상의 가장 큰 관심사는 건강, 피트니스, 익스트림 스포츠 분야였다. Hoverboard, rollerblade, snowblading, Tae-bo, three-peats(3연승), oversupination(달릴 때 발이 바깥쪽으로 많이 기우는 것) 등. 적어도 나에게는 익스트림 스포츠처럼 느껴지는 것들이었다.

이 시기에 가장 기억에 남는 단어가 무엇인지 떠올려본다. 안타깝게도 *burpee*라는 단어다. 놀랍게도 이것은 내가 하키 선수로 열심히 운동을 하던 시절에 익숙해진 단어인데, 자세히 살펴보면 아는 단어라는 사실을 다른 사람들은 모두 거부했다. 이 단어의 발음은 마지막 음절에 강세가 와서 bur-PEE가 된다. 더욱 모르는 척하고 싶어지는 단어다.

스포츠 시합 전에 서킷 트레이닝이나 준비 운동을 해본 적 있는 사람이라면 팔굽혀펴기, 스타 점프, 제자리 뛰기 등 경기 기량을 높여주는 근육 스트레칭에 대해 잘 알고 있을 것이다. (짐작건대) burpee도 알고 있겠지만 어디에서 온 말인지는 모를 것이다. 이 단어는 특이하게 생겼지만 개인의 이름에서 나왔다. 그 사람이 누구인지도 알려져 있다.

우선 burpee가 무엇인지 알아야 한다. 허리를 곧게 펴고 트레이너를 마주 보고 선다. 상체를 숙이고 양손으로 바닥을 짚는다. 양손을 짚은 상태로 양쪽 다리를 점프하듯 뒤로 쭉 뻗어 팔굽혀펴기와 비슷한 자세가 되도록 한다. 그다음에는 다리를 앞으로 점프하여 당긴다. 점프하듯 뒤로 쭉 뻗기 전의 자세로 돌아가는 것이다(체력 단련은 이렇게 다시 원래 자세로 돌아가는 경우가 많다). 그리고 일어나 처음 자세로 돌아간다. 무릎으로 코를 치지 않도록 주의가 필요하다. 운동선수들은 이 자세를 수월하게 무한정 반복한다. 언어학자에게는 평범한 스쿼트 자세만큼이나 힘든 동작이다.

이 운동에 어떻게 이렇게 불규칙적인 이름이 붙었을까? 터지면서 내용물(총알)이 흩어져 나오는 포탄을 발명한 영국군의 헨리 슈라프넬(Henry Shrapnel, 1761~1842) 소장을 떠올려보자. 파편을 뜻하는 shrapnel은 그에게서 나왔다. 뾰족한 부분이 여러 개 달린 무시무시한 창으로 무장한 기사를 가리키는 고대 고지 독일어(Old High German)이거나 폭발 시 발사체가 내는 금속성의 소리에서 유래했다고 말하고 싶지만 둘 다 사실이 아니다. Shrapnel은 사람 이름에서 나온 단어다.

이 설명이 어디로 이어질지 알 수 있을 것이다. Burpee 또한 사람 이름에서 나왔다. 슈라프넬 소장이 아니라 미국의 심리학자 로열 H. 버피(Royal H. Burpee, 1897~1987) 박사다. 그는 민첩성과 근육 조정력을 알아보는 테스트를 고안했고, 이는 버피 테스트라고 불리게 되었다. OED에 따르면 버피 테스트는 1939년으로 거슬러 올라가지만 burpee라는 단일어로 불리게 된 것은 1957년이다. 하지만 OED가 그 사실에 주목한 것은 1990년대나 되어서였다. 내 생각에는 이전 편집자들이 스포츠 관련 단어에 별로 관심을 기울이지 않아서였던 듯하다.

∞

OED 2판의 성공이 확장 기회를 가져다주기는 했다. 우리의 기지는 언제나 옥스퍼드였지만 영어는 영국 밖에서 더 많이 사용되었다. 하지만 영어의 변화하는 얼굴을 폭넓게 담으려면 미국에서의 존재감을 다질 필요가 있었다.

물론 내가 혼자서 알아차린 사실이라고 주장한다면 틀린 말이다. 몇 해 전인 1980년대 중반에 OED 북아메리카판에 대한 이야기가 나왔다. 그 이유야 엄청나게 많지만 세 가지는 이러했다. 첫째, 우리는 물론이고 언어 평론가들이 느끼기에 대부분의 언어 변화가 미국 영어에서 일어나고 있는 듯했다(또한 미국 영어는 어휘는 물론이고 때로 구문과 어형을 영국 영어와 기타 영어에까지 수출하고 있었다). 둘째, 북아메리카는 기술 측면에서 영국보다 여전히 한참 앞서 있었다. 셋째, 미국은 전통적으로 OED의 가장 큰 시장이자 가장 큰 후원자였다.

미국이 영어 변화의 중심지인 이유는 쉽게 알 수 있었다. 언어는 쓰는 사람이 많을수록 변화도 많이 일어난다. 그것이 기본 법칙이다. 또한 하나의 언어적 공간 안에서 여러 언어 공동체의 상호작용이 이루어지면 더욱 많은 변화가 일어난다. 미국에 다양하고 많은 사람이 살고 있다는 것은 언어의 끊임없는 상호작용을 통하여 미국 영어가 새로운 형태로 방향을 틀고 있다는 뜻이다(의미상으로나 통사적으로나). 또한 일반적으로 사람들은 변화를 좋아한다. 변화는 성장과 성공의 징후이므로 사람들은 새로운 표현 방식을 자랑스럽게 받아들인다.

미국 영어는 미국의 경계를 넘어서 영어를 사용하는 전 세계에 변화를 밀어붙이기 시작했다. 다른 나라들은 미국의 경제 성공담을 듣고 따라 하고 싶어 했다. 미국의 문화 또한 위신이 높았다. 미국 문화의 주요 상징인 미국 영어는 생활 방식의 전달자로서 매력이 있었다. 미국의 경제적 성공, 미국 음악, 미국 문학과 영화, 미국 자동차 모두가 세계적인 동경의 대상이 되어 미국 영어에 화려함을 더했다. 미국 영어에 약점이 있다면 (영국 영어와 달리) 외부의 영향력, 즉 다른 지역 영어의 단어들을 느리게 받아들이는 경향이다. 반대로 이것은 영국 영어를 강하게 만든 비결이었다.

우리는 OED 미국판에 조심스러운 접근법을 사용하기로 했다. 경험 없는 사전 편찬자들을 내세우는 것이 아니라 북아메리카 출처 자료를 읽는 리딩 프로그램(reading programme)을 운영해줄 사람을 찾아서 우리가 수집하지 못하는 자료를 어휘 파일에 채우기로 했다. 처음에는 미국의 내로라하는 대학이 소매를 걷어붙이고 나서서 작업 공간과 도움, 자금, 인력을 제공해줄 것이라고 생각했지만 착각이었다. 미국 대학이 캠퍼스에 유서 깊은 옥스퍼드 학자들을 위한 안식처를 제공해주는 것은 미국 내 사전들을 거스르는 일이라서 그런 듯했다. 나는 경쟁이라고 생각해본 적이 없었고 그냥 우리의 일이라고 생각했다.

미국판 OED 프로젝트를 이끌어줄 사람을 찾기 위해 미국 대학가에 광고를 했다. 몇몇 후보자들이 주목을 끌었다. 옥스퍼드에서 만난 지원자들과 크게 다르지 않았다(나이와 경험 면에서는 약간 앞서갔지만). 우리는 북아메리카 출처의 자료를 읽는 프로그램을 운영해줄 사람, 더 중요하게는 컴퓨터 기반의 활동으로 운영해줄 사람이 필요했다. 카드 인용문이 담긴 서류함이 넘쳐서 더 이상의 색인 카드는 필요하지 않았다.

결국 리딩 프로그램의 책임자를 찾는 일은 쉬웠다. 제프리 트리그스(Jeffery Triggs)는 시인이자 대단한 열정을 가진 사람이었다. 내가 보기에 그는 완벽한 미국 남부의 방식과 스타일을 갖춘 신사이자 첨단 소프트웨어 분석가에 어울리는 디지털 감각을 겸비한 인재였다. 사실 그는 두 가지 모두 해당되지 않았다(남부 출신도 아니고 소프트웨어 분석가도 아니었지만 두 가지에 어울리는 방식과 스타일을 갖추었다). 대화를 나누는 동안에도 그는 내가 이야기하는 문제를 해결해주는 프로그램을 만들려는 생각으로 분주했다. 그에게 시간을 물어보느니 차라리 직접 시계를 확인하는 것이 빠를 때도 있었다.

하지만 옥스퍼드와 OED는 자료 수집에 있어서는 한참 앞서 있었다. 당시는 1989년이었고 제프리가 북아메리카 리딩 프로그램의 책임자로 임명되자 우리는 130년 넘게 충실한 역할을 해준 색인 카드 시스템을 사실상 종료했다. 엄밀히 말하면 카드철은 여전히 열려 있는 상태였지만 (지금도 마찬가지) 그 이후에 수집되는 새로운 자료는 대부분 전자 방식으로 처리되었다. 거의 모든 측면에서 그것이 이득이었으므로 우리는 새로운 컴퓨터화 환경에서의 작업을 고대하고 있었다. 하지만 한 가지만큼은 결코 예전과 같지 않았다. 온라인 '색인 카드'는 실물 카드처럼 한 단어의 색인 카드를 개별적인 의미에 따라 분류할 수가 없다. 이에 적합한 소프트웨어를 개발하려고도 했다. 하지만 수많은 '카드 더미'의 내용을 조정하는 유연성은 절대로 불가능하다. 설명하기가 쉽지 않다. 옛날에는 손바닥에 색인 카드들을 쭉 펼쳐놓고 마치 카드놀이 하듯 순서를 조정하거나 사무실 바닥에 카드 더미를 쌓아놓을 수 있었다. 항상 편집자가 자료에 대한 주도권을 쥐었다. 항상 눈앞에 있었다. 반면 컴퓨터 화면에서는 일관성이 없었다.

처음부터 제프리는 자신의 관리하에 있는 '독자'들이 결과물을 직접 컴퓨터에 입력해야 한다고 주장했다. 처리된 파일은 정기적으로 옥스퍼드에 보내져 다듬어지지 않은 언어 자료가 모인 데이터베이스에 합쳐져서 나중에 편집자들이 단어를 작업할 때 사용되었다. 이러한 새로운 데이터 수집 방식에는 예전의 단어 카드 방식에 비해 무수히 많은 장점이 있었다. 이제 편집자들의 책상에는 업무별로 컴퓨터가 놓여 있었다. 하지만 아직 표제어 편집에는 사용되지 않았다. 리딩 프로그램의 파일 검색을 위해 제작된 소프트웨어(워털루 대학교에서 만든 것)가 있었다. 컴퓨터에 단어 파일이 들어 있다는 것은 마침내 파일 안의 모든 단어를 검색할 수 있게 되었다는 뜻이었다. 알다시피 그전에는 묵직한 서류함에 든 카드철에서 표제어별로만 찾아볼 수 있었다.

다른 장점도 있었다. 우리는 텍스트에서 나타나는 빈도에 따라 사전에 들어갈 예비 단어(특히 computer-assisted나 doomwatcher 같은 합성어)를 자동으로 판단해주는 프로그램을 만들기 시작했다. 합계, 평균, 열거, 정리, 재정리가 가능했다. 주제와 관련된 자료에 태그를 붙여서 증거 기록 찾기가 수월해졌다. 또한 narrative라는 단어가 (다른 맥락이 아닌) 문학 이론에서 사용된 사례나 (경마가 아닌) 축구에서 post가 사용된 인용문을 찾을 수 있어서 편집자들의 시간이 크게 절약되었다. 우리는 언어 연구의 새로운 세계로 움직이기 시작했다. 제프리의 리딩 프로그램은 앞으로 오랫동안 OED에 매우 중요한 역할을 한다.

∞

1980년대 후반과 1990년대 초에 확장에 따른 낙관적인 분위기에도 에드와 나는 미래가 쉽게 주어지지 않는다는 사실을 깨달았다. OED가 마침내 디지털 자원이 되었으니 우리가 OED의 미래를 어떤 모습으로 그리고 있고 어떤 방향으로 나아갈 것인지 설득력 있는 주장을 펼칠 필요가 있었다. 1989년의 2판 발행은 우리에게 오래전부터 중간 대기 구역일 뿐이었다. 자료의 컴퓨터화가 이루어졌지만 OED는 여전히 19세기 후반에 계획되어 20세기 초에 완성되고 그 후로 조금씩 추가되어온 (이제 스무 권 가까운 분량으로 늘어난) 책이었다.

사실 우리가 꿈꾸는 OED의 미래는 2판의 서문에 떨어뜨린 작은 시한폭탄에 요약되어 있었다. 적어도 우리는 그것이 출판사가 OED를 계속 강화하지 않을 수 없도록 만드는 시한폭탄이라고 생각했는데 돌이켜보니 출판사에서는 가뿐히 무시할 수 있었다. 우리는 지면 인쇄된 서문 55쪽에 'OED의 미래'라는 제목의 작은 항목을 넣었다. 2판이 길의 끝이 아니라 새로운 시작이라고 생각한다는 내용이었다. OED는 1850년대에 처음 구상되어 1870년대부터 자료 수집이 이루어졌지만 한 번도 전면 개정이 이루어지지 않았다. 출판사의 윗선들은 그것이 너무도 막대한 작업이라고 생각해서 완전한 개정이 아닌 보충판을 내는 것만 계속해왔다. 그래서 우리는 OED가 19세기에서 벗어나 20세기와 21세기로 나아가려면 텍스트에 어떤 작업이 필요한지 'OED의 미래'에 체계적으로 수록했다.

모든 텍스트를 현대 지식의 측면에서 다시 바라볼 필요가 있었다. 단어의 정의를 다시 생각하고 인용문도 현재의 시점까지 업데이트하고 참고 문헌도 확인 후 표준화하고 표제어 구조도 검토하고 시대에 뒤떨어진 화폐 제도와 지명 등을 수정하고 19세기에 만들어진 어원 설명에 들어간 인물들이 이제는 세상을 떠났으니 그것도 고쳐야 하며 이름표도 다시 생각해봐야 하고 새로운 단어와 오래된 단어도 추가해야 했다. 따라서 조율 정도가 아니라 완전한 정비였다. 당시에도 서문 55쪽까지 읽을 사람은 많지 않을 것이라고 생각했다. 사전을 펼치는 사람들은 보통 서문은 아예 거들떠도 보지 않으니까. 사전은 1쪽부터가 아니라 사용자가 찾는 단어가 나오는 쪽부터 임의적으로 읽기 시작하는 얼마 되지 않는 책일 것이다. 그래서 다른 부분은 놓치게 된다.

우리는 OED가 나아가야 할 방향을 확실히 알고 있었지만 그럴 만한 예산이 없었고 편집 인력은 더더욱 없었다. 하지만 그 와중에 우리가 하고 있는 일에 대한 세상의 관심이 커져서 다행이었다. 학자들은 OED의 CD-ROM화 가능성에 매료되었다. OED가 20세기 거의 내내 놓친 모든 언어 기록의 증거를 방대한 온라인 사전에 계속 업데이트할 수 있다는 사실이었다. OED의 CO-ROM화는 1992년에 현실로 이루어졌다(1989년에 제작된 초판의 베타 버전을 대체한 것이었다). 몇 달 동안 최대 인원의 편집자가 매달려 새로운 태그에 데이터를 밀어넣어 검색이 더욱 용이하도록 만들었다. 처음에는 연구자들이 사무실에 **dribs and drabs**(조금씩, 소량으로-역주) 찾아오다가 나중에는 우르르 몰려와 OED의 밝은 미래를 더욱 확신할 수 있도록 해주었다.

Dribs and drabs는 이상한 표현이다. 이 표현에 들어간 두 개의 주요 단어는 다른 맥락에서는 사용되지 않는다. 이를테면 토스트에 버터를 바르거나 바닥에 묻은 진흙을 닦을 때 'a drib of butter'나 'drab of mud'라는 표현을 쓰지 않는다. 이 단어들은 사실상 이 표현에서만 사용되는 화석화된 단어들이다(앞에서 살펴본 hue and cry의 hue와 beck and call의 beck처럼).

우리가 아는 한 drib과 drab은 외국에서 들어온 것이 아니라 영국에서 생겨났다. Drib부터 살펴보자. OED가 이 단어에 주목한 것은 1897년인데 1730년경에 스코틀랜드에서 처음 등장했고, '적은 양'을 의미했다. 그 어원을 찾던 편집자들은 drib의 동사적 의미가 1523년부터 존재했다는 사실을 발견했지만 스코틀랜드에서 온 것은 아니었다. 동사는 drip이나 drop에서 유래했으며 OED는 또다시 애매모호하게 설명하는 능력을 발휘해 '자음 변경으로 개념의 변경을 표현한다'라고 설명한다. Drib은 drop과 똑같지 않으며 drip(액체가 뚝뚝 떨어짐)이나 dribble(조금씩 흘러내리는 것)을 이루는 방울에 가깝다. (안타깝게도 사전에 그림이 들어가 있지 않다.) OED는 drib이 dribble에서 직접 나왔을 수도 있다는 말로 마무리한다. 이 단어들의 발명은 종이에 기록되지 않았으므로 나중에 나타난 가장 빠른 기록을 한데 모아야만 하고 항상 정확함을 기대할 수도 없다.

이제 drab에 대해 살펴보자. 확실히 이 단어는 drib과 뜻이 거의 같다. OED에 따르면 drab은 1828년의 방언 기록에서 '소액의 돈'을 뜻한다. 그 뜻은 아직까지도 남아 있는 듯하다. 일회성의 맥락을 가진 단어가 아니다.

하지만 우리가 알지 못하는 것은 drib과 drab이 어떻게 합쳐지게 되었는가다. OED 초판에는 dribs and drabs가 등재되지도 않았다. 1993년에 나온 두 권의 보충판에 수많은 단어들과 함께 집어넣었다. 그런데 그 후 1809년에 사용된 기록이 발견되었다(따라서 drab이 1828년의 방언 기록에서 처음 발견된다는 정보는 점검이 필요하다). Dribs and drabs가 hurdy-gurdy, hubble-bubble, higgledy-piggledy, riff-raff, bits and bobs처럼 하나 혹은 두 단어 모두가 개별의 뜻은 가지고 있지 않고 소리가 비슷하다는 이유만으로 한 쌍이 된 단어라는 가능성도 커지고 있다.

우리를 찾아온 연구자들 중에서 캐나다의 교육자 존 윌린스키(John Willinsky)는 OED에 대한 예비 연구를 실시하고자 자금을 마련했다. 글자가 빽빽하게 들어찬 종이책을 다 읽는 것이 아니라 기계로 읽을 수 있는 사전의 데이터를 분석하여 실시하는 연구였다. 그는 1980년대에 이루어진 작업의 결과로 캐나다 워털루 대학교에 보관되어 있는 데이터베이스를 활용할 수 있었고 거기에 우리의 도움이 더해져서 영어와 우리 사전에 대한 흥미로운 통계와 표가 담긴 책 《단어 제국: OED의 치세(Empire of Words: The Reign of the OED)》(1994)를 출간했다. 윌린스키는 연구 데이터를 이용해 OED의 어떤 부분에 특별한 관심과 주의가 필요한지 보여주었다.

예를 들어 그는 버치필드의 〈보충판〉에서 가장 많이 인용된 저자를 검토했다. (나머지 사전과는 다르게) 〈보충판〉에서 가장 많이 인용된 저자는 조지 버나드 쇼와 러디어드 키플링, 제임스 조이스, P. G. 우드하우스였다. 편집자들이 이용할 수 있는 텍스트가 무궁무진하다는 점으로 볼 때 매우 보수적이고 관습적인 결과였다. 가장 많이 인용된 미국 저자는 마크 트웨인(Mark Twain)으로 전체 6위였다. (개정되지 않은) 2판 전체에서 가장 많이 인용된 여성 작가 스무 명은 누구일까? 1위는 조지 엘리엇(George Eliot, 본명은 메리 앤 에반스(Mary Ann Evans)-역주)으로 그녀의 저술에서 3,310개의 인용문이 사용되었다(가장 많이 인용된 작품은 엄청나게 긴 《미들마치》가 아닌 《다니엘 데론다》였다). 해리엇 마티노(Harriet Martineau), 엘리자베스 배릿 브라우닝(Elizabeth Barrett Browning), 빅토리아 시대의 인기 소설가 메리 브래든(Mary Braddon), OED 기여자 샬롯 영, 패니 버니(Fanny Burney), 제인 오스틴, 메리 미트포드(Mary Mitford)가 그 뒤를 이었다. 새 편집자들은 다른 여성들의 담론을 찾아볼 필요가 있었다. 이러한 통계들이 유익하다고 생각된다면 또 다른 목록을 고려해볼 필요가 있다. OED 인용문에서 저자에게 붙인 칭호에는 'Mr.(~씨)'가 빠지고 (19세기의 방식 때문이었다) 'Sir(경)', 'Mrs.(부인)', 'Bishop(주교)', 'Miss(양)', 'Lord(귀족 남성)', 'Lady(귀족 여성)' 순으로 많이 사용되었다. 하지만 이 목록마저도 19세기 문헌학자와 사전 편찬자들의(그리고 일반적인 독자들의) 추측과 존중을 강조한다. 이러한 구식의 분류 체계는 편집 과정에서 사라진 지 오래다.

이러한 정보는 사전의 컴퓨터화 덕분에 쉽게 찾을 수 있었다. 어느 영국-프랑스 학자가 종이 사전에서 영어-프랑스어에서 유래한 영단어만 찾느라 평생을 보낸 이야기는 전설로 남아 있다. 이제는 눈 깜짝할 사이에 가능해졌다.

CD에 들어간 OED는 과거에는 떠올릴 수조차 없었던 질문을 가능하게 해주었다. '이 단어가 무슨 뜻이지?' 같은 질문이 아니라 '15세기 초에 처음 사용된 단어들은 18세기 후반에 생긴 단어들과 어떻게 다르고 이것이 두 시대의 언어와 사회 관심사가 어떻게 달랐는지 무엇을 알려주는가?'처럼 답을 알 수 있는 가능성이 없어서 떠올리지도 못했던 질문들이다.

이 질문에 대해 생각해보면 두 시대의 언어와 사회에 존재하는 광범위한 차이가 보인다. 후기 중세 영어 시대에는 여전히 후기 노르만 정복 프랑스어가 지배적이었다. 당시 언어 사용자들의 관심사는 (적어도 현존하는 기록으로 볼 때) 중세 시대의 세부적인 일상생활과 관련 있었다. 봉건 시대의 생활을 따르는 일상적인 문제, 영주의 관심사, 법정 활동, 종교, 농사, 음식(특히 상류층들), 점점 근대의 분석적인 담론으로 이동하는 사고 패턴 등이다. 마지막의 사고 패턴 변화를 당시 모든 사람이 의식하고 있었는지는 확실하지 않고 목록에 넣는 것 자체가 이상할 수도 있다. 하지만 프랑스어 어휘(그리고 그 원천인 라틴어)는 오늘날까지도 게르만족 앵글로-색슨족을 애먹이지 않은 지적 문화를 함께 가지고 왔으며 abstraction, debater, negotiation, sentiment 같은 단어들이 아직도 사용되고 있다. 필사본 텍스트는 사회의 성공한 계급이 사용하는 언어로 주로 기록되었다는 사실을 기억해야 한다.

15세기 초에 대부분 후기 노르만 정복 프랑스어에서 영어로 처음 소개된 단어들을 간단하게 살펴보자. 일부는 종교와 관련 있고 (abbatial) 법률과 관계된 것도 있으며(abetting, abjure, above-written) 봉건 시대 농노의 삶을 보여주는 것도 있다(abasement, abject). 더 뒷자리 알파벳으로 나아가면 pacification, pact, paganism, palliative, palmistry, pamphlet 등 종교, 갈등, 고통, 출판, 유사과학에 관한 단어들이 보인다. 이 범주에 속하는 단어들은 11,000개가 넘는다. 역시나 앵글로-프랑스어가 기부해준 듯한 papelote(=porridge(포리지, 귀리에 우유나 물을 부어 걸쭉하게 죽처럼 끓인 음식-역주))도 잊지 말자. 포리지를 뜻하는 완벽하게 좋은 말이 이미 있었으므로(즉 porridge) 같은 의미의 단어가 필요하지 않았을 것이라고 생각할 수도 있지만 1450년에는 porridge라는 말이 없었다. 이것은 16세기에 나왔고 당시에는 오직 '수프'나 '죽'을 뜻할 뿐이었다. 기록에 따르면 귀리로 만든 음식을 뜻하게 된 것은 1640년경의 일이다.

이 단어들을 통해 중세 시대 후기의 삶을 간단하게나마 둘러볼 수 있다. 이제 18세기 후반에 나온 두 번째 난어 세트들로 넘어가 보면 전혀 다른 현실을 만나게 된다. 영어는 고전적인 모델의 영향을 받는다. 전 세계의 어휘들이 증명해주듯 영어는 국제적인 역할을 하고 있고 그 관심사도 중세 후기보다 훨씬 '근대적'이다. 18세기 초에 영어로 유입된 단어들을 A부터 살펴보면 라틴어에서 온 긴 단어들이 발견된다. Aberrating, abevacuation, abruptedly(이전부터 존재했고 더 단순한 abruptly가 아니라), absenteeship, accountability 등 무언가를 매우 복잡하게 설명하는 방식으로 사용된 단어들이다. 프랑스어의 영향이 여전히 보이지만 르네상스 라틴어와 학식의 흔적도 겹쳐져 있다. 음악에서는 a cappella('예배당의 방식으로', 즉 반주가 없음을 뜻한다).

다시 알파벳 P로 건너뛰면 pacification이 아니라 갑작스럽고 장황한 pacificity가 보이고 above-written이 아니라 품격 있고 전문적인 pagination이 나온다. Paintbrush, palette knife에서 보듯 유럽 미술은 영국의 패션에 영향을 끼친다. 중세 시대에는 pamphlet을 발명했지만 이제는 새로운 동사 pamphleteer와 새로운 형용사 pamphleteering이 보인다. 하지만 고전적인 것과 거리가 먼 able whackets(뱃사람들이 즐기던 놀이-역주)에서 보듯 18세기 사람들은 여전히 단순한 유흥을 즐겼다. OED에는 '진 사람은 손수건을 비틀어 손바닥을 맞았다'라고 설명되어 있다.

∞

연구자들은 OED에서 발견한 패턴과 통계를 무척 흥미로워했다. 패턴은 영어에 대한 구조적인 정보를 주기도 하고 사전이 편찬된 방식을 말해주기도 했다. OED 스무 권을 통틀어 존 밀턴이 가장 많이 인용된 저자 중 한 명이라는 것이 그가 영어의 형성에 선봉대 역할을 했다는 뜻으로 해석되는가? OED상의 성적표를 보고 어휘적 창조성을 작가들에게 돌리는 것은 위험한 일이다. 작가가 어떤 어휘를 사용한 것이 그가 영어에 끼치는 영향력과 전적으로 상관있지 않을 수도 있기 때문이다. 그것은 고정관념을 수용하는 경향이 있었던 내가 서서히 극복하고 놀라웠던 부분이기도 하다.

밀턴을 예로 들어보자. 현재 그는 인용문 12,400개로 OED에서 가장 많이 인용된 작가 4위를 차지한다(셰익스피어가 33,000개로 1위이고 초서, 디킨스, 테니슨 같은 문학계의 전설들이 뒤를 따른다). 이 작가들은 어떻게 OED에서 가장 많이 인용될 수 있었을까? 주로 빅토리아 시대의 사전 독자들에게 얻는 인기를 통해 가능했다. 인용문의 대부분이 OED 초판에 존재하기 때문이다. 그렇다면 어떻게 인기를 얻었을까? 서로 방법은 다르지만 단어 사용만이 인기 비결은 아니었다. 그들이 쓴 희곡과 대서사시, 소설 등이 훌륭하기 때문이기도 했다. OED에 가장 많이 인용된 작가들은 가장 많이 읽힌 작가들이기에 그들의 작품에서 나온 인용문이 적극적으로 단어 카드에 기록되었고 결과적으로 편집자들이 표제어를 작업할 때 사용할 수 있었으므로 통계 상위를 차지하게 된 것이다.

그렇다면 OED에 등재된 특정 단어와 뜻에 가장 처음으로 인용된 작가는 근본적으로 더 창의적이라는 뜻일까? 그럴 가능성이 커 보인다. 밀턴의 저작이 가장 첫 번째 문헌으로 거론되는 단어는 2,000개가 넘는다(셰익스피어는 8,000개 정도였다). OED 초판은 실험적이기는 하지만 인기는 떨어지는 작가들을 등한시하고 고전 작품 목록을 갖춘 작가들을 '읽는' 경향이 있었다. 고전으로 여겨지는 작가들의 작품에 어휘적 창의성을 지나치게 투자했다는 통계 증거가 있다. 제임스 조이스는 OED 2판에서 575개 단어에 가장 먼저 인용되었지만 현재 작업 중인 개정판에서는 이전의 40퍼센트에 그친다. 원래 데이터에 결함이 있었다. 적어도 이러한 목적의 가치 판단을 내리기 위해 만들어진 데이터는 아니었다. 물론 사전에서 도출한 정보가 잘못된 것이 아니라 성급하게 부정확한 새 고정관념을 만드는 데 사용하지 말고 맥락 안에서 세심하게 해석되어야 한다. 밀턴은 영국 문학에서 매우 중요한 존재지만 그가 사용한 어휘 때문은 아니다. 아직 증명되지 않은 일이다.

작가들에 대한 질문 말고도 단어에 대한 질문도 해볼 수 있다. 부차적 의미가 가장 많은 단어는 무엇이고, 이것은 급속하게 발달했는가 아니면 오랜 시간에 걸쳐 발달했는가? 가장 짧은 단어일수록 역사가 복잡한 경향이 있다(can, do, set, make, pull, put, red, to, out). 주요 의미가 40개 이상인 단어가 38개 있다. 이 중에서 66퍼센트가 앵글로-색슨 시대에 영어로 들어왔고 모두 기본형이 단음절어다. 나머지 34퍼센트 중에서는 명사 quarter만 단음절로 이루어진다. 영어의 가장 초기에 생긴 게르만어 단어들은 오랜 시간을 거치면서 의미가 변화하고 구어체가 되고 일반적으로 영어의 접착제 역할을 한다.

러시아에서 영어로 들어온 단어는 얼마나 되고 어떻게 들어왔을까? 현재 OED에 따르면 404개이고 러시아 혁명 때 절정을 이루며 냉전 시대까지 계속되었다. (역사 속에서 두 언어의 문화적 접촉과 상호 존중에 대해 많은 것을 알려주는 역시 좋은 질문이다.)

영어에는 명사보다 형용사가 더 많은가? OED에 따르면 명사가 형용사보다 두 배 많다. 다시 말하자면 추상적이건 구체적이건 묘사하는 말보다 이름이 많다는 뜻이다. 일부 형용사는 이전의 명사를 토대로 명사가 먼저 존재한 덕분에 생긴 것들이 많다. 이 수치는 형용사

1개당 명사가 2개임을 시사하지만 17세기에는 새로운 형용사 1개당 새로운 명사가 1.5개였다. 왜 그럴까? 19세기에는 다시 비율이 높아졌다. 형용사 하나당 명사 1.8개였다. 그 이유는 아직 밝혀지지 않았다. 통계는 언제나 옳지만 통계에 대한 질문이 틀릴 때가 있다. 17세기의 자료가 잘못되었을까, 아니면 파생 형용사가 특히 많이 만들어진 시기일까, 새로운 명사가 줄어든 다른 이유가 있을까?

∞

1990년대 초로 들어서면서 지금 생각해도 프로젝트의 암흑 단계로 보이는 시기로 접어들었고 중반까지 계속되었던 것 같다. OED 2판은 출판과 함께 찬사를 받았지만 너무 근시안적인 2판 작업에만 몰두하다 보니 컴퓨터화를 서막으로 이루어져야 할 전면 개정판 계획을 세워야 한다는 사실은 완전히 잊어버리고 그저 머릿속으로 예상만 했다. 직장에서의 어두운 분위기는 집안의 어두운 시기와도 겹쳐지는 듯했다. 힐러리와 나는 둘째 딸 엘리가 돈과 노력, 사랑을 아무리 쏟아부어도 이겨낼 수 없는 극심한 발달장애라는 사실을 깨달았다. 모든 인생사가 해피엔딩일 수는 없지만 이 시기에 우리는 한 줄기 빛도 보이지 않는 깊은 터널에 들어가 있었다.

9 Gxddbov Xxkxzt Pg Ifmk

1993년에 사전부는 세인트 자일스의 으리으리한 환경에 흥미를 잃었다. 우리는 출판사의 유서 깊은 건물 사이에 들어선 아무런 개성 없는 현대식 건물로 이사했다. 기다란 두 개의 복도에 위치한 사무실이었는데, 더욱 전도유망한 프로젝트로 옮겨간 팀이 버리고 간 암울한 복도였다. 이번에도 사무실의 생김새는 우리가 하는 일을 고스란히 반영했다. 두 개를 연결하는 변화 과정에 놓인 준비 작업이었다. 오랜 친구이자 조력자였던 상어가 런던의 대형 출판사로 옮겨간 후였으므로 남은 옥스퍼드의 친구들을 모아 OED의 전면 개정판 발행이 유일한 선택권이라고 옥스퍼드 대학교의 교수들과 출판사 임원들을 설득해야만 했다. 그러면 예산이 좀 풀리리라고 생각했다. 편집자들의 기본 목표는 새로운 개정 지침을 마련해서 그에 따라 다양한 표제어를 시범적으로 편집해보는 것이었다. 그러면 출판사가 비밀회의를 소집할 것이고 운이 좋으면 전면 개정판 프로젝트가 승인될 것이라고 생각했다.

출판사의 학술 출판 지침에 대한 최종 승인권을 가진 옥스퍼드 대학교 출판사 대표단은 우리의 친구들, 즉 옥스퍼드 대학교의 나이 지긋한 교수들의 유도로 사전부에 친절하게 근황을 물어왔고 적절한 시기에 우리 상무이사 '제독'은 프로젝트 기획서를 만들라는 공식 요청을 받았다. 출판사는 〈쇼터〉 작업이 끝나면 OED 개정판 작업을 시작할 수 있으리라고 기대하게 만들어놓은 것을 의식하며 우리의 방향을 틀려 하고 있었다. 1993년에 대표단의 기나긴 회의가 있은 후 프로젝트의 밑그림을 그리리는 결정이 났다. 2000년까지 OED를 전면적으로 개정하는 만족스러운 프로젝트가 되어야 하고 예산 규모는 더더욱 만족스러워야 한다는 정중한 위협이 느껴졌다.

제독이 프로젝트 계획서를 만들려면 사실 정보가 필요했다(아직 전혀 이용 가능하지 않거나 신뢰성 떨어지는 정보였다). 상세한 편집 지침 없이는 사실 정보를 얻기가 불가능했으므로 공룡 같은 19세기 사전을 순종 경주마 같은 20세기 사전으로 변신시키는 편집 지침을 세우는 것이 최우선이었다.

드디어 한 줄기 빛이 찾아왔다. 3년 동안의 불확실한 상태 끝에 마지막 남은 몇 명에게 또다시 흥분되고 긍정적인 분위기가 찾아왔다. 에드 와이너와 이본느 워버튼, 나 그리고 몇 명의 편집자들은 마침내 출판사로 건너가 OED 전면 개정판을 만들기 위하여 가능한 선택권을 논의했다. 이제부터 우리가 사전에 입히고 싶은 변화를 계획할 수 있었다. 그 변화와 함께 사전의 내용을 개방하고 접근성을 늘리고 19세기의 케케묵은 분위기를 벗어날 수 있게 되는 것이다.

사전에 등재된 단어 수(414,800)를 2000년까지 남은 햇수(7)로 나눠보고 (a) 불가능하며 (b) 가능한 방법을 찾아봐야 한다는 결론에 이르렀다. 대략 비슷하게 맞추면 되지 않을까 생각했지만 사업은 그런 것이 아니었다.

사전 편찬자들이 사실의 흐름을 통제하도록 허용하면 안 된다는 것은 사전 프로젝트를 관리하는 사람이라면 누구나 인정하는 보편적 진리다. 그래서 출판사 대표단이 OED 고문 위원회로서 사전부의 시니어들(제독, 에드, 나)과 정기적으로 모임을 가지기로 했다. 이 집단이 모든 당사자가 수용할 수 있는 편집 지침을 만들 터였다. 이치에 맞는 이야기였다. 무작정 A부터 개정판 작업을 시작해 헤매면서 Z까지 도착할 수는 없는 노릇이었다. 시작하기 전에 전체 구조를 계획해야 했다. 우리가 개정하려는 것은 고대의 매머드와도 같은 사전이었고 새로운 비전이 필요했다. 물론 우리에게는 비전이 있었지만 그것이 출판사 대표단이 그리는 것과 일치할까? 당시에는 사전의 텍스트에 그어떤 변화라도 가해지는 것을 극도로 반대하는 사람들이 있었다. 거의 절대적 진리처럼 여겼다. 따라서 위원회가 우리의 계획을 승인한 것은 빅토리아 시대의 석판을 고칠 수 있는 학문적 자격증을 수여한 것과 같았다.

앞으로 2년 동안 제독과 에드와 나는 옥스퍼드 대학교의 매우 날카롭고 현실적인 교수들과의 수많은 회의에 정기적으로 참석해야 했다. 영어 역사, 영문학, 특히 선형문자 B(그리스 미케네 문명 초기에 사용된 음절 문자)를 전문으로 하는 비교언어학, (이 중에서 가장 간단해 보일 정도인) 사회언어학 등의 권위자들이었다. 몇몇은 세속과 동떨어진 옥스퍼드 학문 세계에서조차 학문적 엄격함으로 유명했다. 당연히 초기에는 교수들과의 회의가 달갑지 않았다. 그들은 학계에서 워낙 큰 권력을 가진 집단이었고 일부는 우리가 이름과 명성만으로 알고 있을 뿐이었다. 만약 그들이 우리가 그리는 모습의 OED 개정판을 반대한다면 큰 문제가 발생할 터였다.

우선 우리는 OED가 미래를 위한 만족스러운 종합적 모델을 제공하는지 판단해야 했다. 현재 정의와 어원, 인용문 등 표제어의 구성 요소가 역사적 구조 안에 자리 잡은 제대로 된 것들인가? 아니면 다른 구조가 암시되는가? 틀을 아예 버리고 처음부터 새로 만들어야 할까?

대안 중 하나는 사용 가능한 모든 자료 출처를 철저하게 재검토하여 다시 시작하는 것이었다. 다행히 헌새의 사전은 제대로 개정된다면 사용자들에게 여전히 훌륭한 모델이므로 기존 형태를 아예 버리고 백지에서 시작하는 것은 미친 짓이라는 사실이 증명되었다. 학자들은 여전히 OED가 처음부터 수록해온 정확하고 자세한 정보를 원했지만 (대부분의 정보가 그런 것처럼) 100년도 더 된 것이 아니라 최신 정보이기를 바랐다. 옥스퍼드의 학자들에게도 100년은 매우 긴 시간이었다. 처음부터 새로 시작하려면 예산이 얼마나 필요할지 가늠조차 할 수 있을까? 누구나 쉽게 알 수 있는 문제였다. 출판사의 자원을 초월하는 엄청난 금액이라는 것을 말이다.

우리가 논의해야 할 또 다른 커다란 질문은 OED가 단어의 부차적 의미를 역사순으로 배치해야 하는지 아니면 일부 주장대로 가장 일반적인 의미가 가장 먼저 와야 하는지였다. 즉 사용 빈도가 높은 것부터 낮은 순으로 넣어야 하는가? 사용 빈도에 따른 순서는 일반적인 의미를 찾는 데 도움이 되지만 (큰 표제어의 경우) 다른 것들에는 별로 유용하지 못하다. 어떤 지역의 영어인지에 따라 빈도 순서가 다르고 시간의 흐름에 따라서도 계속 변화하는데 단어의 의미 순서를 어떻게 정할 수 있을까? 어쨌든 가장 일반적인 뜻을 먼저 찾고 싶으면 그렇게 만들어진 사전을 찾아봐야 한다. OED는 어원에서 역사순으로 내려가면서 단어의 뜻이 시간에 따라 어떻게 변화했는지 보여준다. **Magazine**(또는 nice, table, watch)을 예로 들어보자. 가장 보편적인 뜻은 무엇인가? 솔직히 나는 가끔 이 단어 때문에 짜증이 난다.

단어가 시간에 따라 논리적이지만 예측 불가능한 경로로 변화하는 좋은 보기는 바로 magazine이라는 단어다. 오늘날 가장 일반적인 뜻은 무엇인가? 특집 기사와 반짝이는 사진이 담긴 정기간행물이다. 하지만 17세기로 돌아가 보자. 그때는 가장 흔한 의미가 무엇이었을까? 지금과 똑같을까? 아닐 것이다. 근대적인 '출판물'의 의미는 1731년 전까지는 존재하지도 않았다. 17세기에 magazine은 특히 식량이나 폭발물(설마 두 가지를 동시에 보관한 것은 아니었기를 바란다)을 저장해두는 '물건 창고'라는 뜻이었다.

OED의 목적은 magazine이 16세기에 영어로 들어왔고('창고'라는 뜻으로) 중세 프랑스어에서 왔으며(magasin) 그 프랑스어는 또 이탈리아어에서 왔고(magazzino) 이 이탈리아어는 궁극적으로 물건을 저장해두는 곳, 즉 '창고'를 뜻하는 아랍어(makzan)에서 유래한다는 사실을 알려주는 것이다. 지중해 남부를 따라 나타나는 아랍의 영향력은 (건축, 문학 등) 아랍인과 유럽인의 접촉을 (특히 중세 스페인에서) 나타낸다. 사람들의 접촉이 있는 곳에서는 언어의 상호작용과 차용이 이루어진다(역시 아랍어에서 온 단어: algebra, giraffe, mohair 등). 영어 magazine의 나중 의미는 원래의 '창고'라는 뜻에서 덩굴처럼 뻗어 나와 오늘에 이르렀다.

아랍어부터 현재에 이르는 magazine의 변화를 따라갈 때는 잡지라는 뜻에서 시작하지 않는다. 그렇게 쉬운 문제가 아닐 수도 있지만 약간의 심사숙고만 있으면 된다.

위원회는 터무니없어 보이지만 (옥스퍼드의 방식대로) 토론을 거쳐서 거절하면 그만인 또 다른 문제에 대해 숙고했다. 위원회의 시니어 학자 중 한 명이 이를테면 1500년 이전의 영어는 전부 무시하고 OED를 오로지 근대 영어만 다루는 사전으로 만드는 데 집중하면 작업도 빨리 끝내고 예산도 크게 줄일 수 있다는 아이디어를 냈다. 그런 식으로 하면 당연히 빨리 끝낼 수 있었다. 90미터 지점에서 출발하면 100미터 달리기 올림픽 금메달리스트를 이길 수 있는 것과 마찬가지다. 이 아이디어가 처음 제안되었을 때 우리는 에스페란토(Esperanto, 1887년 폴란드의 안과 의사인 자멘호프가 만든 국제 공용어-역주)나 불카누스(Vulcan, 로마 신화에서 불의 신-역주) 혹은 물고기의 언어를 OED에 넣어달라는 요청을 받기라도 한 것처럼 멍한 표정으로 서로를 쳐다보았다. 하지만 매우 진지한 제안이었다. 이런 식으로 프로젝트가 단축된다면 재무팀에서는 쌍수를 들고 환영할 터였다.

하지만 완전히 무모한 제안은 아니었다. 서양에서는(토론토와 미시간의 앤 아버) 고대 영어와 중세 영어를 (OED가 감당할 수 있는 것보다 훨씬 상세하게) 따로 사전에 담으려는 대규모 프로젝트가 진행되고 있었다. 1500년대 이전의 단어들은 그런 사전에 양보하고 우리는 그 이후의 시대에만 집중해야 하는 것이 아닐까? 한마디로 복잡한 앵글로-색슨과 중세 영어와 고대 영어에는 발을 담그지도 말고 1500년부터 새롭게 시작하자는 것이었다.

하지만 영어는 그런 식으로 움직이지 않는다. 그냥 중간에서 시작해 저 먼 곳에 있는 기원 따위는 잊어버릴 수 있는 것이 아니다. 1500년 이전의 것은 얼버무린다면 어원에 대해 깊이 들어갈 수 없고 1500년대 이후의 단어 뜻에 영향을 끼친 이전의 뜻에 대해서도 설명할 수가 없다. 중간에서 단어의 뜻에 끼어들어야 하므로 초기 지식을 제대로 전달하지 못한다. 한마디로 영어가 르네상스의 창조물, 즉 라틴어와만 관련 있거나 초기 게르만어와 이후의 로망스어의 유기적인 복잡성이 합쳐진 것이 아닌 근대의 네덜란드어, 프랑스어, 게르만어, 영어로만 이루어진 합성어인 것처럼 취급하게 된다. 영어에 대한 진짜 질문이 이루어져야 하는 복잡성을 다룰 수가 없다.

몇 분간의 토론 후 투표가 이루어졌다. 의견을 낸 사람을 포함해 모두가 만장일치로 OED 축소에 반대했다. 단번에 10~15년 치의 일이 추가로 주어진 셈이었다.

∞

고문위원회와의 모든 토론에서 우리의 기본 전제는 OED를 통하여 영어의 복잡한 등장과 세계 주요 언어로의 발달을 보여주는 것이 주요 목적이라는 것이었다. 〈OED 보충판〉을 만들던 시절에도 자리하던 목적이었지만 당시에는 크게 의식되지 않았다. 영어의 가장 초기 역사로 거슬러 올라간다는 것은 작업에 새로운 초점이 생겼다는 사실을 보장해주었다.

나중에 들어온 프랑스 차용어의 인위적인 매력에 눈이 멀면 영어의 기반을 이루는 게르만어에 제대로 관심을 기울이지 않게 된다. 하지만 위원회에는 앵글로-색슨주의자와 게르만어 연구자들이 다수 포함되어 있었으므로 우리는 그 중요성을 잊어버릴 수가 없었다. 영어가 게르만어에서 유래한 이유는 오늘날의 독일보다 훨씬 넓은 지역의 게르만어 방언을 사용하는 게르만족 침입자와 정착민(북유럽 부족)들이 영국 제도로 자신들의 언어를 들여왔기 때문이다. 5세기 초에 로마인들이 떠난 후 브리튼 섬은 또다시 켈트족이 대부분을 이루었고 북쪽에는 퉁명스러운 픽트족이 있었다.

오늘날 영어에는 켈트어 단어가 거의 남아 있지 않다. OED에 따르면 1150년 이전의 고대 영어 시대에서 온 다섯 개뿐이다('조악하거나 임시변통으로 만든 겉옷'을 뜻하는 brat, '아일랜드에서 목에 하는 장식'을 뜻하는 mind, '북부 지방의 집에서 만든 둥글거나 타원형의 빵'을 뜻하는 bannock,

'언덕 또는 높이'라는 뜻의 pen, '스코틀랜드의 토지세'를 뜻하는 conveth). 예를 들어 clan이나 pet(길들여진 동물), slogan처럼 좀 더 잘 알려진 단어들은 게르만족의 첫 번째 침입 이후로 거슬러 올라간다. 게르만족 침입자들이 브리튼 전역을 급습하면서 켈트어의 흔적을 지웠기 때문이라는 것이 일반적인 추측이었다. 하지만 글로 된 기록이 없으므로 게르만족 침입자들과 침입당한 켈트족이 어떤 모습이었는지는 정확히 알 수 없다. 오늘날의 학자들은 초기의 침입 이후 게르만족이 수십 년동안 켈트족과의 결혼을 장려해 그 땅을 다스리는 법을 배웠을 것이라고 생각한다. 그와 동시에 대부분의 지역에서 어쩌면 부지불식간에 켈트어가 효과적으로 근절되고 게르만어 영어가 '권위 있는' 언어로 자리 잡았을 것이다. 얄궂게도 8세기 이후 바이킹의 침입으로 적어도 잉글랜드의 북동쪽에서(데인로 지역) 새로운 게르만어 영어도 그와 비슷한 변화를 겪었다. 스칸디나비아인들이 정착하면서 새로운 앵글로-색슨어에 그들의 게르만어를 가져온 것이다. 그리고 1066년의 노르만 정복 이후에 새 게르만어 영어는 또다시 게르만족 침입자들이 켈트족에 일으킨 것과 매우 비슷한 운명을 겪었다. 게르만족 앵글로-색슨어가 공식 기록에서 거의 사라지고 귀족, 법률, 종교 엘리트 등 문서 기록을 주재하는 사람들이 아닌 '평범한' 사람들의 입에서 입으로만 근근이 살아남았을 뿐이다.

1500년에 이르러 근대 영어 시대라고 알려진 시대의 초기에 들어선 후에는 영어가 확장해나가는 자신감 있는 국가의 상징으로서의 권위를 회복했음이 기록으로 나타난다. 오늘날까지도 게르만어에서 유래된 단어들이 기본 어휘의 큰 부분을 차지한다. 수 체계, 짧은 전치사와 접속사, be, can, do, have, may, must 같은 기본 동사,

과거형에서 기둥 모음이 바뀌는 '강변화' 동사(swim/swam, ride/rode) 등. 실제로 오늘날 가장 많이 사용되는 영단어 100개 중에서 게르만어 기원을 가진 것이 거의 100퍼센트에 이르고 한두 개만이(nation, 그리고 일부 목록에 따르면 people) 노르만 정복 이후 프랑스어에서 유래할 뿐이다.

노르만 정복 이후 프랑스어의 급습은 영어를 중세 유럽의 고전 유산과 접촉하게 만들었다. 일반적으로 프랑스어는 소리가 거친 게르만어보다 아름답고 낭랑한 소리를 영어에 더해주었다는 평가를 받는다. OED에 따르면 오늘날 영어에는 게르만어 1개당 로망스어 기원을 가진 단어가 2.5개다. 하지만 이것이 큰 그림을 보여주지는 못한다. 게르만어에서 온 단어들은 여전히 가장 많이 사용되고 있는 가장 성공한 단어들이다.

영어는 서서히 전 세계의 여러 지역에서 주요 언어로 자리 잡으며 확장을 계속했다. 역사의 어느 시점에 이르러 영어는 원주민들(북아메리카, 오스트레일리아, 뉴질랜드, 남아메리카 등 다수 지역)을 희생시켜가며 영어 사용자들과 광범위한 접촉을 했다. 하지만 게르만어/로망스어 기원 단어가 많은 것은 국제적인 근대 영어 시대로 접어들어서도 유효했다. 영어가 모국어가 아닌 수많은 사람들이 영어를 사용하는 새로운 세상에서 로망스어(프랑스어, 스페인어, 이탈리아어) 사용자들이 영어를 쓸 때는 자연스럽게 로망스어 기원의 영단어를 많이 사용할 것이기 때문이다(즉 자신들에게 더욱 편하게 느껴지는 단어들). 장기적으로는 기존의 비율이 흔들릴 수 있다.

∞

자문위원회가 결정한 편집 지침에서는 OED가 그동안 제대로 해온 일들이 확인되었다. 역사적인 원칙, 주관적인 인상이 아닌 증거의 중시, 웅장한 범위와 자세한 실행이었다. 개정판에 그 어떤 표제어도 생략하지 않기로 회의에서 결정되었다. 특별한 분야에서 한두 번밖에 증명되지 않거나 심하게는 시에만 나오는 단어라서 더 이상 중요하지 않아 보이는 단어일지라도 버리지 않기로 했다. 한번 OED의 껍질을 벗기기 시작하면 어디에서 멈춰야 할지 알 수 없는 노릇이었다. 그래서 아예 껍질을 벗기지 않기로, 이미 우리 노아의 방주에 탄 어휘들은 하나도 버리지 않기로 했다. 물론 방주에 태우기 전에 신중하게 계속 ***vet***할 필요는 있었다.

　　사람들은 빠르게 돌아가는 일상에 맞추어 단어를 줄여서 사용하는 것을 좋아한다. 문자나 편지를 보낼 때 모든 음절을 다 사용할 시간이 없다. OED에 따르면 Aussie, auto, benny, demo, home ec, pneu, post-op 등 20세기의 첫 10년에 '길이를 줄여서' 만들어진 신조어는 약 100개에 이른다. 그 이전의 10년과 비슷한 숫자다. 단축을 통해 만들어지는 신조어의 숫자는 셰익스피어 시대(arithmetic의 arith, citizen의 cit)부터 1800년경까지(advert, magnitude와 magpie의 mag, caravan의 van)와 비슷한 속도로 발달한 듯하다. 19세기 들어 그 속도가 빨라졌고(사람들의 생활이 바빠지면서) 1900년경에 절정을 이루었다(advantage와 addict의 ad, pathology의 path).

　　19세기 후반은 이러한 언어 급진주의가 강세였고 많은 증거 기록에 힘입어 축약어들이 사전에 등재되었다. 요즘은 문자 메시지,

이메일, 웹사이트(FAQ, LOL 등), 기술(DVD, SIM, SMS), 의학, 정치 등 쉽고 짧은 용어를 원하는 모든 분야에서 다양한 축약형과 약어가 만들어진다.

OED 초판 편집자들은 vet의 동사 의미를 적어도 1904년 이전에는 알지 못했을 것이다. 이 단어의 동사적 의미가 1904년에 러디어드 키플링의 작품에서 처음 언급되기 때문이다["These are our crowd······They've been vetted, an' we're putting 'em through their paces. (저들이 우리의 군중이다. 저들은 조사를 거쳤고 우리가 저들의 역량을 시험해볼 것이다.)"]. 이것은 다수의 용법이 급속도로 발달한 단어의 좋은 보기다.

문서 기록에 따르면 이 단어의 동사는 명사 vet에서 나왔다. 명사 vet은 veterinarian 또는 veterinary(둘 다 긴 단어이고 각각 17세기와 18세기에 기원한다)의 줄임말이다. 쉽게 상상 가능하듯이 동사 vet은 문자 그대로 아픈 동물을 살피거나 치료한다는 뜻이었다. 그것이 1891년이었다. 그저 가벼운 줄임말이었지만 익살스러운 영국인들은 1898년에 사람도 'vet'해봐야 한다는 표현에 사용했다. 그 후로 이 축약형 단어는 문제가 있는지 신중히 살펴본다는 의미가 되었다.

이 단어는 veteran과는 연관이 없다. vet은 '소'를 뜻하는 라틴어 veterina에서 왔고 veteran은 '나이 많은'을 뜻하는 라틴어 vetus에서 왔다.

우리가 광범위한 혁신을 통해 OED가 고수해온 밑바탕을 활짝 개방하고 싶은 분야가 딱 하나 있었다. 그것은 바로 우리가 영어에 대한 정보를 찾는 텍스트의 선택 문제였다. 예전부터 OED는 고전 작가를 선호했다(윌리엄 셰익스피어, 알렉산더 포프, 조너선 스위프트, 월터 스콧, 존 밀턴이 대표적이다. 물론 다른 작가를 배척한 것은 아니지만 OED가 기본적으로 '훌륭한' 출처만 토대로 한다는 인상을 주기에는 충분했다). 문학계의 거인들이 쓴 것 말고도 수많은 저작이 있으므로 이러한 관행은 영어의 분석을 왜곡시켰다. 우리는 지침을 고쳐서 앞으로 사용할 증거 텍스트의 균형을 새로 맞추기로 했다. 하지만 우리가 시대를 완전히 거스르는 것은 아니었다. 19세기 이후로 일기와 개인적인 편지 등 비형식적인 저작들이 많이 출판되었다. 또한 우리는 출판되지 않고 보관되어 있는 수많은 텍스트를 언어적 관점에서 살펴본다면 영어에 새로운 관점이 나오리라는 사실도 잘 알고 있었다.

제임스 머레이 경은 비형식적인 텍스트를 사용했다가 옥스퍼드에서 신문을 인용한다고 심한 비난을 받았다(그래도 꿋꿋하게 계속했다). 우리는 자문위원회에 자료 출처의 범위를 넓히자고 제안했고 다행히 반대가 없었다. 시간에 뒤처진 것은 학자들이 아니라 OED였다. 앞으로 얼마나 멀리 갈 것인지까지는 말하지 않았다. 웹페이지 인용 문제나 사례가 존재하지도 않았기 때문이다. 적절한 때가 왔을 때 수문을 더 열어 개인의 웹페이지 등 인터넷의 언어 증거를 받아들였다(스크린에서 사라질 수 있으니 파일에 복사본을 보관했다). LOL='laugh out loud(큰소리로 웃다)'의 첫 번째 문헌은 (예상대로) 컴퓨터로만 유포되었다(초기의 컴퓨터 게시판 FIDO뉴스의 용어 해설, 1989년 5월 8일: "LOL – Laughing Out Loud"). 지면 출처만 고집해 이러한 사실 정보를 놓치고 싶지 않았다. 1990년 중반이었던 당시에는 너무 지나친 감이 있었지만 다행히 자문위원회와 언쟁을 벌이지 않아도 되었다.

이것은 어느 비 오는 오후, 초록으로 우거진 출판사의 사각형 안뜰이 내다보이는 곳에서 열린 회의 속 작은 결정이었지만 우리의 계획을 입증해주었다. 중요 작가들의 유산이 가진 효력이 부식되려면 오랜 시간이 걸리겠지만 중대한 변화를 추구해도 된다는 허락이 떨어졌다. 이상하게도 제임스 머레이 경의 불문법에서 크게 벗어나지 않는 듯한 기분이 들었다. 원래도 좀 더 근래에 활동하는 중요 작가들의 작품에 집중하라는 전임 편집장 밥 버치필드의 지침을 따르다가 머레이 경의 방식으로 돌아가는 것이었기 때문이다.

∞

1990년대 초, OED에서 일한 지 어느덧 15년을 맞이했다. 옥스퍼드 대학교 출판사 소속이라는 것 이외에 옥스퍼드 대학교와 따로 연결고리가 없다는 사실이 내심 만족스러웠다. 옥스퍼드 대학교 출판사는 옥스퍼드 대학교의 한 부서지만 학생들을 가르치거나 연구를 하는 학부가 아니라 '출판부'였다. 보통 직장과 똑같이 운영되었다. 대학교와 달리 긴 방학도 연구 안식년도 없었다. 연구를 위한 휴식이 주어진다면 출판사에서 일하는 우리는 물론이고 장기적으로 사전에도 도움이 될 것이라고 생각한 적은 있다. 나는 옮겨 다니는 사무실마다 옥스퍼드 학생들이 까만 예복(*subfusc*)을 입고 시험을 보러 가는 모습 등 창문 밖에서 이루어지는 기이한 일들을 구경꾼의 입장에서 바라보는 것만으로 만족스러웠다. 대학의 정치나 인생은 나와 상관없는 이야기였다. 사전부 편집 인력 중에서 옥스퍼드나 케임브리지를 나온 사람은 절반 정도였으므로 나처럼 관심 없는 관찰자들의 비율도 적당했다.

그래도 폐쇄적인 학계가 (수 세기 동안 너무 많은 부동산 소유로 도시 개발을 억제함으로써) 옥스퍼드시에 가하는 압력과 (외부에 지식을 전파하는 것이 아니라 제한하는 듯한 모습으로) 배움에 가하는 압력에는 화가 났다. 하지만 더 나쁜 것은 대학교 행정 관계자들의 반계몽주의였다. 가장 오래되고 가장 불가해한 관습이 지켜지는 분야가 바로 그곳인 듯했다. 옥스퍼드 대학교 행정부는 특정 용어 사용을 통해 특권의식을 느꼈다. 7일에 한 번 열리는 위원회라는 뜻의 'Hebdomadal Council'(짐작하겠지만 그리스어다)을 열고 '6시간 유급(stipendiary)' 영어 강사' 같은 이상한 채용 광고를 내고 출판사의 출판 활동을 감독하는 교수진은 '대표단'이고 출판사 CEO는 (대표단의) '비서관'이라고 불렀다. 이런 것들은 나에게 큰 문제가 되지 않았다. 나는 그저 반대편에 서서 기회가 있을 때마다 사전이 특권의식으로부터 멀어지게 만들수 있는 것만으로 행복했다. 우리 편집 사무실을 기록실이라는 뜻의 Scriptorium(머레이 경이 사용한 말)이라고 부르는 것에도 반대표를 행사했다.

영어권 국가의 대학에서 (사립학교 포함) 유래한 단어들은 무수히 많다. 해당 영역에만 제한적으로 남아 있는 경우도 있지만 경계를 뚫고 바깥세상으로 나가는 단어들도 있다. 이를테면 bed-sitter(영국 대학가: 침실과 거실이 합쳐진 원룸), beer pong(북아메리카: 상대방의 맥주 컵에 탁구공을 넣어 술을 마시게 하는 게임), funk(옥스퍼드: 몸을 움츠리는 공포를 느끼는 상태), moby(미국 대학가: 큰), skiver(노트르담 대학교: 캠퍼스를 무단이탈하는 학생),

noughth week(옥스퍼드: 학기가 시작되는 전주), viva(영국과 기타 대학교: 지면 시험 이후의 구술 시험)가 있다. 속어는 외부인을 배제하고 자기가 속한 집단의 군중심리(아니, 공동의 하위문화)를 강화하는 방법으로 자주 사용된다.

16세기와 17세기에 특히 시적인 설득이나 자연사 연구에서 '검은(색깔), 칙칙한'을 뜻하는 형용사 fusk 혹은 fuscous가 사용되었다. 19세기 초에 외부인들이 모르는 수수께끼 같은 라틴어를 찾던 옥스퍼드와 케임브리지 대학교 당국은 학부 학생들이 시험이나 공식 행사에 입는 예복을 형용사 subfusc('약간 검은 색깔', 완전히 검은색은 아님)라고 불렀다. 1850년에 이 형용사는 명사형으로도 발달했고 Moderations(첫 번째 시험)에 subfusc를 입는다고 말할 수 있었다. 오늘날까지도 이것이 가장 기본적인 맥락으로 남아 있고 시인과 자연사학자들은 거의 사용하지 않게 되었다.

나는 군이 포함되려는 노력 없이 옥스퍼드 대학교와 오랫동안 함께 일했지만 관계 회복이 필요한 순간이 왔다. 물론 그러나마나 대학 측은 별 상관이 없겠지만 사전에는 좋은 일이라고 생각되었다. 가능한 선택권 중 하나는 대학교에서 사전 편찬학 강의를 하는 것이었다. 하지만 사전 편찬자는 학생들을 가르치는 것이 아니라 편집을 해야 한다는 것이 일반적인 합의 사항이었다. 가장 중요한 일을 못 하게 되기 때문이다. 내가 1976년에 입사했을 때부터의 법칙이었고 효과가 있는 듯했다. 물론 원하면 근무 이외 시간에 강의를 해노 되지만 별로 내기지 않았다. 사전부의 일을 방해하지 않으면서 대학교에서 강의를 할 사람은 얼마든지 많았다. 스스로 좋은 선생님의 자질을 갖추었다고 생각한 적도 없으므로 이 방안은 선택하지 않기로 했다.

하지만 시간이 지나면서 대학교의 몇몇 관계자와 친분을 맺게 되었다. (당연하겠지만) 영문학과, 외부학습과, 새로운 켈로그 칼리지 관계자들이었다. 외부학습과(The Department for External Studies)는 진짜 사람들, 즉 대부분은 시간제로 공부하는 성인 학생들을 상대하는 과였다. 가끔씩 동료들이나 내가 이 데이 스쿨(day school, 기숙사 생활을 하지 않고 다닐 수 있는 학교를 말하며 학생들이 대부분 기숙사 생활을 하는 옥스퍼드의 문화와 구분된다-역주)에서 사전 만들기의 역사나 관행, 미래에 대한 강의를 하기도 했다. 외부학습은 오래된 단어지만 '포용적'이 아니다. 옥스퍼드는 현재 외부학습과를 오늘날의 시대에 용인되는 '계속교육'이나 '평생교육'이라고 지칭하면서 변화하고 있다. 옥스퍼드에서 (교수진과 대부분의 교육행정 직원들이 운영하는 계속교육 같은) 교육학과들은 칼리지마다 크게 다르다(학생들마다 소속 칼리지가 있다).

OED가 데이 스쿨에 개입하게 된 후 사무실 전화벨이 울렸다. 에드가 평소와 다른 약간 아부하는 듯한 목소리로 전화를 받았다. 데이 스쿨은 대학의 사업이었다. 그 전화의 결말은 생긴 지 얼마 안 되는 (대부분의 평생교육학과 학생들이 적을 둔) 켈로그 칼리지의 학장과 이사회가 전날 오후 회의를 열어 (우리도 모르게) 에드와 나를 펠로로 선출했다는 것이었다. 펠로는 칼리지의 시니어 멤버를 말하는데 대학에서 수업을 할 수도 있고 명예직으로 대학과 연계되어 있을 수도 있다. 옥스퍼드의 칼리지는 학계의 '펠로십'이라는 개념을 바탕으로 한다. 에드와 나는 서로 다른 전통에서 왔다. 그는 명예로운 일이라고 기뻐했고 나는 의혹이 들었고 대수롭지 않게 여겼다. 현재로도 매우 만족스러운데 왜 대학교 정치에 관여해야 한단 말인가?

(역시나) 논의의 여지가 별로 없었고 내가 무례한 반응을 보인 것이 잘못된 듯했다. 얼마 후 우리는 사각모와 가운을 맞추는 등 필요한 수순을 밟았다. '정원 외 펠로(Supernumerary Fellows)'로 출근 카드를 찍으며 상황을 보아가면서 대학교 생활에 관여하게 되었다. '정원 외'는 말 그대로 '필요 이상'이라는 뜻이므로 낄 자리 안 낄 자리가 있다는 것을 우리도 잘 알고 있었다.

켈로그 칼리지의 제프리 토머스(Geoffrey Thomas) 학장은 그 칼리지의 학생들이 시간제, 대학원생, 성인 등 대부분 사회생활을 한 후 다시 공부를 시작한 사람들이라서 우리를 펠로로 선출했다고 말했다. 칼리지와 사전부 모두 일반인이 지식에 접근할 수 있도록 해주기 때문이라는 설명이었다. 소수의 특권이라고 여겨지는 불가사의한 학문 세계를 배움에 관심 있는 모든 학생에게 개방하여 힘을 실어주고 싶다고 했다. 토머스는 옥스퍼드 대학교 내의 딱딱한 반대에도 시간제 학생들을 위한 칼리지를 만든 수완 좋은 학장이었다. 우리를 대상으로도 수완을 발휘하려 하고 있었다. 하지만 그의 말은 이치에 맞았다. 그래서 함께하게 되어 반가웠다.

∞

나에게 펠로십은 중요한 역점의 변화를 의미했다. 옥스퍼드 대학교와 적당히 가까우면서도 사전부가 지식 습득에 관심 있는 실제 사람들과 직접적으로 접촉할 수 있었기 때문이다. 켈로그 칼리지의 학생들 가운데는 대학 공부 기회를 놓쳤다가 다시 공부를 시작한 경우가 많았다. 그들과의 연결고리가 생겼다는 것은 매우 자연스럽고 새로운 특별 자문위원이 생긴 것과 마찬가지였다. 또한 외부의 도움과 찬사가 우리 사전부에 전혀 해될 것 없는 시기에 대학 내에서 큰 격려를 얻을 수 있었다.

그와 동시에 에드와 나는 OED 전면 개정판의 시범적인 초기 작업물을 자문위원회에 승인받으려 애썼다. 우리는 위원회가 말은 그만하고 19세기의 텍스트를 전면 개정판 편집 지침에 따라 개정하는 작업을 시작하라고 요구하는 단계로 빨리 넘어가기를 바랐다. 만약 위원회가 시범적인 결과물을 마음에 들어 한다면 출판사의 대표단에 예산을 지원해주라고 권유할 터였다.

우리가 위원회를 그 단계로 넘어가게 만들었다면 좋았겠지만 당연히 위원회 스스로 한 일이었다. 2년간의 회의가 지속된 끝에 드디어 확정적인 작업물을 만들어야만 하는 때가 왔다. 사전 자료에 적용하기로 결정된 편집 지침에 따라 작업을 시작하면서 편집팀에는 긴장감이 감돌았지만 열띤 흥분감도 있었다. 우리는 문서 기록을 검토하고 표제어를 개정하고 (완성품의 컴퓨터화가 더 쉬워질 것이라는 생각에) 최대한 작업 절차를 표준화하려고 애쓰면서 어원을 고쳐 쓰고 새로운 뜻과 표현을 추가하고 (구어체 영어로의 움직임이 있었으므로) 단어가 문어체인지 구어체인지 다시 판단했다. 단어의 정의도 19세기의 숙어 표현을 빼고 새로 써야 했다.

위원회와의 다음 회의에 결과물을 제출했다. 위원회는 따로 자기들끼리 상의할 시간을 가졌다. 몇 주 후 수정을 했고 그만하면 괜찮다는 좋은 소식이 들렸다. 위원회는 출판사와 대표단에 OED 전면 개정판 프로젝트의 예산 지원을 권유하기로 했다. 가능하다면 거리로 나가 축하 파티라도 열고 싶었다. 몇 년 만에 드디어 시작할 준비가 된 것이었다.

자문위원회와의 논의는 아무리 사소한 것이라도 지극히 중요했다. 그곳에서 이루어지는 모든 결정이 OED의 미래에 막대한 영향을 끼쳤다. 전면 개정판 작업은 우리가 너무도 고대해온 일이었다. 마침내 모든 영어의 역사를 다룰 수 있게 되었다. 신조어만 보충하는 것이 아니라 사전의 목덜미를 통째로 잡고 20세기(곧 21세기)로 끌고갈 수 있었다. 하지만 우리는 모든 문제가 위원회에서 해결되지 않는다는 사실을 알았다. 모든 결정을 처음에 다 내릴 수는 없다. 중간에 내려야 하는 결정도 있기 마련이다. 걸으면 해결된다는 뜻의 로마어 'Solvitur ambulando'도 있다. (OED에서는 이 표현에 대해 '원래는 디오게네스가 움직임이 실재하는 것이냐는 질문에 대한 증거로 내놓은 것을 가리킨다'라고 설명한다.) 기초는 다져놓았지만 실제로 언어 자료를 가지고 일하면서 수정을 가할 필요가 생길 터였다.

∞

우리가 전면 개정판을 위해 마련한 새로운 편집 지침과 절차가 실제로 효과적이었는지 알아보는 가장 좋은 방법이 있다. 특정 단어의 결과물을 살펴보는 것이다. 그 지침이 몇 년 후에도 잘 버텼는지 fuck이라는 단어를 개정할 때 알 수 있었다.

이것은 19세기 후반에 나온 OED 초판의 알파벳 F를 다루는 권에서 일부러 생략된 단어 중 하나다. 만약 편집자들이 작업했다면 이 단어의 바로 앞에 나오는 단어(fucivorous: 해초를 먹거나 해초를 근근이 먹으며 살아가다-19세기에 라틴어에서 온 단어로 잠시 동안 의학 분야에서 사용

됨)가 출판된 1898년에 등재되었을 것이다. 빅토리아 여왕 치세의 후반기는 성에 대해 자유적이거나 계몽적인 태도를 취하지 않았으므로 fuck을 사전에 포함시켰다면 편집자들이 교도소 신세를 졌을지도 모른다. 따라서 fucivorous에서 fuck을 건너뛰고 fuco'd('푸쿠스(fucus)로 아름답게 만든, 색칠한', 17세기 중반의 가짜 라틴어, 돌에 끼는 이끼이기도 한 fucus는 얼굴에 칠하는 볼연지나 염료로 17세기에 주로 외모를 단장하는 데 사용되었다)로 바로 옮겨간 것은 올바른 선택이었을 것이다. 앞뒤로 이렇게 특이한 단어가 있는데 금기어를 넣었다면 더욱 눈에 띄지 않았을까?

Fuck은 1972년에 〈OED 보충판〉 1권(A부터 G까지)에서야 처음으로 등재되었다. OED 초판의 거의 후반부에 windfucker라는 단어가 들어갔다. 강한 바람을 타면서 하늘을 나는 모습이 자주 목격되는 맹금류 '황조롱이'를 가리키는데 일반적으로 사람에게 악담을 할 때도 사용된다. Windfucker가 처음 등재된 것은 광란의 1920년대 후반이었는데 편집자들은 사실과 기록을 전하는 것이고 학계에 대한 책임감도 있다는 점에서 무사히 피해갈 수 있을 것이라고 생각했을 것이다. 아무도 주목하지 않으리라고 생각했을 가능성이 가장 크다.

조심스러운 편집자들은 fuck을 사전에 넣기 위해 무려 1972년까지 기다려야 했다. 하지만 1933년에 잠깐 말고는(보충판이 처음 나왔을 때) 기회가 전혀 없었다. 1960년 이전의 영국에서는 편집자와 출판사 관계자들이 엄중한 외설 행위로 체포될 수도 있는 일이었다. 외설이라는 이유로 출판 금지를 당했던 D. H. 로렌스의 소설 《채털리 부인의 연인》(펭귄 북스)은 오랜 재판을 거쳐 1960년에 승소했다. 그 후 적어도 영국에서는 출판 금지되어야 할 외설의 기준이 약간 느슨해졌다.

펭귄 북스는 《채털리 부인의 연인》의 성공에 힘입어 6년 후인

1965년에 출판된 〈펭귄 영어 사전(Penguin English Dictionary)〉에 대담하게도 동사 fuck을 포함시켰다. 사전 편찬자들에게 중요한 세심한 방식이기도 하지만 사회 전체가 향하는 방향을 보여주는 기준이기도 하다. 그 사전의 편집자는 저명한 앵글로-색슨주의자 노먼 가먼스웨이(Norman Garmonsway)로 금기어 수록을 뒷받침해줄 수 있는 학계에서의 존재감을 갖춘 인물이었다. (펭귄 사전의 2판 공동 편집자는 J. 심프슨이었다. 그게 나인가 싶을 때도 많았지만 아닌 듯하다.)

출판 원칙이 정해지자 옥스퍼드는 곧바로 두 번째 버스에 올랐다. 하지만 〈OED 보충판〉 1권(1972)에 수록된 fuck은 매우 짧고 잠정적이었다. 뜻이 세 가지밖에 없었다. 영어에서 처음 사용된 것은 16세기이고 좀 더 익숙한 '성행위'(이 자체가 완곡어법이다)가 아니라 과학적인 '교미'의 의미로 얌전하게 정의했다. 일단 그 뜻은 그렇게 마무리한 후 다음으로 '신성모독적인 욕설'과 감탄사[또다시 조심스럽게 에둘렀지만 몇 가지 다채로운 예문을 제공한다: "tell whoever it is to go fuck themselves(누구인지는 몰라도 엿먹으라고 해)", "fuck the bloody thing(빌어먹을 것)"]의 뜻으로 넘어갔다. 그러고는 about, off, up 같은 부사와 함께 사용되는 수많은 세련되지 못한 표현으로 나아간다. 마음만 먹었다면 좀 더 좋은 설명이 나올 수 있었겠지만 fuck이 들어간 〈보충판〉 1권은 초판 이후 거의 40년 만에 출판되는 것이었으므로 시장 자체가 여전히 조심스러웠다.

OED3를 위해 fuck 표제어를 검토할 시기가 왔을 때는 기초로 삼을 만한 뼈대가 최소한에 불과했다. 하지만 근대적 자료를 통하여 영어로 들어오게 된 경로와 오늘날에 이르기까지의 다소 지저분한 우여곡절을 자세히 조사하여 마침내 그 단어를 제대로 설명할 수 있는 기회였다. 선대 편집자들이 아예 생략하거나 평면적인 모조품으로만 다루었던 표제어가 우리 손에서 매우 생생한 그림으로 만들어졌다. 새로운 편집 지침 또한 이 단어가 애매모호하게 다루어지지 않도록 해줄 수 있었다.

OED에 수록된 대부분의 표제어가 그러하듯 진짜 이야기는 우리가 수집한 인용문으로 시작된다. 인용문이 표제어를 뒷받침해주기 때문이다. 놀랍게도 영어에서 fuck이 처음 등장한 것은 종교적 맥락에서인 듯하다. 실제로 이 단어가 언급된 초기의 문헌 중 다수가 종교적 연관성을 가진다. 다음은 우리가 발견한 첫 번째 증거로 1500년경에 쓰였다. "Non sunt in coeli, quia gxddbov xxkxzt pg ifmk." 이 인용문이 우리 사전의 색인 카드철에 제공된 것은 전통적인 방식을 통해서였다. 한 학자가 1848년에 출판된 책에서 이 텍스트를 발견하고 사전부에 보낸 것이다. OED는 1848년에 출판된 그 초기 영어 문집의 존재를 잘 알고 있었고 자주 인용도 했지만 이 중대한 증거만큼은 사용할 수가 없었다.

당연히 이 문장이 영어가 아니라 라틴어라는 것을 알 수 있다. 그마저도 다섯 번째 단어에 이르면 온통 이해할 수 없는 말(gobblede-gook)이 되어버린다. 그전까지만 해도 '그들은(수도사들) 천국에 없다. 그 이유는……'이라고 해석되는 멀쩡한 라틴어 문장이다. 실제로는 gobbledegook(미국 영어, 1944, 칠면조의 의미 없는 고르륵고르륵 소리(gobble)라는 뜻에서 나왔을 것이다. 칠면조에게는 의미 없는 소리가 아니겠지만)이 아니라 암호, 어쩌면 줄리어스 시저(Julius Caesar)가 개인적인 의사소통에 사용한 이른바 '시저 암호'가 되어버린다. 시저 암호는 알파벳을 특정한 개수만큼 이동시키는 방법을 사용하는데 이 경우에는 앞으로 한 개씩 이동한다. 따라서 15세기 말에서 16세기 초에 쓰인 'gxddbov xxkxzt pg ifmk'는 사실은 'fuccant uuiuys of heli'(-ant 는 라틴어의 3인칭 복수) 또는 '일리의 부인네들과 성관계를 즐기고 있다'라는 문장이 된다(일리는 케임브리지서에 있는 도시). 당시 일리는 지금과 마찬가지로 앵글리아 동쪽의 종교 중심지였고 적어도 그 지역 수도사들이 생각하기에 수많은 순응적인 여인들이 있는 곳이었다. 표현 전체가 암호화된 사실로 미루어보아 숨겨야 했던 것은 한 단어가 아니라 수도사들의 불결한 행위였다. 그보다 약간 뒤에 발견되는 다른 증거에서는 fuck이 떠들썩하지만 그 이후의 세기처럼 아직 금기어가 되지는 않았음을 시사한다.

만약 1500년경에 필사본에서 남의 눈을 의식하지 않고 사용될 수 있었다면 이 단어는 그보다 앞서 등장했을 것이다. 얼마나 빨리일까? 중세 영어일까 아니면 노르만 정복 이전의 앵글로-색슨 시대로 거슬러 올라갈까? 현재로서는 알 수 없다.

이 단어의 표제어는 우리가 다양한 요소를 처리해온 방식의 변화를 보여준다. 우선 어원(단어 파생)에 대해 살펴보자. OED 초판은 어원이 약간 암호처럼 난해하게 구성되어 있다. 어원학자들만 알아볼 수 있도록 쓰인 것은 아니지만(그런 면도 없지 않아 있을 수 있다) 편집자들은 사전을 타당한 경계선 안에 두기 위하여 뭐든지 축약할 수밖에 없었다. 하지만 사전이 컴퓨터로 옮겨가면서 경계가 느슨해졌고(나는 표제어의 빽빽한 구조와 품격을 언제나 지키고 싶었지만) 단축 설명을 길게 늘려 독자의 이해를 도울 수 있었다. 단어에 대한 훨씬 최근의 보다 나은 정보를 이용할 뿐만 아니라 언어들의 이름과 어원에 언급된 전문적인 내용을 표준화하고 좀 더 길게 설명했다. 초판에 실린 fuck의 어원은 거의 통째로 소개하자면 이렇게 되어 있다. '기본형. E fuck, fuk, ME에 대한 답. *fuken(wk. vb.) 발견되지 않음. 숨은 어원. 미지수.' 한눈에도 이해하기 어렵다는 것을 알 수 있다. 고어의 어원을 알려면 특별 교육을 받은 전문가가 되어야 한다는 생각이 든다.

어원 자료 자체가 복잡한데 예전 편집자들은 그 자료에 암호 같은 복잡함을 한 겹 더 입혔다. 하지만 우리가 마련한 새로운 어원 설명 방식은 좀 더 길고 정보가 많으며 학문적이기는 하지만 영어처럼 자연스럽게 읽혔다. 또 우리는 게르만어에서 현재에 이르기까지 거쳐온 길을 독자들이 이해하도록 도와주고 싶었다. 따라서 개정판의 새로운 편집 지침에서는 (가능한 경우) 단어의 뜻과 그 뜻이 게르만어에서 나온 근사치 연도를 자세하게 명시하도록 했다. 시간에 따른 단어의 입체적 그림을 얻으려면 매우 중요한 일이다. 또한 우리는 사전의 콘셉트를 백과사전과 살짝 비슷하게 옮겨 철자와 문법 해석에 대한 논의도 포함시켰다. (최대한) 쉽게 읽히고 이해되는 텍스트로 만들려고 했다. 단편적인 축약형으로 이루어진 어원 설명이 좋은 출발점이었다.

우리는 fuck의 어원을 설명하기 위해 먼저 이 단어를 상기시키는 게르만 어족 언어들을 살펴보았다. OED 초판이 나온 이후 여러 유럽 대륙 언어로 된 학술 사전들이 계획되어서 OED의 작업에 도움을 얻을 수 있었다. Fuck의 직계 후손에 해당하는 단어는 없지만 네덜란드어(15세기) fokken이 있다. 처음에는 '조롱하다'라는 뜻으로 기록되었고 나중에는 '치다', '한 수 앞서다', '자식을 낳다'라는 뜻을 거쳐서 마침내 1657년에 '~와 성교하다'라는 뜻이 되었다. 하지만 이 네덜란드어가 영어 fuck과 같은 용법으로 사용된 것은 훨씬 나중의 일이므로 오히려 영어에서 빌린 것일 수도 있다. 영향이 어느 방향에서 나왔는지 항상 확인해야 한다. 스칸디나비아 방언에도 비슷한 동사들이 있지만 역시 시기적으로 늦다. 결국 이 단어의 어원은 정확히 알 수 없지만 게르만어이고 어쩌면 한 단계 더 거슬러 올라가 '치다'라는 일반적인 의미의 인도유럽어족에서 나왔을 수도 있다(안타깝게도 기록은 없다). 하지만 비교언어학자들은 게르만어 fuck이 '주먹'을 뜻하는 라틴어 pugnus와 어형이 유사하다는 사실을 상기시켜줄 것이다(게르만어 fish/라틴어 piscis를 비교해보길). 그 밖에도 수많은 견해가 있지만 설명을 진전시켜주지는 못한다.

우리가 개정판에서 인용문에 가한 변화도 비격식적인 텍스트로 개방성과 가독성을 높이고 범위를 확장하는 한편 텍스트 인용 방식에 현대적인 기준을 도입하는 것에 집중되었다. 예를 들어 개정판의 fuck 표제어에서는 드라마 〈소프라노스〉의 대사가 인용되고 내가 1970년에 자랑스럽게 읽었던 펑크록 잡지 〈Sniffin' Glue〉가 소개된다. 그리고 예전에는 인용된 텍스트의 제목을 줄여서(축약형) 사용했다. 로버트 루이스 스티븐슨(Robert Louis Stevenson)의 《보물섬(Treasure Island)》은 수많은 축약형 제목이 존재하는 것으로 유명했다. 그래서 독자는 물론 컴퓨터가 헷갈리지 않도록 제목을 표준화했다. 온라인 텍스트는 제목을 온라인 참고 문헌으로 연결해주고(더 많은 정보를 얻을 수 있도록) 다수의 작가들이 〈옥스퍼드 영국 인명 사전〉에 수록된 참고 문헌과도 연결된다. 이것만으로도 이미 사전의 콘셉트가 바뀌었다. 언어를 통한 탐험 여행의 출발점이 되었다.

이러한 편집 스타일과 지침의 변화가 fuck에 대해 무엇을 말해주었을까? 앞에서 본 것처럼 암호 증거로 시작하지만 분명하고도 당혹스럽지 않게 사용된 초기 근대 인용문도 있다. 당혹스럽지 않고 직설적이며 빠짐도 없다. 16세기 중반에 스코틀랜드 시인 데이비드 린지(David Lindsay)가 사용한 문장이다. "Ay fukkand lyke ane furious Fornicatour." 린지는 단순한 시인이 아니라 전령관 중에서도 가장 높은 라이언 경(Lyon King of Arms)의 직함을 가지고 있었다. 만약 사회적으로 거부되는 단어였다면 그가 몰랐을 리 없다. 현재 불쾌하게 여겨지는 단어들(fuck, arse 등)이 중세와 초기 근대 영어 시대에는 그렇지 않았거나 정도가 약했다.

증거의 자취를 따라 18세기에 도달해보면 이 단어가 공개적으로 사용되는 것에 눈살이 찌푸려지기 시작했고 활자의 할머니 격인 하이픈(때로는 대시 기호)이 나타났다. 1776년에 나온 〈프리스키 송스터(Frisky Songster)〉의 새로운 판본을 보면 18세기의 시작 이후 fuck이라는 단어에 시작된 전통에 따라 "O, says the breeches, I shall be duck'd, / Aye, says the petticoat, I shall be f—d"라고 하이픈 처리되었다. 18세기의 사회는 여러 방면으로 분열되어 있었다. 한편으로 권위주의자들은 언어와 사회가 고전적인 사회의 완벽한 품격을 그대로 반영하기를 원했다. 또 한편으로 난봉꾼들은 생각과 행동을 더욱 다채롭게 표현하고자 했다. 그와 동시에 사회적 빈곤은 다수가 언어의 적절성이나 부적절성에 대해 고민하는 것보다 건강하고 문제없는 삶에 신경 쓰도록 만들었다. 위선적인 통설과 낭비가 들어갈 틈도 있었다. Fuck이라는 단어가 적극적으로 사용되었지만 지면에서는 숨겨지는 경우가 많았다.

신중한 사전 편찬자는 한 단어의 글자가 빠져 있을 때 추측하는 것을 싫어하기도 한다. 어쩌면 다른 단어인데 독자가 필사적으로

fuck이라고 해석하고 싶어 할 수도 있다. 실제와 상관없이 자신이 원하는 대로 해석할 위험은 항상 존재한다. 하지만 우리는 1776년에 나온 〈프리스키 송스터〉의 f—d가 우리가 생각하는 fuck이라는 단어가 맞다고 받아들였다. (다른 탐정들도 눈치챘겠지만) 'duck'd'라는 단어와 운이 맞기 때문이다. 우리는 언제나 완곡어법이나 구두점의 모호한 모음으로 시작하지 않고 가장 이른 판본으로 텍스트를 다시 확인했다. 여러 측면의 출처를 살펴본 결과 fuck의 초기 사용에 대해 좀 더 자신 있고 정확하게 설명할 수 있었다.

18세기 중반에 이르러 사회와 언어에 고전적인 세련됨과 스타일을 더해주는 모델을 찾는 움직임이 더욱 활발해지면서 사회는 인쇄물에 점점 더 강한 금기 의식을 부과하기 시작했다. 네이선 베일리의 사전은 세련된 정중함이 문명화된 사회에 강력한 영향을 끼치기 전인 18세기 초에 fuck을 등재했다. 하지만 존슨 박사는 1755년에 출판된 그의 대표적인 사전에 fuck을 넣지 않았다. 솔직히 '저속한' 어법에 매우 예민했던 그는 품격 있는 독자들에게 세련된 모델을 제공하고자 했다.

사회 무질서를 조장하는 모든 것이 억압된 빅토리아 여왕 통치 기간에 fuck은 인쇄 매체에서 거의 사라졌다. 지하로 들어가 구독이나 우편 주문으로만 구입 가능한 개인 발행 출판물에서만 사용되었다.

〈The Pearl〉과 〈My Secret Life〉는 OED가 fuck의 표제어에서 인용한 바로 그러한 남성용 매체다. '외설 문학과 관능적인 읽을거리가 있는 잡지'라는 부제가 붙은 〈The Pearl〉은 1879년과 1880년에 발행된 외설 잡지로 그 후에는 금지되었다. 선정적인 연재물과 패러디, 시가 실렸다. 〈My Secret Life〉는 '월터'라는 익명의 작가가 쓴

100만 단어 이상의 회고록으로 1880년대 후반에 열한 권의 분량으로 개인 출판되었다. 작가의 성적 경험이 기록되어 있다. 두 작품 모두 성 관련 어휘로 내용을 묘사한다. OED에는 ⟨My Secret Life⟩가 인용된 단어들이 또 있지만 직접 찾아보는 편이 좋을 것 같다. Cock에서 spunk까지 43개의 단어가 빅토리아 시대 사람들의 정력적인 모습을 보여준다.

Fuck이 다시 세상의 빛을 보기 시작한 것은 제1차 세계대전 직후였다. D. H. 로렌스가 소설 《캥거루》에서 '1915년에 구시대가 끝났다'라고 한 것처럼 사람들은 거친 속어와 금기어가 출판물에 자유롭게 들어가기를 원했다. 인쇄업자들은 검열법에 따라 외설물을 출판하면 체포될 수 있었다. 20세기 초에는 융단폭격과도 같은 하이픈보다 별표(글자 하나를 무화과 나뭇잎 같은 부호로 가리는 것) 사용이 선호되는 듯했다. 단어를 그대로 보여주는 것과 효과가 똑같고 감옥 신세도 면할 수 있었다.

제임스 조이스의 《율리시스》는 1920년대에 출판되었지만 성적인 내용이 과도하다는 이유로 영국과 미국에서 출판 금지되었다. 하지만 조이스 또한 당대를 나타내는 신호였다. 그는 사람들이 실제로 이야기하는 내용을 쓰고자 했다. 다른 작가들도 마찬가지였다. 《채털리 부인의 연인》의 D. H. 로렌스, 필립 라킨(Philip Larkin), 헨리 밀러(Henry Miller), 어니스트 헤밍웨이(Ernest Hemingway) 모두 fuck을 인쇄물에 집어넣었다. 하지만 20세기 초의 비결은 영국에서 출판하지 않는 것이었다. 라킨은 개인적인 서신에서는 신성모독적인 표현을 계속 사용했고 영국의 검열법을 피하기 위해 조이스와 밀러는 파리에서, 로렌스는 이탈리아에서 책을 출판했다. 문학 작품들이 외국에서는 규제 없이 출판되었으므로 OED는 1920년대와 《채털리 부인의 연인》 재판이 있기 수십 년 전까지 번창하고 있던 단어의 영어 기록을 외국에서 찾아야만 했다. 편집자들은 fuck이라는 단어를 조사하기 위해 영국 밖에서 출판된 작품들을 살펴야 했다. 나중에 영국판으로 나온 것에만 기댈 수 없었다.

또 OED 개정판에서는 단어 뜻을 설명하는 방식에도 변화를 주었다. 새로운 편집 지침을 적용하여 5세기 동안 사용된 fuck의 의미를 설명하고 보여주었다. 그 5세기 동안 fuck의 의미는 어떻게 변화했을까?

알다시피 처음에는 1500년경에 기본적인 의미 '성교를 하다'(엄밀히 말하면 자동사)와 '~와 성교하다'(같은 의미의 타동사)로 출발했다. 〈OED 보충판〉에서는 이 두 가지 의미를 합쳤다. 어쩌면 여전히 초조함을 느끼게 만드는 단어이므로 과도한 기록 증거를 제시하는 것을 피하고 싶어서였을 것이다. 하지만 우리의 생각은 달랐다. 사전의 개방성과 접근성을 위해서는 두 가지 뜻을 따로 떼어놓고 뒷받침하는 증거도 따로 제시할 필요가 있었다. 그래서 그렇게 했다. 앞에서 말했듯이 '교미'에 치우친 과거의 정의에서 벗어났고 그것은 따로 다루었다.

우리는 이전 사전에는 없는 fuck의 뜻에 대한 증거도 발견했다. 18세기 초에 투박한 의미로 출발한 의미인데 동사의 목적어가 사람이 아니라 신체 일부(엉덩이, 가슴 등)였다. 오늘날까지도 증명되므로 이 용법을 공식 기록에 추가했다.

그 후에는 fuck의 관용구와 김단사 용법이 기다리고 있었다. 〈보충판〉에서는 이 부분을 하나로 뭉뚱그려서 서둘러 설명한 감이 있었다. '3. Const. 다양한 부사와 함께: fuck about, 빈둥거리다, 깝죽거리다. fuck off, 꺼지다, 급히 떠나다. fuck up: (a)타동사. 망치다, 못쓰게 만들다. (b)자동사. 실수하다, (심각한) 실수를 범하다, 실패하다. cf. screw v.12c.' 이 구조를 보면 짧은 설명은 둘째치고 모든 용법의 증거가 단 하나의 연속적인 인용문에서 나타나는 듯하다. 역시나 우리는 사전의 개방성을 위하여 관용구를 세분화하여 세부 항목을 더하고 훨씬 자세한 증거를 제공했고 각 용법을 완전히 학문적이면서도 투명하게 다루고자 했다. Fuck의 다른 관용구도 마찬가지로 독자들의 만족을 위해 상세하고 개방적인 조사를 실시했다.

또한 인용문을 통하여 시대의 흐름에 따른 fuck의 변화를 살펴보았다. 표제어의 처음에 나오는 성적인 용법을 보면 고전주의적인 가식과 비밀스러운 외설로 유명한 18세기가 이 단어를 붙잡아서 철저히 수색했음을 알 수 있다. 1776년에 나온 〈프리스키 송스터〉에 포함된 비성적인(적어도 노골적이지 않은) 용법의 첫 번째 보기에는 '망치다', '못쓰게 만들다'라는 자체적인 부차적 의미가 부여되었다. 이 뜻은 18세기에 존재했지만 20세기로 들어서기 전까지는 기록이 많지 않은데, 19세기에는 사회적 관습으로 인해 인쇄업자들이 단어 자체를 사용하지 못했기 때문이다. 19세기 중반에 미국 영어에서 fuck의 또 다른 뜻이 발달한 듯하다. '속이다', '배신하다'라는 뜻으로 사용된 증거가 발견되었다. 일반적으로 단어들의 확장된 의미는 무질서와 혼란으로 향하는 공격적인 모습을 보인다.

1920년대에는 공격적인 욕설의 의미가 인쇄물에서 더욱 넘쳐났다. 이 시기에 적어도 예의 바른 사회의 경계선을 따라 fuck에 관한 정서가 느슨해진 것이 매우 뚜렷하게 나타난다. 제임스 조이스가《율리시스》로 먼저 시작한 후("God fuck old Bennett!") 오늘날까지 확장세가 계속되었다. 부사를 사용한 관용구는 1890년대부터 나왔지만(《My Secret Life》에서의 fuck about) 1920년대에 사회의 주변부에서 언어적 모험심이 발동하면서 더욱 확고해졌다(fuck off, fuck up). 변화의 정도와 다양성은 1960년대까지 계속 커져서 오늘날 알려진 욕설과 다채로운 표현(fuck around, fuck over)과 전치사가 붙는 표현(fuck with)이 대부분 사용되고 있었다. 우리는 이전에 독자들을 피해간 것들을 중심으로 fuck 관용구 자료를 수집했다. 마침내 이 단어의 역사에 현실적으로 접근할 수 있게 되었다.

이 단어는 소멸된 뜻이 별로 없는 매우 강력한 단어다. 지금까지 네다섯 개의 주요 용법이 여전히 건재하며 약해지는 기미를 전혀 보이지 않는다. 기본적인 성적 용법, '엉망으로 만들거나 실수하다' 같은 확장 의미, 구동사(fuck about 등), 감탄사와 욕설('go fuck a duck'), 기존의 욕설에 짜여 들어가 다른 단어의 더욱 강력한 대안이 된 경우('Fuck the expense'가 그 보기라고 할 수 있을 것이다).

이 단어에 관한 이 시대의 사안은 과연 금기어의 위치를 잃었는가, 아니면 잃을 것인가다. 대부분의 언어 변화와 마찬가지로 몇 세대에 걸쳐서 일어나는 일이다. 사회의 어느 계층에서는 (나이, 성별, 인종, 국가의 경제력, 지리적 위치, 사회적 계급 등에 따라) 이 단어가 가진 충격이 지속되겠지만 다른 계층에서는 그 힘을 잃을 것이다. 단어는 (한때 fuck이 그러했듯) 금기가 될 수도 있고 반대로 사회 주류로 들어갈 수도 있다. 과연 어느 쪽이 성공할지는 사회 문화의 움직임에 달려 있다. 일반적으로 단어의 나이가 중요한 매개체가 된다. 다음 세대로 갈수록 기존의 사회 구성원들이 알고 고수해온 의미가 사라지고 언어의 젊은 혈통이 새로 확고하게 자리 잡을 수 있기 때문이다. 하지만 꼭 그럴 필요는 없다. 경제력 강한 국가에서의 용법이 그보다 약한 국가의 용법에 영향을 끼칠 수 있고 그 반대도 마찬가지다(오스트레일리아와 기타 지역들은 미국의 용법에 이끌릴 수 있는데, 채우기용으로 사용되는 like의 용법만 봐도 그렇다. 이것은 미국이 상징하는 문화에 대한 끌림 때문이다. 또는 그 반대의 일도 가능하다). 일반적으로 다수의 매개체 사이에는 갈등이 발생하므로 정확한 예측은 불가능하다. 너무 복잡하기 때문이다.

편집 지침의 변화 덕분에 개정판에 수록된 fuck은 예전과 크게 달라졌다. 빅토리아 시대의 신중함에서 벗어났고 축약된 설명은 길어졌으며 여러 측면에서 표준화가 도입되었다. 어원에 조너선 라이터(Jonathan Lighter)의 〈미국 속어 역사 사전(Historical Dictionary of American Slang)〉 같은 새로운 학술 자료에서 최신 정보를 이용했고 영어로 들어오기 전의 뜻 변화를 설명하려고 했다. 중요한 것은 예전보다 훨씬 다양한 범위의 자료 출처에서 인용문을 사용했고 오류가 생긴 부차적 자료가 아닌 종종 해외 도서관의 초판까지 추적했다는 사실이다. 표제어의 구조도 개방적이었다. 모든 부차적 의미를 따로 구분해 각각의 '전기적 설명'이 잘 보이고 서로 비교되도록 했으며 영어 사용자들에게 익숙한 구어체를 더욱 폭넓게 다루었다.

거기까지 이르는 데는 오랜 시간이 걸렸지만 작업이 진행되면서 편집자들의 성취가 점점 자랑스러워졌다. 불가능하게만 보였던 프로젝트가 마침내 순조롭게 진행되기 시작했다.

미친 나무 위에서

옥스퍼드 대학교 출판사가
OED 3판을 드디어 승인하고 예산을 지원했다. 6년 후인 2000년까
지라는 엄격한 마감기한이 붙었다. 누군가가 시간을 초과하지 않는
가장 쉬운 방법은 요란하게 목표 날짜를 정하는 것이라고 생각한 모
양이었다. 처음에는 1999년으로 하려고 했다는 소리까지 들렸다. 도
대체 OED를 읽어보기나 한 걸까? 그 목표를 달성하려면 사전 편찬
자를 더 뽑아야 했다. 하지만 안타깝게도 좋은 사전 편찬자를 채용하
는 일은 쉽지가 않다. 슈퍼에 가면 살 수 있는 것이 아니니까.

　나는 가끔씩 과거의 유명 작가와 학자들이 사전부 사무실로 면접
보러 오는 상상을 한다. 찰스 디킨스는 길고 너그럽고 상세한 설명 방
식을 선호했을 것이다. 사전 편찬자는 간결해야 합니다. 단어 정의를
한 문장으로 유지한 채로 계속 다음 절로 넘어가면 안 됩니다. 배경을
설명하는 한 문단으로 된 서론은 필요 없어요. 네 문단은 더더욱 필요
하지 않고요. 보드빌 분야의 기록 증거를 잘 다룬다면 좋겠는데, 혹시
연극에 관심이 있나요? 워드 프로그램은 잘 다루나요? 다른 시스템도
있습니다만. 19세기 이후의 용법에 대해 잘 알고 있나요? 우리도 당
신처럼 시리즈로 출판하려고 하는데, 시리즈의 단점과 장점은 무엇일
까요? 고맙습니다, 비서를 통해 연락드리죠.

　이마누엘 칸트 같은 철학자는 어떨까? 칸트 씨, 지원서를 작성할
때 언어 장벽에 대해서는 생각해보셨습니까? 독일어와 라틴어 말고
할 줄 아는 언어가 또 있나요? 아니오, 이제 단어 정의는 라틴어로 하
지 않습니다. 적성 검사에서 추상적인 개념 사용 능력이 출중한 것으
로 나타났는데 단순하고 이해하기 쉬운 단어로 바꿀 수 있나요? '공
권의 선험적 공식'에 대해 말씀하셨는데 그게 무슨 뜻입니까? 지성인

을 생각과 동시에 말하는 사람이라고 정의한다면 어떻게 비판하겠습니까? 다른 관심사는 무엇입니까? '없다'니 특이한 답변이군요. 우리는 독자들을 더 혼란스럽게 만들지 않고 문제를 분명하게 밝힐 수 있는 일류의 영어 실력을 가진 사람을 찾고 있습니다.

그리고 옥스퍼드 장학생 아르키메데스도 있다. 내 상상 속에서 우리는 그에 대한 기대가 컸다. 과학 용어뿐만 아니라 단순한 비과학적 어휘도 제대로 처리해줄 것 같아서였다. 하지만 헝클어진 머리까지는 기대하지 못했다. 대부분 연구 센터 출신의 사람들은 머리를 하나로 묶기 때문이다. 다행히 몇 가지 질문이 시작되면서 만회를 했다. 그는 세상 경험이 많고 학생들을 가르친 적도 있으며 (바라건대) 더 이상 강단에 미련도 없었다. 직접적이고 간단명료했다. 하지만 전체적으로 그는 글보다 숫자에 어울리는 것처럼 보였다. 단어를 제시하면 그것이 몇 글자로 이루어졌는지, 영국 영어에서의 사용 빈도와 낱말 맞히기 게임에서 그 글자로 최대한 가능한 점수 따위를 이야기했다. 몹시 여윈 체구에 이야기가 옆길로 샐 때도 있었다. 사전 편찬자에게는 어울리지 않는 모습이다.

애거사 크리스티(Agatha Christie)는 까다로울 정도로 단어 사용에 신중했다. 우리는 그녀에게 "'예전의 삶'이 사전 만드는 일에 어떤 도움이 되었습니까?"처럼 정상적인 질문을 했다. 그녀는 곧바로 자신에게 '전생'이 있다는 뜻이냐고 반문하면서 어떤 모습인지 묻는다. 안타깝게도 이것은 질문에 너무 문자 그대로 반응하는 모습이다. "사전 만들기의 어떤 측면에 가장 매력을 느낍니까?"라는 질문에 그녀는 탐정에 대한 선호가 있다고 말한다. (우리가 과연 무엇에 대한 '선호'가 있는 사람을 원할까?) 그녀는 마치 우리가 안락의자에 편안하게 앉아 살인사건의 실마리가 풀리는 것을 지켜보는 것처럼 "어원은 단어의 지문을 채취해 역사 속에서 단어의 행방을 알아내는 과학입니다"라고 말한다. 신선한 관점이다. "정의는 의도한 것보다 적은 단어로 뜻을 이야기하는 능력입니다." 그녀는 사전 편찬자에 잘 어울릴 것 같다는 벨기에 친구에 대해서도 이야기한다. 우리는 그녀의 이름을 '가능성 있음' 파일에 넣는다. 이것은 앞서 면접을 본 지원자들보다 두 단계를 더 통과했다는 뜻이다.

하지만 이런저런 사람이 있기 마련이다. 때로 불같은 성격의 소유자도 있다. 애완견을 데리고 출근해도 되는지 묻는 사람도 있고. 아직까지 그런 사람이 합격한 적은 없다. 대부분은 압박감에 대해 걱정한다. 사무실이 따로 있는지, 개방된 사무실인지. OED에 꼭 넣고 싶은 단어가 있는데 정의문을 직접 써도 되는지. 빗물 떨어지는 소리나 지나가는 자동차 소리를 좋아하는데 창가 책상에 앉을 수 있는지. OED에서 일하게 될 경우의 마음가짐에 대한 에세이를 써와 모두가 읽도록 두고 가겠다고 한 사람도 있었다. 우리가 싫어할 만한 일을 정확하게 맞춘 셈이었다. 그렇지 않아도 종이가 넘쳐나는데. 사전 편찬은 책과 출판계의 분위기를 원하는 작가 지망생을 위한 일이 아니다.

하루를 마무리할 시간이 다 되어 제임스 조이스가 나타났다. 그는 옥스퍼드를 산책하느라 약간 늦었다. 아마 나중에 그것에 대한 글을 쓸 것이다. 그는 옥스퍼드 방문이 처음인데 전날 친구 몇 명이 재워주었다. 겉으로 보기에는 철테 안경을 낀 매우 소박한 모습이다. 우리는 그런 모습에 익숙하나. 그가 근무 시간을 묻는다. 필요하면 오전에만 근무해도 되는지, 대신 저녁에 일하겠다고 말한다. 당연히 안 된다. 하지만 그는 부정적인 답변을 매우 싫어하는 듯하다. 평소 자신의 고집대로 하는 사람이라는 느낌이 풍긴다. 아르키메데스가 즐거워한 leatherette, gumption, selfie 같은 단어를 그에게도 시험해본다. 제임스 조이스는 selfie를 선택했지만 무슨 뜻인지 확신하지는 못하는 듯하다. "자기성찰적 독백을 가리키는 지나치게 지시적인 단어인가요?" 그렇게 생각하는 이유를 묻는다. "문학이 움직이는 방향이 그렇기 때문입니다. 여러분이 정의하는 모든 단어와 관용구에서도 보일 겁니다." OED를 사용한 적이 있는지 물어본다. 현재 장편소설을 쓰고 있는데 몇 가지 단어를 찾아보았다고 한다. 대서사적인 참고 서적 맞죠? 그는 사전에 도움이 되고 싶다고 하지만 우리보다 약간 앞서간 듯하다. 나나 다른 동료들도 그에게 전혀 정이 가지 않는다. 다행히 그는 배를 타야 한다면서 떠난다.

《플로베르의 앵무새》와 《10 1/2장으로 쓴 세계 역사》 등을 쓴 작가 줄리언 반스(Julian Barnes)는 정말로 면접을 보러 왔지만 내가 입사하기 전이었다. 그는 1960년대 후반에 〈OED 보충판〉 편집팀에 있었지만 일찍 그만두었다.

∞

마감기한 2000년까지 얼마 남지 않았으므로 우리는 인력 보충을 실행에 옮기지 않으면 안 되었다. 우리에게 필요한 것은 좋은 편집자들이었다. 작업에 자연스럽게 끼어들어 가장 높은 학문적 표준을 충족시키는 완벽하고 출판 가능한 사전 텍스트를 빠르게 만들어줄 수 있는 탁월한 역사 사전 편집자면 더 좋았다. 옥스퍼드 사전부의 다른 팀에도 이전 프로젝트를 끝마치고 우리를 도와줄 수 있는 편집자들이 많이 있었다. 그중에 합류하고 싶어 하는 사람도 있고 그렇지 않은 사람도 있었다. (흥미진진한 일이 바로 눈앞에서 많이 일어나는 세상이므로 장기적인 역사 사전 프로젝트에 헌신하고 싶어 하지 않는 사람들도 있다.) 몇몇 동료들을 참여(또는 재합류)시키는 데 성공하기도 했지만 더 많은 인력이 그것도 빨리 필요했다.

일반적으로 사람들이 사전에 대해 묻는 질문은 두 가지다. 첫 번째는 "새로운 단어가 어떻게 사전에 들어가나요?"다(다시 말하지만 시간에 따른 용법과 다양한 장르의 증거를 통해 들어간다). 편집자가 이 질문에 답해주면 두 번째는 대부분 "어떻게 하면 사전 만드는 일을 할 수 있죠?"라는 질문이 나온다.

편집 인력을 구하는 광고를 낼 때는 골문이 너무 넓지 않도록 조심해야 한다. 초기에 세 명을 구하는 광고를 냈다가 천 명이 넘는 지원자가 몰린 적이 있었다. 그렇게 많은 지원서를 전부 다 읽는 것은 시간 낭비다. 자격 요건이 너무 개방적으로 설명되어 있으면 단순히 단어를 사랑하거나 옥스퍼드에서 남은 사춘기를 보내고 싶은 사람들까지 전부 다 몰려온다. 단어를 사랑하는 사람과 단순히 옥스퍼드에서 머물고 싶은 사람, 이 두 가지가 우리의 가장 큰 *bugbear*(근심거리, 골칫거리-역주)다. 단어를 좋아한다고 말하는 사람은 우리에게 가장 필요하지 않은 사람이다. 사전 만드는 일이 동물을 직접 만질 수 있는 체험 농장에서 단어를 지키는 일은 아니지 않는가. 옥스퍼드에 머무르고 싶다는 이유도 지원자의 이러한 경향을 더욱 확고하게 만들어줄 뿐이다.

노골적으로 말할 필요가 있을 것 같다. 사전 편찬자는 '단어를 사랑하는' 사람이 아니다. 적어도 지나친 감상에 빠진 사랑은 아니다.

오래전에 친척이 나에게 책을 좋아하는지 물었다. 도움 되는 답변은 못 해드린 것 같다. 질문 자체를 이해하지 못하겠다는 듯 절망적인 표정으로 바라보았던 것 같다. 사실대로 말하자면 사전 편찬자는 단어를 사랑한다고 주장하는 사람과 완전히 거리가 멀다. 단어를 좋아하는 것이 단어를 분석하고 분류해야 하는 것과 무슨 상관이란 말인가? 이것은 나뿐만 아니라 다른 사전 편찬자들이 늘 구시렁거리는 불평이다. 사전 편찬학 강의에서 파워포인트의 마지막 슬라이드에 '나는 단어를 싫어한다'라고 되어 있는 것도 본 적 있다. 너무 극단적이기는 하지만 핵심을 충분히 전달해준다.

단어의 의미는 세기를 거치며 '약화'될 수 있다. 한때는 생각을 강력하게 표현해주던 것이 원래의 힘을 잃고 부드럽게 희석된다. 이를테면 crime은 '범죄 사건'도 될 수 있고 끔찍한 패션 감각도 될 수 있다. 그리고 life-saving은 누군가의 생명을 구해주는 행동이기도 하고 체면을 살려주는 것이기도 하다. Bugbear도 같은 길을 걸었다. 이 단어를 보면 어떤 느낌이 드는가? 정말로 무서운가, 아니면 (약해진 뜻에 따라) 약간 짜증 나는 정도를 의미한다고 생각되는가? 이 단어는 1600년경에 나온 것으로 여겨진다. 앵글로-색슨도 아니고 프랑스어처럼 보이지도 않으므로 1600년경이 적당할 것이다.

'짜증'과 '골칫거리'는 이 단어의 부차적인 뜻이다. 그보다 더 강한 의미는 1586년경에 사용된 '몹시 두려운 대상', '가상적인 공포'다. 간담을 서늘하게 만들 정도의 공포인 것이다. 제임스 1세 시대에 끔찍한 복수극이 유행한 것만 봐도 알 수 있다.

하지만 bugbear에는 그것보다 더 강한 본래 의미가 따로 있다. (OED에 따르면) 1581년에 bugbear에는 '말 안 듣는 아이들을 잡아먹는다고 알려진 말썽쟁이 도깨비(곰의 형상이었을 것이다)'라는 뜻이 있었다. 어른들이 말 안 듣는 천진난만한 아이들을 겁주려고 이 도깨비 이야기를 했을 것이다. 그렇다면 bugbear는 hobgoblin(역시 16세기에 나온 말썽쟁이 도깨비)이었을까? 어떻게 만들어진 단어일까? OED에 따르면 100퍼센트 확실하게는 알 수 없지만 오래된 단어 bear(회색곰)가 bug에 달라붙은 것으로 추정한다. 여기에서 bug는 곤충이 아니라 '공포 대상' 또는 '악령', 심지어 '도깨비'를 뜻하는 중세의 단어다. 현재 OED는 유령을 뜻하는 웨일스어 bwg가 이 bug의 기원일 것이라고 이야기한다.

그렇다면 단어 애호가들을 어떻게 걸러내야 할까? 적성 검사를 실시하면 된다. 1980년대에 내가 신조어 팀의 편집자들을 뽑을 때 힐러리의 권유로 실시하게 된 방법이다. 나는 쉽게 얻은 방법이지만 당시 힐러리는 인사과에 근무하며 면접관들이 면접 몇 초 만에 가장 마음에 드는 인재를 골라버리는 타성을 물리치려 애쓰고 있었다. 업무와 관련 있는 중립적인 테스트는 후보자의 역량을 효과적으로 판단할 수 있도록 해준다.

우리에게는 가장 가능성 있는 사전 편찬자를 알아보는 B안이 있었다. 바로 왼손잡이 테스트다. 평가서를 채점하는 대신 왼손잡이인 지원자를 뽑는 것이다. 전문가를 뽑는 방법으로는 해괴망측하지만 이것을 뒷받침해주는 실제 자료가 있다. 〈콘사이스 사전〉 편집자 전원은 물론 OED 편집장(나), 〈오스트레일리아 내셔널 영어 사전〉, 〈남아

프리카 영어 사전〉 편집자들까지 전부 다 왼손잡이였던 때가 있었다. 왼손잡이와 프로그래밍/분석 기술, 즉 창의성과 수평적 사고와의 연관성에 대해 들어본 적이 있다. 하지만 에드 와이너는 오른손잡이니까 반대 관점도 살펴볼 이유가 된다.

놀라울지도 모르지만 지원자들은 아무 참고 문헌이나 이용해서 집에서 편하게 적성 검사를 할 수 있다. (요즘은) 컴퓨터 자료도 가능하다. 내가 면접을 보던 시절에는 모든 것을 다 알지는 못하지만 무엇을 어디에서 찾아야 하는지는 안다는 점을 편집장에게 과시한 기억이 난다. 그것이 여전히 우리가 취한 노선이었다. 지원자가 어떤 자료를 사용하든 상관없었다. 어차피 편집자가 되면 모두가 똑같은 자료에 접근하게 되기 때문이다. 자료를 활용하는 방법을 아는 것이 업무의 핵심이었다. 적성 검사를 할 때 똑똑한 친구에게 도움을 청하면 안 되겠지만 만약 그런다고 해도 면접 때 표시가 나기 마련이었다.

전국 신문에 사전 편찬자를 꿈꾸는 이들에게 단어 복권으로 운을 시험해보라는 광고를 냈다. 근래에는 국제적으로도 광고를 내고 인터넷도 이용한다. 지원자가 너무 몰리지 않도록 시험을 봐야 한다는 설명을 넣는다. 500명의 지원자 중에서 우리가 채용할 만한 인재는 두 명 정도뿐이고 어느 직장에도 별 소용없겠다 싶은 지원자도 꽤 된다.

1단계는 학계의 중심이나 주변부에서 다양한 사람들이 보내는 지원서를 받는 일이었다. 여기에는 몇 가지 경험에서 우러나온 법칙이 있었다.

지원서는 짧을수록 좋다. 세 문장으로 이루어지더라도 깔끔하고 흥미롭기만 하면 상관없다. 일부 지원자들은 우리가 그들의 학위 논문이나 성격에 대한 자세한 정보를 원할 것이라고 생각하지만 그렇지 않다. 타자기나 키보드로 입력한 것보다 직접 손으로 쓴 것일수록 유용했다. 당시에는 명료한 사고와 함께 명료한 글씨도 일의 일부분이었기 때문이다. 보통은 손으로 직접 쓴 지원서를 요청하는데, 죽어도 말을 안 듣는 사람들이 있었다. 지원자가 운전을 하면서 법을 어긴 적은 없는지 따위는 알 필요가 없는데도 알려주는 사람들이 많았다. 이 일은 운전과는 관련이 없다는 사실을 기억하는 것이 좋다. 마찬가지로 세심한 지원자들은 독서와 영화, 산책을 좋아한다고 밝히는 경향이 있었다. 좀 더 독창적이어야 할 필요가 있다.

낱말 맞히기를 즐긴다고 말하는 지원자들도 가끔 있다. 그것이 과연 나를 위한 것인지 그들을 위한 것인지는 모르겠다. 낱말 맞히기를 '즐긴다'고? 특별히 재치 있거나 영리한 단서를 보고 감탄할 수는 있지만 '즐겨야' 하는지는 모르겠다. 개인적으로 나는 암호 같은 퍼즐 맞히기는 잘 못한다. 차라리 진짜 문제를 푸는 것이 낫다. 다시 말하자면 나는 낱말 맞히기 애호가들에게 공감을 느끼지 못한다. OED 작업은 놀이가 아니라 언어의 역사를 연구하는 것이다. 친한 친구들이 낱말 맞히기를 편찬하는 일을 한다. 나는 그들이 단서에 대해 이야기하고 싶어 하면 화제를 바꾸려고 한다. 하지만 낱말 맞히기를 좋아한다는 사실이 지원자에게 불리하게 작용하지는 않았다.

출판사 사전부에 입사 지원서를 쓸 때는 당연히 철자를 틀리면 안 된다. 어떻게든 지원서를 폐기해야 할 이유를 찾자면 무궁무진하다. 하지만 내가 가장 유심하게 살핀 것은 *hone*이라는 단어였다. 나는 사람들이 마치 이 직업에 지원하기 위해 평생 동안 기술을 연마한 듯한 모습을 볼 때마다 놀란다. 지원자 세 명 중 한 명꼴로 연마한 기술을 가지고 있었다. 2005년 이후로 쓰인 모든 소설에 heft(능력, 영향력이라는 뜻이 있다-역주)라는 단어가 들어가야만 하는 것처럼 말이다(조심하길). 만약 hunker(흔히 hunker down으로 '어떤 일에 진지하게 임하다'라는 뜻이 있다, 여기에서 저자는 이력서에 hone과 비슷한 의미로 쓰일 만한 단어들에 대해 이야기하고 있다-역주)(이 단어도 조심해야 한다)를 넣는 것을 까먹었을 경우에 그렇다. 지원자가 다른 때에는 이렇게까지 무언가를 연마하지는 않았을 것이다. 지금까지 성장의 목표였던 것처럼, 마치 그동안 갈고 닦은 기술들이 OED와 만나는 바로 그 순간을 위한 것이었던 것처럼 말이다. 너무도 부자연스럽게 느껴졌다. 입사 지원서를 살펴볼 기회가 있다면 유심히 찾아보기 바란다. 분명히 이런 내용이 있을 것이다. 나는 갈고 닦았다는 단어가 들어간 지원서는 점점 쌓여가는 탈락자 명단에 넣었다.

동음이의어(철자나 발음은 같지만 기원은 다른 단어)는 영어가 모국어가 아닌 사람들에게 문제가 될 수도 있지만 영어에는 그런 단어들을 다루는 방법이 있기 마련이다. 동음이의어 중에서 한 단어가 지배적이 되고 나머지는 잘 사용되지 않게 되기 때문이다. OED에 따르면 hone에는 네 가지 동사가 있다. 가장 오래된 것은 '미루다 또는 꾸물거리다'라는 동사로 이미 더 이상 사용하지 않게 되었다. 나머지 세 가지 뜻의 압박을 견디지 못한 것이다. 두 번째 동사는 '갈망하다 또는 몹시 그리워하다' 혹은 '투덜거리다, 신음하다'의 뜻이다. 요즘은 방언이고(잉글랜드의 웨스트미들랜즈 주와 미국 남부) 일반적으로는 사용하지 않는다. 가장 최근의 동사 hone(hone in on: ~에 전념하다)은 20세기에 home을 hone으로 잘못 이해해 생긴 뜻이다.

여기에서 말하는 hone의 동사적 의미(도구를 갈다, 기술을 연마하다)는 매우 늦게 생겨났다. 존슨 박사가 사전을 만드는 데 필요한 인력을 구하던 1750년대에는 그런 의미가 존재하지 않았으므로 그는 면접자에 대해 알아보는 다른 방법이 필요했을 것이다(그에게는 그리 어려운 일이 아니었으리라). 우리가 알고 있는 hone이 '(칼을) 갈다'라는 의미로 처음 사용된 것은 잘 알려지지 않은 시인 에벤에셀 피켄(Ebenezer Picken)의 작품에서다. 짧게 작품 활동을 하다 에든버러에서 젊은 나이에 가난으로 세상을 떠난 피켄에 관한 흥미로운 사실은 그가 나중의 스코틀랜드 사전 편찬자들에게 매우 중요해진 짧은 사전을 썼다는 것이다. 유감스럽게도 hone이라는 단어가 유명해진 것은 동족인 사전 편찬자의 책임이라고 말해야만 하는 상황이다. 하지만 도구를 가는 것이 아니라 기술을 연마한다는 의미는 20세기에 시작되었으므로 피켄은 어느 정도 유예가 가능하다.

이 단어의 기원에 대해 궁금해하는 사람들도 있을 것이다. 동사 hone은 파생어가 아니라 명사 hone에서 직접 나왔다. 앵글로-색슨족의 고대 영어인 명사 hone은 '뾰족하거나 돌출된 바위', 특히 경계를 표시하는 바위를 뜻했다. 당시에는 바위가 경계선 역할을 했다. 앵글로-색슨족 마을에서는 경계선을 확인하고 다른 앵글로-색슨족을(때로는 켈트족이나 픽트족, 바이킹) 반대편에 두는 것이 중요한 행동이었다. 그러다 15세기(즉 중세)에 들어서 hone이 칼을 가는 '숫돌'을 뜻하기 시작했다. 놀랍게도 hone이 명사에서 동사로 사용되기까지는 15세기에서 18세기까지 오랜 시간이 지나야 했다. 하지만 여러 번 말했지만 오늘날에는 지나치게 남용되는 경향이 있다.

손으로 쓰거나 출력한 이력서를 전부 읽으면서 온갖 기술을 연마한 사람과 법을 어긴 적 없는 깨끗한 운전면허증을 소지한 사람, 홀로 영화 감상을 즐기는 사람, 이리저리 말 많은 사람을 전부 걸러낸 후에는 서른 명 정도로 줄여서 지원자들의 경험과 성격, 기술을 철저하게 살폈다. 여기에서 필요 요건을 대부분 만족하는 이들에게는 당시에 우리가 사용한 적성 검사를 실시했다.

적성 검사의 목적은 후보자들을 떨어뜨리려는 것이 아니라 사전부에서 어떤 일을 하게 되는지 감을 잡게 해주려는 것이었다. 그들이 역사 사전을 만드는 작업에 대해 전혀 모른다는 가정으로 출발했다. 적성 검사를 치르는 사람의 3분의 1은 세상에 이런 일을 직업으로 삼고 싶어 하는 멍청한 사람이 있다는 사실을 큰 소리로 비웃으면서 떠나가리라는 가정도 있었다. 그래도 괜찮다. 그들은 다른 곳에서 **niche**(꼭 맞는 자리-역주)를 찾을 테니까.

시간의 흐름에 따라 어떤 발음이 다른 발음보다 우선시되는 투쟁 과정을 살펴보면 유익하다. 17세기 초에 이탈리아어에서 balcony라는 단어가 들어왔을 때 처음부터 BAL-co-ny라고 발음한 것은 아니었다. 이탈리아어식 발음으로 두 번째 음절에 강세를 넣어 bal-CO-ny라고 발음했다. OED에 따르면 1825년에 이르러 근대적 발음이 우위를 차지하게 되었지만 영국 시인 새뮤얼 로저스(Samuel Rogers)는 새로운 방식의 발음에 대해 '역겹다'라고 말했다.

당신은 niche를 /nitch/와 /neesh/ 중에 어떻게 발음하는가? 자랑스럽게 /nitch/라고 구식으로 발음하는 사람들도 있겠지만 요즘은 대부분 /neesh/에 가깝게 발음한다. 나도 지금은 그렇지만 50년 전에는 아니었다. 이 단어는 프랑스어에서 유래했지만 영어에서는 처음부터 구식의 발음으로 발달했다. OED에 따르면 영어 사용자들은 이 단어를 1610년경부터 사용했다. 따라서 르네상스 건축과 디자인에 영향받은 후기 프랑스어 차용어다. 이 단어는 그렇게 강력한 문화적 힘을 이면에 싣고 독일어(Nische)와 러시아어(niša)까지 포함해 대부분의 유럽어로 진출했다. OED 초판에서는 (알파벳 N은 1907년에 출판) /nitch/라는 발음만 소개했다. 1977년까지 대표적인 사전들은 전부 /nitch/가 표준이고 /neesh/는 새로운 발음이라고 소개했다. 이제는 /neesh/가 지배적이고 /nitch/는 (안타깝게도) 한물간 발음이라고 소개된다.

그렇다면 단어의 발음이 왜 변하는지 생각해보지 않을 수 없다. 여러 가지 이유가 있다. 처음에 사람들은 balcony에 이탈리아어 발음과 가까운 것을 사용했지만 차츰 영어 발음의 표준과 맞지 않는다는 사실을 깨달았다. 파생어 balconied(첫 음절에 강세가 들어가는 영단어)가 balcony의 억양법이 바뀌는 데 영향을 주었을 수도 있지만 좀 더 익숙한 단어 falcon도 마찬가지다. 일반적으로 영어는 시간이 지날수록 단어의 앞부분으로 강세가 옮겨가는 경향이 나타났다.

하지만 niche의 경우는 다르다. 처음에 사용된 발음은 후기 라틴어와 이탈리아어에 영향을 받았을 것이다. 또는 사용자들이 이탈리아어에 가까운 소리가 나도록 고상한 척하며 /nitch/라는 발음을 사용했을 수도 있다. 늘 그렇듯 이런 문제의 답은 하나가 아니다.

과거에 niche는 대저택에 살거나 별장을 소유한 친구들과 이탈리아에서 여름을 보내는 사람이 아니면 자주 사용하는 단어가 아니었다. 이것은 고상함에 대한 주장을 뒷받침해준다. Niche는 벽감, 작은 조각상을 놓아두는 벽의 빈 공간을 말한다. 이 단어는 영어에서 매우 분주하게 움직였다. (세기별로 나눔) 1662 / 1725, 1733, 1749, 1756 / 1822 / 1911, 1913, 1963년에 새로운 의미가 기록되었으니 사전 편찬자들에게는 기특한 단어다. 세기별로 의미 변화를 나눈 것에서 보듯 18세기에 가장 왕성한 활동이 있었다. 나아가 분기별로 나눠보면 18세기에서도 2분기가 niche가 가장 바빴던 시기임을 알 수 있다. 이해되는 일이다. 당시는 영국의 선구자들이 고전주의의 영향을 많이 받은 시기였으므로 고전적인 조각상을 장식하기 위한 벽감을 뜻하는 단어가 적당한 관심을 받았을 것이다.

하지만 사람들은 계급 제도가 빠르게 발달하고 있는 사회에서 개인이 어떻게 적응할 것인지, 사회의 벽을 따라 개인의 자리(혹은 niche)는 어디인지에도 관심이 많았다. 1733년에 조너선 스위프트는 《여인에게 보내는 편지(Epistle to a Lady)》에서 "If I can but fill my Nitch, I attempt no higher Pitch"라고 했다. 또한 18세기에 niche는 동물이 사는 구멍이나 은신처(1725), 또는 바위나 언덕의 움푹 들어간 부분을 의미하게 되었다(가짜 자연주의 정원사 랜슬롯 '케이퍼빌러티' 브라운(Lancelot 'Capability' Brown)을 기억하는가?)(1756). 1913년에는 생태계 안에서 유기체가 살아가는 장소를 뜻하게 되었고 1963년에는 소비주의에 힘입어 틈새시장

(niche market)이라는 말이 생겼다.

적성 검사를 시도하지 않은 3분의 1이 어떤 niche를 찾았는지 모르지만 시도한 나머지 3분의 2는 우리의 관심 대상이 되었다. 우선 그들은 테스트의 수준이 낮고 데이터 지향적이라는 사실에 놀랐을 것이다. 복잡한 언어 공식은 몰라도 되고 분별 있게 분석할 줄 알면 되었다. 이를테면 하나의 핵심어가 들어간 문장 30개가 주어진다. 그리고 그 단어가 OED에 어떻게 수록되었는지 알려준다. OED의 긴 표제어에 담긴 어떤 부차적 의미가 각 인용문에 해당되는지를 맞히면 되는 것이다. 언젠가는 동사 list를 핵심어로 사용했다. 이 동사는 열 가지 정도 되는 뜻이 있다.

모든 것이 그렇지만 직접 해보면 이해가 더 쉽다. 이것은 새뮤얼 피프스(Samuel Pepys)의 1668년 일기에서 가져온 인용문이다. "The persons therein concerned to be listed of this or that Church." 자세한 맥락은 주어지지 않는다. 원하면 인터넷에서 찾아보거나 도서관에 가서 피프스의 일기를 읽어볼 수도 있을 것이다. 인용문을 신중하게 읽고 사전에 정의된 list의 뜻 중에서 어느 것에 해당하는지 찾는다. 다음은 세 가지 가능한 대답이다(여기에서는 짧게 소개한다. 보통은 약 열 가지 중에서 하나를 골라야 한다).

(1) 목록에 함께 넣다
(2) 포함하다 또는 회원 명부에 가입되다
(3) 입대하다

인용문과 정의를 자세히 읽은 후 본능을 믿어야지(이번만큼은) 그렇지 않으면 절대로 풀지 못한다. 새뮤얼 피프스는 입대에 대해 말하고 있는 것이 아니므로 3번은 무시해도 된다. 1번과 2번은 좀 더 어렵다. 무엇일까? 피프스는 '사람들'이 list에 들어간다고 말하고 있지만 1번도 2번도 될 수 있다. 두 가지 뜻의 차이는 무엇인가? 피프스는 사람들이 개별적인 명단('이 교회 또는 저 교회')에 list된다고 이야기하므로 'list에 함께 적히는 것'(1번)이 아니다. OED에는 (여러 인용문 가운데) "About one hundred species of butterflies have been listed"라는 예문이 나와 있다. 여기에서 나비들은 모두 같은 명단에 적힌다. 하지만 피프스는 사람들이 서로 다른 교회의 회원 명부에 기입된다고 이야기하므로 답은 2번이다. 이해가 잘 되었기를 바란다. 내가 16세기와 17세기 텍스트를 좋아하는 이유는 이런 수수께끼 때문이기도 하다.

대부분의 후보자들은 답을 제대로 맞혔다. 동사 list의 또 다른 예문을 넣을 때도 있었다('듣다'나 '기쁘게 하다', '요청하여 얻다'). 제대로 집중하고 있는지 살펴보기 위해 명사를 넣기도 했다. 읽기에 따라 두세 가지 의미가 부여될 수 있는 인용문을 포함시키기도 했다. 그 밖에도 여러 가지 묘책을 사용했다.

간단하다는 느낌이 들기 시작하는 순간 두 번째 질문이 나온다. 이를테면 개정되지 않은 1904년의 표제어를 제시하고 간단한 질문을 던졌다. 근대적 용법과 학문에 맞춰 이 표제어를 어떻게 고치겠는가? 그러면 엄청나게 불안해질 것이다. 이것은 매우 어려운 과제였다(적어도 내가 보기에는). 딱 적당한 정도의 밧줄만 주고서 뒷짐 지고 지켜보는 것이었다. 어떤 사람들은 오로지 이날을 위해 평생 기술을 연마했더라도 도저히 어떻게 해야 하는지 몰라서 쓸데없는 말로 이루어진 문단 하나를 적고 다음 질문으로 넘어간다. 그런가 하면 열정으로 달려드는 사람들도 있다. 너무 일반적인 것을 고수하면 탈락하기가 쉬웠다. 우리가 필요한 것은 단어 정의를 개정하는 구체적인 아이디어, 새로운 기록 증거(인용문)를 찾는 방법, 그리고 무엇보다 개정된 형태의 전반적인 구조에 대한 감각이었다.

사전 편찬의 세계는 정확하고 예리하다. 불안정한 생각이 들어갈 자리가 없다. 문제가 있으면 당장 달려들어 고쳐야 한다. 언어의 아름다움에 고취되는 것이 아니다. 지금 다루고 있는 단어의 용법을 동일한 의미론적 영역의 수많은 보기와 비교하여 다른 점을 찾아야 한다. 정의를 작성하거나 수정할 때는 틀리지 않다는 사실이 증명되기 전까지는 모든 자료 출처가 틀리다고 생각해야 한다. 과학자의 불신과 작가의 기품이 필요하다.

사전 편찬이 쉽다고 생각하는 사람들이 많지만 전혀 그렇지 않다. 보통 사람들이 가지고 있지 않은 자질이 필요한 일이다. 우선은 에너지가 필요하다. 사전 편찬자에게 가장 중요한 것이 에너지라는 생각이 들 때가 있다. 정신적인 것뿐만 아니라 신체적인 것 또한 마찬가지다. 정신력은 당연하지만 체력도 필요하다. 공장 노동은 아니지만 정적인 사무직도 아니다. 도서관에서 두꺼운 책을 가져오고 도로 가져다 놓느라 계단을 오르내리고, 자동으로 움직이도록 만들어졌어야 마땅한 육중한 서류함을 수없이 열어 마지막 증거를 찾아야 한다. 지금은 기본적인 작업이 컴퓨터로 이루어지므로 덜하다. 사전 편찬자가 갖춰야 할 요건도 시간에 따라 바뀔지 모른다. 사전 편찬은 많은 시간과 노력을 필요로 하는 일이므로 쭉 버틸 수 있어야 한다. 들락날락하면 절대로 필요한 기술을 쌓을 수 없다.

사전 편찬이 어렵다고 생각하는 사람들도 있는데 그것 역시 사실이 아니다. 오히려 쉽다. 최대한 단순함을 유지해야 한다는 사실만 기억하면 보통은 예상대로 일이 진행된다. 스스로 웅장한 계획을 실행하려 하지 말고 자료만 따라가야 한다.

적성 검사 이후에는 면접 대상자 대여섯 명이 정해졌다. 드디어 면접이 있는 날 두세 명이 사전부 사무실 중 한 곳에서 미래의 OED 편집자 세대를 기다렸다. 적성 검사 결과가 나와 있기는 하지만 그것이 전부는 아니었다. 기존의 편집자들과 (어느 정도) 잘 맞는지 살펴보는 것이 필수였다. 우리는 지극히 평범하면서도 비범한 사람을 원했는데 그런 사람이 있을 때도 있었다.

지원자는 대부분 학부나 대학원을 막 졸업한 사람들이었다. 미국 사전들은 박사 학위를 요구한다고 들었지만 우리는 아니었다. 우리가 원한 것은 장래성과 능력이었다. 언어학을 전공한 사람을 뽑는 일은 거의 드물었다. 경험상 그런 사람은 자기만의 이론이 있는 데다 하향식의 업무 방식을 원하는 경향이 있었다. 하지만 자료의 세계에 머물며 안에서부터 함께 조각그림을 맞추거나 빛을 향해 깊이 파고드는 것이 우리의 방식이었다.

면접 단계까지 온 사람은 채용될 가능성이 높았다. 지원자들 가운데 가장 뛰어난 인재들이었으니까. 물론 전부 다 채용할 수는 없지만 그래도 면접까지 오면 합격 가능성이 높았다.

우리가 어떤 기질과 성격 유형을 갖춘 사람을 원했을까? 경청하고 관찰할 줄 아는 사람을 원했다. 대학교에서 오히려 장려하는 큰 소리로 자기 의견만 밝히는 사람이 아니라. 이것은 언어의 목소리를 듣고 흡수하고 언어에 대해 생각하고 분석하고 분류하는 일이다. 계속 말만 하면서 할 수 있는 일이 아니다. 내가 이 기준에 얼마나 잘 들어맞는지 점수를 매겨보겠다. 말하지 않고 듣기(십중팔구 해당). 하루에 200단어도 말하지 않을 때도 있지만 열심히 듣고 또 들은 것을 열심히 살핀다.

후보자는 팀에 잘 어울리는 사람이어야 한다. 물론 아웃사이더를 위한 자리도 있지만 아웃사이더는 모두의 일을 더 어렵게 만든다. 면접에서 사교적 능숙도를 완전히 파악할 수는 없지만 어느 정도 가늠할 수는 있다. 처음에 나는 이 부분의 점수가 3점 정도로 매우 낮았다. 나를 채용하려면 이 부분을 간과해야만 할 것이다. 하지만 1년 정도 만에 한 구성원으로 어우러졌다. 지금은 8점 정도가 되었다.

장황하게 말하거나 일을 끝까지 하는 편인가? 연구를 위한 연구를 좋아하는가, 목적을 위한 수단으로 여기는가? 놀랍게도 장황하게 말하는 사람이 정말 많다. 코를 킁킁거리며 그런 사람을 찾아낸다면 재미있을 것이다. 중요한 질문을 던진 후 그들이 결론에 이르기까지 얼마나 걸리는지 보라. 그리고 아직 끝내지 못한 박사 논문을 언제부터 쓰고 있는 것인지도 알아본다. 장황할수록 합격 가능성이 낮다. 이 부분의 내 점수는 6~7점으로 그럭저럭일 것이다. 장황하게 늘어놓지는 않지만 알지 못하는 질문이면 너무 일찍부터 할 말이 바닥나버리기 때문이다.

에너지에 대해서는 이미 언급했다. 사전 편찬은 집중이 필요한 느린 작업이다. 도화선이 답을 향해 탈수록 흥분감이 찾아온다. 하지만 항상 흥분 가득한 절정 단계만 있는 것은 아니다. 지원자의 이력 중에서 하루살이 같은 수명과 반대되는 특징을 가진 것이 있는가? 이를테면 집중력 같은 것. 집중력에 대해 곰곰이 생각해보자. 하지만 너무 깊은 생각으로 생산성을 해치면 안 된다. 사전 편찬자에게 필요한 것은 서서히 타오르면서도 폭발적인 집중력이다. 불가능한 일일 수도 있지만 대충 어떤 의미인지 알 것이다. 나는 9점이다.

지원자들이 치른 적성 검사 결과도 면접에서 참고해야 한다. 그들이 비판을 어떻게 받아들이는지 볼 필요가 있다. (내 경험에 따르면) 면접에서는 많은 비판이 나오기 때문이다. 부루퉁한 반응을 보이는가? 보통 사람들은 면접에서 부루퉁한 모습을 보이지는 않지만 갑자기 말이 없어지고 피하고 싶어 하는 반응을 보이기는 한다. 테스트에서 파고 들어간 구멍에서 빠져나올 수 있는가? 생각을 바꿀 의사가 있는가? 약점이 발견되면 자세히 살펴보고 공개적으로 표명하려는 사람이어야 한다. 그러면 결국은 면접관들도 핵심을 이해할 수 있을 것이다.

이틀간의 면접을 실시하고도 적당한 후보자를 찾지 못할 때도 있었다. 그럴 경우 차선책을 선택하면 문제가 발생할 수밖에 없다. 한 후보자에게서 사전 편찬자에게 필요한 이상한 가능성이 언뜻 보이기 시작하는 흥미진진한 일도 있다. 예상하지 못한 일일 수도 있지만 그런 사람은 인터뷰가 끝나고 항상 긍정적인 분위기를 남겼다. 적성 검사와 이력서만 보고 환상적인 후보자라고 생각했는데 면접에서 기대가 와르르 무너지는 경우도 있었다. 그런가 하면 오히려 기대가 낮았던 후보자가 면접에서 만회하기도 했다. 누가 최종 합격할지는 추측할 수 없다. 몸담은 분야와 수준(학사에서 포스트닥터까지), 출신 대학도 다양하다. 그들 중 누구라도 15~20년 후에 편집장이 될 수 있다.

∞

사전 만드는 일에는 좋은 점도 있고 나쁜 점도 있는데 높은 자리로 올라갈수록 나쁜 점이 많아진다. 가장 좋은 점은 우리 생각이기는 하지만 수사적, 창의적, 중요한 일이라는 점이었다. 나쁜 점은 실적과 예산, 참새라도 새 모이판에서 수다 떨면서 해결할 수 있는 문제를 우리가 지나치게 복잡하게 만든다고 생각하는 시니어 동료들의 눈살 찌푸림이었다.

1993년의 어느 날 에드와 짧은 대화를 나누었다. 우리의 작은 토론은 다음과 같이 이루어졌다.

> *에드: 놀랄지 모르지만 난 사전의 구성 요소 관리보다 사전을 편집*
> *하는 게 더 재미있어.*
> *나: 그래.*

이 짧지만 숙고에서 나온 관점 교환의 결과로 나는 OED의 공동 편집자로 남지 않고 용감하게도 편집장을 맡았다. 에드가 부편집장이었다. 내가 미친 나무의 꼭대기에 올라온 것이라고 생각하는 사람들도 있다고 들었다. '독이 든 성배'는 2000년의 마감일을 맞추기 위해 투쟁하고 있던 사전부 복도에서 들리는 표현이었다. 하지만 나는 어리석게도 필요하면 싸워서 사전부의 입장을 지킬 수 있다고 생각했다. 에드는 편집의 발견과 창조가 주는 기쁨에 안주하려는 분별 있는 계획을 세웠다. 나 또한 다른 일도 조금씩 할 뿐이지 그럴 생각이었다. 우리에게는 배가 암초에 부딪히지 않도록 하는 임무를 맡은 제독이 있었으니까.

내가 편집장으로 직함이 바뀌었다고 말하는 이유는 궁금해하는 사람이 있을 것 같아서다. 나와 에드와의 관계에는 아무런 변화도 생기지 않았다. 우리는 여전히 OED의 편집자로 사전을 든든하게 받치고 있으면서 최대한 빨리 텍스트를 작업하고 싶을 뿐이었다. 일상생활에 빗대어 말하자면 편집장이라는 것은 내가 옥스퍼드 대학교 출판사와 옥스퍼드 대학교, 외부 사람들을 포함해 모두가 사전부에 볼 일이 있을 때 찾는 편집자라는 뜻이었다. 수많은 제안서를 프로젝트 계획서로 바꿔야 했는데 편집과 관련된 중요 단계와 목표, 작업량을 정하는 것이 모두 내 책임이었다. 실제로 상당량의 작업을 진행하기 전까지는 대부분 추측에 불과한 일이지만 공개적으로 밝히지 않는 것이 상책이라는 사실을 곧 깨달았다. 스프레드시트에 숫자를 집어넣는 것은 제독의 일이었고 우리는 출력에 문제가 생길 때마다 머리를 긁적일 뿐이었다(즉 시간 연장에 따른 예산을 요청해야 할 때 등). 또한 편집장의 자리는, 적어도 내 생각에는 자료에 어떤 영향을 끼치건 현실적으로 가장 높은 편집 표준을 위해 싸워야 한다는 뜻이었다. 그래서 그렇게 했다. 나는 출판사가 항상 마음에 들어 하는 편집장은 아니었다. 옥스퍼드 대학교는 오히려 상대하기가 훨씬 쉬웠다. 학자들은 정확히는 몰라도 OED가 특별하다는 사실만은 알고 있었다. 하지만 돈이 자신들의 주머니에서 나오는 것이 아니므로 사실은 별로 신경 쓰지 않았다.

나는 대중을 상대하는 일이 가장 좋았다. 그들은 우리가 그들의 편지에 정중하고도 신속하게 답장을 보낸다는 사실에 놀라워했다. 1983년 이후 일반 대중이 영어와 관련하여 보내오는 편지에 대한 OED의 회신을 관장하는 '옥스퍼드 단어와 언어 서비스(Oxford Word and Language Service, 재치 있는 줄임말 OWLS(올빼미)가 우리 편집자들을 떠올리게 한다)'를 개설했다. 사람들은 OWLS가 대표하는 옥스퍼드 사전의 친절한 얼굴을 좋아했다. OWLS가 신설된 후 나는 BBC1의 저녁 TV프로그램 〈네이션와이드(Nationwide)〉에 출연해 시청자들의 전화로 걸려오는 질문에 답했다. 나중에는 독자들의 질문에 답하는 업무를 사전부의 다른 팀과 공유했고 동료 몇 명이 가장 자주 묻는 질문을 담은 책을 쓰기도 했다(《영어에 대한 질문(Questions of English)》, 제레미 마셜, 프레드 맥도널드 저, 1994년 출간). 사람들이 보내는 편지가 넘쳐나지는 않았지만 OWLS가 친절한 서비스로 믿을 만한 답변을 해준다는 소문이 났다.

사람들이 하는 질문은 사전 편찬자가 간단명료하게 답할 수 있는 것들이었다. 이를테면 철자 -ize와 -ise에 관한 것(realise/realize), 고양이를 좋아하는 사람을 가리키는 단어가 무엇인지(ailurophile), 동물이 등을 긁을 때 닿지 않는 부분을 가리키는 단어(acnestis), 코 아래의 오목한 부분을 가리키는 단어(philtrum), sorry의 역사, O.K.의 어원(현재까지 발견된 증거 기록에 의하면 'orl/all correct'를 뜻하는 옛 보스턴 속어에서 비롯), 딸이 새로운 단어를 만들었는데 사전에 등재될 수 있는지(유행하지 않으면 안 된다) 등이다. 사람들은 진짜 사람이 답장을 보내주었다는 사실을 알면 으레 감사 인사를 보낸다. OED 편집장에게 편지를 받았다는 사실이 너무 기쁘고 자랑스러운 나머지 액자에 넣어 창고에 걸어놓았다는 사람도 있었다. '창고'가 아니었다면 더 좋았겠지만 말이다. 옥스퍼드가 큰 장벽과도 같다고 생각했을 사람들에게 답장을 보내는 일은 시간 투자이 가치기 충분했다.

시간이 지나면서 깨달은 것은 사람들이 내가(그 누구라도) 어떻게 OED 편집장을 맡고 있는지 이해하지 못하는 듯했다는 점이다. "나라면 아침에 출근하기 싫을 것 같아요"나 "나라면 사전에 어떤 단어를 넣고 어떤 단어를 뺄지 결정하지 못할 것 같아요", "나라면 정신을 못 차릴 것 같아요" 같은 말을 너무 자주 들었다. 어려운 질문이지만 대답을 해주어야 할 때가 많았다. 규칙과 규정, 지침, 권고서가 있고 애초에 훌륭한 텍스트를 가지고 작업하기 때문에 그런 문제는 저절로 결정이 된다고 차분하게 대답해준다. 하지만 보통은 잘 이해하지 못한다. 미국에서 만난 노련한 여성 사서는 나에게 존경의 의미로 고개를 살짝 숙이기까지 했다.

∞

우리는 방대한 사전을 편집하는 방법을 계속 깨우쳐가고 있었다. 지침은 있지만 그것이 모든 상황을 답해줄 수는 없었다. 집에서도 전략을 개발하고 있었는데 엘리를 보살피는 문제에 관한 것이었다. 좋은 전략이라고 해도 반드시 돌파구를 제시해주는 것은 아니다. 첫째 딸 케이트에 대한 학교의 평가서는 늘 긍정적이었지만 엘리의 문제는 달랐다. 아이는 세 살이 되어가는데도 기대와 전혀 다른 모습이었다. 또래보다 발달이 매우 느렸다. 우리 부부는 몇 년 동안이나 마음속으로 아이가 '따라잡기를' 바란 것 같다. 하지만 아이의 상태는 계속 나빠지기만 했다. 힐러리와 나는 우리의 직감을 믿으면서 하루하루 엘리에게 최선을 다하려 노력했고 틀리다고 생각되지 않는 이상 똑같은 규칙을 고수했다. 이쯤 되어서는 엘리의 성장이 심각하게 느리다는 사실을 인정하게 되었고 그에 맞는 교육 시스템을 알아봐야 하는 전혀 새로운 문제에 직면했다. 우리에게는 답보다 질문이 훨씬 더 많았다. 아이의 증상이 정확히 무엇이고 앞으로 얼마나 성장할까? 수명이 크게 줄어들지는 않을까? 어떻게 하면 발달 속도를 높일 수 있을까? 우리가 이 아이를 잘 키울 수 있는 능력이 있는가? 장애 있는 딸을 둔 부모인 우리에게 필요한 것은 정보와 희망이었다. 믿을 수 있는 정보는 매우 귀했고 희망은 스스로 만들어야 하는 것이었다.

가장 큰 걱정거리 중 하나는 아이가 과연 걸을 수 있을까 하는 것이었다. 아이는 늦게나마 조금씩 기었는데 기는 행위에 특별한 목적도 없었고 매우 느렸다. 결국 아이가 가구 끄트머리에서 몸을 일으키려고 하는 모습을 볼 수는 있었다. 길 때보다도 천천히 앞으로 나아갔다. 엘리는 늦게부터 걷기 시작했고, 지금도 마치 쉽게 넘어질 것이라는 사실을 아는 듯 조심스럽게 걷는다. 우리가 뒤에서 어떻게 도와줄 수 없는 아이가 온전히 혼자서 거쳐야 하는 싸움이었다.

둘 다 풀타임으로 일하는 우리 부부는 엘리에게 집에서나 어린이집에서나 교육적인 자극을 줄 수 있는 전문가를 따로 고용하는 것이 아이에게 더 좋은 일이라고 생각했다. 한번은 부모님이 아이의 치료비를 내주겠다고 하셨다. '온당한 범위 내에서'라는 말을 작게 혹은 머릿속으로 덧붙였을 것이다. 부모님은 심한 장애를 가진 아이들에게 놀라운 기적을 행한 클리닉이 미국과 폴란드에 있다고 했다. 하지만 엘리는 정확한 병명이 진단되지 않았기에 치료법도 없었다.

엘리의 매일 하루의 목적은 기본적이었다. 먹기, 문(유모차를 타고 밖으로 나갈 때나 차에 탈 때), 온기를 느끼게 해줄 사람(누구인지 알아보지 못할 수도 있었지만 항상은 아니있나), 소리, 질감. 엘리는 질감과 행동에 큰 관심을 보였다. 스스로 행동하는 것은 아니었지만 무슨 일이 일어나는 것을 좋아했다. 특히 차 안에서 창밖을 구경하는 것을 좋아했다.

지금도 그럴 때마다 행복해한다.

나는 너무도 간절히 엘리의 말소리를 듣고 싶었고 엘리에게 말하고 싶었다. 엘리가 18개월 정도 되었을 때 매일 우리 부부는 오늘은 엘리의 첫마디를 들을 수 있기를 바라면서 퇴근했다. 하지만 그런 일은 일어나지 않았다. 우리는 아이가 이해하고 있다는 신호를 찾으려 하고 말뿐만 아니라 행동이나 어조로 생각을 전달하려고 했다. 하지만 소용이 없었다. 소통과 이해가 있기는 했지만 매우 낮은 수준이었다. 엘리가 이해하는 것은 다섯 단어 정도인 듯했다. 하지만 과연 이해하는 것이 맞을까? 아니면 ('자동차', '음식', '음료수' 같은 얼마 되지 않는) 단어들이 사용되는 상황을 보고 그냥 알아차리는 것일까? 가끔 아이가 웃음을 터뜨릴 때가 있었다. 유머 감각이 있다는 사실은 처음부터 확실했다. 그리고 왜인지 노란색을 좋아했다.

친구들은 엘리의 상황이 얼마나 심각한지 제대로 이해하지 못했다. 보통은 '눈이 보이지 않거나' '귀가 들리지 않거나' 하는 것은 이해해도 '말을 하지 못하는' 상황은 이해하지 못한다. 우리가 과장하는 것이라고, 때가 되면 다 하게 되어 있다고 생각하는 듯했다. 말을 하지 못하는 엘리의 상태는 평생 나에게 너무도 또렷하게 다가왔다. 우리 가족은 특히 글을 읽고 쓰는 능력이 매우 뛰어났다. 힐러리는 근대 소설로 박사 학위를 땄고 남성 소설과 여성 소설의 상호작용에 관심이 많았고 (당시 열 살이었던) 케이트는 요정 나라에 푹 빠져서 시간 날 때마다 집에 있는 컴퓨터로 여왕과 공주, 마녀의 이야기를 썼다. 그리고 나는 쉴 새 없이 단어에 대해 이야기하고 분석하고 영리한 언어적 연결고리를 만드는 사람들에 둘러싸여 일하는 데다 사전부 편집 인력을 구한다는 광고를 낼 때마다 새로운 인재들을 잔뜩 만나는 일을 하고 있었다.

하지만 저녁에 집에 가면 엘리에게 다가갈 방법을 고민하고 애쓰는 나날이 계속되었다. 엘리가 내 눈을 똑바로 바라볼 때마다(지금도 그렇다) 말이 트이기 직전인 것 같은 느낌이 들었다. 어쩌면 아이도 같은 생각인지 몰랐다. 어쩌면 아이는 자신이 사용하는 인지 체계가 무엇인지 알아보지 못하는 내가 문제라고 생각할지도 모른다. 하지만 나는 정말이지 알 수가 없었다. 어떻게든 이겨내는 법을 배웠지만 내일은 나에게든 아이에게든 변화가 생길 것이라는 희망을 놓을 수가 없었다. 하지만 그런 일은 결코 일어나지 않았다. 엘리는 굉장히 느리게 변하고 있고 변화가 너무 느려서 미처 보이지 않기도 한다.

내가 실패하는 부분에서는 전문가들이 애써주었다. 그들은 엘리에게 행동과 단어의 연결고리를 발달시켜주는 활동을 권장했지만 소용없었다. 가끔씩 엘리의 기억 속에 작은 것들이 스며들어서 이를테면 몇 달 후에도 누군가의 얼굴을 기억해 놀랄 때도 있었다. 하지만 쉬운 의사소통이 발달할 수 있는 인지 능력의 지지대가 되어줄 만한 조화로운 움직임은 하나도 없었다. 결국 우리가 아이에게 사용할 수 있는 것은 몸짓과 어조로 이끌고 안내해주고 지시하고 도와주는 것뿐이었다. 아이가 우리의 노력에 만족하기를 바랐다. 엘리는 지나치게 '말 많은' 우리 가족에게로 온 말 없는 새 구성원이었다. 엘리가 우리를 침묵 속으로 끌고 갈 때마다 우리는 어떻게 도와주어야 하는지 알 수 없었다.

대부분의 사전 편찬자들
은 알파벳마다 특징이 다르다고 말할 것이다. 직접 물어본 적은 없
으니 추측이기는 하지만 모음이 문제적 글자라고 말할 것이다. 모음
은 갑자기 옆길로 새기도 하는 주기적인 알파벳표의 변덕스러운 요
소다. 발음을 통해 그 변동성을 추적해볼 수 있다. 일반적으로 자음은
예상한 그대로 발음되지만 모음은 그렇지 않다. 알파벳 a는 (어떤 영어
인지에 따라) man, name, father, bath, village, comma, wan, war,
many에서 모두 소리가 다르며 ay, au 같은 이중 모음은 말할 것도
없다. 역사적으로 긴 a(고대 영어 stan처럼)는 긴 o 발음(stone 등)의 선
행자라고 할 수 있다. 일부 지역의 영어에서는 aesthetic이라고 하고
또 다른 곳에서는 esthetic이라고 하며 ambassador가 embassa-
dor(embassy처럼)가 되기도 한다. 늘 해온 생각이지만 A로 시작하는
단어는 첫 글자만 보고는 무슨 뜻인지 감을 잡기가 어렵다. 처음부터
폭발하거나 암시하거나 더듬거리지 않기 때문이다.

A를 지나가면 break, bunch, bewail, beleaguered, bite,
bump 등 구타하는 듯한 공격성을 가진 B가 나온다. 거칠기는 하지
만 B는 예측 불가능한 것을 불쑥 던지지 않는다. C는 좀 더 차분하다.
Cat, cylinder, cool, cold, crystal 등에서 보듯 C는 큰 에너지를 내
지 못하는 부드러운 소리다(하지만 ch-는 다르고 cl-은 시끄럽게 들리기도
한다). D는 B처럼 폭발적이다. danger, death, dredge, dungeon 등.
그다음에는 또 까다로운 모음 E가 나온다. E는 영어에서 가장 흔한
알파벳이고(가장 자주 사용된다) 그래서 다루기도 힘들다. E는 A와 마찬
가지로 항상 똑같은 소리가 나지 않으며 여러 지역의 영어마다 다르
다. Be, here, there, acme, bed, alert, eh, clerk까지. 초기 중세 시

대 이후로 love와 name 같은 단어의 e는 발음하지도 않았다(비언어적인 '마법의 E'). E에는 em-, en-, endo-, epi-, eso-, ex-, extra-접두사들이 많아 사전 편찬자의 일을 더한다. 일반적으로 접두사에는 항상 e가 있다.

따라서 알파벳은 문제적 글자 A부터 시작하기에는 사려 깊지 못하다. 1994년에 OED 전면 개정판을 준비할 때 작업을 A부터 시작할지 좀 더 차분한 다른 알파벳부터 시작할지 빨리 결정해야만 했다.

예전에 OED를 다룬《OED 읽기: 한 사람, 한 해, 21,730페이지 (Reading the OED: One Man, One Year, 21,730 Pages)》라는 책에서 알파벳마다 특징이 있다는 내용을 읽었다. 이것은 A부터 Z까지 사전을 읽는 내용이 담긴 아몬 셰아(Ammon Shea)의 블로그 같은 책으로 2008년에 출간되었다. 내가 이 책을 좋아하는 이유는 사전의 텍스트를 짜깁기한 방식이 아니라 사전의 내용에 대해 반응하는 책이기 때문이다. 사전에서 알파벳 A를 읽는 것이 어떤 느낌이고 이를테면 G 같은 다른 알파벳과 어떻게 다른지에 대한 다른 사람의 생각을 들을 수 있다. 각 알파벳을 읽는 동안 저자의 삶에 생긴 알파벳과 비슷한 특징을 지닌 흥미로운 일들도 나온다. 그가 어디에 살았고 무엇을 하고 있으며 텍스트의 어떤 부분이 왜 어려웠는지. 사전을 다루는 다른 책들은 실패했지만 이 책은 사전에 생명력을 불어넣는다.

∞

당시는 OED 전면 개정판 프로젝트의 초기였다. 출판사의 개방적 구조로 이루어진 새 사무실로 이사해 한때 거대한 인쇄기가 놓여 있던 1층을 차지하게 되었다. 우리에게는 출판의 새로운 시대를 알리는 일이었다. 전면 개정판의 전반적인 계획은 단순했다. 전체 텍스트를 살펴서 (대부분 빅토리아 시대 이후 그대로인) 표제어의 모든 측면을 현대의 학문에 유효한 최고의 정보로 개정하는 것이었다. 처음에는 2000년까지 출판한다는 목적이었지만 곧 2005년으로 수정할 필요가 있다는 사실이 누구에게나 명백해졌다. 나중에는 2010년으로 변경되었다. OED 초판의 편집자였던 윌리엄 크레이기(William Craigie) 경은 프로젝트가 어느 단계에 머물러 있느냐는 질문을 받을 때마다 5년 후에 완성된다고 대답하곤 했다. 2010년이 다가오면서 끝이 가까워지자 우리의 주장도 바뀌었다. 온라인 시대가 되었으니 OED는 앞으로 언제나 지속적이고 역동적인 변화 상태에 머물러 있을 것이므로 이제 완료일은 과거만큼 중요하지 않다고 말이다. 나도 윌리엄 크레이기처럼 같은 질문을 받을 때마다 15~20년이라고 대답했다. 중요한 것은 품질이었다. 출판일이 앞당겨질수록 사전의 질이 떨어질 터였다. 시간이 지날수록 인터넷을 통해 언어의 역사에 대한 새로운 정보가 많아졌으므로 범위와 시간의 끊임없는 재평가가 필요했다.

일의 범위에 대한 생각도 중요하지만 무엇보다 빨리 착수할 필요가 있었다. 처음 떠오른 질문은 작업을 어디부터 시작하느냐였다. 우리는 숙고한 끝에 보통 때와 달리 알파벳 A가 아닌 중간의 M부터 시작하는 **shenanigans**(비밀 또는 정직하지 못한 행동-역주)를 부리기로 했다. 그 후 오랫동안 기자와 관리자, 편집자 그리고 나 자신조차 M부터 시작한 이유에 대해 질문을 쏟아냈다. 좀 더 빨리 끝내기 위해서라는 쉬운 답을 내놓았지만 곧이곧대로 믿는 사람은 많지 않았다. 진짜 이유는 에드와 내가 초판 첫 부분의 편집이 깔끔하지 못하다고 생각했기 때문이었다. 1880년대의 초대 편집자들은 A를 시작할 때 적당한 스타일을 찾는 것뿐만 아니라 페이지에 들어갈 자료를 찾는 것도 고군분투했다. 그 부분을 최신판으로 만드는 것은 특히나 어려운 작업이었다. 굳이 괴로운 길을 택할 필요가 없지 않는가?

Shenanigans는 미국 개척 시대의 황량한 서부가 큰 관심사로 떠오른 19세기 중반에 자신만만하고 허풍 가득한 아일랜드 이민자들 사이에서 나왔다고 생각하기 충분한(bloviate, absquatulate처럼) 기원을 알 수 없거나 아직 토론이 이루어지고 있는 의미 없는 단어다. 이 말의 대부분은 사실이다. 앞에서 살펴본 것처럼 19세기 미국에서는 이상하고 화려한 단어들이 많이 생겼다(discombobulate도 그중 하나일 것이다). Shenanigans의 정확한 어원은 알 수 없지만 1855년에 캘리포니아에서 사용되었다는 사실은 알 수 있다. 이 단어가 인용된 초기 문헌이 대부분 샌프란시스코 지역에서 나온다는 점이 암시가 될 수도 있다. O.K.의 초기 문헌이 1830년대 후반과 1840년대 초의 보스턴에서 나온다는 사실과 비슷하다. 역시나 우리 같은 단어 탐정에게 단어의 기원에 대한 지리적 단서를 준다. 단어는 문화와 비슷하게 성장한다. 최초의 기록이 몇 년 동안 특정 장소에 모여서 나타나다가 매체나 운송 시스템에 의해 사람들이 다른 곳으로 가지고 간다.

이 단어의 특이한 점은 처음 등장했을 때는 shenanigans가 아니라 shenanigan이었다는 사실이다. 복수가 아니었다. 지금 생각해보면 매우 이상한 일이다. 과거에 쓰인 대로 단수로 사용한다면 지적받을 것이다. 마크 트웨인은 1862년에 이 단어를 약간 불확실하게 사용했다. "Consider them all guilty (of 'shenanigan') until they are proved innocent." OED에는 단수 형태로 사용된 문헌이 1960년까지 수록되어 있다. 지금도 존재할 수 있다. 지금은 사용하지 않게 된 단어라고 생각해도 그렇지 않은 경우가 대부분이니까. OED에 따르면 1926년에(그렇다, 불과 1926년의 일이었다) 복수형 shenanigans(속임수, 모의: 계획, 실행)로 사용해야 한다고 생각하는 사람이 처음 나왔다. 여류 소설가 에드나 페버 (Edna Ferber)가 소설《쇼 보트(Show Boat)》에서 그랬다.

개정판 편집을 알파벳 중간에서 시작한 데는 다른 이유들도 있었다. 영어 알파벳 문자의 순서는 중요하지 않으므로 어떤 순서로 편집하든 상관이 없다. M은 친절한 문자다. 친절함은 M의 특징 중 하나다. 으음(Mmmmmm). 음(Umm). 냠냠(Yum yum). 초판에서 M의 편집이 이루어진 20세기 초에는 OED가 안정적인 궤도를 걷고 있어서 매우 훌륭한 결과물이 나왔다. 거친 A와 B, C를 시작하기 전에 M으로 우리의 패기를 어렵지 않게 시험해볼 수 있을 것 같았다. 또한 M에는 현대 영어의 기반을 이루는 게르만어와 로망스어에서 온 단어들이 기분 좋게 섞여 있다. 전반적으로 M은 문제될 만한 것 없이 다양한 편집 사안을 시험해볼 수 있도록 해주었다. 물론 몇 페이지만 넘어가면 동사 make처럼 간단하지만 날카로운 이빨을 숨기고 있는 고대 단어가 나타나 온갖 어려움을 선사할 줄은 몰랐다. 동사 make 때문에 작업 속도가 약간 느려졌다. 이 단어는 앵글로-색슨족 영어의 초기 시대로 거슬러 올라간다. 개정판에는 300개가 넘는 개별적 의미가 3,000개에 이르는 인용문과 함께 소개되었다. 역사적으로 시제와 인칭에 따라 200가지에 이르는 철자가 사용되었다는 사실도 발견했다. 초판의 어원은 열 줄 남짓했지만 우리가 개정판을 위해 작성한 make의 새 어원은 표준 컴퓨터 화면 1.5개 분량을 차지했다. 하지만 새로운 편집 지침을 적용해보는 엄중하지만 유익한 시험을 치르게 해주었다.

우리는 M에서 시작은 하지만 R의 끝부분에 이르면 방향을 틀어 A와 L의 격차를 줄인 후 S~Z에 돌입하기로 결정했다. 이 방식은 난해한 이유에서 선택된 것이고 〈스코틀랜드 고어 사전(Dictionary of the Older Scottish Tongue, DOST)〉과 관련 있었다. 이것은 OED 편집자였던 윌리엄 크레이기 경이 1920년대에 시작한 12세기부터 17세기까지 초기 스코틀랜드어를 담은 철두철미하고 열정적인 사전이다. 보기 삼아 몇 가지 소개하자면 schalange는 'challenge의 변형', schald는 '모래톱 또는 수위가 낮은 곳', schalk는 '남자, 사내'다. 이 중 두 개는 OED에도 들어가 있고 나머지 하나는 넣을 필요가 있을 듯하다. 이 사전은 초기 스코틀랜드어 어휘의 어원과 기록에 중요한 역할을 했으므로 OED 개정판 작업이 몇 년 동안 느리게 진행된 끝에 마침내 알파벳 R에 이르렀을 때 그 사전보다 편집 작업을 앞서가고 싶지 않았다. (나중에는 DOST 편집자들이 작업에 박차를 가해 타이밍을 맞추어준 덕분에 필요할 때 참고할 수 있었다.)

∞

OED 개정판 작업을 M부터 시작했다는 말은 전적으로 사실이 아니다. 우리는 표제어 M(M부터 시작해 온갖 축약어와 머리글자가 나오는)은 나중에 작업하기로 했다. 매우 불규칙적인 표제어라 다른 불규칙적인

'머리글자 알파벳'과 함께 작업하기로 한 것이다. OED 초판의 M 표제어는 m'과 'm 등 거의 똑같이 생긴 것들이 잔뜩 차지하고 있어 나중에 작업하는 것이 좋겠다고 생각했다. 그래서 M-A부터 시작하게 되었다.

학교 다닐 때 공부를 열심히 한 집중력 뛰어난 사람이라면 영어에 M-A라고 쓰는 명사가 (OED에 따르면) 네 개라는 사실을 알 것이다.

첫 번째 명사 M-A는 영어에서 가장 오래된 단어 ma로 남성의 성 앞에 붙어(친구나 지위가 높은 사람, 귀족 등) master(근대의 'Mr.' 같은 의미)의 줄임말로 사용되는 글자다. 그렇다면 16세기와 17세기에는 'Master Harvey' 대신 'Ma. Harvey'라고 말했을까? 그렇지 않다. 이것은 오직 문어에서만 사용되는 축약형이었다. 당시에는 'Ma. Harvey'라고 써도 엄마를 가리킨다고 생각하는 사람은 아무도 없었을 것이다. OED 개정판에서 이 표제어에는 쓸모없거나 소멸한 단어를 뜻하는 인쇄 부호인 단검 표시가 붙었다. OED에 따르면 마지막 사용기록이 발견된 1602년 이후로 소멸되었다.

이러한 단검표(전문 인쇄업자들은 '오벨리스크(obelisk)'라고 불렀다)가 사전 곳곳에 수천 개는 들어갔다(†). 줄임말 obs.(=obsolete, 폐어)를 읽지 못하거나 이해하지 못하는 사람들을 위해 넣은 시각적 표시인 것이다. 단어나 의미가 여전히 사용되는지 알 수 있고 사용되지 않을 경우에는 사전 편찬자가 단검표로 도장을 찍어놓는다. 일반적으로 지난 100년 동안 사용 기록이 발견되지 않을 때 단검표를 휘두르는 것이 작업 원칙이다. 17세기에 '검투사'를 가리키는 단어였던 sword-fencer에도 폐어 표시가 되어 있지만 검을 휘두르는 손을 뜻하고 sword-fencer보다 이른 16세기에 나온 sword-hand에는 없다(주로 역사적 맥락이지만 아직까지 사용된다).

기준에 따라 폐어를 표시하는 것은 오늘날의 OED 사전 편찬자들이 해야만 하는 가장 흥미로운 일 가운데 하나다. 초판이 만들어지던 시절에는 사용되었지만 오늘날 100년의 법칙을 충족시키지는 못하는 단어가 있을 수도 있다. 현재 많은 고어에 '폐어' 표시가 붙고 있다. 비록 가끔씩이지만 소멸된 줄 알았던 단어가 사용된 새로운 증거가 발견되면 스리슬쩍 단검표를 없앤다. 그러한 보기가 바로 '방아쇠에 의해 풀릴 때까지 석궁의 줄 뒷부분을 받쳐주는 회전하는 갈고리 모양의 장치'라는 뜻의 nut이다. OED 초판에서는 증거 기록에 따라 폐어로 선언되었지만 활쏘기에 대한 관심이 부활하면서 이 단어의 특수 용법이 부활했다. 100년 동안 사용되지 않은 것을 기준으로 단검표를 넣는 이유는 사람의 수명 때문이다. 사람이 단어를 기억하는 것은 어릴 때부터 약 100세까지일 것이다. 그러니 100년보다 짧은 시간을 기준으로 삼는다면 섣부른 결정일 것이다. 하지만 폐어는 언어의 삶과 죽음의 기록이므로 OED는 폐어를 완전히 묵살하지 않는다. 나는 폐어라는 개념이 마음에 들지 않고 잘못된 표시라고 생각한다. 단어라는 것은 사용되지 않았다가도 언제든지 다시 사용될 수 있기 때문이다. 하지만 독자들은 폐어 표시를 좋아한다.

첫 번째로 개정 작업이 이루어진 표제어 Ma.는 알고 보니 절대로 연관된 적 없던 또 다른 표제어에서 분산된 것이었다. 초판에서는 축약형 Ma.='master'를 또 다른 축약형 Ma.='majesty'와 같은 표제어에 넣었다. 공간 절약 외에는 별다른 이유가 없었다. 어원이 다른 두 단어를 한 표제어에 합치는 것은 사전 편찬의 원칙에 어긋난다. 예전 편집자들은 분산된 축약형의 단어를 진짜 단어로 보지 않았기에 일반적인 법칙을 생략해도 된다고 생각했던 듯하다. Ma.='master'에 관한 한 우리가 내린 가장 큰 용단은 그것을 master/majesty가 뒤섞인 단어에서 꺼내와 고유의 계정을 만들어준 것이었다. 더 앞선 기록은 찾을 수 없어서 OED 초판에 나온 1579년 문헌(에드먼드 스펜서(Edmund Spenser)의 《목동의 달력(The Shepheardes Calendar)》)을 그대로 사용했다. 제대로 된 어원, 더 자세한 정의, 1602년의 새로운 예문(극작가이자 팸플릿 작가 토머스 데커(Thomas Dekker)의 〈Satiro-mastix〉) 등 전반적으로 모든 장식을 추가했다.

사전부 바깥에서 이 표제어를 언급하는 사람은 한 명도 보지 못했지만 우리에게는 자그마한 명작이었다. 위원회의 조사를 받기 위해서가 아니라 실제로 출판될 표제어를 새로운 편집 지침을 적용하여 작업한 첫 번째 단어였기 때문이다. 아무리 하찮게 여겨지는 단어라도 새로운 원칙이 성공적으로 적용되어야만 했다. 여기에서 어긋나면 더 어려운 단어를 작업할 때도 문제가 생길 수밖에 없었다. 이 단어는 다른 표제어와 마찬가지로 예술가 본인이 만족하지 않으면 노력이 물거품 되어버리는 짧은 설명문이었다.

Ma.(두 번째)='majesty'로 넘어가자 폐어를 나타내는 단검표가 또 나왔다. 이 명사는 1584년에 처음 기록되었고 마지막 기록은 1679년으로 majesty의 줄임말이다.

세 번째 명사 M-A는 ma='mother'였다. 마침내 흥미로운 단어가 나왔다. OED의 신중한 설명에 따르면 19세기에 '상스러움의 표시'라고 조롱받은 역사를 가진 단어디(mother, mamma 혹은 제대로 된 학교에 다녔다면 mater라는 표현이 선호되었다). 초기에 사용된 철자에는 ma'가 있다(아포스트로피가 다른 단어의 줄임말임을 보여주었다). 기본적으로 아이

들이 사용하는 단어는 조사 과정이 힘들 수도 있다. 당연히 빅토리아
시대에 힘차게 울어대던 아이들이 어휘 사용을 기록했을 리 없다. Ma
가 잉글랜드주 동부의 서퍽 지방에서 유래했을지도 모른다는 암시
가 있다. 하지만 1823년의 작은 증거 기록 하나가 결정적인 것은 아
니다. 그보다 mum이 더 일찍 나왔고(16세기 후반) 이것은 mummy의
줄임말이기보다는 mam의 변형일 것이다. 그도 그럴 것이 mummy
는 나중에 (18세기 중반) 나온 단어다. 미국 영어의 mom도 mama의
변형인 momma을 줄인 말로 그보다 뒤에 나왔다(1850년경).

이 단어들은 단어 가족이다. 우리는 pa를 편집하지 않고 ma를 작
업할 수 없었다. 이 둘은 똑같은 시대에 나왔다. 기록에 따르면 pa가
먼저 나왔는데 벤저민 프랭클린(Benjamin Franklin)은 1773년에 편지
에 "He······ grew fond of me, and would not be contented to
sit down to Breakfast, without coming to call Pa"라고 적었다.
이 단어가 처음 사용된 사례는 아니겠지만 우리가 찾은 가장 빠른 기
록이다. Pa는 papa의 줄임말이고 약간 늦게(1829) 나온 ma는 mama
의 줄임말이다. 하지만 가장 애정 어린 이 두 단어가 태초부터 존재한
것은 아니라는 사실을 기억해야 한다.

우리가 ma, mum, dad, pops를 한 세트로 동시에 편집하지 않은
이유는 무엇일까? 몇 가지 이유가 있다. 첫째, 당시의 편집 시스템으
로는 알파벳 순서로만 표제어의 개정 작업을 할 수 있었다(새 표제어는
아무 데나 넣을 수 있었지만). 일단 탑승한 후에는 예정되지 않은 장소에
는 멈추지 않고 쭉 항해하는 원양 정기선과도 같았다. 소프트웨어에
필요한 모든 견제와 균형은 알파벳 순서로 완성되는 표제어에 달려
있었다. 이것을 바꾸는 것은 '사소하지 않은' 일이라고 들었다.

둘째, 이 작은 세트의 단어들은 구성원들을 전부 추가하면 부피가 커져서 취급하기가 어려워진다. 이 경우 mammy, marm, mater, maw, mums, mumsy, muvver, bab, bap, da, dad, dada, daddy, papa, and pops는 물론 형제자매와 여자 어른 친척(aunt)과 남자 어른 친척(uncle)의 구어체 이름으로까지 확장하고 싶을 수도 있다. 셋째, 한 가지 유형의 단어만 작업하다 보면 엄청나게 지루해진다(따라서 실수가 나올 가능성도 높아진다). 동료 사라 커크햄(Sara Kirkham)은 인체의 모든 근육 이름을 작업했다. 그녀는 그 업무를 마친 후 같은 주제에 속하는 단어들의 작업은 다시 맡지 않겠다고 정중하게 말했다. 이 정도의 반복은 진이 다 빠져서 필요한 집중력을 발휘할 수 없기 때문이다.

마지막 명사 M-A가 남아 있었다. 그것은 과학 담당 동료들을 위한 작업이었다. 1925년에 한 무리의 과학자들이 화학원소 43번의 이름을 찾으려고 했다. 독일 과학자들이었다. 그 화학 원소의 존재는 50년도 전에 주기율표의 공백을 알아차린 드미트리 멘델레예프(Dmitri Mendeleev)가 예측한 것이었다. 멘델레예프는 아직 발견되지 않은 이 원소를 에카망가니즈(ekamanganese)라고 불렀다. 그가 시인이라서가 아니라 이 원소가 망간과 화학적으로 비슷한 성질을 가졌으리라는 예측 때문이었다. 독일의 과학자들은 현재 폴란드에 위치한 마수리아 호수(Lake Masuria)를 따서 마수륨(masurium)이라고 불렀다. 한 과학자의 가족이 그 지역 출신이라는 이유에서였다. 언어적 이유에 대해서는 이쯤 해두기로 하자. OED가 이 일에 개입된 것은 전 세계의 과학자들이 주기율표를 비롯해 필요한 곳에서 Ma를 마수륨의 약자로 사용하기로 결정했기 때문이었다. M-A 단어가 늘어나 OED로서는 당연히 기쁜 일이었다. 하지만 안타깝게도 과학자들은 시간이 지날수록 마수륨이라는 이름에 흥미가 떨어진 듯 1947년에 더 흉측한 이름을 찾아 나서더니 43번 원소에 테크네튬(technetium)이라는 새 이름을 붙였다. 이번에는 계속 유지되는 듯하다. 말할 필요도 없이 43번 원소는 사전 편찬자에게 상당한 일거리를 안겨주었다. 화학자들에게는 더 했을 것이다.

M-A 단어를 편집한 것과 똑같이 힘든 방법으로 수십만 개의 표제어를 편집해야 했다. 가장 단순한 단어들도 엄청난 주의를 필요로 한다. 덕분에 사전 편찬자는 편집에 관한 올바른 결정을 신속하게 내리는 것에 능숙해질 수 있지만 말이다. 아무리 인력을 보충했다고 해도 2000년까지 개정판을 끝내는 것은 불가능했다.

∞

Ma(마수륨)도 어려웠지만 일반적으로 가장 복잡한 정의가 과학 용어였다. 과학은 언제나 OED에 문제를 선사했다. 19세기에 초판 작업에 관여한 언어학회 회원들과 학계의 시니어 자문위원들은 과학 어휘에 관한 한 이도 저도 아닌 입장을 확고하게 취했다. 그들은 한편으로 영어의 모든 단어를 하나도 빠뜨리지 않고 넣어 영국 제국이 자랑스러워할 사전이 될 것이라고 시끄럽게 외쳤다. 하지만 과학 용어도 포함이었을까? 여기에는 과학 용어도 매우 중요하지만 OED가 평범한 지식인이 알 필요 없는 것들까지 장황하게 전부 수록할 필요는 없다고 웅얼거리듯 대답했다.

편집자들은 깨어 있는 사람들이었고 괴짜 혹은 광기 어린 과학자가 아닌 교양 있는 독자들을 위해 과학 용어를 최대한 체계적으로 포함시키는 쪽을 선호했다. 결국 그들은 과학 어휘를 원하는 만큼 많이 담았지만 가끔은 과학자만 이해할 수 있는 정의도 있었다. 이를테면 과학 용어가 다음과 같이 정의되었다.

> *아크롤레인(acrolein): 자극적인 냄새를 가진 무색의 액체이며 글리세린의 파괴적인 증류로 만들어진다(물 분자 두 개의 추출, 즉 글리세린 $C_3H_5(OH)_3$, 아크롤레인 C_3H_4O''). 알릴알코올의 산화에 의해 만들어진 알릴 알데하이드이며 공기 중에서 쉽게 아크릴산으로 산화된다.*

물론 복잡한 화학이나 생물학 용어의 정의는 보통 사람이 쉽게 이해할 수 없을 수 있지만 이 표제어(1884년에 만들어진 것)는 난해함 중에서도 가장 심한 수준이고 OED의 현대 편집자들이 직면한 전형적인 문제였다.

OED 개정판 작업이 몇 년 동안 진행되고 있던 어느 날, 사전에 도움을 주고 있는 과학자들이 정기 회의에서 과학 용어를 일반 독자가 좀 더 이해하기 쉽도록 만드는 것을 목표로 삼아야겠다는 결론에 도달했다. 그것은 그때까지의 일반적인 과학 용어 편집 지침의 취지에 어긋났지만 집단 내부에서 제안된 변화일수록 성공 가능성이 큰 법이다. 나는 그 제안을 적극적으로 지원했고 몇 차례의 회의가 더 이루어진 후 동료 빌 트럼블(Bill Trumble)이 이끄는 깨어 있는 과학자들이 주도하는 새로운 정의 원칙이 만들어졌다.

요컨대 앞으로 OED의 과학 용어 정의는 지나치게 분류적이지 않을 예정이었다(적어도 터무니없는 결과로 이어졌을 때는). 이해하기 힘든 정보가 필요한 경우에는 주요 정의에서 떼어내 노벨상 수준의 과학자들을 위해 작은 글씨로 된 참고에 집어넣기로 했다. 이제부터 과학 용어를 정의하는 사람은 용어의 목적이나 사용을 가장 중요하게 여기기로 한 것이다.

보기 하나는 천 마디의 값어치가 있다. 〈OED 보충판〉에서 로젠부샤이트(rosenbuschite)라는 물질은 '칼슘, 나트륨, 지르콘, 티탄의 플루오루를 함유한 규산염 광물로 오렌지색 또는 회색의 가느다란 삼사결정계 구조로 빛난다'라고 정의되었다. 대부분의 사람들은 정의를 읽고 이것이 (도대체 무엇이건 간에) 오렌지색이나 회색이라는 사실을 알 수 있을 것이다. 개정판에서는 편집 지침의 변화에 따라 쉽게 이해할 수 있는 부분을 맨 앞에 넣고 독자층이 적은 난해한 정보는 마지막의 참고 사항에 넣었다. 따라서 로젠부샤이트의 전체적 정의는 다음과 같다. '지르콘을 함유한 암석을 구성하는 흔하지 않은 광물. 특히 하석 섬장암과 페그마타이트에서 가느다란 오렌지색이나 회색 결정으로 나타난다. [참고] 로젠부샤이트는 칼슘, 나트륨, 지르콘, 티탄의 플루오루를 함유한 규산염 광물이다, $(Ca,Na)_3(Zr,Ti)Si_2O_8F$. 결정학적 성질: 삼사 결정계.'

이 시점부터 과학 용어의 정의에 민주주의가 침범했다. 독자를 위한 단순화는 편집자의 일을 더 어렵게 만들 수밖에 없었다. 그동안 단순화가 추구되지 않은 이유이기도 했다. 복잡한 단어의 정의를 작성하려면 편집자가 복잡한 문제를 어느 정도 이해하고 있어야 한다. 그렇기에 오히려 복잡한 말로 설명하는 것이 훨씬 쉬운 법이다. 복잡한 것을 간단하게 만드는 일은 새로운 단계의 실험과 생각이 필요한 완전히 별개의 문제였다. 내 생각에 OED는 복잡함을 가린 채 항상 단순해 보여야만 했다.

∞

내가 1976년에 해진 바지를 입은 젊은 사전 편찬자로 취직한 이후로 힐러리와 나는 줄곧 옥스퍼드에서 살았다. 하지만 엘리 문제로 인한 상황이 조금씩 임계점에 가까워지고 있었다. 엘리는 아무런 문제가 없다면 언니 케이트가 그랬던 것처럼 초등학교에 들어갈 나이였다. 그때까지 우리 부부는 엘리를 직접 돌보았고 낮에는 일반 어린이집에 보냈다.

그동안 무수히 많은 검사를 받은 결과 우리는 엘리의 성장이 약 18개월 정도에서 멈추었음을 알게 되었다. 그 후로는 거의 성장하지 않았다. 성장이 멈춘 아이를 어떻게 해야 하는지 우리는 알 수 없었다(의료진도 마찬가지로). 하지만 전문 용어대로 '발달장애'가 있으니 '일반' 학교가 아닌 특별한 지원이 필요하다는 것은 알 수 있었다.

그 시기에 우리 부부는 엘리에게 적합한 '특수' 학교를 찾으려고 교육 제도와 전쟁을 벌였다. 우리는 추가적인 도움이 필요하다고 생각하지 않았다. 지원 단체나 나라의 개입, 추가적인 도움 없이 우리끼리 잘 해나갈 수 있었다. 안전과 사랑만 보장된다면 엘리 본인은 어느 학교에 다니든 신경 쓰지 않을 터였다.

지역의 특수 학교를 알아본 후 엘리의 상황과 가장 잘 맞아 보이는 곳을 선택했다. 혁신적인 학교라고 평가받는 곳이었다. '특수' 학교가 아니라 '일반' 학교와 통합되어 있었다. 매일 아침 옥스퍼드에서 몇 킬로미터 떨어진 학교까지 엘리를 데려다주고 사무실로 출근해야 했다.

장애가 있는 세상에서는 시간도 달라진다. 대충 시간 맞춰서 도착해 운동장 놀이터로 들어가는 아이에게 손을 흔들면 끝이 아니다. 정확한 시간에 아이를 인솔 교사에게 넘겨주고 오후에도 시간을 정확히 지켜서 데리러 가야 한다. 결국 우리는 옥스퍼드를 떠나 학교가 있는 휘틀리 마을로 이사하는 것만이 유일한 방법이라는 사실을 깨달았다. 나머지 가족들이 불편해지기는 했지만 엘리를 데려가고 데려오는 문제는 해결되었다. 다행히 가까이에 사는 엘리의 보조 교사 테레사가 방과 후 엘리를 집으로 데려와 우리가 퇴근할 때까지 돌봐주었다. 테레사가 없었으면 어땠을지 상상도 되지 않는다. 테레사는 엘리가 16세에 그 학교를 졸업할 때까지 계속 함께했고 비행 수업 체험을 선물했다. 엘리는 무사히 비행을 마쳤다.

엘리와의 언어 소통 시도를 포기한 것은 아니었지만 행동과 신호로 추가적인 맥락을 제공하는 것이 더 효과적이었다. 엘리의 한 팔을 들어 테이블을 가리킨다거나 아이더러 오라고 할 때는 우리가 두 팔을 벌린다거나. 비언어적 신호를 알아보는 데도 익숙해졌다. 보통 그런 신호는 언어를 수반하지만 엘리의 경우는 신호뿐이다. 아이는 누가 옆에 있는 것이 싫으면 밀어냈다. 가끔 짧게 울 때도 있었는데 아파서가 아니라 행동의 변화를 원하면 그러는 것 같았다(여전히 추측일 뿐이다). 하지만 엘리는 배고프거나 목마르거나 머리가 아파도 알리지 못한다. 그냥 우리가 알아서 해야 한다. 어쩌면 엘리는 우리의 생각처럼 소통을 많이 할 필요가 없는지도 몰랐다. 아이는 어쨌든 행복했다. 학교 알림장에는 '잘 웃는다', '음악을 좋아한다', '야생동물 공원으로 가는 차 안에서 즐거워하며 창밖을 구경했다' 같은 말이 쓰여 있었다.

반응은 있었지만 간섭적인 반응이 아니었다. 나는 그런 아이를 볼 때마다 좌절했고, 내가 가진 소통의 힘이 성공하지 못한다는 사실만 두드러질 뿐이었다. 하지만 조언을 해줄 사람은 아무도 없는 듯했다. 관련 서적도 많이 읽었지만 아무런 답도 찾지 못했다. 언어는 모호한 점이 있으면 전 세계 언어학자들이 숙고하지만 이것은 달랐다. 엘리와 소통할 수 있는 방법을 찾으려고 하면 기나긴 침묵이 울려 퍼졌다. 아무것도 없었다. 이것에 비하면 사전 일은 쉬웠다. 단어의 뜻이 맥락 없이는 명료하지 않다는 사실이 계속 떠올랐다. 주변 언어들이 우리가 엘리를 대상으로 만들어온 몸짓과 비언어적 신호에 해당했다. 하지만 엘리가 사는 세상에는 맥락이 너무 적어서 의미가 통하지 않았다. 그 상황은 엘리 자신보다는 우리에게 문제였다.

의사들은 치료약이 있다고 해도 이미 늦었다고 했다. 치료약은 증상이 단단히 새겨지기 전이라야 효과가 있다고 했다. 엘리에게는 그 상태가 이미 본연의 삶이 되어버렸다. 그래서 계속 그렇게 살아야만 했고 우리도 마찬가지였다.

∞

당시 사전 편찬의 세계에 이상한 일이 벌어지고 있었다. 연구가 온라인으로 옮겨가는 것이었다. 우리는 너무도 오래전부터 책이라고 부르는 색인 카드에 자료를 수집해왔다. 1989년에 OED 2판이 출판되었을 때 컴퓨터로 자료를 수집하기 시작했고(여전히 지면 자료 이용) 한데 모으니 방대한 전자 데이터베이스가 되었다. 1990년대가 무르익어가면서 또 변화가 일어났다. 우리는 월드 와이드 웹과 인터넷이

343

제시하는 가능성을 일상적인 역사 사전 연구와 출판의 관점으로 바라보게 되었다.

사전부는 100년 넘게 직접 발로 뛰어 단어를 연구했다. 편집자들은 사전부 도서관을 들락날락했고 전국에 있는 연구 도서관의 연구원들은 마룻바닥을 조용히 오가며 역사적 증거를 찾으려고 했다. 하지만 세상이 변하고 있었다. 1992년부터 OED 2판이 CD로 이용 가능해졌고 학자들은 '사전 단어'를 통해서가 아니라 사전 안에서 정보를 검색할 수 있다는 사실에 점점 익숙해졌다. OED 편집자들도 검색 가능한 OED를 컴퓨터에 두고 실시하는 연구에 익숙해져 갔다. 우리는 단어의 역사에 대한 자료를 찾을 때 우리 사전 자체에 쌓인 방대한 역사적 텍스트가 훌륭한 연구 자원이 된다는 사실을 깨달았다. 놀랍게도 다른 표제어에 가려진 최초의 용례를 잔뜩 찾을 수 있었다. 디지털화 전에는 불가능한 일이었다. 하나 예를 들어보겠다. 우리는 (전문 군인이 아니라) 시민들이 조직한 민병대라는 뜻으로 처음 거론된 단어가 folkmoot(민회)라는 단어의 인용문 속에 숨겨져 있는 것을 발견했다. '모든 자치주의 Militia 지휘관들은 Falkmoth에서 선출되었다.'(1642)

1980년대 후반과 1990년대 초에 사회 전반적으로 전자 텍스트화의 신호가 나타났다. OED 편집자들은 그러한 트렌드의 얼리 어답터였다. 1980년대에 편집자들은 미국 신문 텍스트와 영국 법률 자료의 Lexis/Nexis 데이터베이스에 접근할 수 있었다. 접근 시스템은 처음에는 원시적이었고 비용도 비쌌지만 우리는 조심스럽게 살펴보았다. 결과를 연속 용지에 인쇄해 잘라서 편집자가 숙독했다.

1992년에 채드윅-힐리 영어 시 데이터베이스(Chadwyck-Healey English Poetry Database)가 CD로 나왔다. 사람들은 연구를 위한 텍스트 검색의 가능성에 흥분했지만 우리의 반응은 시큰둥했다. 수 세기 동안 쓰인 방대한 영시에 접근할 수는 있었지만 시의 인용문을 수록하는 것은 OED의 핵심 과제가 아니었다.

1995년에 이르러 우리는 원래 미시간 대학교가 보유하고 있던 초기 미국 도서와 잡지를 온라인으로 출판한 자료 모음인 방대한 데이터베이스 메이킹 오브 아메리카(Making of America, MoA)를 사용했다. 이것은 참고 문헌들이 기존의 CD 포맷에서 멀어지기 시작하던 때에 우리가 처음 선택한 온라인 문헌 자료 중 하나였다. 우리는 이 데이터베이스를 검색할 때마다 어떤 단어에 대한 19세기와 20세기의 새로운 정보를 가득 찾을 수 있다는 사실에 감탄했다. 그렇게 발견한(혹은 회복한) 수없이 많은 정보 중에서도 첫 번째는 magnetic compass라는 단어와 관련해 찾은 1838년에 출판된 미시간의 〈성서 레퍼토리(Biblical Repertory)〉라는 자료였다.

1990년대 후반에 온라인 데이터베이스가 점점 많이 등장했다. 대개는 거대 자본이 뒷받침된 미국의 단체들이 낸 것이었다. 우리는 미국의 자본 때문에 미국의 텍스트가 영국이나 오스트레일리아, 기타 지역 영어 텍스트보다 더 쉽게 이용 가능해지는 것을 우려했다. 한동안은 정말로 그랬다. 나는 사람 도서관(human library) 연구가 과거의 것으로 전락할까 봐 걱정스럽기도 했다. 하지만 우리의 도서관 연구는 계속되었다. 전자 데이터베이스에서 엄청난 역사적 자료를 추출할 수 있어도 문제를 끝까지 추적하는 연구자의 날것 그대로의 두뇌와 독창성이 필요할 때도 있다는 사실을 깨달았다. 두 가지 연구 기법이 공존할 자리가 충분했다.

새로운 연구 기술에 점점 익숙해지면서 유용한 온라인 자료 검색을 담당하는 연구 어시스턴트들을 고용했다. 편집자가 어떤 단어에 필요하게 될 자료를 미리 찾아놓기 위해서였다. 1998년에 채드윅-힐리 문학 온라인(Chadwyck-Healey Literature Online, LION)이 나오고 1999년에 미시간과 옥스퍼드를 포함한 대학들이 협업한 초기 영어 도서 온라인(Early English Books Online, EEBO)이 나오면서 온라인 데이터베이스가 중대 시점에 이르렀다. EEBO는 인쇄술의 초기인 1400년대 후반부터 1700년대의 책과 팸플릿 자료를 계속 추가하여 온라인 검색 또는 읽기가 가능했다. 역사학자들에는 굉장한 자원이었다. 역시나 이런 자료들로 발견한 수많은 보기 중에서 하나만 든다면 1595년에 출판된 마이클 드레이턴(Michael Drayton)의 《Endimion and Phoebe)》에 나오는 radiancy(빛, 광채)라는 단어의 최초 용례가 있다. "Her richest Globe shee gloriously displayes, / Now that the Sun had hid his golden rayes: / Least that his radiencie should her suppresse." OED의 빅토리아 시대 독자들이 어떻게 이 문장을 놓친 것일까? 책을 읽으면서 졸기라도 한 것일까? 하지만 최초 용례를 인지하는 것은 생각보다 어려운 일이다. 2004년에는 구글 북스가 등장해 사전 편찬자들에게 검색 가능한 새로운 단어의 세계를 선사했다. 영국에서는 2007년에 영국 도서관 19세기 신문 컬렉션(British Library Nineteenth-Century Newspapers Collection)이 나왔다. OED는 이 영국 도서관 컬렉션 덕분에 Red Bank oyster라는 표현의 최초 용례를 찾을 수 있었다(클레어 카운티 도서관에서 발견되었다).

우리가 이 데이터베이스들을 신뢰했을까? 쉽지 않은 문제였다. 초기 영어 텍스트는 대부분 컴퓨터에 스캔되었는데 스캐닝 소프트웨어가 고대의 활자를 쉽게 인식하지 못할 때가 많았다(앞에서 말한 것처럼

OED는 컴퓨터에 옮길 때 입력 후 일일이 교정을 거쳐 원본을 완벽하게 재현했다). 데이터베이스들은 스캐너 문제를 해결하기 위해 스캔한 문서의 복제본 링크를 제공하기 시작했다. 복제본은 눈으로 보고 믿을 수 있었으니 좋은 일이었다. 하지만 검색 소프트웨어가 아무리 훌륭해도 애초에 스캔할 때부터 멋대로 고쳐져 있으면 제대로 된 검색이 불가능하다. 이것은 아직도 일부 사이트의 문제로 남아 있다.

그렇다면 온라인 자료 덕분에 우리의 작업이 더 빨라졌을까? 아니다. 자료의 양이 방대해져서 데이터베이스에 실용적인 법칙을 적용하지 않으면 괜히 자료만 넘쳐날 수 있었다. 이것은 단어 하나에 두 배의 시간을 쏟아도 연구의 질은 1퍼센트밖에 나아지지 않으므로 어느 시점에서는 수확이 점점 줄어드니 멈춰야만 하는 도서관 연구의 경우와 유사했다.

한 세기 넘게 색인 카드에 수집한 자료들은 다 어떻게 되었을까? 우리는 혼합적인 시스템을 사용했다. 편집자들은 책상의 컴퓨터 옆에 색인 카드를 놓고 새 온라인 데이터를 검색했다.

나는 오래된 텍스트의 인용문들에 도취된 나머지 보다 나은 문서 기록을 찾으려는 과정에서 단어의 정의와 어원에 소홀해지지 않을까 생각했다. 하지만 문서 기록 증거를 쉽게 찾을 수 있게 된 사실은 새로운 자료가 모든 표제어에 큰 힘을 실어주는 효과를 가져왔다. 사전의 전통적인 '독자들'도 대부분 그 변화를 잘 견뎌냈다. 컴퓨터가 비슷한 용법과 구분하지 못하고 분명한 차이를 보여주지 못하는 단어 용법을 독지들이 찾는다. 인간 독사는 컴퓨터가 알아보지 못하는 미묘한 차이를 알아볼 수 있다.

사전의 거의 모든 표제어가 인터넷으로 이용 가능한 자료에 도움을 받았다. 2008년에 hotdog라는 표제어를 개정할 때는 그동안의 인터넷 발견으로 소시지에 대한 이해 자체가 바뀌어 있었다.

OED 초판에는 hotdog가 들어가 있지 않았다. 만약 수록되어 있었다면 1899년에 출판된 알파벳 H편에 들어 있었을 것이다. 지금 알고 있는 것처럼 당시에도 hotdog라는 단어가 있었지만 OED 연구원들과 거리가 먼 북아메리카의 길거리와 대학가에만 존재했다. 게다가 1899년에 hotdog는 겨우 존재감을 자리매김해가는 단계였다.

내가 입사하고 몇 달 후인 1976년에야 hotdog는 〈OED 보충판〉에 들어갔다(내 덕분은 아니었다). 당시 적어도 나 바로 이전의 전임자들은 hotdog에 세 가지 뜻이 있다고 확신했다. 가장 먼저 사용된 의미는 1896년으로 거슬러 올라가며(추정) '어떤 활동에 능숙한 기술을 갖춘 사람'을 뜻했다(즉 어떤 일에 'hot'한 사람이었다). 연대순으로 두 번째 의미는 빵에 들어간 소시지였다(1900년에 기록). 마지막 의미는 1960년대부터 알려졌고 서핑보드의 한 종류인 커다란 '건(gun)'보다 작은 서핑보드를 가리켰다. 단어의 연대표나 의미 발달에 대한 일관적인 설명은 거의 없었다.

그러다 2008년에 hotdog 표제어를 개정하게 되었는데 인터넷이 이 단어에 대해 아예 처음부터 재고하게 만들었다. 우리는 미국의 한 학자가 몇 년 동안 hotdog의 시기적으로 좀 더 빠른 용례를 분주하게 찾았고 최근의 발견을 대부분 온라인에 공개했다는 사실을 알고 있었다(그의 저널을 구독 신청했기 때문). 다른 온라인 연구자들도 이 단어를 연구하고 있었다. OED보다 빠른 용례들은 대부분 근래에 인터넷으로 쏟아져 들어온 미국 신문들에서 발견되었다.

어쨌든 OED가 1976년에 hotdog를 잘못 설명했다는 사실이 분명해졌다. 온라인 연구 결과 '소시지'가 이 단어의 가장 중요한 뜻이라는 사실이 드러났다. 편집자들과 전 세계 연구자들이 좀 더 이른 시기에 나온 미국 신문들에서 hotdog를 계속 연구한 결과 〈에반스빌 데일리 쿠리어(Evansville Daily Courier)〉라는 인디애나주의 지역 신문에서 1884년에 이 단어가 발견되었다. (나는 에반스빌 주민들이 이 사실을 알고 자랑스러워하는지 궁금했다. 이를테면 디모인(Des Moines)이나 밀워키(Milwaukee) 같은 다른 지역 신문에서 더 빠른 용례가 발견되지 않기를 바랐는지.)

설상가상으로 편집자들은 hotdog의 좀 더 빠른 용례를 살펴볼수록 초기 용례에서는 이것이 '프랑크푸르트 소시지'나 '롤빵에 넣은 소시지'가 아니라 '소시지육'을 뜻한다는 사실을 깨달았다. 〈에반스〉에 나온 문장은 이러했다. "Even the innocent 'wienerworst' man will be barred from dispensing hot dog on the street corner. (아무리 무고한 'wienerworst' 사람이라도 길거리에서 hot dog를 내놓는 것이 금지된다.)" 어떤 옷을 입고 있건 이것은 '소시지육'이라는 뜻이다. 차이점을 모르겠다면 그것이 바로 당신이 OED에서 일하지 않는 이유다. 하나는 개별적인 것이고(소시지) 하나는 유형(소시지 또는 소시지육)이다.

이 단어의 의미를 두 개로 나눌 수 있는 공식적인 허가가 떨어졌으니 편집자들은 귀를 쫑긋 세우고 집중했다. 우리는 1884년에 나온 집단적인 '소시지육'이라는 뜻과 몇 년 후인 1892년에 나온 '프랑크푸르트 소시지'라는 뜻을 발견했다. 두 번째 뜻의 경우 인터넷이 뉴저지 〈패터슨 데일리 프레스(Paterson Daily Press)〉 신문에서 인용된 정보를 주었다. "The 'hot dog' was quickly inserted in a gash in a roll, a dash of mustard also splashed on to the 'dog' with a piece of flat whittled stick, and the order was fulfilled. (롤빵에 'hot dog'를 재빨리 끼워 넣고 평평하게 깎아서 만든 막대로 'dog' 위에 머스터드를 바르면 주문이 완료되었다.)" (패터슨 주민들이 거리로 나가 자축했다는 말은 못 들었지만 아직 늦지 않았다.) 하나 더. 농담을 좋아하는 일부 사람들은 hotdog가 처음에 '소시지육'을 뜻하게 된 이유가 데운 개고기로 만들었기 때문이라고 비꼬듯(제발 비꼬는 것이 맞기를) 말하기도 했다. 믿는 것은 각자의 마음이다.

소시지 유형을 가리키는 뜻은 '능숙한'이라는 뜻에는 청천벽력 같은 소식이다. 1894년부터 사용된 '능숙한'의 뜻이 2순위로 밀려난 것이다. 이 용례는 미시간 대학교가 보유하고 있던 '유머 잡지' 〈링클(Wrinkle)〉 텍스트에서 온라인으로 얻었다. 안타깝게도 서핑보드에 관한 뜻에는 별다른 변화가 없고 여전히 1960년대부터 사용되기 시작한 것으로 나온다.

사전 편집자들과 관심 있는 사람들이 인터넷을 사용할 수 있게 된 것은 OED의 모든 표제어에 커다란 영향을 끼칠 수 있었다. 표제어 작업이 예전보다 훨씬 어려워졌지만 그만큼 보람도 훨씬 크다는 뜻이었다. 분석에 사용 가능한 텍스트들이 워낙 많아서 18세기의 부인들과 함께 헤어스타일에 대해 논하거나 영국 내전에서 기병대와 함께 돌진하는 기분이 들었다. 어떤 단어를 정의하건 추가적인 맥락을 더할 수 있었고 때로는 단어를 추적하고 붙잡아 가면을 벗기는 줄거리가 나오는 소설에 휘말린 듯한 느낌이 들기도 했다. 시간과의 경주이기도 했다. 단어의 최초 용례가 잘못된 상태로 표제어가 온라인에 공개되면 누군가 발견하고 사전부로 이메일을 보냈다. 가능하다면 그런 일이 벌어지지 않도록 해야 했다. 또 한편으로 그것은 안전망이기도 했다. 사전은 역동적이라 원하건 원치 않건 언어처럼 변화했다.

∞

OED는 여러 단계를 통해 온라인으로 옮겨갔다. 1990년대부터 다듬어지지 않은 방대한 역사적 자료가 담긴 데이터베이스를 이용할 수 있게 된 것만 해도 커다란 변화였다. 하지만 변화는 거기에서 그치지 않았다. 1993년에 온라인 텍스트 데이터베이스가 처음 나왔을 때 OED의 북아메리카 리딩 프로그램은 효과적으로 운영되고 있었다. 그래서 리딩 프로그램을 담당하는 뉴저지에 사는 동료 제프리 트리그스는 다른 곳으로 관심을 돌릴 수 있었는데 바로 OED를 인터넷에 넣는 방법이었다.

1993년의 옥스퍼드에서는 OED를 종이책 중심의 사전에서 벗어나게 만들자는 제안은 신성모독에 가까웠다. 옥스퍼드 대학교와 옥스퍼드 대학교 출판사가 극도로 잘하는 일은 (사전 말고도) 여러 가지가 있었지만 인터넷의 가치 예상은 그 목록의 상단에 없었다. 하지만 제프리는 OED를 전체적으로 검색 가능한 온라인 데이터베이스로 만드는 소프트웨어의 개발 가능성을 깨달았다. 그는 코딩을 시작했고 또 좋아했다. 몇 주 후 수천 개의 코드가 만들어지자 제프리는 나에게 자신의 계획을 말해주었다. 우리는 OED를 이미 CD에 담았고 단지 언이 분야뿐만 아니라 다양한 분야의 학자와 연구자들 사이에서 큰 성공을 거두었다. 제프리가 하고 싶은 일은 CD 사전의 검색과 디스플레이 기능을 인터넷으로 옮겨 CD 사용자뿐만 아니라 전 세계 누구나 사용할 수 있도록 하는 것이었다. 어떤 결과로 이어질지 알 수는 없었다. OED처럼 방대하고 복잡한 문헌 텍스트로 그런 작업을 성공시킨 사례는 없는 듯했다. 아직 뼈밖에 없는 계획이었다. 무슨 일인지 알 수 없기에 동의한 사람도 없었다. 과거에 OED는 개척자였다. 이번이 다시 개척자가 될 수 있는 기회인지도 몰랐다. 새로운 세대의 사용자들을 끌어들일 수도 있었다.

우리는 옥스퍼드에 알리는 것을 보류했다. 이 계획이 얼마나 현실적일 수 있는지 좀 더 알아볼 필요가 있었다. 낮에는 평범한 사전부 편집자로 일하며 알파벳 M을 끝내고 N으로 들어갔고(다행히 길지 않다) 다시 모음 O(on, off, out, omni- 등 처리하기 곤란한 전치사와 부사, 접두사가 워낙 많아서 편집이 엄청 오래 걸렸다)를 시작했고 저녁에는 미국에 있는 제프리와 함께 대서양을 사이에 두고 의견을 주고받았다. 어떻게 하면 CD 사전의 기능성을 웹에 재현할 수 있는지, 인용문을 출처와 연결시킨다든지 하는 아무도 생각해본 적 없는 시도를 할 수 있는지.

이것은 미래를 위한 편집 지침이 결정된 후 내가 OED를 위해 할 수 있는 가장 중요한 일처럼 느껴졌다. OED를 시대에 맞게 만들고자 개정 작업을 하고 있지만 만약 온라인에서 더욱 폭넓고 새로운 이용자들에게 다가갈 수 있다면 개정된 사전이 두 배는 더 강력해질 것이라고 생각했다. 제프리와 나는 머지않아 실험적인 아이디어를 밝혔다. 나는 에드에게 먼저 이야기했고 그도 새로운 기회에 몹시 들떠 했다. 우리는 사전부의 상무 제독에게 찾아갔고 다행히 그는 새로운 변화 가능성을 알아보았다. 얼마 후인 1995년에 문제없이 완성된 OED 온라인 프로토타입을 옥스퍼드 대학교와 출판사의 의사결정자들에게 보여주었다. 하지만 안타깝게도 그들은 온라인 사전이 옥스퍼드 출판사 같은 전통적인 종이책 출판사에 잘 어울리는 옷이 될 수 있다는 사실을 상상조차 하지 못하는 듯했다(과거 너머를 보지 못하는 현상을 '옥스퍼드 코마'라고 부르기도 한다).

우리는 옳다는 믿음이 있었기에 포기하지 않았다. 머지않아 전 세계 누구나 접근해 연구에 사용할 수 있는 온라인 프로토타입이 마련되었다. 유일한 문제는 그것이 비밀스러운 개발이었다는 점이다. 옥스퍼드의 소수 관계자들과 몇 명의 친구들, 미국 컴퓨터공학과의 지인들밖에는 그 존재를 몰랐다. 그것은 최초의 온라인 사이트 500개 중 하나였다. 현실적으로는 온라인 기술이 애초에 어떤 원리로 작동하는지 전혀 모르는 사람들이 많았다. 요즘은 온라인 이용자가 30억명에 이르지만 OED 온라인 작업이 시작되었을 때는 1,400만 명에 불과했으며 주로 이메일이나 토론 포럼, 게시판으로 사용되었고 e-커머스도 활발하지 않았다.

∞

사전부 사람들은 새로운 개방형 사무실 환경에 익숙해져 갔다. 우리가 추구하는 협업 확장과 학문적 개방성에 잘 어울리는 듯했다. 사무실 중앙에는 천장을 받치는 커다란 기둥이 몇 개 세워져 있었다. 기둥에는 1980년대에 사용한 저차원적인 프로젝트 진행 차트 같은 종이 차트를 붙여놓았고 해당 과제가 끝나면 편집자들이 연필로 표시했다. 그것은 우리가 여선히 통제권을 쥐고 있으며 책임을 넘기지 않았다는 뜻이었다. 점점 확장되는 온라인 환경에서의 단어 연구에 익숙해지자 사전 표제어의 온라인 편집으로 관심이 쏠리기 시작했다.

1990년대 초였던 당시까지 OED 2판 텍스트에 가해진 변화는 편집자들이 2행 간격으로 출력된 인쇄물에 표시한 후 (어원, 참고 문헌, 과학, 신조어 등) 여러 편집팀에 넘기면 텍스트의 여러 부분에 대한 검토와 수정이 이루어지는 식이었다. 1980년대에 OED 초판과 보충판의 통합에 사용되었던 텍스트 편집 소프트웨어가 있기는 했지만 모든 편집자가 이용 가능한 것은 아니었으므로 인쇄물에 표시한 후 전문 데이터 입력자들이 우리 사전의 데이터베이스에 입력했다.

1990년대 후반에 모든 편집자들이 온라인 편집을 할 수 있을 정도로 텍스트 편집 소프트웨어에 탄력이 생겼다. 온라인 편집은 발행인에게는 출판 과정의 한 단계가 생략되므로 비용을 절감할 수 있다는 뜻이었다. 그리고 편집자들에게는 높은 수준의 통제권과 만족감을 주었다. 사전학회에서 사전 편찬이 예술인지 기술인지를 두고 학계의 공방이 있었다. 둘 다. 하지만 온라인 텍스트 편집자는 어떤 편집자인지와 어떤 단어를 편집하는지에 따라 표제어를 아름답고 조화롭게 보여주는 예술적 욕구를 중시할 것인지, 표제어의 복잡한 실타래를 만족스러운 전체로 엮는 기술을 중시할 것인지의 기회를 주었다. 사전 표제어의 텍스트가 포함된 컴퓨터 화면은 그 자체로 생생한 색깔 덩어리였다. (정의, 어원, 인용문의 모든 부분 등) 모든 정보 조각마다 고유한 색깔이 배정되었다. 표제어의 어느 부분을 작업하고 있는지 기억하기 위해서였다. 대부분의 편집자들은 곧 *online* 편집에 익숙해졌다.

영어의 line은 줄이나 끈을 뜻하는 단어로 고대 영어 때부터 존재했다. 하지만 오랜 세월 동안 다수의 부차적 의미와 새로운 지류를 발달시켰다. 새로운 지류 중 하나가 바로 online이다. 워낙 많

은 'line'이 있기에 (전화, 선박, 비행기 여행, 소비자 상품 등) online
이 다양한 맥락으로 지속될 수 있다는 사실은 놀랍지 않다. 디지
털에서 사용되는 online은 당연히 최근에 나온 것이다. Online은
철도 용어로 출발했다. OED에 따르면 1919년에 나온 offline이
라는 단어를 먼저 조사해야 한다. 온라인보다 오프라인의 것들이
많으니 놀랍지 않은 일일 것이다. 20세기 초반의 철도 시대에 창
고가 철로와 곧바로 연결되지 않으면 offline이었고 물건들을 대
형 트럭으로 먼 곳까지 운반해서 화물열차로 옮겨야 했다. 반면
online(1926년부터 기록) 상태에서는 일이 한결 수월했다. 제조 시
설이 철도 바로 옆에 있어서 화물을 곧바로 기차로 운송할 수 있
었기 때문이다.

1940년대로 접어들면 항공사 분야에서도 비슷한 구분이 나타난
다(초기 항공 용어는 대부분 선박에서 나왔고 가끔은 철도도 있었다).
항공사(airline)가 있기 훨씬 전에 선박 회사(shipping line)가 존재
했다. 조종사들은 비행기를 조종하기 전에 배들을 수로로 안내했
다. 1940년대 항공 용어에서 '온라인'은 항공사가 사용하는 공인
정착역이라는 뜻이고 '오프라인'은 그렇지 않다는 뜻이었다.

얼마 후에 이 단어는 컴퓨터 분야로 점프했다. OED에 따르면
offline과 online은 모두 1950년부터 컴퓨터 시스템에 연결된
채로(혹은 연결되지 않은 채로) 이루어지는 작업이나 절차에 관한
말로 사용되었다. 우리의 편집 작업과 마찬가지로 컴퓨터 시스템
에 연결되는 것만으로 '온라인'이었다. 우리의 연구와 출판은 인
터넷 연결이라는 새로운 의미의 온라인이 되었다.

예전의 방식을 알지 못하는 신입 편집자들에게는 온라인 편집만이 유일한 방식이었다. 그들은 에드와 나 같은 기존 구성원과 달리 휴대폰 조작과 SMS 소통에 익숙했다. 일이 돌아가는 방식을 마음에 들어 하지 않는 편집자들이 한두 명 있었고 그런 이들은 오래 남지 못했다. 하지만 앞으로의 가능성과 그 가능성을 현실로 만드는 방법을 찾는 일은 나를 기대에 부풀게 했다. 나는 과거의 표준을 그대로 간직하면서 우리가 달성하고 있는 수준의 지적인 엄격함과 규율을 지속하는 한편 온라인화를 통하여 표준화 과정을 수월하게 만들고 데이터의 전시와 표현, 분석, 재사용을 기하급수적으로 확장하고자 했다.

물론 온라인 연구와 편집은 새로운 사안을 만들어냈다. 해결과 처리가 필요한 편집과 물류상의 문제가 매일 발생했다. 데이터베이스마다 사용되는 소프트웨어가 다르고 텍스트를 보유하는 방식도 달랐다. 익명의 검색 엔진에 검색어를 입력하면 되는 간단한 문제가 아니었다. 간단한 예를 들어보자. 단어를 조사할 때 근대와 고대의 텍스트에서 두 단어로 된 합성어를 찾아볼 일이 많았다. 하지만 문제는 합성어가 인쇄본에서 세 가지 형태로 발견된다는 것이었다. 예를 들어 table cloth, table-cloth, tablecloth였다. 눈치 빠른 사람은 이 단어가 한 단어처럼 쓰일 때도 있고 두 단어로 쓰이기도 하며 때로는 하이픈으로 멋지게 나뉜다는 사실을 알 수 있다. 물론 tablecloth라는 단어만 그런 것이 아니다. 이런 경우가 비일비재하다. 따라서 예전에 사전 편집자가 컴퓨터 텍스트를 검색할 때는 필요한 보기를 전부 찾으려면 세 가지 형태로 전부 검색해야만 했다. 당시는 반복사용 긴장성 손상 증후군(repetitive-strain injury, 같은 동작을 반복하는 물리적인 운동에 의해 발생하는 증후군-역주)이 널리 알려지지 않았을 때였다.

가장 많이 사용되는 데이터베이스들은 우리가 통제했다(예를 들어 리딩 프로그램 데이터베이스 등). 이런 데이터베이스들의 경우는 한꺼번에 세 가지 형태의 검색을 가능하게 해주는 컴퓨터 프로그램을 만들기가 간단해 보였고 실제로도 그랬다. 하지만 단순해 보이는 중대한 발전이 모두 그러하듯(그 프로그램은 내가 고안한 것이라 필요 이상으로 칭찬하는 것이다) 중요한 것은 프로그램이 아니라 아이디어의 촉발이다. 세 가지 형태의 검색이 동시에 가능하도록 만들 수 있다고 토론토의 〈고어 영어 사전(Dictionary of Old English)〉 편집자에게 설명했을 때 입이 떡 벌어지던 모습이 아직도 기억난다. 그녀는 그날 바로 프로그래머를 시켜 작업에 착수했다.

∞

연구와 편집 작업의 혁신과 함께 우리는 OED를 통째로 인터넷에 옮기는 일을 계속 밀어붙였다. 검색과 내용 전시의 수단으로, 그리고 새롭게 수정된 표제어들을 점진적으로 출판하는 방식으로도. 하지만 이 아이디어를 실행하려면 출판사로서는 엄청난 변화 계획이 필요했고 실패할 경우 큰 재앙이 되거나 당혹감을 피할 수 없었다. 하지만 OED는 그전의 10년 동안에도 위험을 무릅썼고 잘 이겨냈다. 우리는 온라인 출판이 새롭고 정당한 위험이며 생존을 위해 꼭 무릅써야만 하는 위험이라고 주장했다.

1990년대 중반에 고안된 OED 온라인 프로토타입이 출발점이었다. 업계 표준에 맞춰서 소프트웨어를 다시 프로그래밍하는 계획을 세웠다(내가 전혀 모르는 업무였지만 당연한 선택 같았다). 그 계획에는 출판사가 거대한 투자금을 회수할 수 있도록 온라인 버전을 판매하는 것도 포함되었다. 대학들과 기업들, 대중이 과연 구독해줄까? 마침내 OED 온라인을 구독하라고 전 세계 대학들(또는 관심 있는 모든 사람)을 설득하는 단 한 가지 목표에 전념하는 마케팅 책임자 수산나 로브(Susanna Lob)가 합류했다. 당시의 대학교 도서관들이 연간 예산을 쓰고 싶어 하는 분야는 아니었지만 그들조차도 변화의 바람이 불어오고 있음을 감지하고 있었다. 우리의 관점에서 수산나처럼 OED의 목표를 진심으로 이해하는 마케터를 본 적이 없었다. 하지만 그녀는 도서관들에 아직 존재하지도 않는 OED 온라인을 판매하는 것처럼 쉬운 일은 없었다고 말했다. 거의 저절로 팔렸다. 사람들은 곧 그 가능성을 감지했다. 도서관 사서들은 그것이 단순한 사전이 아니라 사용자들에게 언어와 지식의 다양한 방으로 떠나는 여정을 소개하는 기회임을 알았다. 잘 아는 사람들은 첫술에 모든 유형의 사용자를 끌어들이는 것보다 도서관 사서들에 의해 이루어지는 대학들의 구독에 집중해야 한다고 생각했다. 우리 또한 대학들처럼 실험을 해보는 것이었다. 우선적으로 대학에 집중하면 나중에 온라인 사전을 어떤 식으로 마케팅해야 하는지 값진 경험이 될 터였다.

우리는 1999년에 미국 전역으로 포커스 그룹 투어에 나섰다. 제품을 보여주고 최종적인 변화에 필요한 의견을 구하기 위해서였다. 내가 포커스 그룹 앞에서 버튼 하나를 눌렀을 때 OED에 수록된 수백만 개의 인용문 중 하나가 그 출처인 책에 나온 구절을 보여주는 페이지가 뜨자 새어나온 헉 소리를 아직도 잊을 수가 없다. 지금이야 간단한 일이지만 1999년 당시에는 최첨단이었다.

하지만 편집의 측면에서 가장 큰 변화는 전체 작업이 완료되기 전까지 출판될 수 없는 프로젝트를 더 이상 운영할 수 없다는 점이었다. 노동의 결실을 볼 수 있을 때까지 남아 있지 않을 수도 있는(나이가 들어서 혹은 병약함 때문에) 편집자들에게 동기를 부여하기란 힘든 일이었다. 온라인 출판을 하면 개정판 작업이 끝난 후에도 앞으로 분기별로 사전의 점진적인 업데이트가 가능했다. 이런 계획을 가지고 있는 사전은 우리 말고 없었다. 반드시 해야만 하는 일이었다. 마침내 옥스퍼드 대학교 출판사도 지지를 보냈다.

우리의 계획은 2000년 3월에 2판 전체와 개정 작업이 끝난 1차분의 표제어들을 함께 온라인에 올리는 것이었다. 우려의 목소리가 커지는 가운데, 우리는 5년 전에 작성한 M의 앞부분 단어들을 살펴보았다. 그동안 인터넷에서 검색 가능한 정보가 늘어났으므로 출판 전에 상당한 재작업이 필요하다는 것이 분명해보였다. 비평가들과 이용자들보다 빨리 그 정보를 찾아야 했다. 약 1년밖에 남지 않아 서둘러야 했다.

다행히 M 표제어들을 손보는 작업에 곧바로 착수할 수 있었다. 우리는 온라인에 포함시킬 일부 개정판 단어들은 천여 개의 새로운 표제어들로만 구성하기로 결정했다. M의 뒷부분 단어까지 넣을 수는 없지만 앞으로 어떤 것들이 포함될지 분명히 보여줄 수 있었다. 인터넷은 우리가 단어에 대해 아는 것들을 바꿔놓고 있었다. 나는 mad scientist의 첫 기록이 1940년에서 1893년으로 바뀌고 Mafia 가 1866년에 시칠리아에서 사용된 기록(그전까지만 해도 〈타임스〉 때문에 1875년이라고 믿었다)을 찾아서 즐거웠다. 변해버린 세상에서는 이미 직입해놓은 표제어를 그대로 올릴 수가 없었다. 새로운 세상과 함께 표준도 바뀌었다.

∞

흥미로운 옆길도 생겼다. OED 2판이 출판된 후 우리의 프로젝트가 대중에게도 널리 알려지면서 성공에 편승하려는 기업들이 생겨났다. 매우 극단적인 매복 공격도 있었다. 한 감자 회사가 그 회사의 피보호자(즉 감자)를 대신하여 옥스퍼드 출판사 사무실 앞에서 작은 시위를 벌이기도 했다. 내용인즉슨 OED가 couch potato(소파에 앉아 TV만 보는 사람-역주) 같은 단어를 등재해 감자에 결례를 범했다는 것이었다. 물론 시위자들은 감자가 아니라 사람이었다. 감자들은 소파에서 일어나기에는 너무 게을렀으니까. 하지만 그 회사는 원하는 홍보 효과를 얻은 뒤 잠잠해졌다. 우리는 사람들이 couch potato에 대한 설명을 읽을 권리가 있다는 단호한 주장을 처음부터 굽히지 않았다. 하지만 사태가 끝난 후에는 chip이나 spud 같은 표제어의 분량을 줄이는 식으로 복수할까도 했다.

양상추 샐러드 업체와도 비슷한 논쟁을 겪었다. 업체의 대변인들(그리고 모든 샐러드 마케터들)은 OED에 등재된 샐러드의 정의가 차가운 샐러드만 포함한다면서 warm salad(따뜻한 샐러드)의 존재도 인정해 달라고 요구했다. OED의 salad 표제어는 1909년 이후로 개정되지 않았으므로 시대에 뒤떨어진 것이 당연했다. 결국 그런 항목을 개정하는 것이 우리가 작업하고 있던 새로운 판본의 목적이었다. 이번에는 꼬리를 내리고 이의를 제기한 사람들에게 동의했다.

∞

내가 처음 OED에 합류한 1976년만 해도 빅토리아 시대의 옥스퍼드와 그리 다르지 않은 일상이었다. 편집자들은 도서관에 꽂힌 참고 문헌과 색인 카드 사이를 바쁘게 오가며 단어의 역사를 연구하고 옥스퍼드와 런던, 뉴욕, 워싱턴 등의 도서관에서 일하는 동료들에게 조사를 요청하는 공문을 작성했다. 색인 카드에 정의를 적고 적당한 간격으로 인쇄업자에게 카드를 보내면 OED 페이지로 바뀌었다.

드디어 2000년 3월이 오고 옥스퍼드 대학교 출판사의 홍보 담당자들은 OED 온라인을 위해 본격적인 준비를 갖추었다. 출판사는 온라인 상품 홍보 경험이 전무했지만 새로운 아이디어가 잔뜩 나왔다. OED 온라인 홍보는 내가 OED 초대 편집자의 조숙한 5세 후손과 사전에 대해 토론하는 것으로 시작되었다. 꼬마 머레이는 사전에 대해 할 말은 없었지만 사진사들 앞에서 밝게 웃으며 홍보 담당자들이 원하는 연속성과 친절함, 매력을 보여주었다.

우리는 좀 더 사용하기 쉽도록 사전을 개방하고 싶었다. 더 많은 독자들에게 접근하고자 했다. 인터넷에서 얻을 수 있는 새로운 언어 정보를 사전에 포함하고 싶었다. 우리는 OED 3판을 출판하고 싶었다. 모든 바람이 이루어진 것은 아니었지만 진행 중이었다. 사전이 새로운 세상에서 제자리를 찾을 수 있어야 했다. 나는 초대 편집자의 꼬마 후손을 만났다. 그때가 2000년 3월이었고, OED는 마침내 온라인에서 새로운 삶을 시작했다.

반짝 인기

OED 온라인화가 이루어진 후 사전부는 옥스퍼드 대학교 출판사의 *flavour of the month*(짧은 시간 동안 큰 인기를 누리는 사람이나 대상-역주)가 되었다. 흑자까지는 아니었지만 그래도 1884년에 처음 출판된 후로 쭉 큰 적자만 기록해온 사전부가 마침내 조금이나마 매출을 올리고 있었다. 전 세계의 거의 모든 대학이, 적어도 영어권 나라에서 OED 온라인을 구독하고 있다는 사실은 갑자기 미래에 대해 안심하게 만들었다. 하지만 이로 인하여 우리가 내부에서 연구 프로젝트가 아닌 또 다른 '브랜드'의 하나로 여겨지기 시작했으며 앞으로 '브랜드 관리'를 받을 수 있음을 알아야 했다. 그러나 늘 그렇듯 나는 그러한 사실을 놓쳐버렸다.

어떤 표현이 특정 맥락에서 조용하게 나타났다가 대중의 관심을 끌어 주류로 진입하는 것은 드문 일이 아니다. OED에 따르면 flavour of the month(문자 그대로는 '이달의 맛'-역주)라는 표현은 일리노이 아이스크림 제조업자협회(Illinois Association of Ice Cream Manufacturers)에서 나왔다. 〈아이스크림 리뷰(Ice Cream Review)〉 1946년 9월호(그렇다, 우리는 별걸 다 읽는다)는 일리노이의 아이스크림 제조업자들이 1947년에 'flavour-of-the-month' 프로그램을 실시하는 방안을 '진지하게 검토'하고 있다는 소식을 전했다. 하지만 이 표현이 아이스크림을 넘어선 맥락에서 사용된 것은 1970년대에 이르러서였다.

∞

OED 온라인은 옥스퍼드 대학교 내에서 우리의 위치를 공고히 해주었지만 새로운 문제가 발생했다. 대담하게도 사전을 온라인으로 출판하고 업데이트함으로써, 특히 표제어들을 개정 출판한 이후에도 계속 최신 상태로 바꿈으로써 우리는 사람들이 언어에 대한 절대적 진리가 존재하지 않는다고 생각할 수도 있다는 도박을 하는 셈이었다. 표제어를 출판하고 개정하자마자 시대에 뒤떨어지고 변화가 필요해지기 때문이었다. 학자들이나 일반 대중들은 자신의 기억이나 데이터베이스에서 쥐어짜낸 새로운 기록 증거를 우리에게 보내줄 수 있었다. 정말로 그들은 그랬다. 한 예로 numismatics라는 단어의 가장 빠른 기록이 1803년이라고 발표하자마자 사실은 1790년이라는 제보가 들어왔다. 그해 나온 아돌프 리스텔(Adolf Ristell)의 〈Characters and Anecdotes of the Court of Sweden〉에서 사용되었다. 하지만 이런 일이 일어날 수밖에 없으므로 전혀 짜증 나지 않았다. 그것은 OED를 이기려는 전 세계인의 도전인 동시에 언어의 기록을 개선하는 일이기도 했으니까. 이러한 민주적인 사용자 참여는 오히려 나에게 큰 도움이 되었다. 괜히 시간 낭비만 하게 만드는 사람들도 없었다. 그래서 제보 내용을 최대한 빨리 데이터베이스에 추가해 사전의 역동성을 유지했다. 현실을 회피하고 확실한 경계선을 그려놓고서 변화를 결코 받아들이지 않는 태도를 취할 수도 있었지만 그러지 않았다.

사전을 최신 상태로 유지해야 하는 경주에는 엄청나게 많은 기초적인 편집 작업이 필요했다. 인터넷 덕분에 연구가 훨씬 쉽고 빨라지기도 했지만 인터넷으로 해결할 수 없는 문제도 많았다. 우리는 이따금씩 예전의 단어 탐정 역할로 돌아가 정보를 찾아서 세상 밖으로 나가야 했다. 어느 날 조용하게 알파벳 P를 작업하다가 pal('친구'의 의미)

이라는 단어의 개정 작업을 하게 되었다. OED가 이 단어를 처음 등재한 것은 1904년이었다. 당시의 어휘에서 pal은 집시 언어로 그들이 유럽 전역을 돌아다니면서 퍼지기 시작해 영어를 비롯한 다른 언어로 유입되었다. OED에 따르면 pal이 영어로 유입된 것은 17세기 후반이었다. 무엇보다 pal은 대부분 평판이 좋지 않은 사람들을 가리켰다. 예를 들어 pal은 노상강도의 공범, 또는 강도범의 공범이었다. 18세기 후반 혹은 19세기 초에 이르러서야 오늘날의 '다정한' 느낌을 가진 단어로 자리 잡았다.

OED에 수록된 이 단어의 가장 빠른 인용문에 문제가 있음이 밝혀졌다. 이 단어가 1682년에 처음 사용되었고 '범죄자의 공범'이라는 뜻이라고 되어 있었다. 하지만 인용문이 활자본이 아닌 헤리퍼드 교구 기록(Hereford Diocesan Records)에 포함된 필사본의 법정 증언록 혹은 진술서에서 나온 것이었다. 머나먼 과거의 어느 날 OED의 벗이 실내화를 신고 파이프를 물고 안락의자에 앉아서 헤리퍼드 성당의 제의실이건 어디건 이 문서 기록이 보관되어 있던 장소에서 증언록을 읽으며 OED 편집자들이 관심 있어 할 만한 단어 용법을 찾으려고 했을 것이다.

비록 내 취미는 아닐지라도 교구 문서 기록을 읽는 것에는 아무런 문제가 없다. 오히려 사전 편찬자는 비전통적인 비활자본 기록도 참고하는 것이 좋다. 하지만 이 기록만큼은 의심이 들었다. 얼마나 이상한지 한번 보자.

Wheare have you been all this day, pall? ······ *Why, pall, what would you have mee to doe?* (하루 종일 어디에 있었나요, pall?

…… 왜, 무슨 볼일인가요?) (*헤리퍼드 교구 기록부: 증언록(1682), 1월 29일, 51쪽*)

이 예문은 언뜻 보면 문제가 없어 보이지만(당시에는 pal에 l을 두 개 사용했을 것이다) 내가 보기에는 어딘지 이상한 대화였다. OED 초판에서는 도둑들의 대화로 분석한 이 대화에서 격식성이 느껴졌다.

나는 직감에 따라 좀 더 파고들었다. 사무실에 나가지 않아도 되는 날에 직접 헤리퍼드로 차를 몰았다. 내가 확인하고 싶은 필사본 기록부가 지금은 헤리퍼드 성당이 아니라 지역의 기록보관소(Country Record Office)에 안전하게 보관되어 있다는 사실도 미리 확인했다.

점심 시간 직전에 헤리퍼드셔 기록보관소에 도착해 그곳 직원에게 자초지종을 설명했다. 그는 친절했지만 어리둥절해 했다. 1682년의 증언록을 직접 보고 그 예문에 사용된 pal의 의미(='공범' 혹은 '친구')가 1904년에 OED에 등재된 것과 정말로 일치하는지 확인하고 싶다고 설명했다.

그는 수납장을 이리저리 찾다가 책과 상자를 잔뜩 가져왔지만 내가 찾는 것은 없었다. 기록소가 성당에서 교구 증언록을 넘겨받은 후로 문헌 참조번호가 바뀌는 바람에 내가 찾는 문서가 지금 어느 선반에 꽂혀 있는지 알려줄 목록이 없었다. 나는 머리를 긁적거리고 친절한 직원은 어리둥절해 하는 시간이 한동안 계속된 끝에 마침내 성배라고 생각되는 참조 문서를 찾을 수 있었다. 다시 보관실로 들어간 직원이 먼지 가득한 무언가를 들고 나왔다. 자리에 앉아 OED에 적힌 대로 51쪽을 펼쳐 보았더니 (유레카) 그 기록이 나왔다. (자전거를 타고 직접 찾아가 읽어보고 싶은 사람들을 위해 밝히자면 그 기록물의 참조번호는

HD4/4/3이고 해당 증언록은 '헤리퍼드 합석 재판소 기록'이라는 제목의 서류에 포함되어 있다.)

여기에서 끝이 아니었다. 나는 증언록 전체를 옮겨 적은 후 옥스퍼드로 돌아가 자세히 생각해보기로 했다. 에드 와이너에게도 보여주고 문제를 파고들었다. 그것은 남성 지인과의 문란한 성행위(hanky-panky, 물론 증언록에서는 이 단어를 사용하지 않았다)로 고발된 메리 애시무어(Mary Ashmoore)라는 여성의 사건에 관한 증언록이었다. 상대 남성이 교회 법정에 메리와 나눈 대화에 대해 증언하는 것이었다. 즉 맥락으로 보자면 '공범'에게 하는 수상한 대화가 아니라 관계를 맺고 있는 여성과 나눈 친숙한 대화였다. 당연히 그가 그녀를 '친구'라고 불렀을 리는 없었다. Poll은 Mary라는 이름의 비격식적인 버전이었고 Pall은 특정 지역에서 사용되는 Poll의 부차적인 형식이었다. (Mary가 Poll이 된 것은 Molly가 Polly가 된 것과 비슷하다.) 따라서 이 남성은 메리를 pal로 부른 것이 아니라 단지 Mary라는 이름의 애칭으로 부른 것이었다. 이렇게 해서 문제가 해결되었고 OED에도 다시 올라갔다.

바로 이런 점이 문제였다. 우리는 기존의 인용문이 사라져서 혼란스러워할 사람들을 위해 pal 항목에 어찌된 일인지 짧은 설명을 넣었다. 그다음에는 '공범'이나 '친구'라는 뜻에서 pal의 가장 빠른 기록으로 남아 있는 인용문을 확인하는 절차에 돌입했다. 1770년까지 거슬러 올라가 〈The Humourist〉라는 이름으로 출판된 '노래 선별 모음'에서 찾을 수 있었다. "Let your Pal that follows behind, / Tip your Bulk pretty soon." 이것은 제대로 된 뜻('공범')이었다. Bulk는 소매치기에서 공범을 가리키는 또 다른 단어다. 1682년 증언록 예문은 연대적으로 수용 가능하지만(실제로 집시의 단어들이 그때부터 영어에 유입되었다) 뜻과 맥락이 잘못되어 있었다. 1770년의 기록에서 정확한 의미가 담긴 첫 번째 예문을 찾았다.

현장 답사를 떠나는 일이 자주 있지는 않았지만 이 일은 기록 보관소에 저장된 문서로 안내해줄 수 있는 전문가와의 대화를 통하여 실시하는 종이 연구의 중요성을 다시 한 번 깨우쳐주었다. OED에 잘못된 해석이 실렸을 수도 있으니 사전 편찬자들은 무엇이든 액면 그대로 받아들여서는 안 된다는 사실도 알려주었다. 자기 자신이나 인터넷에만 의존하면 안 된다.

∞

OED 온라인화를 둘러싼 세상의 관심이 예상치 못한 부작용을 낳았다. 우리 존재가 나머지 유럽에도 퍼졌다는 것이다. 언어의 관점에서 영국(Britain)은 (유럽에서는 늘 '연합 왕국(the United Kingdom)'이라고 불린다) 비정상이다. 유럽인들은 영어가 전 세계에 가지는 분명한 경제적 가치를 고려할 때 영국 정부가 왜 OED에 통제적인 관심을 보이지 않는지 이해하지 못했다. 만약 영국 정부가 OED에 적극적인 관심을 보인다면 유럽의 여러 정부들은 영어가 자국들의 언어로 확장되는 현상에 대해 항의서를 마구 보낼 공적인 대상이 생길 터였다.

하지만 영국 정부는 영리하게도 사이드라인에서 영어를 관찰했다. 리스본에서 바르샤바에 이르기까지 영국 이외의 유럽에서는 언어가 모든 문화부의 특권인 반면, 영국에서 언어는 특정 부서가 책임지는 것이 아닌 여러 부서들(교육부, 보건부, 문화부 등)에 걸쳐진 사안이었다. 영국은 언어 계획에 전체주의가 함축되어 있고 정부가 철자 목록을 만들고 (스스로 확고해질 수 없는 자국 언어의 발달을 저해한다는 이유로) 외래 단어의 수입을 금지시키는 일부 유럽 국가들의 모델을 거부한다. 하지만 영국은 영어의 광범위한 사용 때문에 발생하는 유럽의 전반적 문제를 의식하지 못한다. 그 문제들이 영국에 영향을 끼치지 않기 때문이다. 요즘 유럽 대학의 과학 부문 대학원 과정은 대부분 영어로 수업이 진행되고 논문도 대부분 영어로 작성된다. 독일을 비롯한 일부 국가의 주요 국제 기업들은 사내에서 영어를 사용한다. 하지만 지혜로운 속담에도 있듯이 모든 문제에는 양면이 있는 법이다.

영국 정부는 적어도 겉으로 보기에는 영어를 그대로 내버려두는 편이다. 모든 대륙마다 기지가 세워지고 전 세계인의 제2 외국어가 될 정도로 영어는 널리 퍼져 있다. 그래서 통제하는 것 자체가 너무 어렵다. 영어의 지극히 사소한 변화에 대해 보편적인 동의를 이끌어 내는 것도 불가능하다. 영국 정부가 영어에 대해 법적인 통제권을 쥐지 않는 것이 수많은 유럽인들에게는 이해되지 않는 일이다. 영어는 영국의 공식 언어일 뿐만 아니라 미국과 오스트레일리아, 뉴질랜드의 공식 언어이기도 하다. 또 다른 영어권 지역에서는 상황이 좀 다르다. 스코틀랜드와 아일랜드, 웨일스, 캐나다, 남아프리카(그리고 미국의 수많은 주)에서는 영어가 법에 의해 공식 언어로 정해져 있다.

유럽인들은 영어가 자국으로 공격적인 진군을 해오는 것을 우려했다. Le Weekend. O.K. 인터넷. 축구. 유로스타. (게다가 유로스타는 영어가 아닌데도.) 유럽 국가마다 관점이 다르고 좀 더 진보적인 관점을 보이는 국가들도 있다. 실망하거나 체념한 듯 받아들이거나 둘 중 하나다(드물지만 만족하는 태도를 보이기도 한다). 다양한 국적의 유럽 시민들이 만나면 공통어로 영어를 사용한다. 두 사람이 만나도 마찬가지다. 유럽 국가들의 우려도 이해가 된다.

2000년경에 유럽의 언어 전문가들은 영어의 전파가 끼치는 세계적인 위협에 대응하는 방법을 찾기로 했다. 가장 좋은 방법은 회의를 계속하는 것이었다. 서서히 영국을 제외한(우리가 문제의 원인이므로) 유럽연합의 모든 회원국에서 두 명의 대표로 이루어진 단체가 만들어졌다. 하지만 조금씩 열기가 식었고 그들은 문제 대상을 참여시키지 않고는 해결할 수 없다는 사실을 깨달았다.

여기에서 또 문제가 발생했다. 영국에는 지속과 개선, 감시, 보호 등 어떤 식으로든지 영어의 감독 업무를 맡는 공식 단체가 없었다. 따라서 그 새로운 단체는 영어를 대표하는 어떤 단체를 끌어들여야 하는지 알 수 없었다. 정부 대표가 부재하는 상황이었기에 그들은 OED에 이메일을 보냈다. 최근 뉴스에서 우리가 영어에 개입하는 모습이 다루어진 탓이었다. 그들의 입장에서는 부득이한 상황이었다.

나는 언어협회 유럽연합(European Federation of National Institutions for Language, EFNIL)이라고 이름 붙은 범유럽 언어 단체로부터 영국 대표가 되어달라는 요청을 받았다. 이 단체의 목표에는 몇 가지가 있었다. 언어학자와 언어 계획자들이 유럽 전역의 변화하는 언어 상황에 대한 의견을 교환하는 네트워크였다. 유럽연합 집행위원회(European Commission)가 필요로 하는 언어 전문가의 견해를 제공해줄 수 있으며 다중언어 사용과 유럽의 국가별 언어 지속을 주장하는 단체였다.

나는 제안을 받고 대단히 신중했다. 섬나라 영국은 다중언어 사용주의와는 거리가 멀었고 언어 계획 담당자도 없으며 영어가 유럽으로 퍼지는 현상을 특별히 우려하지도 않는다(하지만 영어 때문에 다른 언어가 근절될 것이라고는 생각하지 않았다). 결국 앵글로-색슨 시대 이후로 영어는 유럽 언어들로부터 단어를 받아들였고 그것이 영국에 해가 되지도 않았다. 그러니 걱정할 이유가 있겠는가? 하지만 나는 인맥을 총동원하여 영국 정부와 최대한 가까운 사람들로부터 조언을 구한 결과 이 단체에 합류하는 것이 좋겠다는 결과를 얻었다. 다만 영국의 외교 방식대로 구석에 조용히 앉아 관찰만 할 터였다.

(영국을 포함해) 모든 나라는 그만의 특이한 방식이 있고 일반적인 이미지에 따른 행동을 보여준다. (이탈리아를 제외하고) 유럽의 오래된 나라들은 외국어(즉 영어)의 급습으로부터 자국의 언어를 보호하고 싶어 했다. 비교적 역사가 짧은 유럽 국가들은 엄격한 입법 행위를 통해서만 언어의 독립성과 국민을 위한 평등을 확보할 수 있다고 생각하는 단계에 머물러 있었다. 네덜란드와 일부 북유럽 국가들은 정기적으로 철자 개혁을 했고 철자와 발음이 너무 동떨어져 있어 되돌리기 어려워 보이는 영어의 입장을 이해하지 못했다. 대부분의 국가들은 오늘날 영어가 차지하는 지배적 위치가 영국보다는 미국의 경제적 지배와 관련 있다는 사실을 깨달았다(그래서 영국의 책임을 면제해줄 준비도 되어 있었다). 또한 그들은 중세에 영어와 비슷한 지배적인 위치를 자치했던 라틴어가 지금은 어떻게 되었는지를 떠올리며 위안으로 삼았다.

나는 모든 나라가 자국의 언어를 '방어'하는 것이 우려스러웠지만 영국이 고립주의 국가의 전형에 빠지고 있다는 사실도 의식되었다. 프랑스어나 독일어 같은 유럽의 다른 주요 언어들은 자국의 언어뿐만 아니라 유럽의 다른 언어들도 보호하는데 (한 예로) 영국은 슬로바키아가 영어(또는 독일어)의 급습을 어떻게 생각하는지 신경조차 쓰지 않는다. 스칸디나비아의 약소국 언어들과 일부 동유럽 국가 언어들에 있어서 이러한 생존의 문제는 대단히 중요한 현안이다. 영국이 너무 고립주의적일까? 아니면 그 반대일까? 언어에 대한 영국의 관심은 유럽을 넘어서는가? 세계적인 관점을 취하는가? EFNIL에서의 경험은 힘들면서도 만족스러웠다. 내가 몸담은 시간이 길어질수록 영국의 관점이 잘 받아들여졌고 나 또한 다른 유럽 국가들의 관점을 이해할 수 있었다.

결국 나는 EFNIL에서 생각보다 적극적인 역할을 수행하게 되었다. 2000년대 초반에 여권과 지도, 얼마간의 유로를 챙겨들고 유럽 언어들의 안정화와 홍보 활동을 위한 무수히 많은 회의에 참석했다. 내 첫 활약은 하나의 언어를 다른 언어로부터 '방어'한다는 것은 완전히 잘못된 표현이며 언어 변화를 관찰하고 언어적 다양성을 홍보하는 데 초점을 맞춰야 한다고 주장한 것이었다. 영국은 일반적으로 외국어 학습이나 언어적 다양성이라는 개념에 약하다. 하지만 나는 EFNIL과 유럽연합 집행위원회가 홍보하는 다중언어 목표에 동의했다. 국가의 교육 제도에서 모국어뿐만 아니라 두 개의 언어 지식을 홍보해야한다는 것이다. 유럽 문서가 아무리 꼼꼼하게 작성된다고 해도 영국인들이 당장 외국어 수업에 등록하지는 않을 터였다.

위원회의 임원이기는 했지만 내 주요 임무는 영국을 대표하는 적절한 얼굴인 듯했다. 그런 역할이라면 이미 직장에서도 수년 동안이나 연습했기에 (초기에는) 영국이 영어가 유럽 전역으로 담쟁이덩굴처럼 퍼지는 현상을 나 몰라라 한다는 비판을 받으면서도 EFNIL의 기나긴 회의에서 멀쩡하게 앉아 있을 수 있었다. 물론 나중에는 협동적인 방안을 제안했고 다른 회원들도 동의했다. 어느 정도 시간이 지나자 영어에 대한 언어적 반감의 저류가 사라지고 협동과 통합을 위한 내 느릿한 시도가 성공한 듯했다. 뿐만 아니라 좋은 친구들도 사귈 수 있었고 오랫동안 OED와 영어에 대한 값진 조언도 얻었다. 유럽 언어 계획자들과의 인맥은 매우 유용하다(모두에게 그런 것은 아니겠지만).

∞

우리 집에서의 언어 문제는 내가 직장이나 유럽에서 마주한 것과는 크게 달랐다. 힐러리는 언제나 OED를 재미있어 했다. 하지만 만약 자신이 옥스퍼드셔 자치주 위원회의 회장이고 OED 같은 역사 사전의 예산을 책정해 달라는 요청이 들어온다면 어이없는 웃음을 터뜨릴 것 같다고 했다. 첫째 딸 케이트는 대학생이 되었고 배스 대학교에서 프랑스어와 이탈리아어를 공부하고 번역에 관심이 많았다. 엘리는 여전히 말을 하지 못하는 채로 집에서 우리와 함께 생활했다. 특수 학교 졸업이 얼마 남지 않아 우리 부부는 무엇이 엘리에게 최선일지 또다시 아이의 미래에 대한 고민에 빠졌다.

이제 우리는 엘리가 남들과 다르다는 사실에 익숙해졌고 학교에서 가장 장애가 심한 편에 속한다는 사실도 알았다. 당시 다니던 학교가 16세까지만 받았으므로 우리는 모든 장애아 부모들이 그러하듯 큰 어려움 끝에 어느 식스-폼 칼리지(six-form college, 고등학교의 마지막 2년 과정에 해당한다)의 특수반을 찾을 수 있었다. 하지만 집에서 차로 45분이나 걸려서 교통편을 제공받아야 했다(강력한 주장이 필요했다).

엘리는 16세이고 겉으로는 예쁜 10대 여자아이였지만 발달 상태는 여전히 생후 18개월에 머물러 있었다. 결국 엘리는 헨리 칼리지에서 3년 동안 즐거운 시간을 보냈다. 학교 측에서는 서면으로 된 보고서를 보내오지는 않았지만 엘리의 담당 교사 마크가 매 학기마다 학부모 상담에서 우리 부부와 엘리에게 엘리의 상태를 기타 연주에 맞춰 노래로 불러주었다.

엘리는 19세까지 우리와 함께 살았다. 우리는 매일 저녁 학교에서 돌아온 아이를 환영해주고 먹이고 놀아주고 옷도 갈아입히고 씻기고 재웠다. 가끔은 아내나 나나 일에 온전히 집중하지 못했다는 생각도 든다. 우리에게는 무엇보다 엘리가 가장 우선시되어야 했기 때문이다. 고립감이 들 때도 있었다. 저녁에 외출하려면 특수 베이비시터를 미리 구해놓아야 했고 휴가를 맞이해 여행을 떠날 때마다 항상 힘들었다. 숙소의 방마다 사진을 찍어놓은 후 엘리가 부딪히거나 올라갈 수 있는 가구와 (벽시계나 사진 등) 던지거나 망가뜨릴 수 있는 물건들을 전부 치웠다. 마지막에 주인이 알지 못하도록 사진을 보고 원래대로 돌려놓았다. 그것 말고도 수많은 예방책을 마련해두어야 했다.

이러한 어려움에도 엘리는 가족과 함께 유럽 곳곳을 여행했다. 엘리가 가장 좋아한 것은 태양이었다. 태양은 언제나 엘리를 기쁘게 했다. 밝은 햇살이 다가와 말을 걸면 엘리의 얼굴에 더욱 환한 미소가 피어난다. 프랑스의 샤르트르 대성당은 엘리의 흥미를 끌지 못했다. 다채로운 색깔들로 북적거리는 거리는 아이의 기분을 좋게 했다. 우리는 아이를 휠체어에 태우거나 옆에 꼭 붙여놓고 잠깐 동안 걷게 했다. 프랑스 사람들은 영국 사람들보다 엘리를 훨씬 더 좋아했다.

하지만 우리 부부의 가장 큰 두려움은 당연히 아이의 미래였다. 자라지 않는 엘리는 스스로를 보살필 수도 안전하게 지낼 수도 없었다. 24시간 옆에서 누가 돌봐주어야만 한다. 힐러리와 나는 이제는 그 사실을 받아들였다. 나는 그것이 포기가 아니라 지혜를 얻은 것이라고 생각한다. 누군가는 엘리를 위해 싸워야 한다. 엘리는 언제까지나 그대로일 것이므로 엘리가 살아갈 수 있는 환경을 만들고 관리될 수 있는 방법을 찾아주어야만 했다.

∞

사전이 온라인화 된 후 자동 조종 장치 상태로 A부터 Z까지 쭉 나아갔다고 말할 수 있었으면 좋겠다. 온라인화 이후 우리는 분기별로 최소한 1,000개의 표제어를 업데이트해야 했고 최대한 빨리 2,000개나 3,000개로 늘려야 했다. 저절로 편집될 리 없는 남은 알파벳의 작업 속도를 일정하게 유지할 필요가 있었다. OED 초판 개정판 작업에 외부 편집자들을 고용하는 방안도 고려했지만 모든 단어마다 전문가를 찾을 수도 없었다. 우리가 바로 그 전문가였으니까. 우리가 하는 것이 훨씬 효율적이었다.

2000년 3월부터 약 3개월마다 온라인 출판에 사용될 상당량의 텍스트(때로는 방대한 소설 분량)를 넘겨야 했다(우리가 작업하고 있던 알파벳 순서대로). 나중에 하기로 하고 건너뛰는 경우는 없었다. '나중에'도 지금만큼이나 시간이 없을 터였다. 종이 사전은 점점 더 시대에 뒤떨어지고 과거로 흘러가고 있었다. 종이 사전은 개정판 작업이 완전히 끝나고 책 시장의 수요가 충분할 때 출판해야 한다고 생각했다. 우리는 사람들에게 OED의 무게 중심이 온라인 버전으로 옮겨갔고 미래의 변화도 거기에서 일어날 것이라고 자랑스럽게 설명했다. M에서 N으로, O로 옮겨갔고 엄청나게 많은 난어가 있는 P에서 R로 진입하는 데 기나긴 시간이 걸렸다. 하지만 그것도 S에 비하면 새 발의 피였다. 초판에서는 책등이 갈라지는 일을 피하기 위해 S를 두꺼운 두 권으로 나눠 담았다. 우리는 매 분기마다 결과물을 준비했고 한 번도 출판 마감일을 어기지 않았다. 작업할 분량이 부족한 적은 한 번도 없었다. 분기마다 수적 한계에 따른 출판 범위를 마감했다.

하지만 점차 못 쓰게 되어버린 오래된 시스템 소프트웨어가 작업을 방해했다. 컴퓨터 시스템에 문제가 생길 때마다 제대로 고칠 수가 없어서 *workaround*(제2의 해결책-역주)에 의존해야만 했다. 결국에는 코드보다 제2의 해결책이 더 많은 것 같은 수준에 이르렀다. 프로그래머가 왔다 갈 때마다 쓸모없어지는 코드가 늘어났고 아무도 고칠 수 없는 문제라는 잘못된 생각만 굳어졌다.

우리는 컴퓨터공학자들과 처음 일하게 된 후 그들조차도 애초에 고장 원인을 알지 못하는 프로그램이 제대로 작동하도록 격려하는 과정 또는 결과를 가리키는 여러 가지 단어를 알게 되었다(이를테면 소프트웨어를 임시변통으로 고친 것을 뜻하는 명사 kludge). 그들은 다른 사람들과 이야기할 때는 이러한 비공식적인 해결책을 workaround라고 부른다. 그 개념은 매우 오래되었지만 1990년대에도 workaround는 신조어에 속했다. 이 단어는 아이스크림의 세계가 아니라 안전이 매우 중요시되는 항공학과 우주비행 분야에서 나왔다. 1961년에 엔지니어들은 고장 난 시스템을 기본으로 돌아가서 고칠 수 없으면 사람들을 놀라게 하지 않으려고 완곡어법으로 'workaround'라는 말을 사용했다. 특히나 고객에게도 우주비행사에게도 좋은 소식은 아니었을 것이다. OED 컴퓨터 시스템의 경우 문제가 해결되지 않으면 workaround를 이용했다. 마침내 몇 년 후인 1970년대 후반부터 이 단어는 분야를 막론하고 곤란한 상황에서 벗어날 때 유용하게 사용되었다.

결국 실타래처럼 아슬아슬하게 버티고 있던 소프트웨어가 한계점에 도달했고 2005년에 드디어 새로운 시스템이 마련되었다. 편집과 출판의 모든 과정이 통합되어 마침내 데이터베이스의 어디든지 편집할 수 있었다. 우리는 새 소프트웨어를 사용하게 된 김에 사전 표제어의 외형에도 변화를 주기로 했다. 기다란 인용문이 들어간 가로칸을 세분화하고 텍스트에 여러 규격화를 실시하여 더욱 쉽게 읽히고 이해되도록 했다.

새 소프트웨어 설치 준비가 되었을 때 이름 짓기 대회를 열었다. 기존의 OED 소프트웨어들에는 O-E-D 글자 순서를 포함한 단어가 이름으로 붙었다. 첫 번째 프로그램의 이름은 'OEDipus(오이디푸스)'였다. 웨일스어와 달리 영어에는 OED가 들어가는 단어가 별로 없다. 'three-toed(세 발가락)' 같은 괴상한 이름을 붙여주고 싶은 것이 아니라면 말이다. 이름 붙이기 대회의 우승작은 (이례적으로) OED가 들어간 단어가 아닌 '패서디나(Pasadena)'였다. 동료 제러미 마셜(Jeremy Marshall)이 지은 것으로 '완벽한 최첨단 편집 및 표기 프로그램 (Perfect All-Singing All-Dancing Editorial and Notation Application)'의 줄임말이었다.

∞

사전부 내부(아마도 처음일 것이다)에서, 그리고 출판사의 시니어 관리자들과 개정판의 표제어를 알파벳 순서로 작업하는 것이 옳은지 하는 논쟁이 벌어졌다. 보통 나는 순차적으로 자세하게 편집하는 것을 좋아하는 보수 진영에 섰지만 이번에는 점점 줄어드는 무리에 속했다는 사실이 분명했다. 늘 해왔던 알파벳순 작업에 예외를 두어 가장 시기적절한 표제어, 즉 이용자들이 가장 기대하는 크고 핵심적인 단어들, 민감한 단어들, '정말로 중요한' 단어들을 먼저 다룰 필요가 있는지 토론이 이루어져야 했다. 하지만 편집자의 입장에서 훨씬 더 어려운 그런 단어들만 계속 작업한다면 치명적인 결과가 나올 것 같았다. 나는 편집자들이 끊임없이 '중요한' 표제어들(black, earth, field, ground, nation, self-, work- 등 수많은 페이지를 차지하는 단어들)만 다루지 않고 알파벳 순서에 따라 튀어나오는 사소하고 놀랍고 흥미로운 단어들도 작업할 필요가 있다고 생각했다. 그 이후에 벌어진 일은 두 이념 사이의 사랑의 줄다리기 같은 것이었다. 알파벳 순서에 따른 느리고 신중한 편집과 가장 중요하다고 생각되는 알파벳을 다루는 느리고 신중한 편집 간의 대립이었다.

결국 우리는 편집의 우선순위를 바꾸었다. 한 분기에는 기존의 익숙한 방식대로 알파벳 순서로 나아가고(새 컴퓨터 시스템으로 P의 panache 부터 작업하면 되었다) 다음 분기에는 '중요한' 단어들을 다루는 과정을 번갈아하기로 했다.

고백하건대 처음 생각과 달리 알파벳 순서를 벗어나서 하는 작업은 흥미진진했다. 그렇게 한 작업물은 우리가 새 시스템에 익숙해진 2008년 3월에 출판되었다. affect/effect, air, American, cancer, gene, heaven, hell, language, love, sad, thing 등 중요한 단어들이 개정되었다. 대부분 수 세기 동안 존재하면서 다수의 부차적 의미 구조와 합성어를 발달시킨 단어들이라 편집이 힘들었다.

그중에서도 gay가 가장 어려웠다. 당시 저널리스트와 강연 청중, 라디오 DJ는 물론 접촉하는 사람들마다 물어보는 단어였다. 우리는 곧바로 이 단어의 개정 작업에 돌입했다. 이 표제어의 텍스트는 대부분 1898년에 처음 출판된 그대로였다. 이 단어가 우리에게 어떤 문제를 제기했는지 말해주겠다.

적어도 1960년대부터 동성애자 인권을 옹호하는 광범위한 사회적 움직임이 있었다. 알다시피 사회적 변화는 언어에도 영향을 끼친다. 처음에 보수 진영에서는 gay라는 단어의 기존 의미가 새로운 의미에 납치당해버려서 '오래된 단어를 더 이상 사용할 수 없게 되었다'는 뿌리 깊은 우려가 자리했다. 그런가 하면 gay의 사용을 개인의 새로운 자유를 상징하는 것으로 적극 홍보하는 사람들도 있었다. 현대에 들어서 발생한 서로 반대되는 힘과 과거의 광범위한 역사가 합쳐져서 gay는 편집 작업이 힘들면서도 흥미진진한 단어가 되었다.

OED 초판(1898년 출판)과 20세기에 추가된 내용이 합쳐진 2판의 표제어를 편집했다. 지금보다 덜 개방적이었던 1970년대에 작업한 〈보충판〉을 보아도 gay에 '동성애'의 의미가 있음을 알 수 있었다. 19세기의 초판에 들어간 gay는 즐겁고 생기 넘치는 단어였고 오래 사용되는 동안 약간 외설적인 느낌이 가미되었다. 초판에 따르면 이 단어가 영어에서 처음 사용된 것은 약 1300년경이고 프랑스어 gai(12세기부터 사용 기록)에서 왔다. OED 초판에서는 gai가 프랑스어로 들어오게 된 경로를 정확히 알지 못했고 여느 때처럼 공손하게 추측만 내놓다가 오히려 헷갈리게 했다.

OED 초판에서는 gay가 영어로 들어온 후의 의미를 여러 가지 설명했는데 대부분 '기쁨이나 즐거움에 가득 찬'의 뜻이었다. (특히 시에서) 여성들이 기쁨에 찬 모습으로 묘사될 때 이 단어가 사용되었다. 즐거운 말(gay horse)이 뛰놀고 시는 '즐거운 학문(gay science)'이라고 불렸다(프로방스의 관용어에서 나온 듯하다). 하지만 17세기 중반에 gay 는 방탕한 길로 방향을 틀어 'gay lothario'(lothario는 바람둥이라는 뜻-역주)나 'gay dog' 같은 표현이 나왔고 해이함과 부도덕함의 시작을 가리키는 모호한 어휘가 되었다. 19세기 초에는 상황이 더욱 나빠져서 매춘부를 'gay women'이라고 불렸다. 경건한 중산층의 화제에는 오르되 용납되지는 않는 파란만장한 삶을 사는 여인들이었다. 하지만 19세기에 이르러 gay에는 두 가지 얼굴이 있었다. 하나는 행복하고 걱정 근심 없고 기쁜 얼굴이고, 다른 하나는 쾌락과 도덕적 해이에 빠진 얼굴이었다.

이 두 개의 가닥이 '동성애자'라는 새로운 뜻으로 합쳐졌다. 〈OED 보충판〉에 따르면 이 뜻은 그리 오래지 않은 1935년에 인디애나주 업랜드에서 출판된 지하의 용어집에서 발견되었고 그 이후로 폭발적으로 만개했다. 개정된 표제어에서는 gay의 새로운 뜻이 어떤 과정으로 생겨났는지 파헤쳐야 했다.

사전 작업에서 중요한 것은 정의뿐만이 아니다. 어원의 측면도 명확해야 한다. 예를 들어 우리는 이 단어의 가교 역할을 한 gai가 앵글로-프랑스어(노르만 정복 이후 영국 상류 사회에서 사용된 프랑스어)에 기록된 것을 발견했다. 이 발견은 gay가 잠정적 방언을 통하여 프랑스어에서 영어로 나아간 과정을 기록하도록 해주었다. 이것은 매우 중요했다. Gai는 파리나 중앙 프랑스가 아니라 노르만의 유물에서 나온 것이다. 그래서 우리는 1300년을 지나 앵글로-프랑스어 단어에 더욱 만족스러운 결과를 주는 1225년으로까지 거슬러 올라갔다. (너무 자세한 설명이 불필요하게 느껴질 수도 있다.)

OED 초판은 gay라는 단어를 비도덕성과 사회적으로 용납되지 않는 행동과 연관시키기는 했지만 제시한 인용문의 시기가 너무 늦었다. 온라인을 비롯한 새로운 출처의 자료들이 초점을 맞춰주었다. 〈중세 영어 사전〉의 도움으로 비록 15세기 초에 약 50년 동안이지만 중세에도 gay에 음탕하다는 의미가 있었다는 사실을 발견했다(OED 초판에서는 놓친 부분). 제프리 초서는 14세기 후반에 'som gay gerl'이라는 표현을 사용했다. OED 초판에서는 이 'gay girl'이 여성에 대한 칭찬의 표현이라고 생각했다. 좀 더 근래에 이르러 학자들은 '음탕한 여자'라고 읽었다. 이러한 용법은 문란함이나 비도덕성(gay lotharios 등)의 뜻에 씨앗을 뿌려주는 듯하다. 이제 gay의 이 용법은 극작가 제임스 셜리(〈쾌락을 좇는 여자〉)의 시대인 1637년이 아니라 윌리엄 셰익스피어의 시대인 1597년(존 페인(John Payne)의 〈Royall Exchange〉)으로 거슬러 올라간다. 당시 음탕하고 비도덕적인 삶을 살고 싶다면 go gay할 수 있었을 것이다. 매춘의 의미도 빅토리아 초기에서 18세기 후반으로 다시 슬금슬금 들어왔다. 리처드 킹(Richard King)의 잊힌 지 오래인 《New Cheats of London Exposed》(1795년경)를 통해서였다. 단어의 의미가 생각보다 더 오래된 경우가 많다.

20세기로 접어들면서 gay에 다시 관심이 쏠렸다. 기존의 OED는 gay의 '동성애'라는 뜻이 1935년에 나온 노엘 어신(Noel Ersine)의 지하 용어집에서 시작되었다고 했다. Geycat(또는 gaycat)이 '동성애자 소년'을 뜻한다고 명료히게 밀한다. 하지만 우리는 geycat의 기록이 그보다 훨씬 더 일찍 사용되었다는 사실을 발견했다. 1890년대 미국에서 사용되었고 동성애가 분명히 함축되어 있지 않고 '어리거나 경험 부족한 부랑자'라는 뜻이었다. 우리는 1935년의 용례가 문맥상으로 동성애를 함축할 뿐 gay가 곧 동성애자라는 명백한 증거는 아니라고 결론 내렸다.

이 단어의 개정 작업이 까다로웠던 이유 중 하나는 독자들이 나중의 의미를 이전 기록에 넣어 (잘못) 읽을 수 있어서였다. 정치적 저의가 있어서가 아니라 원하는 것만 보이게 되어 있는 자연스러운 경향 때문이다. 나도 그런 적이 있고 누구나 마찬가지다. 하지만 편집자는 철퇴 같은 확실성이 없는 한 모든 것을 거부하도록 훈련된다. 법칙을 깨뜨리기 시작하거나 만약의 가능성을 허락한다면 사전의 신뢰성이 무너진다. 지나치다 싶을 정도의 조심성과 보수성이 모든 생각을 받아들여서 집중력이 흐트러지는 것보다 훨씬 낫다.

Gay의 '동성애자'라는 뜻은 역사도 복잡하고 수많은 관심과 잘못된 판단을 끌어들였기 때문에 OED는 '진짜' 이전의 잘못된 인용문을 인쇄하는 대단히 비정상적인 방향을 취했다. 잘못된 혹은 아슬아슬하게 빗나간 인용문들은 '동성애자'라고 해석될 수도 있는 초기의 완전하지 않은 용법을 보여주지만 동성애를 연상시키는 문맥에서는 사실 '기쁜' 혹은 '즐거운'이라는 기존 의미로 사용된 것이다. 이를테면 거트루드 스타인(Gertrude Stein)의 1922년작 《미스 퍼와 미스 스킨(Miss Furr and Miss Skeene)》이 있다.

Helen Furr and Georgine Skeene lived together then······ They were together then and travelled to another place and stayed there and were gay there······ not very gay there, just gay there. They were both gay there······ (헬렌

퍼와 조르진 스킨은 그때 함께 살았다……그 후 다른 곳으로 함께 여행을 가서 그곳에 머물렀고 gay했다. 대단히 gay한 것은 아니고 그냥 gay했다. 둘 다 그곳에서 gay했다.)

이것이 '동성애자'(여기에서는 레즈비언)라는 나중의 뜻이 사용된 예문이라는 것을 어렵지 않게 알 수 있다. 하지만 즐겁고 흥미진진하다는 기존의 의미가 동성애나 친밀한 우정의 맥락 안에서 사용된 것일 수도 있다. 이렇게 단어 자체보다 맥락이 더 많은 암시를 해주는 예문이 무척 많다. 노엘 카워드(Noël Coward)의 노래 〈나는 기막히게 멋진 파티에 갔네(I Went to a Marvellous Party)〉(1939)도 마찬가지다.

Everyone's here and frightfully gay,
Nobody cares what people say,
Though the Riviera
Seems really much queerer
Than Rome at its height.

여기 있는 모두가 대단히 gay하네
남의 말은 전혀 신경 쓰지 않고
리베라는
전성기의 로마보다도
훨씬 더 기묘한 것 같아.

지나치게 열성적인 사람들이 여기에 사용된 gay를 동성애자로 착각하기 쉽다는 것을 알 수 있다. 하지만 흥분하기 전에 단어의 모든 측면을 샅샅이 살펴봐야 한다. 조지 W. 헨리(George W. Henry)의 책 《Sex Variants》의 일부로 1941년에 뉴욕에서 출판된 게르손 레그먼 (Gershon Legman)의 '동성애 언어(Language of Homosexuality)'를 살펴볼 필요가 있다. 우리는 〈OED 보충판〉에서 잘못 해석된 예문(geycat)보다 5년 늦은 이 기록이 gay가 동성애자라는 뜻으로 사용된 가장 빠른 인용문이라고 수정했다. 레그먼의 글을 보면 gay가 동성애자들 사이에서 긍정적으로 사용되었음을 알 수 있다(일반 독자들은 읽지 않았을 텍스트에 처음 등장했다는 사실에도 잘 들어맞는다).

> *Gay*, 동성애자들에게서만 거의 배타적으로 사용된 형용사로 동성애와 성적 매력, 난혼 또는 개인이나 장소, 파티의 제약 부재를 나타냄. 교양 있는 남녀 동성애자들에 의해(또는 그런 모습을 풍자할 때) 프랑스어 철자인 *gai*나 *gaie*로 사용되는 경우가 많다.

Gay에 대한 마지막 한마디: 우리는 gay가 20세기 후반에 새로운 기본 의미를 발달시켰을 뿐 아니라(우리가 추가한 것은 두 개뿐이었다) 특히 '동성애자'의 뜻과 관련된 합성어도 많이 만들어냈다는 사실을 발견했다. 처음에는 열두 개가 수록되었던 것이 서른세 개로 늘어났고 지금은 훨씬 더 많을 것이다. 언어 도서에 목록이 나오는 것은 별로지만 그래도 몇 가지 소개하자면 gay bar, gay boy, gay day, gay gene, gay icon, gay lib(gaydar도 빠뜨릴 수 없다) 등이 있다. **Sorry**, 이 정도면 충분할 것 같다.

Sorry는 1066년의 노르만 정복 이전인 앵글로-색슨 혹은 고대 영어 시대에 등장했다. 영어가 포함된 초기의 필사본은 매우 희귀해서 이 시기의 문서 기록도 많지 않다(약 300만 단어 분량의 텍스트 정도로 그것도 대부분 종교 혹은 법률 관련이다). 오늘날의 관점에서 sorry가 얼핏 보기와 달리 sorrow가 아니라 sore(명사: 신체 통증, 아픈 부분 등)와 직접적인 연관이 있다는 사실은 놀랍다. 즉 sorry는 슬픔을 보여주는 것이 아니라 얼마나 아픈지를 보여주는 것이다. 하지만 sorrow와의 부차적인 연관성도 있다. 비슷한 단어들이 서로의 발달에 영향을 주는 경우가 많기 때문이다. Sorry의 짧은 o는 sorrow에서 왔는지도 모른다(아니면 sore를 따라서 soary라는 철자를 사용했을 수도 있다).

앵글로-색슨족에게 sorry는 '통증이나 슬픔의 표현'을 의미했지만 그때도 '뉘우치는', '미안해하는'이라는 뜻으로 사용될 수 있었다. 하지만 sorry가 자신이 한 일에 대한 사과의 의미를 가리키는 단일어로 등장한 것은 고대 영어 시대에서 훨씬 시간이 흐른 뒤였다. 앵글로-색슨족 상인들이 소작농에게 바가지를 씌워서 '미안하다'고 말하는 기록은 존재하지 않는다. 아니, 이러한 기록은 1843년에 미국 보스턴의 저널리스트이자 문인이었던 에페스 사전트(Epes Sargent)가 발행한 출판물 〈사전트의 뉴 먼슬리 매거진(Sargent's New Monthly Magazine)〉에서야 발견된다. 사전트는 워싱턴 어빙(Washington Irving), 제임스 페니모어 쿠퍼(James Fenimore Cooper) 같은 유명인들이 속해 있던 미국 동부의 작가 모임 '니커보커 그룹(Knickerbocker Group)'의 회원이었다. 사전트는 보스턴의 문학계에서 별로 유명하지 않은 인물이었지만 우리에게는 누구보다 중요하다. 1843년 3월에 그의 단명한 잡지 〈뉴 먼 슬리〉에 "Miss Marion, good morning, see you tomorrow— sorry I'm in such haste, (미스 마리온, 좋은 아침입니다, 내일 봐요, 너무 서둘러서 미안합니다)"라는 문장이 실렸고 (현재 **OED**의 연구에 따르면) 이것은 sorry가 사과의 의미로 그리고 'I am Sorry'의 줄 임말로 사용된 최초의 활자본 기록이기 때문이다. 사소한 것이지 만 우리는 대단히 몰입했다. 이렇게 작은 조각이 모여 언어 발달 이라는 거대한 모자이크를 만들기 때문이다.

∞

OED는 언론 매체에서 지속적으로 높은 관심을 끌었지만 특히 미국의 관심이 가장 높았다. 뉴욕 맨해튼의 매디슨 애비뉴에 있는 옥스퍼드 대학교 출판사 미국 지사에도 OED의 작은 편집실이 생겼다. 그 편집실을 운영하는 제시 시드로워(Jesse Sheidlower)는 미국의 저널리스트들이 OED에 연락하고 싶으면 찾아야 하는 인물이었다. 그때 제시는 OED와 인연을 맺은 지 5년째였다. 호리호리한 체구에 명석한 두뇌를 지닌 멋쟁이 뉴요커로 속어와 단어, 요리와 음식에 관심이 많았다. 친한 친구들에게는 미국 영어의 파도를 지배한다는 뜻에서 '제시마이스터'라는 별명으로 불렸다. 그는 전에 조너선 라이터와 〈미국 속어 역사 사전〉을 작업했는데 영어에 관해 읽은 내용은 전부 다 기억하고 있는 듯했다. 그는 옥스퍼드의 동료들과 달리 언론에서 이메일이나 전화로 '홍보 기회'를 제시하기를 바라며 하루를 시작했다. 심지어는 홍보 기회를 만들려고 본인이 먼저 연락을 하기도 했다. 언론은 〈F 워드(The F Word)〉라는 fuck에 관한 논문을 출판할 정도의 무모함을 갖춘 그에게 매료되었다. 물론 그가 OED에 합격한 것은 그런 점 때문은 **by a long chalk** 아니었지만 그 덕분에 우리 사전 홍보 담당자들이 밤마다 발 뻗고 편안하게 잘 수 있었다.

숙어의 생사는 얼마나 사용되는가에 달려 있다. 숙어가 살아남으려면 작은 세상에서 큰 세상으로 도약할 필요가 있을 때가 많다. 하지만 숙어가 언제나 다른 대륙으로 도약하는 것은 아니다. By a long chalk('훨씬', '단연코')는 빅토리아 시대로 막 접어든 1840년대에 처음 기록된 표현이다. 영국에서는 흔한 표현이지만 오스트레일리아나 뉴질랜드, 미국 같은 지역에서는 기록이 훨씬 적다.
이 표현은 술집의 작은 세계에서 유래한다. 16세기에 영국의 술집에서 오랫동안 술을 마시면 주인이 초크로 석판에 술값을 적었다. 17세기에는 초크가 시합의 점수를 기록하는 데 유용하게 사용되었다(시합이 맥줏집에서 이루어질 때도 많았다). 점수를 기록할 때마다 초크로 표시했다. 상대방보다 점수가 높으면 큰 차이로(long chalk) 이기는 것이었다.

옥스퍼드 대학교 출판사 미국 지사의 사전 편집팀은 OED의 북아메리카 구성 요소를 업데이트하는 임무를 맡았다. 제시는 예일 법학 도서관의 프레드 샤피로(Fred Shapiro)를 비롯해 미국에서 가장 훌륭한 단어 사냥꾼들과 접촉했다. 넉분에 재즈와 영화 그리고 (역시 예상대로) 야구 관련 단어의 초기 용법이 우리의 전자 파일에 이어 온라인 사전에 넘쳐나게 되었다. Jazz 항목의 개정 작업 때는 제시가 미국 재즈 역

사학자들에게 OED와 비밀을 공유하도록 적극 권장했다. 1910년대
는 jazz라는 단어의 발달에 중요한 시기였다(1912년-에너지 또는 흥분,
1913년-오해를 하게 하는 대화, 허튼 소리, 1915년-새로운 대중음악 장르, 1919
년-그 음악과 관련된 춤 스타일, 1918년-성관계). 알고 보니 〈OED 보충판〉
에 실수가 또 있었다. Jazz가 음악의 한 유형을 가리키는 뜻으로 처음
사용된 기록이 1909년이라고 한 것이다. 하지만 사실은 1919년이었
다(1919년에 나온 캘 스튜어트(Cal Stewart)의 〈Uncle Josh in Society〉의 삭제
판. 1909년에 녹음된 오리지널 버전에는 jazz라는 단어가 들어가지 않았다).

∞

사전부 편집자들은 황금시간대 TV 프로그램과는 전혀 어울리지
않는다. 그래서 2005년에 런던의 TV 제작사 테이크어웨이 미디어
(Takeaway Media)가 BBC의 의뢰로 전국적인 단어 추적에 관한 프로를
만들기 위해 연락해왔을 때 놀랄 수밖에 없었다. 시청자들의 일상적인
경험과 기억을 이용해 OED의 언어 기록을 돕는다는 콘셉트였다.
우리가 약 50개 정도의 단어 세트를 제시하고 시청자들이 집 안
에 쌓여 있는 각종 잡지에서 더 빠른 용례를 찾는다는 계획이었다.
그래서 우리는 성실하게 단어 목록을 만들었다. Biodiversity, me-
ga-rich, playlisting 등 우리가 생각하기에 중요하면서도 대중의 관
심을 끌 만한 단어들을 제안했다. 그러자 사람들의 관심을 끌면서도
가정집 책꽂이에 꽂힌 책에서 찾을 수 있을 만한 단어여야 한다는 반
응이 돌아왔다. 그래서 원점으로 돌아갔다.
사람들이 관심을 보일 만한 단어가 바로 full monty(기대하거나 바

라는 최대치-역주)였다. 또한 cocktail과 codswallop, boffin 같은 단어에도 관심을 보일 터였다. 일반적으로 특이하면서도 일상적이고 격식을 차리지 않는 단어와 숙어였다. 너무 진지하지 않으면서도 시청자들이 노다지를 발견할 가능성이 있는 단어였다. 새로운 정보라면 뭐든지 우리 사전에 유용하므로 어떤 단어든 상관없었다. 그렇게 완성된 단어 목록을 제작사에 주었고 제작사가 전국에 공개했다. 사람들은 신문이나 라디오, 프로그램 웹사이트 등에서 새로운 TV 프로의 단어 목록을 보고 재빨리 주변에 도움을 청해 제작사에 이메일이나 편지를 보내기 시작했다(프로의 제목은 약간 무시하는 듯한 느낌이 있고 내 어휘적 직관에도 어긋나는 〈*Balderdash* & Piffle〉이었다).

원칙적으로 나는 '진기한' 단어를 좋아하지 않지만 balderdash 에는 흥미를 느낀다. 과거에 사용된 의미, 스칸디나비아 방언과의 유사 가능성, 원래의 여러 뜻에서 현재 사용되는 한 가지 뜻으로 도약한 것 때문이다. 하지만 OED는 '거친 언어를 사용하다'라는 뜻의 방언 balder는 물론 비슷한 공격적인 의미를 가진 여러 스칸디나비아어 단어들에는 주의를 기울이지 않는다.

영어의 문제는 가장 빠른 문서 증거에서 balderdash가 술을 뜻했다고 주장한다는 것이다. 16세기에 이 단어는 확실히 '거품 또는 거품 나는 액체'를 뜻했고 17세기에는 '술을 마구 섞은 것'을 뜻했다. 우유와 맥주, 맥주와 와인 또는 브랜디와 광천수 등을 섞었을 것이나. 17세기 후반에 이르러서야 '횡설수설'이나 '말이나 글로 된 허튼소리, 쓰레기'라는 오늘날의 의미로 사용된 기록이 나타나기 시작한다. 19세기 편집자들은 그것이 이 단어의 원래 의미라고 밝혀지리라는 예감이 들었지만 그렇게 주장할 배짱은 없었다. Balderdash의 구조적 환경이 변화했는지 보려면 OED의 업데이트를 기다려야 한다.

　BBC의 단어 추적이 모양새를 갖춰가기 시작했다. 프로그램 전체가 하루 동안 녹화되었으므로 역할에 적응할 시간도 없었다. 또한 시청자들이 어떤 새로운 정보를 내놓을지에 대해서도 미리 고지받지 못했다. 한마디로 이런 식으로 프로그램이 이루어졌다. OED 사전 편찬자 세 명(피터 길리버, 타니아 스타일스, 나)이 테이블에 심판관처럼 앉아 있다. 프로그램 진행자이자 단어 추적을 이끄는 리더 (재치 넘치는 유머리스트이자 작가 앨런 코렌의 딸) 빅토리아 코렌이 우리들 앞에 나타나 사람들이 찾은 최신 증거를 수용하겠는지, 그것을 가장 빠른 증거 기록으로 OED에 수록할 것인지 묻는다.

　그녀의 매우 강압적이고 단호한 모습에 우리는 곧바로 항복하고 무조건 사전에 넣겠다고 해야 할 판이었다. 하지만 당연히 우리에게는 원칙이 있었다. 그녀가 shaggy-dog story(아무런 의미도 없는 길고 장황한 이야기-역주)라는 표현의 기록을 내밀었을 때 우리는 묵살할 준비가 되어 있었는데 다 듣고 보니 일리가 있었다. 그녀가 구해온 증거는 우리 사전에 올라가 있는 것보다 시기적으로 빨랐다. 누군가 우리를(아니, 25년 전 그 표제어를 작업한 편집자들을) 누른 것이었다. 제시된 증거에 열렬하게 반대할 때도 있었지만(아무 증거나 받아들이면 안 되니 매우 보수적으로 나갔다) 마지못해 받아들여야 할 때도 있었다. 그것을 찾은 누군가는 무척 기뻤을 것이다.

　그 프로 전까지만 해도 우리는 기껏해야 엉뚱하고 무의미한 길고 장황한 이야기를 뜻하는 shaggy-dog story라는 표현이 노퍽 해안에 위치한 헌스탠튼의 작은 회사가 1946년에 출판한 《A Collection of Shaggy Dog Stories》라는 흥미로운 제목의 문집에서 처음 사용되었다고 알고 있었다. 털이 텁수룩한 개와 별다른 연관이 없어 보이는 영국 동부의 작은 바닷가 도시에서 이 표현이 처음 탄생했다고는 생각하기 어려운데도(가능성이 아예 없는 것은 아니지만) 〈OED 보충판〉에서는 자료를 개선할 수 있는 방법이 없었다. Shaggy-dog story가 언제 처음 사용되었는지 아는 사람은 아무도 없다. 그림을 완성하고 싶은 충동에서 이야기를 만들어내는 사람들도 있다. 전형적인 장황하고 두서없는 shaggy-dog story는 개의 털이 계속 길고 텁수룩해져서 전혀 텁수룩해 보이지 않을 때까지 자란 이야기라고 말한다. 하지만 OED는 추측에는 관심이 없다.

열성적인 시청자와 단어 추적꾼들 덕분에 좋은 정보가 많이 생겼다. 어느 시청자가 집에서인지 온라인에서인지 〈에스콰이어〉 1937년 5월호에 접근할 수 있는 기회를 얻었다. 거기에는 양과 염소를 구분하는 방법에 대한 유익한 조언이 제공된다. 다시 말하자면 영리한 것과 둔한 것을 구분하는 방법이라고 할 수 있다. '정신이 온전하지 않은 것을 골라내는 공정한 방법은 shaggy-dog story를 시도해보는 것이다.' 원본을 사진 복제한 자료를 보고 우리는 그것이 더 빠른 증거 기록임을 수긍하고 녹화가 끝나자마자 사전에 추가했다.

일부 단어 사냥꾼들은 방대한 텍스트 데이터베이스를 이용해서 OED보다 빠른 기록을 찾는 교활함을 보이기도 했다(상식을 이용한 것이라고 해야 할지도). 하지만 그것도 괜찮았다. 결국 이 프로그램은 우리에게 도움이 되었고 전국적으로 방송을 탄 덕분에 사전에 대한 관심도 높아졌다. 프로가 끝난 후 BBC는 새로운 시리즈를 제작 의뢰했고 새로운 정보가 계속 들어왔다. 하지만 오락 문화 프로그램 예산이 줄어서(아니면 제작자들이 TV가 사전의 자연스러운 환경이 아니라는 사실을 깨달았는지도) 두 번째 방송이 마지막이 되었다.

실제로 그 프로는 OED가 추가하는 신조어에만 관심 있지 않은 사람들을 찾을 수 있는 신선한 변화였다. 〈Balderdash & Piffle〉에서 다룬 단어는 대부분 20세기에 나온 것들이고 비격식적인 단어나 표현이 대부분이었지만 실속 없는 것들은 아니었다. 알지 못하는 사이에 사람들의 어휘로 스며들었지만 사전 편찬자들이 명확히 할 필요가 있는 미해결 사안이 딸린 단어들이 대부분이었다. 그 프로에서 다룬 단어들 중에서 내가 가장 마음에 드는 것은 nit nurse와 pass the parcel이었다. 둘 중 하나는 내가 어렸던 1950년대부터 알고 있었지만 나머지는 몰랐다.

내가 알았던 단어 pass the parcel은 소박한 게임으로 내가 초등학교에 다닐 때 생일파티의 단골로 등장했다. 어려서 잘 모르는 사람들을 위해 설명하자면, 파티에 온 손님들이 빙 둘러앉은 채로 음악이 재생되는 동안 포장지로 여러 겹 싼 선물 꾸러미를 서로에게로 돌린다. 음악이 멈춘 순간 꾸러미를 가진 사람이 포장을 한 겹 푼다. 음악이 멈출 때마다 포장을 한 겹씩 풀고 마지막으로 남은 포장을 푸는 사람이 선물을 차지한다. 나중에는 음악이 한 번 멈출 때마다 한 번에 선물을 다 푸는 형태로 발전했지만 내가 어릴 때는 마지막 포장지가 풀려서 누군가 선물을 차지하게 될 때까지 지루하게 앉아서 꾸러미를 계속 돌려야 했다.

하지만 OED는 파티에서 게임을 많이 해보지 않은 모양이었다.

이 단어의 첫 번째 기록이 1980년이라고 해놓았으니 말이다. 실제보다 너무 늦은 기록이었다. 그래서 〈Balderbash & Piffle〉의 단어목록에 넣었다. 역시나 몇 주 동안 새로운 증거들이 제작사에 도착했다. 시리즈를 녹화할 때쯤에는 1932년에 나온 《Foulsham's Fun Book》에 이 게임을 설명하는 내용('꾸러미를 돌린다'는 내용)이 들어갔다는 사실을 알게 되었고 1953년에 구체적으로 언급된 기록도 찾았다. 내 기억과 비슷한 시점까지 거슬러 올라갔다.

내가 좋아한 또 다른 단어는 전쟁 기간 동안 아이들의 가려운 머리를 빗겨주며 머릿니를 확인하는 학교 간호사를 가리키는 비격식적인 단어 nit nurse였다. 어린아이들이 사용하는 단어는 정확한 정보를 찾기 어려운 경우가 많다. 이 단어는 머릿니만큼이나 찾기가 힘들어서 OED가 찾은 가장 빠른 기록이 겨우 1985년이었다. 그때쯤이면 이미 아이들의 신화 속에나 자리하는 단어가 되었을 시점이었다. 1985년의 기록 자체가 "Whatever happened to the nit nurse? (Nit nurse는 어디로 간 거지?)"라는 문장이다. 그래서 우리는 이 단어를 단어 추적꾼들에게 맡겼다. 이 단어는 연구자들의 관심도 끌었다.

온라인을 통해 영국의 최고 의학 잡지 〈The Lancet〉에 접근한 누군가가 곧바로 1942년의 기록을 찾아주었다. OED의 연구가 모든 것을 발견할 수는 없고 단어는 그것을 필요로 하는 사회적 환경에서 나오며, 특정 단어에 대해 OED 편집자들보다 잘 아는 사람들이 항상 있기 마련이고 컴퓨터가 발품을 많이 줄여준다(전부 다 믿어서도 안 되지만)는 사실이 증명되었다. 또한 〈The Lancet〉 데이터베이스가 옥스퍼드 대학교 출판사 같은 출판사가 구독하기에는 너무 비싸다는 사실도.

∞

　미디어 접촉과 인지도가 커지면서 바로 내 눈앞에 또 다른 문제가 생겼다. OED 편집장은 편집을 하지 않고 다른 편집자들에게 시킬 일을 준비한다는 것이 사람들의 일반적인 생각이다. 그렇다면 정말 간편했을 것이다. 조직적인 혹은 출판에 관한 문제를 토론하는 회의가 항상 있었는데 원한다면 나도 참여할 수 있었다. 하지만 나는 OED의 편집자가 편집을 하지 않으면 무슨 소용인지 의아했다.

　나는 편집장이 되어서도 편집을 계속하면서 약 70명의 편집자들에게 나에게도 그들에게도 가장 중요한 일이 무엇인지 보여주었다. 또한 편집은 (다행스럽게도) 내가 가장 좋아하는 일이기도 하다. 어쩌면 상업적인 출판업자로 성공할 수도 있었겠지만(평소의 나를 봐서는 그럴 가능성은 낮지만) 나는 내가 편집을, 그것도 빨리 할 수 있다는 사실을 항상 자랑스럽게 생각했다. 다른 것도 아니고 옥스퍼드 영어 사전이 개인적인 목적으로 이용하려는 사람들에게 휘말려서는 안 된다. 그런 사람들은 항상 있다. 누군가 OED를 위해 나서야 한다. 편집자들은 수많은 회의에 슬금슬금 들어와 예산과 사무실 이전에 대해 토론하는 하찮은 사람들에 의해 움직이고 싶어 하지 않는다. 나는 그러기에는 편집이 너무 중요한 일이라고 언제나 생각했다. 물러 터졌다고 생각할지도 모르지만 나는 언제나 편집장이 해야 한다고 생각되는 일을 했고 그것이 바로 편집 작업을 이끄는 일이었다.

∞

OED가 온라인 세상에서 행복하게 잘 살고 있었지만 내가 보기에는 문제가 하나 있었다. 컴퓨터에서도 여전히 책(혹은 여러 권의 책)처럼 보인다는 것이었다. 별로 문제 될 것은 없었다. 대부분의 사람들은 그저 단어를 찾아본 후 다시 일상으로 돌아가니까. 하지만 데이터를 바라보는 여러 방식이 있고 책의 관점은 그중 하나일 뿐이다. 모든 사전 편찬자가 포함되겠지만 분류하기를 좋아하는 사람은 색인 카드를 단어의 뜻에 따라 분류하는 것이 지식의 최하층임을 알 것이다. 디지털 OED를 뒷받침하는 온갖 복잡한 소프트웨어를 통해 우리는 언어를 화면에 시각화하여 사전을 (그리고 언어도) 훨씬 더 많은 사람들에게 살아 있을 수 있도록 만드는 새로운 방법이 있음을 알게 되었다.

우리는 OED 전체가 CD로 옮겨진 1990년대 초반부터 학자들에게 개별적인 단어의 의미와 역사만 찾아보지 말고 더욱 넓은 범위에서 언어를 탐색하라고 장려했다. 비교 자료에서 패턴과 차이를 찾아보라고 말이다. 이것은 사전을 단순히 정의를 찾아보는 데 사용하지 말고 방대하고 역사적인 OED에 숨겨진 추가적인 정보를 전부 들여다보라고 권유하는 용감한 시도였다. 나는 사람들이 언어 역사에 대한 더 많은 *clue*를 주는 표와 도표, 애니메이션, 비디오를 볼 수 있기를, 위키 같은 것을 통하여 편집자들과 긴밀하게 협업할 수 있게 되기를 바랐다.

Clue는 게르만어 어원의 영어와 르네상스 이전에도 존재한 그리스 로마 신화에 대한 심취가 합쳐진 독특한 단어다. 예전의 철자는 clew였다. OED는 다른 단어들을 통해서도 -ew가 좀 더 오래된 철자법임을 알려준다. Blew는 blue가 되었고 glew는 glue, rew는 rue, trew는 true가 되었다.

Clue라는 단어가 처음 등장한 것은 앵글로-색슨 시대에 kliwen 혹은 klewen(마지막에 -n이 붙었다)으로 처음 들어왔고 게르만 유럽에 널리 퍼졌다. 그것은 '구(球, '공 모양의 것')'라는 뜻이었고 대개 '공 모양의 실뭉치'를 가리키는 가정적인 단어였다. 제프리 초서와 그의 동시대 사람들이 알고 있었던 것처럼 그리스 로마 신화에는 실뭉치를 이용해 곤경에서 벗어나는 이야기가 많이 나온다. 가장 유명한 인물은 미노타우로스를 죽여야 했던 테세우스일 것이다. 테세우스는 아리아드네에게 받은 실뭉치(중세인들에게는 clew)의 실을 풀면서 미노타우로스의 미궁으로 들어갔다가 풀린 실을 따라 다시 미궁 밖으로 나올 수 있었다. 신화와 실뭉치가 가진 목적의 강력한 연결고리 때문에 이 단어는 미궁처럼 복잡한 상황에서 벗어나는 암시나 단서를 주는 것을 가리키게 되었고 17세기에는 clue로 표준화되었다. 나는 낱말 맞히기를 좋아하지 않지만 clue의 어원과 미로 같은 복잡함이 마음에 든다.

2010년을 향해 나아가던 때, 시각화와 애니메이션은 몇 년 동안 우리의 할 일 목록에 있었지만 실험에 필요한 자원을 구할 수 있다는 희망은 별로 없었다. 현실적으로 생각할 때 대부분의 사람들은 언제나 기본적인 정의와 발음, 어원을 찾으려고 한다. 그래도 우리는 좀 더 창의적이고 세계적인 데이터 검색에 관심 있는 이용자들을 늘릴 수 있을 것이라는 희망을 가졌다. 예를 들어 우리는 신문이나 TV 뉴스에서, 이를테면 시각화된 그래프 자료를 통해 경제 분야의 내용을 쉽게 이해할 수 있다. 그리고 이런 자료의 트렌드를 보는 것에 매우 익숙해졌다. OED도 그와 비슷한 언어 자료의 요약판을 내놓을 수 있지 않을까?

우리는 그러한 새로운 관점에 대한 욕구가 잠재해 있음을 감지했다. OED가 2000년에 처음 온라인으로 출판된 방식은 도움 되지 않는다는 것도 알았다. 온라인 텍스트가 아무리 컴퓨터로 검색 가능한 새로운 생명체라고 아무리 강조해도 여전히 단어 목록의 모습으로 돌아왔을 뿐이었다. 하지만 사람들의 일상생활은 유동적이고 역동적이고 시각적인 데이터 안으로 들어가고 있었다.

온라인 사전이 사용자에게 능동적인 힘을 부여하는 새로운 외형과 분위기를 필요로 한다는 사실은 사전 편찬자가 아니라 누구라도 알 수 있었다. 그런 사람들은 데이터의 필터링이라는 개념을 이해했다. 하나의 단어를 검색한 후 두 번째 검색을 실시해 원하는 것이 나올 때까지 가다듬고 필터링하면서 뚫고 들어갈 수 있다. 예를 들어 시각 예술의 범주에 속하는 단어를 전부 검색했다고 해보자(2,768개). 그다음에 18세기에 기원하지 않은 단어들을 전부 걸러내고 싶다면 209개만 남는다. 그중에서 프랑스어에서 나온 것이 얼마나 있는지 알고 싶을 수도 있다. 그러면 2,768개의 시각 효과 관련 단어 중에서 cos-tume(생각보다 늦은 1715년에 처음 등장), 1767년에 나온 fine arts(프랑스어 beaux-arts의 번역에서 비롯), statuette(1738년)를 비롯한 29개만 남는다. 이러한 방식은 검색을 통해 어디로 나아갈지 미리 결정할 필요 없이 도중에 방향을 결정할 수 있는 능력을 허용한다.

이 모든 작업에는 돈이 필요했다. 아무리 정중하게 부탁해도 돈 나올 구석이 없었다. 그러다 놀랍게도 운명이 바뀌었다. 2010년에 기능성 개선을 통한 OED 온라인 재런칭을 위하여 OED의 연간 예산이 크게 늘어날 것이라는 소식이 들렸다. 처음에는 우리의 주장으로 시작된 것이지만 결국에는 옥스퍼드 대학교 출판사의 가장 높은 분들이 옥신각신한 끝에 결정된 일이었다. 너무도 빠르게 변화하는 디지털 환경에서 웹사이트가 변하지 않고 있기에 10년은 너무 긴 시간이라는 사실을 마침내 모두가 깨달은 것이다. 우리는 '기능성 개선'이 무슨 뜻인지 자세하게 살펴봐야 했다.

사람들의 인식과 기대를 바꾸는 것은 절대로 쉬운 일이 아니지만 우리는 사람들이 검색 결과를 단어로 된 것으로도 보고 시각화와 애니메이션으로도 경험할 수 있도록 사전을 새롭게 그리고 싶었다. 내가 원래 새로운 아이디어에 둔감하기는 해도 새롭게 런칭하는 OED 온라인의 모습에 대해 토론하던 2009년에는 갈수록 답답함이 커졌던 기억이 난다. 필터링은 괜찮았지만 여전히 단어 출력물이 화면 한가득이라 사용자가 머리를 써서 분석을 해야만 했다(나는 그것이 일부 사용자들에게는 무척 위험한 일이라는 사실을 알고 있었다).

나는 끝없이 이어지는 지루한 재런칭 회의에서 용감하게도 사용자들에게 검색 결과를 기존의 장황한 글뿐만 아니라 시각화로 보여주자고 제안했다. 전통적인 사전 사용자들은 단어 찾기에만 익숙할 뿐 OED에 저장된 풍부한 근본적인 정보를 제대로 알지 못한다고 판단했다. 따라서 검색 결과를 연대표와 애니메이션 등으로 보여준다면 영어의 더욱 깊은 세계를 발견할 수 있을 것이다. 사전 편찬자들은 이미 이 아이디어에 찬성했고 몇몇과는 가능성에 대해 논의하기도 했다. 컴퓨터 실험 프로젝트를 이끌기에 안성맞춤인 동료 제임스 맥크레켄(James McCracken)과도 이 아이디어에 대해 이야기 나누었다.

옥스퍼드 대학교 출판사에서 이루어지는 회의는 정중했다. 터무니없는 아이디어를 제안하면 흥미로운 아이디어라는 반응이 돌아온다. 하지만 이유가 어쨌든 아직 그 아이디어를 위한 적기는 아니라는 뜻임을 간접적으로 알 수 있다. 나는 전에도 그런 경험을 여러 번 했다. 하지만 의장(즉 '제독'의 후임)이 평소 반응의 50퍼센트밖에 보이지 않았다는 점으로 미루어 다음 회의 때 본격적으로 아이디어를 내놓아도 되지 않을까 싶었다.

몇 해 전까지만 해도 '비현실적인 아이디어'라고 불렸던 그 아이디어를 포괄적인 기획서로 만들기에는 시간이 촉박했다. 정기적으로 마감해야 할 단어들이 있었기 때문이다. 하지만 지금이 중요한 기회라고 생각했기에 몇 가지 아이디어를 적어보기 시작했다. 그러자 저절로 정리가 되기 시작했다. 기본적인 아이디어는 현실적인 맥락에서 볼 때 혁신적이라고 하기가 어려웠지만 사전의 일반적인 사고에서 벗어나 급진주의의 가면을 쓰기에는 충분했다. 사용자들에게 검색 결과를 글로만 보여주지 말고 그래프나 파이 차트, 연대표 같은 다양한 시각적 수단을 통해 표현하는 것이었다. (감히 소리와 컬러까지 제안하지는 못했지만 나중에 그것들도 포함되었다.) 어떻게 보면 제프리 트리그스가 1990년대 중반에 OED 온라인의 프로토타입을 디자인할 때 그와 나눈 토론으로 돌아가는 것이었다. 우리는 쉽게 접할 수 있는 수단을 통해서 표제어들을 연결시키려고 했는데 당시 가장 대표적인 것이 글래스고 대학교에서 4년간 실시한 연구 프로젝트의 놀라운 결과물인 〈OED 역사 유의어 사전(Historical Thesaurus of the OED)〉이었다. 우리는 그것을 OED 온라인 사전에 합치려고 했다. 그것을 해낼 수 있다면 OED를 섬처럼 홀로 존재하는 단어들이 아닌 단어들의 네트워크 저장소로 적극 홍보할 수 있었다.

글래스고 대학교의 마이클 새뮤얼스(Michael Samuels) 박사의 발명품인 〈OED 역사 유의어 사전〉은 1965년경부터 OED와의 유대를 시작했다. 그것은 OED와 마찬가지로 성공한 정신 나간 아이디어였다. 그 사전의 아이디어는 이러했다. OED에 수록된 대부분의 단어와 뜻을 색인 카드에 적은 후 이를테면 '불을 뒤적이는 도구'라는 개념으로 사용된 단어들만 오래된 순서대로 나란히 나오도록 하는 것이다(purr, 1357/8; fire-purr, a1451; fire pike, 1483; poker, 1534; fire-pote, 1638; pote, 1638; teaser, 1839; kennedy, 1864; tickler, 1881; curate, 1891; fire stick, 1896). 모든 개념(사랑, 증오, 연속 용지, 개구리)을 그런 식의 절차로 분류할 수 있었고 결국은 방대한 참고 정보와 교차 참조까지도 전부 가능해졌다. 한마디로 매우 새로운 방법으로 OED 안에서 역사와 의미를 가지고 팔짝팔짝 뛰어다닐 수 있게 되었다. OED 초판은 A에서 Z까지 움직이는 데 44년이 걸렸지만 〈OED 역사 유의어 사전〉 또한 aardvark에서 zebu까지 비슷한 개념을 전부 찾는 데 44년이 걸렸다. 지금은 OED에서 단어를 찾을 때 클릭 한 번만으로 유의어가 연대순으로 다 나온다.

다음 번 온라인 계획 회의 때 검색 결과에 시각화를 도입하는 몇 가지 아이디어를 준비해 갔고 가능성을 탐구해보자는 부분적인 동의를 받았다. 제임스에게는 그것만으로도 충분해서 곧바로 여러 아이디어가 통합된 프로토타입을 만들었다. 안타깝게도 그중에서 몇 가지 아이디어는 최종 버전으로 이어지지 못했다. 예를 들어 일본어와 중국어 단어가 16세기 후반부터 영어로 서서히 유입되는 과정을 보여주는 차트가 있었다. 그림 전체에서 요약된 줄거리를 한눈에 보여주는 셈이었다.

그 차트는 효과적인 비교를 가능하게 했다. 영국의 상인들과 초기 여행자들이 중국 과일 litchi(리치)를 언급했고 중국어 단어의 유입량이 꾸준하게 늘어났으며(일본어의 경우처럼 가로막힌 것이 아니었다) 음식(bok choy, chop suey, oolong 등)과 음악(san hsien, se, ti-tzu) 단어가 많고 미술(장식 또는 재료) 단어는 일본어보다 적었다. 이 두 동양 국가에서 온 차용어들의 윤곽은 비슷하지만 뚜렷하게 구분된다. 오래된 중국어 속담처럼 백문이 불여일견이다.

어떤 단어로 검색하건 결과를 목록으로 볼지 시각화된 연대표로 볼지 선택 가능했다. 제임스가 준비한 짧지만 영리한 시각화 애니메이션은 1150년부터 지금까지 영어로 들어온 단어들을 세계지도에서 어원 국가별로 보여주었다. 영어가 세계적 언어로 자리 잡은 모습을 스크린에서 보여주는 역동적이고 자극적인 경험이었다. 이것은 내 강연마다 사람들이 가장 큰 관심을 보이는 주제이기도 하다. 다들 프랑스나 독일어 혹은 스페인어도 그럴 수 있었으면 좋겠다고 말한다. 하지만 늘 그렇듯이 시각화 자료를 볼 때는 주의가 따라야 한다. 어떤 이유에서건 배제되어야 하는 결과가 있기 때문이었다. 하지만 기본적인 시각화 패키지는 내가 사전이 나아가기를 원하는 방향과 일치했다. 그것은 시작일 뿐이었다. 하지만 역시나 속담에도 있듯이 첫걸음이 가장 어려운 법이다.

∞

시각화는 현대의 새로운 관객들을 참여시키기 위한 방법의 하나였다. 하지만 사용자들은 스스로 사전에 기여할 수 있다는 생각을 여전히 좋아했다. 19세기에 제임스 머레이의 OED 초판에 수많은 사람들이 기여한 것처럼 말이다. 그러한 욕망은 우리를 위키로 향하게 만든다. 전 세계 사람들의 선의가 크라우드소싱을 통하여 OED가 담아내는 영어 이야기에 기여한다.

OED의 크라우드소싱은 19세기에 독자들이 손으로 쓴 정보를 보내주었던 초기 이후로 진보했지만 충분하지는 않다. 우리는 여전히 위키 같은 대규모 데이터 수집 프로젝트를 통하여 독자들이 사전에 중대한 기여를 할 수 있는 기회를 주지 않는 채로 정보를 제공하고 있다. 좀 더 노력이 필요하지만 약간의 진전은 있었다.

2005년경에 우리는 OED의 SF 단어 수집 문서화의 개선에 관심 있는 미국 작가 제프 프루처(Jeff Prucher)와 협업 관계를 맺었다. 그 결과물로 탄생한 것이 제프의 책 《새로운 단어: 옥스퍼드 SF 사전(Brave New Words: The Oxford Dictionary of Science Fiction)》이다. 그리고 독자들이 OED에 수록된 SF 단어들을 읽거나 직접 정보를 입력할 수도 있는 위키 형태의 웹사이트도 있다(alien, earthling, space shuttle 같은 단어의 초기 용례가 대부분이었다). 예를 들면, OED에는 1940년대부터 사용된 anti-gravity라는 명사와 단어가 포함되어 있다(아서 C. 클라크(Arthur C. Clarke)의 《별의 바다 건너(Across the Sea of Stars)》 등). 초기 SF 장르에 대해 잘 아는 사람이라면 1932년 봄에 나온 〈경이로운 이야기 계간지(Wonder Stories Quarterly)〉에서 제임스 모건 월시(James Morgan Walsh)가 이 단어를 사용했다는 사실을 알 것이다. "But the antigravity apparatus will have to be capable of generating a greater repulsive force than is required for ordinary interplanetary conditions. (하지만 반중력 장치는 일반적인 행성 간 조

건에 필요로 한 것보다 큰 척력을 만들어낼 수 있어야 할 것이다.)" 그리고 OED 편집자보다 초기 SF에 대해 잘 아는 사람이라면 비슷한 단어 counter-gravity(아직 사전에는 등재되지 않았지만 1950년부터 증거 기록이 위키에서 기다리고 있다)도 찾아봐야 한다는 사실을 알 것이다. OED 편집자들은 단어의 개정 작업을 할 때 이 혁신적인 행성 간 정보를 사용할 수 있을 것이다. 세상에는 특정 단어에 대해 사전 편집자들보다 더 잘 아는 사람이 있기 마련이라는 사전 편찬자들의 믿음이 다시 한 번 확인되었다. 지식 공유로 사전의 SF 어휘가 천문학적으로 개선될 수 있었다.

이 SF 선행 연구는 OED가 앞으로 나아갈 수 있는 방향이 적어도 두 가지임을 시사했다. 첫 번째는 광범위한 주제로 비슷하거나 강화된 모델의 위키를 만들어 관심 있는 사용자들로부터 정보를 수집하는 것이고, 두 번째는 위키 형태의 유사 OED를 만들어 관심 있는 사람은 누구나 편집자들에게 어휘 개선 정보를 제보할 수 있도록 하는 것이었다. 하지만 위키피디아처럼 이론상의 최종 생산물을 완전히 남에게 맡기는 수준까지 밀고 나가자는 제안이 나온 적은 없었다.

미래 계획을 짜느라 바쁜 와중에도 매일 진행시켜야 하는 편집 분량이 있었다. 생산 목표량을 지키고 분기마다 웹사이트에 계속 단어를 출판하고 업데이트해야 했다. 알파벳 순서를 따라 순조롭게 작업이 진행되어 새롭고 흥미진진한 정보가 포함된 꽤 많은 표제어가 만들어졌다. 앞으로 어떤 미래가 기다리고 있건 우리는 어떻게든 OED가 극복할 수 있도록 만들 것이었다.

13 과거가 되다

2013년에 이르러 어쩌다 보니 OED에서 일한 지 35년이 넘었다. 돌이켜보면 눈 깜짝할 사이에 흘러버린 것 같지만 그렇다고 오랜 시간이 지났다는 사실을 부정할 수는 없다. 고용법이 바뀌어 무덤에 갈 때까지 일하는 것도 가능했지만 마음이 내키지 않았다. 1970년대에 치른 면접에서 말쑥한 군인 스타일의 상사를 처음 만났을 때부터 60세가 되면 떠나야 한다고 무언의 동의를 한 것 같다는 생각이 쭉 있었다. 아무에게도 말한 적 없고 대령도 떠난 지 수십 년 전이었지만 그래도 나만은 알고 있었다.

OED를 떠나는 가장 좋은 타이밍이란 없으므로 가장 나쁜 타이밍도 없다고 결론지었다. 전면 개정판 작업이 중단될 염려가 없을 정도로 충분히 진행되었을 때 떠날 수 있었으면 하는 것이 나의 오랜 바람이었다. 내 생각에 이제는 충분히 안전한 것 같았다(재앙이 터지기 전까지는 늘 그렇듯). Z까지 가려면 60퍼센트 정도가 남았지만 방향이 확고하게 잡혀 있었다. 전면 개정판이 완성되는 모습을 볼 수 없으리라는 사실은 이미 여러 해 전에 받아들인 터였다. 제임스 머레이 경도 Z까지 끝나는 것을 보지 못했다. 그는 OED 초판의 T가 작업되고 있던 1915년에 세상을 떠났다.

나는 OED가 통합의 단계에 접어들었다고 생각했다. 아직 급진적인 변화가 임박하지는 않았으므로 새로운 사람에게 편집장을 맡기기 좋을 때였다. 내가 사전부를 좋은 상태로 남겨두고 떠났기를, 새 편집장 마이클 프로핏(Michael Proffitt)과 동료들이 사전을 무사히 미래로 인도해주기를 바란다. OED 프로젝트에 대한 내 *enthusiasm*은 한 번도 식은 적이 없기에 떠난다는 것은 무척 어려운 결정이었다. 하지만 그 일을 35년 동안 했으니 또 그리 어려운 결정만은 아니었다. 결정을 내리고 그 결정대로 하면 된다. 내가 정신을 집중할 수 있는 일들이 또 있을 것이다.

단어는 원래의 구성 요소를 알아볼 수 없을 정도까지도 변할 수 있다. Enthusiasm이라는 단어의 경우, '신'을 뜻하는 라틴어 혹은 그리스어가 숨어 있다는 사실을 알 수 있는 사람은 소수에 불과할 것이다. 하지만 고대에는 그것이 이 단어를 몰아붙이는 힘이었다. 겉으로 보기에 enthusiasm은 신성함과 거리가 먼 뒤죽박죽 섞인 글자처럼 보이는데 그것이 그리스어 기원을 암시한다. OED에 따르면 -asm으로 끝나는 단어는 144개이고 대부분은 chasm, clasm, plasm, spasm과 관련 있다. 맞혀도 상품은 없지만 이 단어들도 전부 그리스어로 거슬러 올라간다.

생각과 달리 enthusiasm의 기원은 중세가 아니지만 셰익스피어의 시대인 1600년경에 영어로 들어왔다. 이 단어의 원래 의미는 다소 부정적이었다. 첫 두 개의 음절에 핵심이 숨겨져 있다. 즉 enthus-는 '신에게 홀리다'라는 뜻이다(-thus-는 신학의 theology처럼 '신'을 뜻하는 theos를 뜻한다). 따라서 이 단어는 처음 영어에서 사용되었을 때는 '신에 홀리다' 혹은 적어도 신성한 광기 또는 광란에 접어드는 상태에 놓여 있다는 뜻이었다. 시간이 지나면서(1660) enthusiasm은 방향이 잘못된 종교적 열정을 뜻하게 되었다. 씐 것이 아니라 의도적으로 택한 광기인 것이다. 18세기 초에 이르러(1716) enthusiasm은 종교적인 색채가 약해지고 열광적인 격렬함이나 열성을 뜻하는 현대적인 의미를 발달시켰다. 거기에까지 이르고 나서는 너무 흥분이 된 나머지 그 이후로는 뜻이 바뀌지 않았다.

단어를 비판할 자격은 없지만 이제 이런 말을 해도 용서가 될 것 같다. 야만적인 동사형 enthuse는 미국에서 19세기 초에 생겨난 이후로 안타깝게도 점점 더 강해졌다. 내가 앞에서 이 동사형을 사용한 것은 악감정이 없다는 것을 보여주기 위해서다.

나는 단어에 대한 열정을 조금 좋아하지만 그렇게 많이는 아니다. 나는 사회적으로 지나친 열정을 개탄하고 열성을 비판했던 시대의 사람이다. 내가 어릴 때는 차분하고 침범적이지 않은 관찰이 권장되었고 그런 관점이 아직도 나에게 남아 있다. 그러한 세계관은 역사 사전 편찬자에게 잘 맞았다. 물론 그것이 유일하게 적당한 세계관은 아니다. 나에게는 고요한 지점에 서서 사방을 지나는 단어의 물결을 바라보며 패턴과 변화, 높고 낮음, 우연을 관찰하는 일이 무척 쉬웠다.

내가 OED에 끌린 이유는 관찰과 기록을 좋아해서였을 것이다. 하지만 문학 연구와 지역 역사, 계보학 등 내가 그동안 해온 다른 종류의 일들에 끌린 것 또한 같은 이유에서였음을 이제 알겠다. 특히 오랫동안 계속된 오해를 바로잡는 것이 좋았다.

오해는 절대로 진실에서 멀리 떨어져 있지 않다. 아버지가 돌아가신 후 이탈리아 호수의 풍경이 담긴 커다란 빅토리아 시대 유화를 물려받았다. 원래 증조부가 구입한 것이었다. 한눈에도 훌륭한 작품이다. 화가가 그림의 가운데를 차지하는 호수의 섬에 자리한 낡은 집들을 비추는 빛의 색깔을 훌륭하게 포착했다. 액사에 검은색 글씨로 〈이솔라 벨라 섬, 마조레 호수〉라는 제목이 적혀 있다. 힐러리와 나는 그림을 핑계 삼아 그곳에 가보기로 했다. 그 장소에 대한 역사적인 세부 사항을 적어올 수도 있을지 몰랐다. 힐러리는 해마다 그렇듯 이번에도 휴가가 아니라 일의 연장선이 될 것이라는 의혹을 가졌다.

우리는 지도에서 이탈리아 마조레 호수에 있는 세 개의 작은 섬 중 하나인 이솔라 벨라 섬을 찾은 후 비행기표를 예약했다. 그때쯤 이탈리아어에 유창해진 첫째 딸 케이트도 함께 갔으면 좋았겠지만 다른 일이 있었다. 마조레 호수에 도착하자마자 섬 투어를 예약했다. 하지만 실망스럽게도 눈앞에 펼쳐진 풍경은 그림 속의 풍경과 너무도 달랐다. 이솔라 벨라 섬은 빅토리아 중기의 화가가 그린 그림 속의 모습과 조금도 닮지 않았다.

우리는 아연실색해 호텔로 돌아가서 현지인들과 이야기를 나누었다. 그림을 찍은 사진도 챙겨온 참이었다. 마침내 누군가가 그림이 마조레 호수가 아니라 바로 옆에 있는 오르타 호수인 것 같다는 의견을 제시했다. 뾰족한 수가 없었으므로 오르타 호수의 섬에 가보기로 했다. 보트로 그 섬까지 3분의 1정도 되는 지점에 이르렀을 때부터 그림 속의 바로 그 풍경이 보였다. 화가가 그린 것과 거의 똑같았다. 우리 가족은 잘못 붙여진 제목 때문에 100년 동안 잘못된 대상을 동경해온 것이었다.

OED 작업과도 놀라울 정도로 닮아 있었다. 과거의 세부 사항을 가까이 조사할수록 과거가 약간의 변화를 통해 오늘날과 같은 모습이 되었거나 단순히 잊히거나 잘못 기록되었음을 알게 된다. 예를 들어 우리는 어떤 영국 영어 단어가 미국 영어에서 나온 사실을 집단적으로 잊어버린다. 만약 그 사실을 잊어버린다면 500년 전 프랑스어에서 유래한 단어나 이탈리아어에서 유래한 단어를 어떻게 기억할 수 있을까? 그것이 중요할까? 내 생각에는 중요하다. 누군가는, 아니 최대한 많은 사람이 우리가 역사적인 단계를 거쳐서 오늘날의 말하고 살아가는 방식에 이르렀다는 사실을 인식해야 한다. 작은 실수가 확대될 수 있다. 잘못된 날짜가 더 큰 변수를 잘못 계산하게 만들고 결과적으로 지식의 발판의 정확도가 크게 떨어질 수 있다. 우리 가족은 이 문제에 대해 한 번도 이야기해본 적이 없었다. 하지만 잘못 기입된 그림 제목은 우리 가족이 겉보기와 달리 허술한 부분이 있다는 힐러리의 의혹을 확인시켜주었다.

∞

하지만 부정확성은 우리 가족에만 국한된 것이 아니었다. OED를 떠나면서 내가 제임스 조이스를 좋아하게 만든 OED 관련 주제도 비슷했다. OED를 떠난 후(그전부터 몇 년 동안) 나는 조이스의 단어 용법과 관점을 연구했다. 나는 그가 OED 편집자라면 당연히 연구해야 하는 작가라고 생각한다. 놀랍게도 조이스가 《율리시스》를 구성할 때 사용한 기법은 내가 OED 표제어를 구성할 때 사용한 것과 비슷했다. 두 가지 텍스트 모두 머나먼 시공 너머에서 작가들이 관찰한 문명의 조각들을 엮은 것이다.

OED의 기여자인 독일의 헤럴드 벡(Harald Beck)은 나보다 몇 해 전에 조이스의 구성 방식에 담긴 어휘적 함축을 알아차렸다. 헤럴드와 함께 그가 OED에 기여한 바(구글 북스 같은 새로운 온라인 자료로 더 빠른 인용문을 찾아준 것)에 대해 이야기하고 있을 때 그가 조이스에 대한 관심을 언급했다. 대부분의 사람은 《율리시스》를 조금 읽어보았다고 말한다. 일부는 끝까지 다 읽을 시간이 나기를 소망하기도 한다.

그런데 헤럴드는《율리시스》를 독일어로 번역하고 있다. 그가 현재의 텍스트 관련 문제에 대해 설명했고 내가 OED의 연구 방식과 자료를 이용해 곧바로 해결해줄 수 있었다. 우리는 계속 아이디어를 주고받고 서로에게 더 자세한 연구를 격려했고 결국은 함께 온라인 학술지 '제임스 조이스 온라인 노트(James Joyce Online Notes)'를 만들었다. 관심 있는 대중이 조이스의 소설에 나오는 진짜 사람들과 낯선 단어들에 대한 역사적으로 더욱 정확한 정보를 발견하고 직접 올리기도 하는 포럼이었다. 우리는 오랫동안 잊힌 사람들의 생애와 표현에 생명을 불어넣으려고 노력했다.

《율리시스》는 1922년에 처음 출판되었다. 그 책에서 조이스는 많은 사람들의 집단 기억을 섞는다. 자신의 기억과 (대표적으로) 그가 태어나기 전에 코르크에서 더블린으로 건너가 19세기의 더블린에서 여러 굴곡을 겪은 아버지의 기억. 또한 이 책에는 더블린 사람들의 집단 기억도 포함된다. 조이스가 스스로 선택한 망명지인 이탈리아 트리에스테, 취리히, 파리에서 책을 쓰면서 회상한 기억이다. 소설 속의 단 하루 배경인 1904년의 그날에 재현되는 조이스의 더블린은 실제로는 존재하지 않았지만 가능성은 충분했다. OED가 재현한 언어의 과거 또한 한편으로는 실제로 존재했지만 정확히 어떤 모습이었는지 절대로 알 수 없다. 우리는 깜빡거리는 이미지를 만든다. 하지만 그와 동시에 우리는 동시대에 공유한 과거를 점점 잊어버린다.

조이스의 소설에 나오는 조용하고 잊힌 더블린 사람 중에서 내가 부활시킨 것은 소설에서 지나가듯 언급되는 실제 권투선수 마일러 케오그(Myler Keogh)였다. 그는 조이스를 연구하는 학자들에게 퍼즐 조각과 같았는데 나는 온라인에서 오래된 아일랜드 신문을 찾아본 결과 그가 1890년대에 아일랜드의 미들급 챔피언이었음을 알아냈다. 마일러에 대한 정보를 얻을 수 있었던 것은 그를 하나의 단어로 상상하고 OED의 연구 방식을 이용해 사실 정보를 알아낸 덕분이었다. 《율리시스》에서 지나가듯 언급되는 난쟁이 여왕 마르셸라(Marcella the Midget Queen)가 더블린 중앙의 만국박람회장 위에서 펼쳐진 소규모 공연이었다는 것도, 보통 더블린 매춘업계의 주모자라고 알려진 애니 맥(Annie Mack)에 대한 정보도 같은 방법으로 찾았다. 스코틀랜드 출신의 애니 맥은 친구들과 함께 다수의 매춘집을 운영한 더블린의 수완 좋은 사업가였다. 관심만 있으면 다 찾을 수 있다. 특히 더블린 등기소(Dublin Registry of Deeds)를 추천한다.

하지만 내가 사람만 연구하는 것은 아니다. 《율리시스》에는 매듭을 풀어야 하는 표현과 농담이 매우 많다. 전형적인 문제는 사람들이 모르는 표현이라는 이유만으로 조이스가 만들어낸 것이라고 생각한다는 점이다. 실제로 그는 열성적인 까치(magpie에는 사소한 물건을 수집하는 사람을 가리키는 뜻도 있다-역주)처럼 보거나 들은 표현을 모방하며 소설에 재사용했다. 보기를 하나 들자면 kidfitting corset이 있다. 《율리시스》에 나오는 몰리 블룸(Molly Bloom)은 〈젠틀우먼(Gentlewoman)〉에서 선전하는 이 코르셋을 무척 가지고 싶어 한다. 넉넉한 몸매를 조이기 위해서다. 그런데 도대체 kidfitting이 무슨 뜻일까? 어느 사전에도 없고 조이스 해설자들도 이상하게 조용하다. 가능성 있는 자료를 뒤져본 결과 kidfitting corset이 kid fitting, 즉 부드러운 염소가죽으로 만든 프레임으로 받쳐진(적어도 살에 닿는 부분) 코르셋이라는 사실이 분명해졌다. 《율리시스》가 출판된 1922년에 더블린에서 구입할 수 있었다. '로열 우스터 키드피팅 코르셋. 우월한

스타일의 코르셋. 가볍고 유연. 로열 우스터 키드피팅 코르셋에는 날
씬, 중간, 풍만 등 모든 몸매에 맞는 모델이 있습니다.-핌 형제 유한회
사, 더블린 사우스 그레이트 조지 스트리트(Pim Bros., Ltd., South Great
George's Street, Dublin.)'

∞

내가 OED를 떠나기로 한 결정을 쉽게 내릴 수 있었던 것은 사전
이 번영하고 있고 OED가 아닌 새로운 주제에 대해 연구하고 글을
쓸 수 있다는 두 가지 이유에서였다. 하지만 현실적으로 다른 요소들
도 많았다. 고모, 이모, 외삼촌, 작은아버지 등 무척이나 많았던 친척
이 10년 만에 거의 사라지다시피 했다. 그리고 2011년에 있은 가족
모임에서 여동생이 다음 주에 암 전문의를 찾아가 봐야 한다고 했는
데 결과가 좋지 않았다. 여동생은 수술이 불가능한 암으로 3개월 후
에 세상을 떠났다. 힐러리와 나는 속으로 새로운 시작에 대해 고민해
야 할 때라고 생각했다.

한동안 고민한 후 옥스퍼드를 (거의) 완전히 떠나 약 60킬로미터
떨어진 첼트넘으로 이사를 결정했다. 내가 어릴 때 살았던 곳으로 이
곳에서 학교도 다녔다. 코츠월드 언덕(Cotswolds, 영국 잉글랜드 서남부에
연달아 있는 언덕-역주)의 중앙에 위치하면서도 주변의 소도시와 마을
처럼 농업이나 시골스러운 관심사를 전혀 공유하지 않는, 어떤 면에
서는 이상한 동네다. 누군가가 18세기에 그곳에서 광천수 샘을 발견
하면서 하루아침에 *spa*로 바뀌었다. 몇십 년 후에는 왕까지 방문해
건강에 좋은 휴양지로 영원히 이름을 날리게 되었다. 왕을 모시는 신

하들이 영국령 인도에 있는 군인 친구들에게도 소문을 냈고 다들 은퇴 후 첼트넘으로 몰려와 온천을 즐기며 여생을 보냈다.

OED에 포함되는 지명은 단순한 지역 이름이 아니라 새로운 의미까지 발달시킨 것이라야 한다. 미국 사전들은 따르지 않는 법칙이니 이 점에 대해서만큼은 영국은 순수주의다. 대부분의 사람이 spa가 지명에서 유래한 단어라는 사실에 놀랄 것이다. OED에 따르면 spa는 '광천수 샘이 있는 지역 또는 휴양지'를 뜻한다. 이 단어는 벨기에 리에주의 남서쪽에 있는 도시 이름에서 직접 유래했다. 초기에는 Spaw라고 썼다. 유럽 사람들이 Spau라고 생각하는 일이 많았으므로 영어에 맞는 철자로 바뀌었다. 용감무쌍한 영국 여행자들은 16세기 중반에 벨기에의 스파를 발견했다. 에드먼드 스펜서도 《Faerie Queene》(1590)에서 모호하게 언급한다. "Both Silo this, and Iordan did excell, / And th' English Bath, and eke the german Spau." 여기에서 보듯 그는 그 지역이 벨기에가 될지 몰랐고 게르만족의 영토라고 생각했다.

18세기에 첼트넘이 떠오른 것은 spa가 건강에 좋은 광천이 있는 휴양지라는 일반적인 뜻으로 사용되기 시작한 것과 일치한다. 현재는 1781년이 가장 빠른 기록이다. 리처드 브린즐리 셰리든(Richard Brinsley Sheridan)의 희곡 〈스카버러 여행(A Trip to Scarborough)〉이다. (스카버러 또한 우리 가족이 오랫동안 목욕을 하러 다닌 곳이다.) 셰리든의 희곡은 존 밴브루(John Vanbrugh)의 다소 까부는 분위기의 원작 〈퇴락(Relapse)〉을 정중한 분위기로 재작업한 것이다. 요즘은 그냥 발만 담글 수 있어도 spa라고 하는 듯하다.

역시나 언어의 치유적인 힘을 보여준다.

∞

　기민한 독자들은 내가 이 책에 단어의 역사와 용법에 대한 작은 담론을 양념처럼 뿌렸다는 사실을 알아차릴 것이다. 힐러리는 내 원고에서 그런 부분을 건너뛰고 읽었는데 후회하고 있을지도 모른다. 무엇보다 나는 거의 모든 단어가 제 나름의 매력을 가지고 있다는 사실을 보여주고 싶었다. 서둘러 넘어가지 말고 잠깐 동안만 바라보는 수고가 필요할 뿐이다. 하지만 더 중요한 것은 독자들을 은근슬쩍 영어의 짧은 역사로 데려가 이 책에서 조금이라도 얻은 것이 있도록 만들고 싶었다는 사실이다. 그것도 통하지 않는 것 같으면 사전 편찬학 이론을 조금 넣으려고 했다.

　고대의 길을 따라 내려오다 보면 천 년도 넘는 시간 동안 앵글로-색슨족의 언어 역사(고대 영어라고 하는)를 지난다. 그들은 영국 땅에서 사용된 게르만어 방언을 처음 사용한 사람들이었고 브리튼 섬에 거주하고 있던 켈트족을 외딴 지역으로 몰아낸 장본인이기도 하다. 표준 영어로 흡수된 것으로 알려진 켈트어 단어는 거의 없지만 실제 상황은 더욱 복잡했다. 오늘날 언어적 장악으로 느껴지는 것이 사실은 (a) 켈트족과 새로운 게르만족 간의 결혼과 상호 간 혼화(inter-confusion)를 감추고 있으며 (b) 합병 이후 500년간의 기록이 없기에 정확한 사정을 모른다는 사실 또한 가려져 있다.

　언어 연구는 대부분 그런 듯하다. 고대 영어에 관한 답이 나오지 않는 가장 큰 질문 중 하나는 이것이다. 고대 영어가 무수히 많은 격과 어형 변화를 가진 너무도 복잡한 언어인 반면 나중 버전의 영어는 (표면적으로) 훨씬 단순한 이유가 무엇인가? 복잡하게 시작된 것이 어떻게 단순하게 끝날 수 있을까? 물론 지금은 단어 순서와 관용구, 철자와 발음의 괴리에 복잡함이 들어 있으니(그 밖에도 많지만) 그렇게 단순한 것도 아니다. 하지만 고대 영어 단어를 살펴본 이유는 게르만족 유산, 시골 사회, same, hone, queen 같은 단순하지만 정의하기 어려운 단어, sorry의 개념 같은 문제를 소개하기 위해서였다.

수 세기를 거쳐 내려오면(hue and cry, marriage, apprentice 등) 노르만 정복과 마주친다. 우리는 노르만족에 고마워해야 할 것이 많다. 노르만족은 영국에 이중 언어의 요소를 가져다주었고 (현재의) 법과 근대 세계의 대륙적 전통을 발달시키지 않으면 안 되도록 만들었다. 노르만 정복은 네안데르탈인과 크로마뇽인(혹은 유럽의 초기 근대 인간)과 마찬가지로 두 문화의 격변적 만남이었다. 게르만족의 농업(그리고 침략) 철학이 프랑스(로망스)의 문명화된 권위(그리고 침략)의 전통과 만난 것이다. 노르만 침략자들의 북부 프랑스어가 영어로 유입된 사례를 찾아볼 수도 있을 정도였다(중앙 및 표준 프랑스어에서 발달한 다른 형태의 단어들과는 달랐다). 그리고 노르만 정복 이후 몇백 년 동안, 누군가 그것이 영어가 아니라는 것을 깨닫기 전까지 영국 사회의 상류층 사이에서 사용된 노르만 프랑스어의 일종인 앵글로-노르만어도 살펴볼 수 있었다.

1500년이라는 전통적인 경계선을 건너뛰면 (인쇄 이전 시대에서 벗어난 시기다) 영어가 농시대를 엿보는 모습이 보이기 시작했다. 그때쯤 영어는 프랑스어에 관한 열등의식을 털어버리고 있었고 훌륭한 문학이 쓰이고 사업이 번성할 수 있는 언어가 되어가고 있었다. 영어는 또

다시 사회가 무엇에 몰입하는지를 반영했다. 앞에서 다룬 16세기 초에서 18세기 중기의 단어들에서 보듯 세계 각지를 항해한 영국 여행자들과 탐험가들이 새로운 단어와 새로운 사고방식을 영국 섬으로 가져왔다. 1600년 이후로 처음 발견된 두 단어 합성어(tea cup-1700년, shirt front-1838년)는 1600년 이전으로 거슬러 올라가 추적할 수 있다는 것이 나의 신중한 관점임을 이 지점에 끼워 넣어야 할 것 같다. 모두가 나와 같은 관점인 것은 아니다. 하지만 누가 옳은지는 기다려봐야 알 것이다. 물론 예외는 있다. telephone receiver 같은 단어는 두 단어 합성어지만 절대로 1600년경에 찾아볼 수 없었으리라는 것을 나는 인정할 준비가 되어 있다.

1750년에 이르러서는 근대 영어라고 인정할 수 있는 언어가 갖추어져 있었다. 식민지와 제국에서 영어로 유입된 단어들이 서서히 발견되고 머지않아 그 지역들(특히 미국, 오스트레일리아, 뉴질랜드)은 종속에서의 탈출, 국가 지위 인정, 독립 등 영국 영어가 거의 500년 앞서서 겪었던 것과 똑같은 과정을 거치게 되었다. 영어는 전 세계에서 온 새로운 발명품들로(deadline, blueprint, bus) 생기가 넘치고 20세기와 21세기가 무엇에 몰입하는지를 보여주고 있다.

통합적인 영어 수업을 하려는 것이 아니었다. 어떤 단어든지 조금만 시간을 낸다면 그 단어에 역사가 있고, 그 역사가 동시에 영어로 들어오거나 발달한 다수의 다른 단어들의 역사와 유사하며, 수 세기에 걸쳐 시대에 따른 사람들과 나라들의 모습을 보여주는 패턴이 언어에 존재한다는 생각을 심어주고 싶었다. 그 어떤 단어도 홀로 존재하지 않는다. *Selfie*라는 단어에도 이유가 있다.

모든 신조어는 생각보다 최소한 10년은 일찍 탄생했다는 것이 사전 편찬자들만 아는 명언이다. 예를 들어 selfie라는 단어는 오늘자 조간신문처럼 신선하게 느껴질지 모르지만 OED의 10년 원칙을 넘어서까지 거슬러 올라간다. OED의 뛰어난 추적꾼들이 찾은 첫 번째 기록은 2002년이다. 이 단어는 놀랍게도 오스트레일리아에서 처음 등장했고 유럽인들은 한동안 별 관심을 보이지 않는 듯했다. 오스트레일리아의 공영 방송 ABC의 온라인 기술 포럼에 올라온 게시글이다(마지막으로 확인했을 때도 여전히 남아 있었다). "Um, drunk at a mates 21st, I tripped ofer [that's there in the original-it's not my typo] and landed lip first (with front teeth coming a very close second) on a set of steps. I had a hole about 1cm long right through my bottom lip. And sorry about the focus, it was a selfie. (친구의 21번째 생일파티에서 취했다. 계단에 입술 먼저 닿으며 넘어졌다[원문 오타]. 아랫입술에 1센티미터 구멍이 생겼다. 초점 안 맞아서 미안. 셀피였어.)"

Selfie가 '자화상(self-portrait)'의 줄임말이라고 추측할 수 있지만 신중해야 했다. 요즘은 '내 사진'을 '셀피'라고 곧장 말할 수 있으므로 어원에 대해 너무 깊이 생각하지 않아도 된다.

Selfie는 2013년에 옥스퍼드 사전 WOTY로 선택되면서 사전 편찬학의 세계에서 부자연스러운 유명세를 얻었다. 어색한 줄임말처럼 느껴지는 WOTY는 사전 편찬의 세계에서 자주 사용되는 '올해의 단어(Word of the Year)'라는 뜻이다. 나는 '통틀어 가장 좋아하는 단어'도 결정할 준비가 안 되어 있다. 오늘의 단어, 이달의 단어, 올해의 단어도 마찬가지다. 옥스퍼드 사전 WOTY라니, 〈옥스퍼드 영어 사전)의 허락을 받은 것처럼 보이지만 (내가 근무하던 시절에는) 절대로 아니었다. 우리는 맞장구치는 것을 늘 거부했다. 우리가 아니라 다른 곳에서 결정되는 것이었다. 요즘은 어떤지 모르겠다. OED가 1563년의 단어 같은 것을 선정할 수는 있겠지만 나는 그것도 거부했을 것 같다. 하지만 selfie는 좋은 선택이라고 생각한다. 2013년(올해의 단어로 뽑힌 해)에 과도하게 사용된 단어가 분명했고 현대인과 현대 사회에 대해 말해주는 단어이기도 했으니까. Selfie가 보여주듯 사려 깊거나 성찰적인 모습이 아니라 거울에 비친 자신의 모습을 담으며 오로지 자신에게만 관심을 쏟는 모습이다.

∞

현재의 OED는 내가 처음 인연을 맺은 1970년대와는 다르다. 옥스퍼드 대학교와 옥스퍼드 대학교 출판사 또한 마찬가지다. 과거가 훨씬 더 좋았던 것들도 있다. 추운 10월의 저녁, 램프로만 밝혀진 책상에 앉아서 동료가 다음 단어를 준비하느라 색인 카드를 뒤적거리는 소리를 반주 삼아 단어의 정의를 써내려가던 낭만이 있었다. 인쇄기에서 갓 나와 고쳐지기만을 기다리며 책상에 놓여 있던 교정쇄의 냄새. 이 모든 것이 더욱 높아진 정확도와 보다 나은 기록 증거에 밀려났고 훨씬 많은 사람들이 사전을 이용하게 되었다. 하지만 옛날 방식은 기억되어야 한다. 언젠가는 또 다른 편집자들의 과거가 될 현재에 이르기까지의 필수적인 단계이기 때문이다.

○○

결국 우리는 옥스퍼드를 멀리서 관찰하는 것이 가장 좋다는 결론에 이르렀다. 돌아가기는 쉽되 일상생활의 중심은 아닌. 힐러리는 나보다 몇 년 일찍 은퇴했고 그 후 우리는 첼트넘으로 이사했다. 그곳에서 힐러리는 지역의 다양한 자선활동에 적극적으로 참여했고 늘 그러하듯 문제가 발생하면 전략적 방법을 취했다.

첫째 딸 케이트는 두 아이 로라와 이비를 낳았고 현재 큰 규모의 중등학교에서 특수 교육 및 장애 관리자로 일하고 있다. 케이트는 장애를 가진 동생에 대한 안타까움과 죄책감 때문에 오랫동안 장애와 관련된 환경을 피하려고 했다. 엘리는 우리 모두를 좀 더 인내심 있고 깊은 관심을 쏟을 줄 아는 사람으로 만들었다. 로라는 엘리를 '특별한 이모'라고 부른다. 여기에서 특별하다는 것이 어떤 맥락인지(특수 니즈, 특수 교육 등) 아이는 아직 알지 못한다.

엘리는 장애를 가진 '성인'이다. 두세 살 때와 거의 똑같지만 여전히 나에게 큰 영감을 주는 존재다. 나 말고 만나는 모든 사람에게도 그러하기를 바란다. 엘리는 가까운 옥스퍼드셔에 살고 있어서 우리 부부와 케이트가 언제든 방문할 수 있다. 엘리는 비슷한 장애를 가진 세 명의 젊은이들과 함께 살고 있고 지역의 자선단체에서 일하는 직원들이 보살펴준다. 우리가 방문할 때마다 보살펴주는 사람이 늘 세 명 이상 옆에 있다. 엘리와 친구들에게는 바쁜 활동 프로그램이 마련되어 있다. 승마, 드럼 연주, 춤, 벽에 장착된 아이패드, 감각 자극 장비, 사랑과 보살핌, 오락까지 우리 부부가 절대로 제공해줄 수 없는 환경이다. 지금의 상황이 계속 이어질 수 있었으면 좋겠다. 나중에 엘리에게 문제가 생겼을 때 도와줄 사람이 아무도 없다고 생각하면 자다가도 눈이 떠진다.

언어로 소통할 수 없지만 엘리와 시간을 보내다 보면 상호작용이 말로만 가능한 것이 아님을 깨닫게 된다. 엘리를 보고 있으면 시간의 흐름에 따라 강해지기도 하고 약해지기도 하는 소통이 있는 복도로 나아간다. 소통이 약해질 때는 거의 사라져서 또다시 가능할까 싶다. 하지만 소통이 강할 때는 그저 소중할 뿐이다. 말은 존재하지 않지만 너무도 강력하다.

나는 어떻게 지내느냐고? 보통은 여러 다양한 프로젝트를 하면서 보낸다. 기억 속에서 사라진 과거를 새로운 온라인 시대를 위해 퍼 올려 재가동시키는 일이다. 그것이 내가 좋아하고 또 잘하는 일이라는 사실을 깨닫기까지는 시간이 좀 걸렸다. 이런 인내심은 누구에게나 있는 것이 아니다. 하지만 힐러리의 말대로 나는 운 좋게 너무도 특별한 일을 하게 된 평범한 사람일 뿐이다. 아내의 말이 맞는 것 같다. 아내는 언제나 옳다.

The
Word
Detective

감사의 말

두 가지 대상이 없었더라면 이 책을 쓰지 못했을 것이다. 우선은 옥스퍼드 영어 사전부의 동료들과 옥스퍼드 대학교 출판사의 모든 관계자들이다. 그들과 옥스퍼드 영어 사전이 입고 있던 빅토리아 시대의 갑갑한 구속복을 벗기고 오늘날 인터넷에서 보이는 대로 멋지고 우아한 새 옷을 입히면서 오랫동안 사전을 만드는 기쁨과 고충을 함께했다. 두 번째는 내가 은퇴를 앞두고 〈타임〉지 온라인에 실은 기사를 읽고 전화를 걸어온 뉴욕의 문학 에이전트 데이비드 쿤(David Kuhn)이다. 이 책이 세상에 나오기까지 도와준 사람들은 그 밖에도 수없이 많지만 이들의 공이 가장 컸다.

내가 사전을 만들면서 겪은 일에 관심을 보일 사람이 있으리라는 생각은 단 한 번도 해보지 못했다. 수년 전 미국 워싱턴 의회 도서관을 안내해준 가이드가 내 직업을 듣고 "그동안 일기로 다 기록해두신 거면 좋겠네요"라고 말한 적은 있다. 물론 나는 일기를 쓰지 않았다. 일기를 썼더라도 크게 도움 되었을 것 같지는 않다. 이 책을 다 읽었다면 내가 마지막으로 기록한 메모가 세탁기에 들어갔다는 사실을 알 것이다.

이 책을 쓰면서 책 쓰는 법에 대해 많이 배울 수 있었다. 데이비드 쿤과 그의 동료 베키 스워렌(Becky Sweren)이 초반에 많은 지도를 해주고 방향을 잡아주고 멋모르고 쓴 글을 비판도 해주었다. 또한 베이직 북스의 담당 편집자이자 대표인 라라 하이머트(Lara Heimert)와 그녀의 동료들 미셸 웰시-호스트(Michelle Welsh-Horst), 캐시 스트렉퍼스(Kathy Streckfus)가 출판 과정 내내 도움을 주었다. 처음부터 끝까지 격려해주는 한편 날카로운 구조 안에서 논리적인 내용이 쓰일 수 있도록 도와준 라라에게 고맙다. 내 편집자인 리틀 브라운의 출판부장 리처드 비스윅(Richard Beswick)에게도 감사를 전한다. 매우 침착한 성격의 그는 내 OED 강연을 듣고 책에 추가해야 할 내용을 조용하고 정중하게 짚어주었다.

마지막으로 원고를 읽고 교정에 큰 도움을 준 이본느 워버튼과 에드 와이너, 로버트 리터를 비롯해 옥스퍼드 대학교 출판사의 편집자를 지낸 모든 이들과 헤럴드 벡, 그리고 나와 같은 기억을 간직하고 있는 아내 힐러리에게 감사를 전한다.

단어
탐정

초판 1쇄 발행   2018년 7월 25일
초판 2쇄 발행   2020년 4월 20일

지은이   존 심프슨
옮긴이   정지현
발행인   윤호권

본부장   김경섭
기획편집   정은미 · 정상미 · 송현경 · 정인경 · 김하영
디자인   정정은 · 김덕오 · 양혜민
마케팅   윤주환 · 어유진 · 이강희
제작   정웅래 · 김영훈

발행처   지식너머
출판등록   제2013-000128호
주소   서울특별시 서초구 사임당로 82 (우편번호 06641)
전화   편집 (02) 3487-1650, 영업 (02) 3471-8044

ISBN   978-89-527-9134-4 03700